RÉUSSIR
Santé / Social

Collection dirigée par Philippe-Jean Qu...

60 JOURS POUR ENTRER EN AS/AP

Brigitte SABLONNIÈRE
Professeur de biotechnologie santé-environnement
Formatrice au GRETA GEFORME 94 (secteur sanitaire et social)

Gérard CANESI
Professeur au Conservatoire national des arts et métiers (CNAM) de Paris

Philippe-Jean QUILLIEN
Coordonnateur de l'ouvrage
Chargé de cours à l'université de Versailles-Saint-Quentin-en-Yvelines

Anne-Marie TEYTAUT
Formatrice (mathématiques et tests psychotechniques)
et coordinatrice du Pôle Santé Esquirol au GRETA GEFORME 94

ellipses

DANS LA MÊME COLLECTION

- IFSI, mode d'emploi, nouvelle édition
- Réussir son entrée en IFSI
- Concours d'entrée IFSI, annales corrigées
- AS/AP, mode d'emploi, nouvelle édition
- Réussir les concours d'AS/AP
- Concours d'entrée AS/AP, annales corrigées
- La culture sanitaire et sociale en 70 fiches, nouvelle édition
- La culture sociale en 40 fiches
- Abrégé de culture sanitaire et sociale
- Abrégé de culture sociale
- L'éducation spécialisée en 45 fiches
- L'anglais pour les infirmières. Guide pratique de conversation médicale
- Les tests psychotechniques. Tous concours paramédicaux et sociaux
- Les tests d'aptitude verbale
- 50 idées reçues sur les questions sanitaires et sociales
- Secrétaire médical
- 60 jours pour entrer en AS/AP
- Réussir l'entrée en IFCS

ISBN 978-2-7298-5173-6

32, rue Bargue 75740 Paris cedex 15

www.editions-ellipses.fr

SOMMAIRE

INTRODUCTION GÉNÉRALE[1]

I. QU'EST-CE QU'UN AIDE-SOIGNANT OU UN AUXILIAIRE DE PUÉRICULTURE ?

Les aides-soignants et les auxiliaires de puériculture constituent des professions de santé non médicales. Sauf dans le cadre de la fonction publique hospitalière, ces professions ne sont pas directement réglementées. Mais elles sont structurées par la profession d'infirmier qui, elle, est réglementée.

A. Des fonctions voisines

Après avoir suivi une formation en partie commune, les aides-soignants et les auxiliaires de puériculture exercent des fonctions voisines. Dans un établissement ou un service à domicile à caractère sanitaire, social ou médico-social, en milieu hospitalier ou extra-hospitalier, ils contribuent à une **prise en charge globale** des personnes en liaison avec les autres intervenants au sein d'une équipe pluridisciplinaire et, en tant que de besoin, à leur éducation et à celle de leur entourage. Outre la participation aux soins, leur rôle implique une prise en charge psychologique et comportementale de la personne soignée.

L'**aide-soignant** exerce son activité sous la responsabilité de l'infirmier, dans le cadre du rôle qui relève de l'initiative de celui-ci. Il réalise des soins liés aux fonctions d'entretien et de continuité de la vie visant à compenser partiellement ou totalement un manque ou une diminution de l'autonomie de la personne ou d'un groupe de personnes. Son rôle s'inscrit dans une approche globale de la personne soignée et prend en compte la dimension relationnelle des soins. L'aide-soignant accompagne cette personne dans les activités de sa vie quotidienne, il contribue à son bien-être et à lui faire recouvrer, dans la mesure du possible, son autonomie.

Travaillant le plus souvent dans une équipe pluriprofessionnelle, en milieu hospitalier ou extra-hospitalier, l'aide-soignant participe, dans la mesure de ses compétences, et dans le cadre de sa formation, aux soins infirmiers préventifs, curatifs ou palliatifs. Ces soins ont pour objet de promouvoir, protéger, maintenir et restaurer la santé de la personne, dans le respect de ses droits et de sa dignité.

Bien évidemment, ces activités principales identifiées prennent des proportions et des importances différentes selon le type d'établissement (centre hospitalier universitaire, hôpital local, hôpital spécialisé, maison de retraite...) et selon le type de service d'affectation (chirurgie, bloc opératoire, urgences, réanimation, psychiatrie, stérilisation, maison de retraite long séjour...). Le contenu même d'une activité varie selon le service d'affectation. Certaines des activités peuvent au demeurant ne pas exister dans certains services.

1. Introduction générale rédigée par Philippe-Jean Quillien, coordonnateur de l'ouvrage.

LES HUIT ACTIVITÉS PRINCIPALES DE L'AIDE-SOIGNANT

- *dispenser des soins d'hygiène et de confort à la personne ;*
- *observer la personne et mesurer les principaux paramètres liés à son état de santé ;*
- *aider l'infirmier à la réalisation de soins ;*
- *assurer l'entretien de l'environnement immédiat de la personne et la réfection des lits ;*
- *entretenir des matériels de soin ;*
- *transmettre ses observations par oral et par écrit pour maintenir la continuité des soins ;*
- *accueillir, informer et accompagner les personnes et leur entourage ;*
- *accueillir et accompagner des stagiaires en formation.*

L'**auxiliaire de puériculture** réalise, dans le cadre du rôle propre de la puéricultrice ou de l'infirmier, en collaboration avec lui et sous sa responsabilité, des activités d'éveil et des soins visant au bien-être, à l'autonomie et au développement de l'enfant. Son rôle s'inscrit dans une approche globale de l'enfant et prend en compte la dimension relationnelle des soins ainsi que la communication avec la famille dans le cadre du soutien à la parentalité. Il participe à l'accueil et à l'intégration sociale d'enfants porteurs de handicap, atteints de maladies chroniques, ou en situation de risque d'exclusion. Il travaille le plus souvent dans une équipe pluriprofessionnelle et dans des structures sanitaires ou sociales.

LES HUIT ACTIVITÉS PRINCIPALES DE L'AUXILIAIRE DE PUÉRICULTURE

- *prendre soin de l'enfant dans ses activités de la vie quotidienne de la naissance à l'adolescence ;*
- *observer l'enfant et mesurer les principaux paramètres liés à son état de santé et à son développement ;*
- *aider l'infirmier ou la puéricultrice à la réalisation de soins ;*
- *assurer l'entretien de l'environnement immédiat de l'enfant et des matériels de soins et ludiques ;*
- *recueillir et transmettre ses observations par oral et par écrit pour maintenir la continuité des soins et des activités ;*
- *accueillir, informer, accompagner l'enfant et sa famille ;*
- *réaliser des activités d'éveil, de loisirs et d'éducation ;*
- *accueillir et accompagner des collègues et des stagiaires en formation.*

B. Des débouchés assurés

Parmi les 17 professions de santé, les 405 000 aides-soignants représentent le deuxième groupe professionnel avec 23 % des effectifs. Depuis 1985, leur **nombre** a augmenté de 74 %, contre 31,3 % pour les emplois dans l'ensemble du secteur. Quant au nombre des auxiliaires de puériculture, il s'élève à environ 60 000.

Dans son rapport du juillet 2004 sur *Le recrutement, la formation et la professionnalisation des salariés du secteur sanitaire et social*, le Conseil économique et social souligne combien le développement du secteur sanitaire et social est intimement lié à celui de ses personnels. Les activités de ce secteur, dans leur richesse et leur diversité, sont en effet principalement basées sur la relation humaine, laquelle mobilise pour l'essentiel une main-d'œuvre qualifiée et spécialisée.

Or la France manque de professionnels, au point de courir le risque de peiner à maîtriser les crises sanitaires qui pourraient survenir. La **pénurie de main-d'œuvre** concerne particulièrement les aides-soignants. Ainsi, en novembre 2002, dans son rapport sur *L'Avenir des métiers*, le Commissariat général du plan estimait les besoins de recrutement d'aides-soignants à 141 000 d'ici 2010. Dans le seul secteur du grand âge, ces besoins seront de 10 000 par an dans les dix prochaines années.

Cette situation se montre d'autant plus préoccupante que les aides-soignants vont devoir faire face, d'ici dix à quinze ans, à un **départ massif** des professionnels les plus expérimentés. Dans la fonction publique hospitalière, 57 % des aides-soignants (environ 100 000 personnes) devraient partir à la retraite d'ici à 2015.

Par ailleurs, à l'instar du secteur sanitaire, les professions paramédicales rencontrent des différences plus ou moins marquées quant à la **répartition territoriale**. La région Île-de-France paraît à cet égard concentrer les difficultés.

Toutes ces données convergent pour assurer aux candidats de **solides perspectives de recrutement et de carrière**. En 2004, les 530 écoles ont ainsi accueilli 17 763 entrants en première année d'aide-soignant et 2 632 entrants en première année d'auxiliaire de puériculture.

II. COMMENT DEVIENT-ON AIDE-SOIGNANT OU AUXILIAIRE DE PUÉRICULTURE ?

L'exercice de ces deux professions exige l'obtention d'un **diplôme d'État** délivré par les directions départementales des affaires sanitaires et sociales (DDASS). Ce diplôme s'acquiert à l'issue d'une formation ou, en application de l'arrêté du 25 janvier 2005, par validation des acquis de l'expérience.

L'admission en formation conduisant au diplôme professionnel est subordonnée à la réussite à des **épreuves de sélection**. Ces épreuves sont organisées par les 530 instituts de formation autorisés pour dispenser cette formation (448 pour les aides-soignants et 82 pour les auxiliaires de puériculture). Ceux-ci ont la possibilité de se regrouper au niveau départemental ou régional en vue d'organiser en commun les épreuves.

Les textes **dispensent des épreuves de sélection** différentes catégories de personnes :

- les titulaires du diplôme d'État d'auxiliaire de vie sociale ou de la mention complémentaire aide à domicile (AS, AP) ;
- les titulaires du diplôme d'État d'aide médico-psychologique (AS, AP) ;
- les titulaires du titre professionnel d'assistant(e) de vie aux familles (AS) ;
- les titulaires du diplôme d'ambulancier ou du certificat de capacité d'ambulancier (AS) ;
- les titulaires du diplôme d'État d'auxiliaire de puériculture souhaitant obtenir le diplôme d'État d'aide-soignant ou les titulaires du diplôme d'État d'aide-soignant désireux de posséder le diplôme d'État d'auxiliaire de puériculture.

La **rentrée** dans les instituts de formation a lieu la première semaine du mois de septembre. Cependant, après accord du directeur départemental des affaires sanitaires et sociales, un institut peut, à titre dérogatoire, en fonction des besoins de santé recensés au niveau local, effectuer une rentrée la première semaine du mois de janvier. Un même institut de formation peut organiser à la fois une rentrée en septembre et une rentrée en janvier. Dans le premier cas, les épreuves de sélection ont lieu au printemps, dans le second à l'automne.

Après accord du directeur départemental ou régional des affaires sanitaires et sociales, les instituts de formation doivent informer les candidats, au moment de leur inscription, de la date d'affichage des résultats définitifs ainsi que du nombre de places fixé pour les épreuves de sélection.

L'inscription aux épreuves est largement ouverte. Les candidats doivent être âgés de **17 ans au moins** à la date de leur entrée en formation.

En revanche, **aucune condition de diplôme** n'est requise. Toutefois, en 2004, plus de la moitié des étudiants intégrés dans les écoles d'aide-soignant et d'auxiliaire de puériculture possèdent un brevet d'études professionnelles (BEP Carrières sanitaires et sociales ou BEP d'une autre filière) et un quart environ sont titulaires du baccalauréat ou d'un diplôme équivalent.

Les concours d'entrée se montrent **sélectifs**. Dans la région Île-de-France, 5 576 candidats se sont disputés en 2002 les 1 397 places offertes aux concours d'aide-soignant. Ils étaient 4 665 pour les 850 places d'auxiliaire de puériculture.

Il est donc recommandé de s'inscrire à plusieurs concours pour multiplier ses chances de réussite.

La **mobilité** peut se montrer un atout. En effet, les places offertes par les instituts de formation sont bien plus nombreuses dans certaines régions. Ainsi, en 2004, 7,5 % des étudiants inscrits en première année de la formation d'aide-soignant, ont quitté leur région d'origine pour effectuer leurs études.

Ce mouvement migratoire profite notamment à l'Île-de-France et dessert des régions comme la Bretagne ou Midi-Pyrénées.

IMPORTANT : *l'objectif n'est pas d'avoir la moyenne, comme lors d'un examen, mais de figurer parmi les meilleurs, puisque le nombre de places offertes au concours est fixé d'avance.*

A. Les épreuves du concours

Les concours d'entrée en école d'aides-soignants et d'auxiliaires de puériculture ont été **réformés** respectivement par les arrêtés du 22 octobre 2005 et du 16 janvier 2006. Dans l'ensemble, les épreuves demeurent identiques. Mais les futurs auxiliaires de puériculture doivent subir une épreuve supplémentaire.

Les concours se déroulent en **deux étapes**. En effet, les épreuves comprennent une ou deux épreuves écrites d'admissibilité et une épreuve orale d'admission.

Commune aux deux concours, l'**épreuve écrite de culture générale**, en lien avec le domaine sanitaire et social, comprend deux parties. D'une durée de 2 heures, cette épreuve anonyme est notée sur 20 points.

Dans la première partie, le candidat doit, à partir d'un texte de culture générale d'une page maximum et portant sur un sujet d'actualité d'ordre sanitaire et social :

- dégager les idées principales du texte ;
- commenter les aspects essentiels du sujet traité sur la base de 2 questions au maximum.

Cette partie est notée sur 12 points et a pour objet d'évaluer les capacités de compréhension et d'expression écrite du candidat.

La seconde partie consiste en une série de 10 questions à réponse courte :

- 5 questions portant sur des notions élémentaires de biologie humaine ;
- 3 questions portant sur les quatre opérations numériques de base ;
- 2 questions d'exercices mathématiques de conversion.

Notée sur 8 points, cette partie a pour objet de tester les connaissances du candidat dans le domaine de la biologie humaine ainsi que ses aptitudes numériques.

Certains candidats sont **dispensés** de cette épreuve écrite d'admissibilité :

- les titulaires d'un titre ou diplôme homologué au minimum au niveau IV ou enregistré à ce niveau au répertoire national de certification professionnelle, délivré dans le système de formation initiale ou continue français (baccalauréat par exemple) ;
- les candidats titulaires d'un titre ou diplôme du secteur sanitaire ou social homologué au minimum au niveau V, délivré dans le système de

formation initiale ou continue français (brevet d'études professionnelles ou BEP par exemple) ;

- les candidats titulaires d'un titre ou diplôme étranger leur permettant d'accéder directement à des études universitaires dans le pays où il a été obtenu ;
- les étudiants ayant suivi une première année d'étude conduisant au diplôme d'État d'infirmier et n'ayant pas été admis en 2e année.

Depuis l'arrêté du 16 janvier 2006, le concours d'entrée en école d'auxiliaires de puériculture comprend une deuxième épreuve écrite d'admissibilité qui consiste en un **test** ayant pour objet d'évaluer les aptitudes suivantes :

- l'attention ;
- le raisonnement logique ;
- l'organisation.

Cette épreuve, d'une durée d'1 h 30, est notée sur 20 points.

Dans le cadre du concours d'aide-soignant, les candidats ayant obtenu une note supérieure ou égale à 10 sur 20 sont déclarés **admissibles** : ils peuvent participer à la phase d'admission.

Dans le cadre du concours d'auxiliaire de puériculture, les candidats ayant présenté les deux épreuves écrites doivent, pour être déclarés admissibles, obtenir une note égale ou supérieure à 10 sur 20 à chacune d'entre elles. Les candidats dispensés de l'épreuve de culture générale doivent, pour être admissibles, obtenir une note égale ou supérieure à 10 sur 20 au test.

L'**épreuve orale d'admission** est notée sur 20 points, toute note inférieure à 10 sur 20 étant éliminatoire. Elle consiste en un entretien de 20 minutes maximum avec deux membres du jury, précédé de 10 minutes de préparation. Elle se divise en deux parties :

- présentation d'un exposé à partir d'un thème relevant du domaine sanitaire et social et réponse à des questions. Cette partie, notée sur 15 points, vise à tester les capacités d'argumentation et d'expression orale du candidat ainsi que ses aptitudes à suivre la formation ;
- discussion avec le jury sur la connaissance et l'intérêt du candidat pour la profession d'aide-soignant ou d'auxiliaire de puériculture. Cette partie, notée sur 5 points, est destinée à évaluer la motivation du candidat.

Il faut rappeler que la **préparation** d'un concours s'apparente plus à un marathon qu'à un sprint. Elle ne saurait se réduire à la lecture hâtive voire fébrile de quelques ouvrages dans les semaines précédant les épreuves. Il est particulièrement important d'assimiler la méthodologie, ce qui demande du temps, et de la mettre régulièrement en pratique sur des sujets de concours.

REMARQUE : *le jour des épreuves, notamment lors de la phase d'admissibilité, il importe d'éviter à la fois la précipitation, source de nervosité, et le retard. En effet, aucun candidat ne peut entrer dans une salle de concours après la fermeture des portes et la distribution des sujets.*

Pour réussir le concours d'entrée, le candidat doit bien sûr posséder des **connaissances** d'ordre technique (biologie, mathématiques) ou générale (culture sanitaire et sociale). Vous trouverez dans l'ouvrage des fiches récapitulant les connaissances techniques requises. Pour étoffer votre culture générale, vous pouvez étudier *La Culture sanitaire et sociale en 70 fiches*, Ellipses, 2006 (réédition en 2008), 576 pages, ou *Abrégé de culture sanitaire et sociale*, Ellipses, 2007, 360 pages.

Le candidat doit également maîtriser les **méthodologies** spécifiques de l'épreuve ou des épreuves écrites comme de l'entretien, qui seront chacune détaillées. Ces méthodologies seront complétées par des conseils pratiques et mises en œuvre avec des exercices de **sujets de concours récents corrigés**.

Enfin, le concours d'entrée sert à évaluer la faculté de compréhension et de réflexion des candidats ainsi que leur **capacité d'expression**, comme cela est expressément mentionné à propos de l'épreuve écrite de culture générale. En ce qui concerne l'expression, de nombreux candidats rencontrent de grandes difficultés à donner aux mots leur forme et leur sens exacts, à construire des phrases grammaticalement correctes, à mettre en œuvre à l'écrit une ponctuation rigoureuse et finalement à être compris des correcteurs.

B. Les résultats des concours

À l'issue de l'épreuve orale d'admission et au vu de la seule note obtenue à cette épreuve, le jury établit la **liste de classement** qui comprend une liste principale et une liste complémentaire. En 2002, dans la région Île-de-France, où 1 397 places étaient offertes aux concours d'aide-soignant, 2 376 candidats ont été admis, dont 25 % sur liste complémentaire. En ce qui concerne les concours d'auxiliaire de puériculture, il y a eu 1 064 admis, dont 60 % sur liste complémentaire, pour 850 postes.

En cas d'égalité de points entre deux ou plusieurs candidats, l'admission est déclarée dans l'**ordre de priorité** suivant :

- au(x) candidat(s) ayant bénéficié d'une dispense de l'épreuve écrite de culture générale ;
- au(x) candidat(s) ayant obtenu la note la plus élevée à l'épreuve de culture générale, dans le cas où aucun des candidats à départager n'a été dispensé de cette épreuve ;
- au candidat le plus âgé, dans le cas où les conditions précédentes n'ont pu départager les candidats.

Les résultats sont affichés au siège de chaque institut de formation concerné, dans un lieu accessible à toute heure à la consultation. Tous les candidats sont personnellement **informés** par écrit de leurs résultats.

Si dans les dix jours suivant l'affichage, un candidat classé sur la liste principale ou sur la liste complémentaire n'a pas **confirmé** par écrit son souhait d'entrer en formation, il est présumé avoir renoncé à son admission ou à son classement sur la liste complémentaire et sa place est proposée au candidat inscrit en rang utile sur cette dernière liste.

En cas d'organisation départementale ou régionale, les candidats choisissent leur institut d'affectation en fonction de leur rang de classement et des vœux qu'ils ont exprimés, soit lors de leur inscription aux épreuves, soit à l'issue des résultats.

Lorsque, dans un institut ou un groupe d'instituts, la **liste complémentaire** établie à l'issue des épreuves de sélection n'a pas permis de pourvoir l'ensemble des places offertes, le directeur ou les directeurs des instituts concernés peuvent faire appel à des candidats inscrits sur la liste complémentaire d'autres instituts, restés sans affectation à l'issue de la procédure d'admission dans ceux-ci. Ces candidats sont admis dans les instituts dans la limite des places disponibles. Parmi les candidatures reçues par un institut, la priorité est accordée à celles émanant de candidats ayant satisfait aux épreuves de sélection dans le département ou la région, en fonction du choix opéré pour l'organisation du concours.

III. COMMENT SE DÉROULE LA FORMATION DES AIDES-SOIGNANTS ET DES AUXILIAIRES DE PUÉRICULTURE ?

A. La formation

Les résultats des épreuves de sélection ne sont valables que pour la rentrée au titre de laquelle elles ont été organisées. Cependant, un **report d'admission d'un an**, renouvelable une seule fois, est accordé de droit par le directeur départemental des affaires sanitaires et sociales, en cas de congé de maternité, de rejet d'une demande de mise en disponibilité ou pour garde de son enfant ou d'un de ses enfants âgé de moins de quatre ans.

Un report d'admission d'un an, renouvelable deux fois, est accordé de droit par le directeur départemental des affaires sanitaires et sociales, en cas de rejet du bénéfice de la promotion professionnelle ou sociale ou de rejet d'une demande de congé individuel de formation ou de congé de formation professionnelle.

En outre, en cas de maladie, d'accident, ou si le candidat apporte la preuve de tout autre événement grave lui interdisant d'entreprendre ses études au titre de l'année en cours, un report peut être accordé par le directeur départemental des affaires sanitaires et sociales.

Toute personne ayant bénéficié d'un report d'admission doit confirmer son intention de reprendre sa scolarité à la rentrée suivante, au plus tard trois mois avant la date de cette rentrée. Le report est valable pour l'institut dans lequel le candidat avait été précédemment admis. L'application de ces dispositions ne peut donner lieu à un report de scolarité d'une durée supérieure à trois ans.

L'**admission définitive** dans un institut de formation est subordonnée :

- à la production, au plus tard le premier jour de la rentrée, d'un certificat médical par un médecin agréé attestant que le candidat ne présente pas de contre-indication physique ou psychologique à l'exercice de la profession ;
- à la production, au plus tard le jour de la première entrée en stage, d'un certificat médical de vaccinations conforme à la réglementation en vigueur fixant les conditions d'immunisation des professionnels de santé en France.

La formation conduisant au diplôme professionnel d'aide-soignant ou d'auxiliaire de puériculture comporte **1 435 heures d'enseignement** théorique et clinique, en institut et en stage, sur une durée totale de dix mois.

L'enseignement en institut comprend huit modules, dispensés sous forme de cours magistraux, de travaux dirigés, de travaux de groupe et de séances d'apprentissages pratiques et gestuels. L'enseignement en stage est réalisé en milieu professionnel, que ce soit dans le secteur sanitaire, social ou médico-social, en établissement, et comprend 6 stages.

La formation conduisant au diplôme professionnel peut, à l'initiative de l'institut, être suivie de façon **discontinue**, sur une période ne pouvant excéder deux ans.

Les textes prévoient des **dispenses de formation** pour différentes catégories de personnes :

- les titulaires du diplôme d'État d'auxiliaire de vie sociale ou de la mention complémentaire aide à domicile (AS, AP) ;
- les titulaires du diplôme d'État d'aide médico-psychologique (AS, AP) ;
- les titulaires du titre professionnel d'assistant(e) de vie aux familles (AS) ;
- les titulaires du diplôme d'État d'ambulancier ou du certificat de capacité d'ambulancier (AS).

De même, les personnes titulaires du diplôme d'État d'auxiliaire de puériculture souhaitant obtenir le diplôme d'État d'aide-soignant ou celles titulaires du diplôme d'État d'aide-soignant désireuses de posséder le diplôme d'État d'auxiliaire de puériculture sont dispensées de six modules de formation. Elles doivent accomplir les stages relatifs aux deux autres modules soit auprès d'adultes, dont un au moins auprès de personnes âgées, dans le premier cas, soit l'un en structure d'accueil d'enfants de moins de 6 ans et l'autre en établissement ou service accueillant des enfants malades, dans le second.

Il y a peu de **redoublements** pendant la formation. La proportion de redoublants est en effet de 0,3 % dans les écoles d'aides-soignants et de 0,2 % dans celles d'auxiliaires de puériculture.

B. Le diplôme

En fonction du mode d'accès, le diplôme peut s'acquérir soit par le suivi et la validation de l'intégralité de la formation, en continu ou en discontinu, soit par le suivi et la validation d'une ou de plusieurs unités de formation correspondant aux compétences non validées.

Dans le cas du suivi du cursus complet de formation, l'**évaluation des compétences** acquises par les élèves est effectuée tout au long de leur formation. Sont déclarés reçus au diplôme d'État les candidats qui ont validé l'ensemble des compétences liées à l'exercice du métier.

Les **taux de réussite** sont souvent proches de 100 % : 98,7 % pour les aides-soignants et 99 % pour les auxiliaires de puériculture en 2004. Les femmes réussissent mieux que les hommes : les taux de réussite des premières sont respectivement de 98,9 % (AS) et 99,1 % (AP), tandis que les seconds ne sont que 97,2 % (AS) et 94,1 % (AP) à obtenir leur diplôme.

En ce qui concerne les **évolutions de carrière**, après trois années d'exercice professionnel, un aide-soignant ou un auxiliaire de puériculture peut se présenter aux épreuves de sélection pour l'entrée en institut de formation en soins infirmiers (IFSI).

J-60 CULTURE GÉNÉRALE Méthodologie de l'écrit (I)

I. CONSEILS GÉNÉRAUX

A. Présentation de l'épreuve

Commune aux deux concours, l'épreuve écrite de culture générale, en lien avec le domaine sanitaire et social, comprend deux parties. D'une durée de 2 heures, cette épreuve anonyme est notée sur 20 points.

Dans la **première partie**, le candidat doit, à partir d'un texte de culture générale d'une page maximum et portant sur un sujet d'actualité d'ordre sanitaire et social :

- dégager les idées principales du texte ;
- commenter les aspects essentiels du sujet traité sur la base de 2 questions au maximum.

Cette partie est notée sur 12 points et a pour objet d'évaluer les capacités de compréhension et d'expression écrite du candidat.

La **seconde partie** consiste en une série de 10 questions à réponse courte :

- 5 questions portant sur des notions élémentaires de biologie humaine ;
- 3 questions portant sur les quatre opérations numériques de base ;
- 2 questions d'exercices mathématiques de conversion.

Notée sur 8 points, cette partie a pour objet de tester les connaissances du candidat dans le domaine de la biologie humaine ainsi que ses aptitudes numériques.

La durée de l'épreuve peut vous sembler longue. En réalité, vous ferez sans doute l'expérience qu'elle peut passer très vite. C'est pourquoi il est essentiel de gérer méthodiquement le temps et le travail.

IMPORTANT : *n'oubliez pas d'apporter une montre le jour du concours. En revanche, il vous sera interdit de recourir à votre téléphone mobile.*

La **répartition de votre temps de travail** doit bien sûr correspondre au barème de l'épreuve :

- 1 heure environ pour la culture générale ;
- 50 minutes au maximum pour les questions à réponse courte de biologie humaine et de mathématiques ;
- 10 minutes pour la relecture.

Tout sujet comprend donc obligatoirement **deux éléments** — un texte et des questions (de culture générale, de biologie humaine, de mathématiques) — toujours précédés de **consignes** relatives à la rédaction de la copie. Lisez attentivement ces consignes et respectez-les, au lieu d'à peine les survoler comme le font de trop nombreux candidats.

Vous n'êtes nullement tenu de traiter les questions dans l'ordre du sujet. À cet égard, vous pouvez envisager **deux stratégies** différentes mais également acceptables :

- vous commencez par les questions affectées du nombre de points le plus important ;
- vous traitez d'abord les questions correspondant à vos points forts.

B. Présentation de la partie relative à la culture générale

Le **texte** se montre de longueur variable, entre une demi-page et une page.

Il consiste le plus souvent dans un article ou un extrait d'article de presse ou de revue, qui est consacré à un thème et à un débat d'actualité d'ordre sanitaire et social : la dépendance des personnes âgées, la douleur, l'allaitement maternel, l'obésité, les drogues licites ou illicites, la délinquance des jeunes, l'égalité entre les femmes et les hommes, les politiques publiques culturelles, les nouvelles technologies, l'éducation, les médias, le chômage...

En ce qui concerne la culture générale, les règlements des concours imposent **deux ou trois questions**. En principe, leur barème est indiqué afin que les candidats puissent mieux doser leurs efforts.

On peut répartir ces questions en deux grandes catégories.

Les unes sont des **questions de pure compréhension du texte** :

- dans la première question, il vous est en principe demandé de dégager les idées principales, les thèses essentielles du texte ;
- une ou deux questions peuvent ensuite consister à expliquer un paragraphe ou une idée du texte.

Cette question ou ces deux questions supplémentaires peuvent au contraire conduire le candidat à mobiliser **des connaissances et des réflexions personnelles**. C'est le cas si on lui demande de « commenter » un argument extrait du texte. « Commentez la phrase du texte : "Les personnes âgées, dans leur immense majorité, souhaitent vivre chez elles le plus longtemps possible, même lorsqu'elles ont un léger handicap." (3 points) » (GRETA paramédical et social, Lycée Rabelais, Paris, AS, 16 mars 2006)

Enfin, il peut être demandé au candidat un développement personnel s'apparentant à une mini-rédaction, dont la longueur maximale est éventuellement précisée. « À votre avis, le bruit peut-il avoir des aspects positifs ? Argumentez votre réponse en une dizaine de lignes. » (IFSI Fondation Croix-Saint-Simon, AS, 15 mars 2006)

II. PRÉPARATION DE LA PARTIE RELATIVE À LA CULTURE GÉNÉRALE

L'épreuve vise à apprécier la maîtrise d'une « culture sanitaire et sociale » dont aucun texte ne définit le contenu. Malgré l'absence de programme réglementaire, elle exige l'exploitation de références, de faits, d'arguments variés, précis et exacts. En aucun cas, un devoir ne peut se réduire à une collection d'idées générales ou à des propos de Café du commerce.

Vous trouverez dans cet ouvrage, à propos des grandes questions régulièrement soumises aux candidats des concours d'entrée dans les écoles d'AS/AP, des **fiches de cours ou de révision** et, bien sûr, des exercices corrigés.

Les candidats désireux d'approfondir une question trouveront également des **conseils de lecture**, par exemple une étude ou un rapport récemment publiés.

Les plus courageux s'efforceront peut-être d'étudier un **ouvrage de référence**, par exemple *La Culture sanitaire et sociale en 70 fiches* (Ellipses, 2008, 576 pages) ou, s'ils sont pressés, *l'Abrégé de culture sanitaire et sociale* (Ellipses, 2007, 360 pages).

Vous devez aussi vous efforcer de suivre l'**actualité** sanitaire et sociale. D'abord, il est essentiel de se familiariser avec des textes de même nature que ceux donnés au concours. Essayez donc de lire régulièrement les pages Santé et Social d'un hebdomadaire ou un magazine consacré à ces thèmes.

Pour découvrir l'actualité, **Internet** se montre un instrument précieux. Vous trouverez ainsi le plus grand profit à visiter régulièrement le site des ministères compétents en matière sanitaire et sociale et, le cas échéant, à vous abonner à leur lettre d'actualité :

- ministère de la Santé et des sports (*www.sante-sports.gouv.fr* ; *www.sante.fr*) ;
- ministère du Travail, des relations sociales, de la famille, de la solidarité et de la ville (*www.travail-solidarite.gouv.fr* ; www.femmes-egalite.gouv.fr ; *www.handicap.gouv.fr* ; *www.personnes-agees.gouv.fr*).

Ces sites proposent en effet des rubriques « Actualités », « Dossiers », etc., qui permettent de suivre l'évolution de l'actualité sanitaire et sociale au moyen de documents gratuitement proposés, clairement rédigés et régulièrement actualisés.

Toutes ces lectures doivent être attentives, méthodiques et actives : vous devez rechercher dans le dictionnaire la définition des mots et des expressions qui vous paraissent difficiles, mais aussi repérer la structure du texte ou en tout cas la progression des idées. Apprenez à toujours lire avec un crayon ou un surligneur à la main.

Il faut impérativement prendre conscience que toute lecture ne laissant pas de trace écrite se montre vaine. Six semaines ou six mois après l'avoir faite, il ne vous reste plus assez de matière pour nourrir des développements précis et argumentés.

Après avoir lu, surligné et annoté chaque document, vous devez passer à la **prise de notes**. Par exemple, un article de la presse quotidienne ou hebdomadaire contient rarement plus de deux ou trois idées exploitables le jour du concours. Prenez la peine de les résumer et, le cas échéant, de noter deux ou trois chiffres, dates, citations, etc., susceptibles de les étayer. Ce travail de réécriture favorise la mémorisation et l'appropriation des informations. Avec les documents plus ambitieux, dégagez et notez leur plan détaillé.

Il est par ailleurs judicieux de noter dans un **répertoire** les définitions des notions que l'on rencontre dans les documents étudiés. Les définitions sont en effet indispensables à la compréhension et au traitement des sujets.

Dans les semaines précédant le concours, quand il devient trop tard pour entreprendre de longues lectures, vous lirez, relirez, apprendrez votre répertoire et toutes ces fiches que vous aurez progressivement rangées dans des dossiers thématiques.

L'intérêt pour les thèmes d'actualité et les débats de société peut également se nourrir d'**émissions de radio ou de télévision**. Mais, pour préparer le concours, rien ne peut remplacer la lecture.

Enfin, l'épreuve de culture générale pour objet d'évaluer les **capacités d'expression** écrite des candidats. Certains réviseront donc avec profit les règles essentielles de la langue française afin d'en déjouer les difficultés les plus communes.

EXERCICE

Pour éviter que jouer avec les enfants soit une corvée, les concepteurs imaginent des produits satisfaisant à la fois petits et grands. Avec moins de place laissée au hasard.

Même s'il se dévoue parfois pour des parties de bataille ou de petits chevaux avec ses petits-enfants, Jacques, 68 ans, n'aime pas vraiment çà. Le jeu l'ennuie. « Il faut trouver des formules qui ménagent une part de hasard pour laisser une chance aux enfants, mais qui soient assez stratégiques pour intéresser les parents ou les grands-parents, afin que tous y trouvent leur plaisir », explique Manuel Rozoy. Outre l'inoxydable Monopoly, champion toutes catégories depuis 1935, certaines nouveautés répondent à ces critères « parce qu'elles sont fondées sur l'observation, la mémoire et la rapidité, des domaines communs à l'adulte et à l'enfant mais où ce dernier a de sérieux atouts », précise M. Rozoy.*

Le jeu de société aide l'enfant à trouver sa place au sein d'un groupe et à respecter des règles communes, tout en développant l'esprit de compétition. Il contribue aussi à exercer sa mémoire, ses capacités d'observation, de concentration et d'anticipation. Il lui enseigne à gérer des conflits, car le principal moteur du jeu est la conquête d'un pouvoir.

Michaela Bobasch, *Le Monde*, 14 décembre 2006

** Manuel Rozoy, responsable du concours des créateurs de jeux de société et animateur de jeux pour adultes à la ludothèque de Boulogne-Billancourt (Hauts-de-Seine).*

➤ Dégagez les idées principales du texte et proposez un titre.

IFSI hôpital Esquirol (Saint-Maurice), 2007

J-60 CORRIGÉ

CULTURE GÉNÉRALE

Les jeux de société peuvent réunir les différentes générations. Pour que les enfants comme les adultes prennent plaisir et intérêt à jouer ensemble, ces jeux doivent mobiliser des qualités communes à tous, telles que l'observation.

À cette condition, les jeux de société peuvent contribuer au développement de l'enfant. D'une part, ils l'obligent à exercer des qualités individuelles comme la concentration. D'autre part, ils participent à sa socialisation en lui permettant l'apprentissage des règles de la vie en groupe, avec ses inévitables compétitions et conflits.

Le titre du texte pourrait être : « Jouer en famille pour éduquer son enfant ».

J-59 BIOLOGIE
La cellule

I. STRUCTURE GÉNÉRALE DE LA CELLULE

LA CELLULE

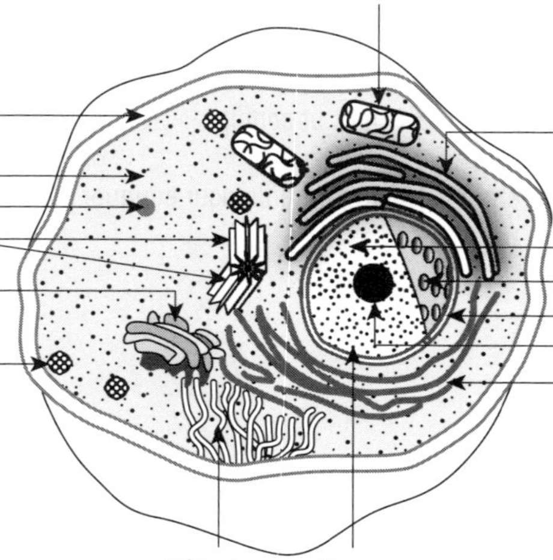

La cellule, unité de base de l'organisme est entourée par la **membrane cytoplasmique**. À l'intérieur se trouvent :

- le **noyau qui** dirige les activités cellulaires, délimité par une **membrane nucléaire** percée de **pores**. Il contient le **nucléole** constitué de granules d'ADN et d'ARN et la **chromatine** (ensemble de chromosomes), qui baignent dans le **hyaloplasme**.
- le **cytoplasme**, substance qui entoure le noyau et contient divers éléments appelés organites.

Les organites sont :

- les **ribosomes**, responsables de la synthèse des protéines.
- le **réticulum endoplasmique** qui fixe les protéines.
- l'**appareil de Golgi** qui stock, transporte et participe à la synthèse des lipides et des protéines.
- les **lysosomes** qui interviennent dans la destruction des éléments étrangers et dans le renouvellement des structures cellulaires.
- les **mitochondries** qui permettent la respiration cellulaire et produisent l'énergie nécessaire.

- les **2 centrioles** qui interviennent dans la division cellulaire.
- les **vacuoles** qui apportent à la cellule des substances utilisables ou et exportent des déchets.

Chaque cellule naît, vit et meurt. Elle utilise l'oxygène et les nutriments apportés par le sang, et rejette du dioxyde de carbone et des déchets.

Selon leur fonction, les cellules ont des dimensions (rondes, allongées, étirées), des formes une durée de vie différentes. Les cellules qui se déplacent le font grâce à un **flagelle**, comme le spermatozoïde, ou à des **pseudopodes**, comme les globules blancs. Ce phénomène s'appelle la **diapédèse**.

II. LA REPRODUCTION CELLULAIRE

La **mitose** est le mode de reproduction d'une cellule classique : la cellule se divise en deux cellules-filles identiques à la cellule-mère. À l'issue de la division cellulaire, on obtient le même nombre de chromosomes contenant l'information génétique. La mitose se déroule en 4 phases :

1. La prophase : les 46 chromosomes sont formés de 2 filaments d'ADN semblables, les chromatides qui se séparent et migrent vers les pôles de la cellule : les asters.
2. La métaphase : les chromosomes occupent le centre du fuseau achromatique.
3. L'anaphase : chaque chromatide devient un véritable chromosome qui migre vers les pôles de la cellule.
4. La télophase : les chromosomes sont entourés par une nouvelle membrane nucléaire. La cellule s'étire et se divise en 2 cellules filles.

La **méiose** est la division cellulaire en 2 temps successifs, propre à la multiplication des cellules sexuelles, constituées de 23 chromosomes dont 1 chromosome est sexué (X chez la femme ou Y chez l'homme).

Les 23 paires de chromosomes se dédoublent en 2 chromatides (46) qui vont migrer vers les pôles de la cellule. Chaque pôle se sépare ensuite pour former 2 cellules à 23 chromosomes. La mitose intervient ensuite. Les 2 divisions successives sont séparées par une interphase. Chaque méiose aboutit à 4 spermatozoïdes chez l'homme, et à 1 ovocyte chez la femme.

EXERCICE

1. Remettre les mots en ordre : métaphase, télophase, prophase, anaphase.
2. Nommer l'organite qui produit l'énergie de la cellule et celui responsable de la synthèse des protéines et le mode de reproduction d'une cellule sexuelle
3. Remettre les mots manquants : La cellule comprend ...... chromosomes. Les cellules ...... sont constituées de 23 chromosomes dont 1 est sexué (...... chez la femme ou ...... chez l'homme).

MATHÉMATIQUES
Les nombres entiers

I. DÉFINITION

Un nombre entier est un nombre qui ne comporte pas de virgule. *Ex* : 235. Ils sont écrits à l'aide des chiffres 0, 1, 2, 3, 4, 5, 6, 7, 8, 9.

Pour rendre les nombres plus lisibles, on groupe les chiffres par 3, en commençant par le dernier. *Ex* : 1 235 329.

Chaque groupe de 3 chiffres est appelé **classe** ; et dans chaque classe existe le rang – **des unités**, **des dizaines et des centaines** – selon le tableau suivant :

Classe des milliards			Classe des millions			Classe des mille			Classe des unités simples		
c	d	u	c	d	u	c	d	u	c	d	u
					1	2	3	5	3	2	9
									2	0	3

On met un seul chiffre par case.

Quand un rang n'est pas représenté, on met un zéro. *Ex* : 2 centaines et 3 unités s'écrit 203.

II. ÉCRITURE EN LETTRES

1. On met des traits d'union pour écrire les nombres inférieurs à 100.

   EXEMPLE : 78 s'écrit soixante-dix-huit ; 1 325 s'écrit mille trois cent vingt-cinq.

   Dans vingt et un, trente et un, *et* remplace le trait d'union.
2. **Mille** ne prend jamais de s. *Ex* : deux mille.
3. **Vingt** et **cent** prennent un *s*, lorsqu'ils ne sont pas suivis d'un autre nombre.
4. Exemple : 300 s'écrit trois cents mais 330 s'écrit trois cent trente ; 80 s'écrit quatre-vingts mais 90 s'écrit quatre-vingt-dix.

   EXCEPTIONS : la page deux cent car c'est la deux centième page ; le kilomètre cinq cent, c'est le cinq centième kilomètre.

CLASSEMENT

On peut classer les nombres :

- par **ordre croissant (**du plus petit au plus grand). On écrit 101 < 110
- par **ordre décroissant** (du plus grand au plus petit). On écrit 110 > 101

On peut arrondir un nombre :

- à la dizaine près par excès (dizaine au dessus, quand le chiffre des unités est égal ou supérieur à 5).

  EXEMPLE : j'arrondis 516 à la dizaine près par excès → réponse : 520.

- à la dizaine près par défaut (dizaine au dessous, quand le chiffre des unités est inférieur à 5).

  EXEMPLE : j'arrondis 712 à la dizaine près par défaut → réponse : 710.

- à la centaine près par excès (centaine au dessus, quand le chiffre des dizaines est égal ou supérieur à 5).

  EXEMPLE : j'arrondis 1 576 à la centaine près par excès → réponse : 1 600.

- à la centaine près par défaut (centaine au dessous, quand le chiffre des dizaines est inférieur à 5).

  EXEMPLE : j'arrondis 1 546 à la centaine près par défaut → réponse : 1 500.

EXERCICE

1. En vous aidant du tableau, écrire le nombre correspondant à :
   - 3 centaines de mille, 4 dizaines de mille, 5 centaines d'unités et 2 unités
   - 7 dizaines de millions, 4 centaines de mille et 2 unités de mille
   - 9 centaines de millions et 5 dizaines d'unités
2. Écrire en lettres les nombres suivants : 207 – 1 380 – 2 005 342 – 1 534 240 400 – 41 290.
3. Écrire en chiffres : deux cent trois mille – quatre millions cinq cent trois mille deux – cent quatre mille – vingt et un milliards – quatre cent dix millions.
4. Classer par ordre croissant : 310 – 130 – 103 – 301 – 31 – 13 – 313 – 131.
5. Arrondir à la dizaine près : 1 253 – 1 804 – 2 687 – 18 432 – 25 958 – 30 999.
6. Arrondir à la centaine près : 2 318 – 4 583 – 25 504 – 364 790 – 49 235.

J-59 CORRIGÉ

BIOLOGIE

1. Prophase – métaphase – anaphase – télophase
2. Mitochondries – appareil de Golgi – méiose.
3. 46 – sexuelles – Y – X.

MATHÉMATIQUES

1. 340 502 – 70 402 000 – 900 000 050.
2. deux cent sept – mille trois cent quatre-vingts – deux millions cinq mille trois cent quarante deux – un milliard cinq cent trente-quatre millions, deux cent quarante mille, quatre cents quarante et un mille deux cent quatre-vingt-dix.
3. 203 000 – 4 503 002 – 104 000 – 21 000 000 000 – 410 000 000.
4. 13 – 31 – 103 – 130 – 131 – 301 – 310 – 313.
5. 1 250 – 1 800 – 2 690 – 18 430 – 25 960 – 31 000.
6. 2 300 – 4 600 – 25 500 – 364 800 – 49 200.

J-58 CULTURE GÉNÉRALE
Méthodologie de l'écrit (II)

Le jour de l'épreuve, de nombreux candidats survolent plus qu'ils ne lisent le texte et les questions proposés dans le sujet. Or l'ensemble du texte doit faire l'objet d'au moins deux lectures. Après avoir pris connaissance des informations périphériques (notamment auteur, titre, date), le candidat fait une **première lecture globale et rapide** pour identifier la problématique et les principales thèses, sans se perdre dans les détails ou les difficultés.

Puis le candidat reprend le texte avec plus d'attention pour en dégager la structuration, retrouver la progression des thèmes ou l'articulation des idées, comprendre le moindre détail. Cette **seconde lecture analytique** se fait en principe avec un surligneur et un crayon à la main afin de surligner les mots-clés, entourer les mots structurants, marquer de traits verticaux les césures du texte, numéroter les parties, les thèmes, les arguments... Puis le candidat note au brouillon le plan détaillé du texte ou du moins s'efforce de repérer la progression, l'enchaînement, l'articulation des arguments développés. Ce travail lui permettra de dégager avec efficacité et même facilité les idées principales du texte et donc de répondre à la première question de tous les sujets.

De même, chaque **question** doit également être lue deux fois, de façon à appréhender son sens exact et à déjouer les difficultés ou pièges éventuels.

EXERCICE

Les gothiques revendiquent plus qu'une esthétique.

Sociologues et pouvoirs publics s'avouent dans l'incapacité de chiffrer la population des « gothiques ». Il n'empêche ; depuis cinq ans, les établissements scolaires en accueillent de plus en plus. [...] Les « gothiques » sont pour la plupart des athées et leur esthétique fait écho à un état d'esprit sombre et désespéré. Inspirés du « romantisme noir », ils sont en général obsédés par les problèmes existentiels, certains allant jusqu'à considérer la mort comme une libération. [...]

À l'instar d'autres conduites dites marginales, le « gothisme » donne l'occasion à certains de s'opposer au modèle parental, jugé trop conformiste, de se démarquer de la culture dominante. Il fait écho au mal-être de certains d'entre eux. [...] S'ils sont en fait rarement violents envers les autres et se révèlent même plutôt sensibles, il leur arrive d'être violents envers eux-mêmes. Parfois de manière dramatique.

Marie BOËTON, *Les Dossiers de l'actualité*, juin 2006

➤ Reformuler trois idées principales du texte. *Rédiger la réponse en 10 lignes.*

IFSI Toulouse, 2007

TEST PSYCHOTECHNIQUE
Aptitude logique

Dans ces exercices il faut trouver le nombre manquant. Pensez à calculer la somme des diagonales, des colonnes, des lignes. Regardez si tous les nombres sont pairs ou impairs, pensez à comparer leur chiffre des unités, des dizaines ou des centaines, la somme de leurs chiffres. Essayez de trouver une idée commune dans chaque tableau ou suite de nombres...

1. Quel nombre remplace le point d'interrogation ?

9	1	3	?
8	3	5	2
7	6	4	6
9	5	3	9

☐ A 9
☐ B 4
☐ C 5
☐ D 8

2. Quelle est la valeur manquante ?

211 – 213 – 215 – 217 – ?

☐ A 219
☐ B 295
☐ C 212
☐ D 218

3. Quelle est la valeur qui complète la série suivante ?

138 – 653 – 178 – 792 – 217 – ?

☐ A 143
☐ B 831
☐ C 270
☐ D 409

4. Quelle est la valeur manquante ?

30 – 13 – 23 – 24 – ?

☐ A 77
☐ B 28
☐ C 34
☐ D 72

5. Quel nombre remplace le point d'interrogation ?

22	62	64	38
8	?	4	52
60	66	44	48
884	42	384	88

- ☐ A 177
- ☐ B 19
- ☐ C 29
- ☐ D 28

6. Quel nombre remplace le point d'interrogation ?

5	6	5	7
8	4	5	5
4	9	?	5
6	4	2	6

- ☐ A 2
- ☐ B 5
- ☐ C 11
- ☐ D 8

J-58 CORRIGÉ

CULTURE GÉNÉRALE

Même si leur nombre n'est pas connu exactement, les jeunes gothiques sont en augmentation. Ils se caractérisent notamment par un athéisme nihiliste et par une esthétique pessimiste, parfois morbide.

L'appartenance au mouvement gothique peut manifester une volonté de provoquer des parents ou une société considérés comme conformistes, ou encore traduire un véritable spleen.

Enfin, si certains gothiques se montrent violents, c'est surtout contre eux-mêmes, en commettant des actes qui les mettent parfois en danger.

TEST PSYCHOTECHNIQUE

1. Réponse A.
   Les quatre nombres placés aux sommets du carré sont des 9.
2. Réponse A.
   Il y a 2 unités d'écart entre chaque nombre. Le nombre manquant est 219.
3. Réponse B.
   La somme du chiffre des unités et des centaines de chacun de ces nombres est toujours égale à 9. Donc 831 répond à cette contrainte ; c'est la seule solution possible.
4. Réponse C.
   Il faut regarder la somme des chiffres de chaque nombre. 30 donne 3 (3+0) ; 13 donne 4 ; 23 donne 5 ; 24 donne 6 ; donc le nombre manquant doit donner 7 comme somme de ses nombres.
5. Réponse D.
   Tous les nombres de cette grille sont pairs (chiffre final égal à 0, 2, 4, 6 ou 8) donc 28 est la seule solution possible les autres propositions n'offrant que des solutions impaires.
6. Réponse C.
   Dans cette grille la somme des nombres d'une même colonne vaut toujours 23. Donc 11 est la seule solution possible.

J-57 BIOLOGIE
Organisation du corps humain

ORGANISATION

Les **cellules** assemblées entre elles forment un **tissu**. Un ensemble de tissus forme un **organe**. Des organes assemblés constituent un **appareil ou système**. **Une fonction** est assurée par un ou plusieurs appareils.

Trois fonctions essentielles permettent à l'être humain de vivre : fonction de relation de nutrition et de reproduction.

Fonctions	Rôles	Appareils	Organes
relation	permet de percevoir l'environnement	appareil locomoteur	muscles, os, articulations
		système nerveux et sensoriel	cerveau, moelle épinière, organes des sens
nutrition	répond aux besoins vitaux du corps humain : nourriture et oxygénation des cellules	appareil digestif	bouche, œsophage, estomac, intestins, foie, pancréas, glandes salivaires
		appareil circulatoire	cœur, vaisseaux
		appareil respiratoire	nez, pharynx, larynx, trachée, bronches, poumons
		appareil excréteur	rein, vessie
reproduction	permet à l'espèce humaine de se reproduire	appareil génital ou reproducteur	vagin, utérus, glandes mammaires, verge, testicules, prostate

LES TISSUS

- Le **tissu épithélial** recouvre l'ensemble extérieur du corps (la peau) ou une cavité naturelle (digestive, respiratoire...). Il est composé de cellules jointives. Il se régénère facilement et rapidement.
  - L'épithélium glandulaire est composé de cellules qui sécrètent des substances déversées soit à l'intérieur du corps (fonction endocrine) soit à l'extérieur (fonction exocrine).
  - L'endothélium tapisse les vaisseaux sanguins.
  - L'épithélium des muqueuses recouvre les organes en relation avec l'extérieur.
  - L'épithélium des séreuses tapisse une cavité intérieure et recouvre les viscères.

- Le **tissu conjonctif** assure le soutien, la fixation, la protection des organes, et l'isolation lorsqu'il est présent dans le tissu adipeux sous-cutané.
  Il est composé de fibres et de cellules, non juxtaposées, qui baignent dans une substance fondamentale. Il est riche en vaisseaux sanguins. Il peut être lâche, dense ou élastique.
- Le **tissu musculaire** constitue les muscles striés du squelette, les parois du cœur, la paroi des organes creux (muscles lisses).
- Le **tissu nerveux** se trouve dans le cerveau, la moelle épinière et les nerfs. Il se compose de 2 types de cellules : les neurones qui transmettent l'influx nerveux et les cellules gliales qui sont des cellules de soutien.

Les tissus se régénèrent et se reproduisent.

Lors du vieillissement, l'épithélium s'amincit et devient plus fragile. Une bonne hygiène de vie permet de préserver plus longtemps l'intégrité des tissus : alimentation équilibrée, exercice physique, abandon d'absorption de certaines substances (tabac, alcool, médicaments) qui lèsent les tissus.

EXERCICES

1. Nommer le tissu qui tapisse les vaisseaux sanguins.
2. Citer les différentes fonctions assurées par les organes et leurs rôles.
3. Parmi ces mots, retrouver l'intrus : bouche – rein – foie – pancréas – estomac – œsophage.

MATHÉMATIQUES
Les nombres décimaux

I. DÉFINITION

Un nombre décimal est un nombre qui comporte une virgule.

Exemple : 235,4

Il se compose d'une partie entière et d'une partie décimale, selon le tableau ci-dessous.

Partie entière			Partie décimale		
centaines	**dizaines**	**unités**	**dixièmes**	**centièmes**	**millièmes**
2	3	5	4		
2	3	5	4	7	
2	3	5	4	7	9

Dans le nombre décimal 235,479 : 235 est la partie entière ; 479 est la partie décimale et 4 est le chiffre des dixièmes, 7 est le chiffre des centièmes et 9 est le chiffre des millièmes.

- 1 dixième = 0,1
- 1 centième = 0,01
- 1 millième = 0,001

II. ÉCRITURE EN LETTRES

235,4 s'écrit deux cent trente-cinq (unités) et quatre dixièmes.

235,47 s'écrit deux cent trente-cinq (unités) et quarante-sept centièmes.

235,479 s'écrit deux cent trente-cinq (unités) et quatre cent soixante-dix-neuf millièmes.

III. COMPARAISON DES DÉCIMAUX

Pour comparer 2 nombres décimaux, on compare les parties entières (le plus petit nombre est celui qui a la plus petite partie entière).

S'ils ont la même partie entière, on compare les décimaux à partir des dixièmes.

Attention : ce n'est pas le nombre qui comporte le plus de chiffres qui est forcément le plus grand.

EXEMPLES : 17,69 > 17,4 car ils ont la même partie entière : 17, mais le chiffre des dixièmes de 17,69 : – soit 6 – est plus grand que celui de 17,4 – soit 4.

28,253 > 28,251 car ils ont la même partie entière : 28, le même chiffre des dixièmes : 2 et le même chiffre des centièmes :

5, mais le chiffre des millièmes de 28,253 – soit 3 – est plus grand que celui de 28,251 – soit 1

IV. ARRONDI D'UN NOMBRE DÉCIMAL

Arrondir un nombre décimal à l'unité, c'est donner le nombre entier le plus proche de ce décimal.

Si le chiffre des dixièmes est inférieur à 5, on arrondit à l'entier inférieur, s'il est supérieur ou égal à 5, on arrondit à l'entier supérieur.

EXEMPLES : L'arrondi à l'unité de 150,32 est 150. L'arrondi à l'unité de 249,52 est 250

La règle est la même pour arrondir au dixième, au centième ou au millième près.

EXEMPLES : L'arrondi de 32,47 au dixième près est 32,5.
L'arrondi de 58,423 au centième près est 58,42.

EXERCICES

1. Écrire en lettres : 1 304,97 – 5,731 – 971,4 – 0,57 – 87,04.
2. Écrire en chiffres : six dizaines cinq dixièmes ; deux centaines huit unités deux dixièmes trois centièmes ; quatre dixièmes cinq millièmes ; trente-cinq centièmes ; deux milliers six centaines sept dixièmes.
3. Arrondir chaque longueur au centimètre le plus proche : 13,7 cm – 3,9 cm – 27,3 cm – 1,6 cm.
4. Arrondir au dixième près : 15,33 – 137,49 – 0,85 – 1,06.
5. Voici une facture téléphonique :

Locales	3,841 €
Nationales	6,767 €
Vers N° internet	8,674 €
Vers Orange	1,158 €
Autres appels	0,117 €

Ranger ces prix par ordre décroissant

J-57 CORRIGÉ

BIOLOGIE

1. L'épithélium.
2. La fonction de relation permet de percevoir l'environnement. La fonction de nutrition permet de nourrir, oxygéner les cellules. La fonction de reproduction permet à l'espèce humaine de se reproduire.
3. Le rein ne fait pas partie de l'appareil digestif.

MATHÉMATIQUES

1. Mille trois cent quatre et quatre – vingt – dix – sept centièmes ; cinq et sept cent trente et un millièmes ; neuf cent soixante et onze et quatre dixièmes : cinquante – sept centièmes : quatre – vingt – sept et quatre centièmes.
2. 60,5 ; 208,23 ; 0,405 ; 0,35 ; 2 600,7
3. 14 ; 4 ; 27 ; 2
4. 15,3 ; 137,5 ; 0,9 ; 1,1
5. 8,674 € ; 6,767 € ; 3,841 € ; 1,158 € ; 0,117 €

J-56 CULTURE GÉNÉRALE Méthodologie de l'écrit (III)

Pour des raisons chronométriques, vous n'aurez peut-être pas le temps de rédiger intégralement vos réponses au **brouillon**, avant de les copier sur votre devoir définitif. Cela dépend de la vitesse de travail et de la facilité (ou la difficulté) d'écriture qui vous sont propres. Sachez qu'en cas d'inachèvement de la copie, vous ne pourrez joindre à votre devoir vos feuilles de brouillon.

Une bonne solution peut consister à rédiger au brouillon le plan détaillé des réponses, c'est-à-dire à noter les faits et les arguments essentiels de manière abrégée, en style télégraphique, pour ne faire le travail de rédaction intégrale que sur la copie définitive.

I. LA CONCEPTION DES RÉPONSES

A. La structuration des réponses

Chaque question appelle une réponse précise, clairement rédigée et **logiquement structurée**.

S'il s'agit de commenter une idée ou un paragraphe, le candidat commence par reformuler le propos de l'auteur, avant d'en proposer un commentaire personnel.

De même, pour expliquer un paragraphe, il peut définir d'abord le ou les mots-clés, avant de dégager le sens global de ce paragraphe.

Enfin, la première réponse débutera par une phrase telle que : « Les idées principales de ce texte consacré au vieillissement de la population sont... ».

Les réponses faisant appel à des connaissances et à des réflexions personnelles, dont la longueur peut atteindre une trentaine de lignes, doivent particulièrement être structurées. Elles commencent et finissent par une phrase ou un court paragraphe d'introduction et de conclusion.

Dans le développement, le candidat prend soin d'utiliser toutes les expressions qui ponctuent la **progression du raisonnement** : en premier lieu, en second lieu ; d'abord, ensuite, enfin... De même, il se sert des conjonctions (mais, donc, or...) et des locutions conjonctives, comme « en effet », pour mettre en valeur l'enchaînement rigoureux des idées.

Un autre moyen efficace d'ordonner consiste à **dénombrer** les éléments de réponse, les trois causes principales de la délinquance des jeunes par exemple, avant de les étudier.

Enfin, pour accentuer l'impression d'ordre et de clarté, les réponses d'une certaine longueur doivent être structurées en **paragraphes** courts et distincts, entre lesquels il est possible de passer une ligne. N'oubliez pas que tout paragraphe exige un alinéa, c'est-à-dire un renfoncement de sa première ligne vers la droite.

B. La subjectivité des réponses

Lorsque l'on vous demande votre **avis**, donnez-le ! Il faut que le candidat prenne ses responsabilités et énonce clairement la réponse établie par ses arguments.

Cette réponse peut être nuancée, mais son sens doit être clair. Les formules dubitatives telles que « ne peut-on penser que... » ou « il semblerait que... » seront écartées. Trop de candidats se réfugient dans l'abstention sous le patronage éventuel d'Aristote transformé, pour les besoins de la cause, en apôtre du « juste milieu ».

> IMPORTANT : *même pour dégager les idées principales du texte, le candidat doit respecter une* ***obligation de reformulation personnelle****. L'épreuve n'a pas en effet vocation à mesurer son habileté dans l'art du « couper-coller ». Pour éviter la copie ou la paraphrase, il est préférable d'avoir sous les yeux, au moment de la rédaction, non pas le texte lui-même, mais le plan et les notes rédigés au brouillon.*

S'il n'est pas possible de copier des phrases entières du texte, en revanche les **termes essentiels ou techniques** peuvent être repris et n'ont pas à être remplacés par des périphrases ou des approximations.

De même, une expression originale ou polémique, si elle est courte, peut faire l'objet d'une **citation** donnée entre guillemets.

II. LA RÉDACTION DES RÉPONSES

A. La forme des réponses

La forme des réponses doit être **soignée**. D'abord, chaque réponse doit consister en une phrase ou un paragraphe entièrement rédigés et logiquement structurés : des mots simplement juxtaposés ou un style télégraphique sont inacceptables.

Ensuite, la copie doit être **soigneusement présentée**, l'écriture lisible, le texte des réponses aéré. Ces éléments donnent au correcteur une première impression favorable et l'envie de lire votre copie. De plus, il ne saurait évidemment tenir compte des mots qu'il n'arrive pas à déchiffrer.

Les candidats veillent à **écrire lisiblement**. Trop nombreux sont ceux qui s'imaginent que tout correcteur a la passion des hiéroglyphes ! La vérité est qu'il prendra la peine de déchiffrer les premiers mots ou phrases illisibles et qu'il ignorera les suivants.

Chaque candidat choisit ses **instruments d'écriture** pour leur qualité et leur sobriété. Il faut préférer les pointes fines aux traits épais. Si une encre foncée (noire ou bleu foncé) est parfois imposée et toujours judicieuse, les couleurs rouge, violette, verte seront systématiquement écartées.

B. Le style des réponses

Les réponses doivent être rédigées dans un **français correct**, car les fautes sont sanctionnées. En effet, la maîtrise de la langue et le respect de ses règles constituent un critère important de l'épreuve pouvant faire l'objet d'une notation spécifique.

En matière de style, le candidat tâche surtout d'être clair, précis et sobre, en évitant le langage familier aussi bien que le jargon paramédical.

La **première personne du singulier** (*je*, *ma*, *mon*, etc.) peut être employée dans les questions faisant appel à des jugements personnels, mais elle n'est pas indispensable à l'expression d'un point de vue. En revanche, le « nous » de majesté ou de modestie est prohibé.

Les **phrases** sont relativement courtes et évitent d'emboîter les propositions, les parenthèses, les incises, dans lesquelles le correcteur finit par se perdre.

En raison de l'importance accordée aux capacités d'expression, il est essentiel de consacrer les dix dernières minutes de l'épreuve à une **relecture** attentive des réponses, afin de corriger les fautes d'orthographe ou d'expression, d'ajouter les accents ou les mots manquants...

N'oubliez pas, en effet, que l'épreuve de culture générale pour objet d'évaluer les **capacités d'expression** écrite des candidats. Certains réviseront donc avec profit les règles essentielles de la langue française afin d'en déjouer les difficultés les plus communes.

Pour réviser les règles essentielles de la langue française, vous pouvez notamment utiliser :

- Édouard et Odette BLED, *Bled Orthographe Grammaire,* Hachette Éducation, 2007 ;
- BESCHEREL, *La Conjugaison pour tous*, Hatier, 1997 ;
- Adolphe V. THOMAS, Michel de TORO, *Dictionnaire des difficultés de la langue française*, Larousse, 2004.

L'utilisation d'une encre effaçable peut rendre ces corrections plus discrètes. Mais l'usage du **correcteur** se traduit souvent par des taches finalement plus visibles que de simples ratures (un mot barré d'un trait horizontal par exemple).

Les médicaments et nous !

Les Français sont les premiers consommateurs de médicaments en Europe et les ventes pharmaceutiques augmentent régulièrement dans notre pays. Une étude publiée le 17 juillet dernier par le ministère de la Santé montre que la France continue de battre des records avec une consommation de médicaments supérieure à la moyenne européenne. Pourtant, même si la prise de ces produits reste forte et est devenue un geste banal, les comportements commencent à évoluer. « La conscience de l'importance du bon usage se développe », souligne l'étude intitulée Les Français et les médicaments publiée en juin 2006 par la Caisse nationale d'assurance-maladie (CNAM). Près d'un Français sur deux déclare considérer « plus qu'auparavant » les médicaments comme des produits « qui exigent certaines précautions » et qui « présentent certains risques ».

Si 15 à 20 % de la population conservent l'image du « médicament-miracle » comme étant la seule solution thérapeutique, la quasi-totalité des personnes interrogées dans cette enquête (94 %) se déclare prête à modifier leur hygiène de vie si cela peut éviter de prendre des traitements. Notamment parce qu'elles s'inquiètent de leurs conséquences sur leur santé (44 %) ou par peur de dépendance (36 %). Chaque année, 130 000 hospitalisations sont directement liées à la prise de médicaments. Cette vigilance ne signifie pas pour autant que nous développons des réflexes anti-médicaments. Ils bénéficient toujours d'une image positive d'efficacité et d'utilité. Mais la forte demande d'informations et de conseils, en particulier sur les règles d'hygiène de vie qui pourraient être adoptées pour améliorer la santé ou sur les effets indésirables des médicaments, confirme que vous souhaitez mieux appréhender la consommation de ces molécules.

D'autres signes attestent que des changements de comportement sont en cours. Ainsi, bien que la vente de médicaments remboursables ait poursuivi une croissance soutenue en 2005 (6,7 %), cette augmentation est moins élevée sur les sept premiers mois de l'année 2006 (1,6 %). La délivrance de génériques a progressé pour toutes les molécules depuis le début de l'année, ce qui explique en grande partie cette inflexion des dépenses de médicaments. Même si le « réflexe générique » demande à être plus largement développé dans la pratique, un changement de culture est en train de s'opérer pour désigner les médicaments autrement que par leur nom de marque. 90 % d'entre vous disent avoir recours aux génériques. Le fait que les médecins rédigent les ordonnances en utilisant la Dénomination commune internationale (DCI) — autrement dit le nom de la molécule active, reconnu dans tous les pays — permet plus aisément aux patients d'accepter l'utilisation de génériques.

Mcd Magazine, n° 8, octobre 2006

1. Dégagez l'idée générale du texte.

2. Expliquez, en cinq lignes, la phrase suivante : « Près d'un Français sur deux déclare considérer "plus qu'auparavant" les médicaments comme des produits "qui exigent certaines précautions" et qui "présentent certains risques" ».

IFSI Annemasse, Thonon et Rumilly, 2008

J-56 CORRIGÉ

CULTURE GÉNÉRALE

1. Peu à peu les Français apprennent à mieux se servir des médicaments. Sans doute, une confiance exagérée dans leur vertu les conduit à avoir la consommation par habitant la plus élevée d'Europe. Mais une majorité de Français commence à prendre conscience que les médicaments ne sont efficaces qu'en respectant leurs conditions d'utilisation. De plus, certains peuvent provoquer des phénomènes de dépendance ou des effets indésirables, éventuellement dangereux. Enfin, les Français sont également nombreux à préférer la prévention au traitement et l'amélioration de l'hygiène de vie à l'absorption de médicaments.

   Un autre signe d'une meilleure utilisation des médicaments consiste dans le développement de la consommation de médicaments génériques. La confiance des malades dans ces derniers est favorisée par l'utilisation de la dénomination commune internationale dans les prescriptions des médecins.

2. Pendant longtemps, les médicaments ont été considérés comme des remèdes nécessairement efficaces, au point d'être (sur)consommés sans hésitation ni précaution. Or presque la moitié des Français a maintenant pris conscience que ces produits peuvent aussi entraîner des effets indésirables et éventuellement dangereux pour la santé. De plus, leur efficacité exige un strict respect de leur posologie.

J-55 BIOLOGIE
Le squelette

Le squelette (206 os chez l'adulte), assure **la rigidité** des membres. Il soutient les viscères abdominaux et protège les organes vitaux.

LE SQUELETTE

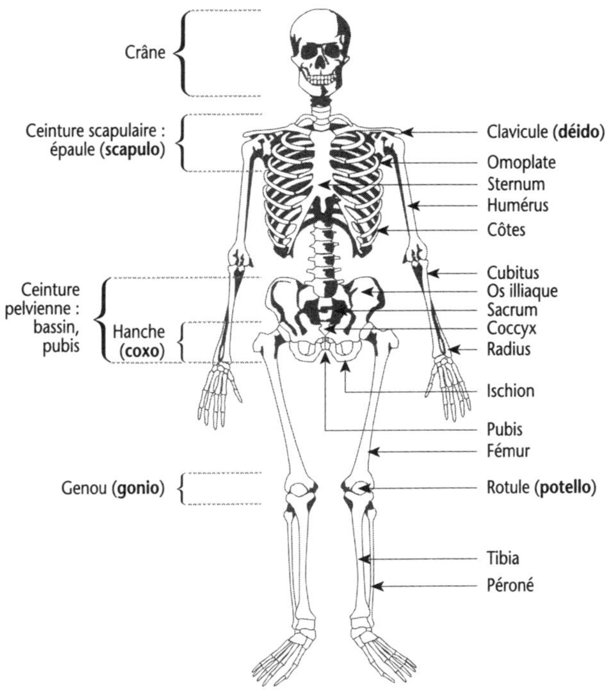

LE MEMBRE SUPÉRIEUR

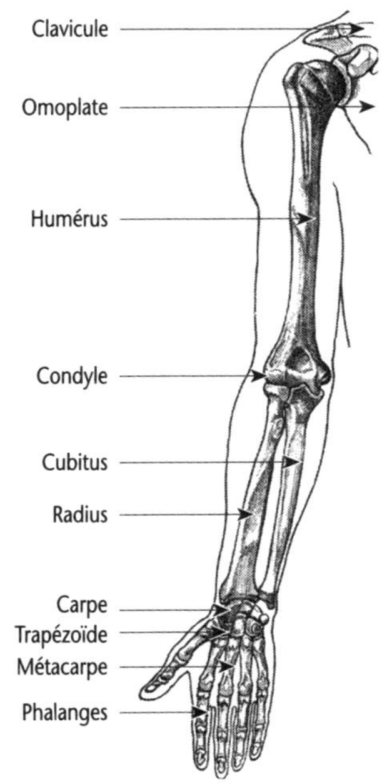

Les membres supérieurs sont reliés au tronc par la **ceinture scapulaire** composée de la **clavicule** en avant qui s'articule avec le sternum, et **l'omoplate** en arrière. La clavicule et l'omoplate s'articulent avec **l'humérus**.

Le bras, formé par **l'humérus** s'articule en haut avec l'omoplate, en bas avec les deux os de l'avant-bras, **le radius et le cubitus**,

La main comprend **le carpe** (poignet), **le métacarpe** (paume) et **les phalanges** (doigts).

Les membres inférieurs sont rattachés au tronc par la **ceinture pelvienne**.

La cuisse formée par **le fémur** dont la tête s'articule avec l'os iliaque et l'extrémité inférieure avec le tibia. Sur sa face antérieure se trouve **la rotule**.

La jambe formée par le **tibia et le péroné** en dehors qui présentent à leur extrémité inférieure une saillie appelée **malléole interne** pour le tibia et **malléole externe** pour le péroné. Ces malléoles forment la **cheville**.

LE MEMBRE INFÉRIEUR

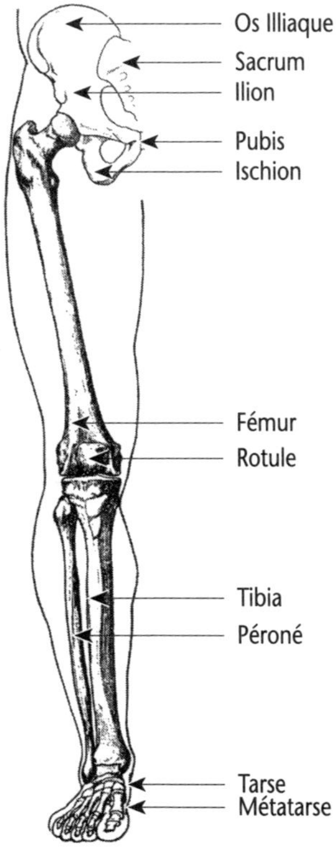

Le pied se compose **du tarse** (coup du pied), **le métatarse** (plante du pied) et **les phalanges** (orteils).

Le crâne est composé de 14 os, dont certains sont creusés de cavités (les orbites, les fosses nasales) On distingue 5 os plats frontaux (2 pariétaux, 1 occipital et 2 temporaux).

La mâchoire supérieure est fixe. La mâchoire inférieure s'articule par le condyle avec les os temporaux.

Chez le bébé, le crâne est composé de la fontanelle postérieure qui se ferme vers 3 mois et la fontanelle antérieure qui se referme vers 18 mois.

LES OS DU CRÂNE

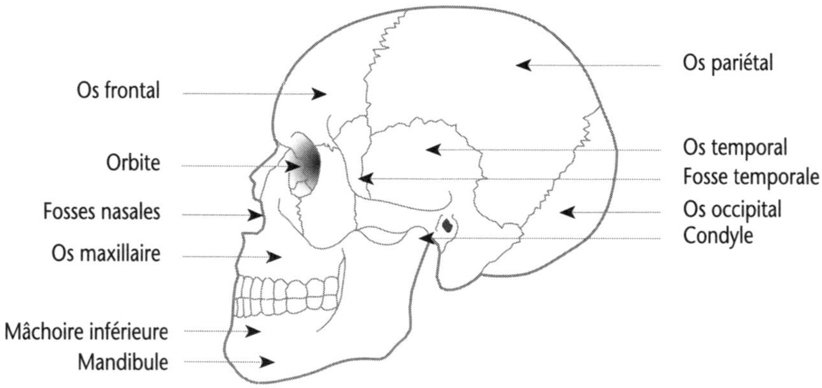

EXERCICES

1. Citer dans l'ordre de haut en bas les os qui forment les membres supérieurs.
2. Qu'appelle-t-on fontanelles ?
3. Classer les mots suivants : humérus – tarse – tibia – rotule – ceinture scapulaire – cubitus – clavicule – mandibule – os temporal – fémur.

MATHÉMATIQUES
Les quatre opérations

I. PROPRIÉTÉS

Il y a quatre opérations principales sur les nombres : addition, soustraction, multiplication et division. Leurs propriétés essentielles sont :

- pour l'addition et la multiplication : il n'y a pas d'ordre parmi les termes et on peut regrouper les termes que l'on veut ;
- on ne peut pas diviser par zéro ;
- il y a priorité aux multiplications, aux divisions et aux calculs à l'intérieur des parenthèses.

  EXEMPLE : $5 + 2 \times 3 = 5 + 6 = 11$ (et non pas 7×3 !)
  $5 \times (2 + 5 \times 4) = 5\ (2 + 20) = 5 \times 22 = 110$
  $3 \times 5 + 5 \div 5 = 15 + 1 = 16$ (et non $(15 + 5) \div 5 = 20 \div 5 = 4$)

  CONSEIL : attention, lorsqu'on vous demande de poser les opérations, respectez la consigne, ne vous contentez pas d'écrire le résultat.

II. LES MULTIPLICATIONS

- *Revoir les tables*
- Multiplier par 10 ; 100 ; 1 000.
  - Pour les nombres entiers : c'est ajouter 1, 2 ou 3 zéros.

    EXEMPLE : $25 \times 100 = 2\,500$; $13 \times 1\,000 = 13\,000$
  - Pour les décimaux : c'est déplacer la virgule d'1, 2 ou 3 rangs vers la droite en écrivant des zéros s'il le faut.

    EXEMPLE : $2{,}35 \times 10 = 23{,}5$; $2{,}35 \times 100 = 235$; $2{,}35 \times 1\,000 = 2\,350$
- Multiplier par 0,1 ; 0,01 ; 0,001.
  C'est déplacer la virgule vers la gauche d'1, 2 ou 3 rangs en écrivant des zéros s'il le faut.

  EXEMPLE : $25 \times 0{,}1 = 2{,}5$; $25 \times 0{,}01 = 0{,}25$; $25 \times 0{,}001 = 0{,}025$;
  $2{,}5 \times 0{,}01 = 0{,}025$
- Pour multiplier des décimaux, on fait l'opération sans tenir compte des virgules. La virgule se place au résultat. Le nombre de chiffres décimaux du résultat est égal à la somme des décimaux des nombres multipliés.

  EXEMPLE : $2{,}35 \times 1{,}4 =$ le résultat comportera 3 chiffres décimaux.
  $2{,}35 \times 1{,}4 = 3{,}290$

III. LES DIVISIONS

A. Divisions de nombres entiers

1 170	18	1 170 est le dividende ; 18 le diviseur ;
90	65	65, le résultat ou quotient
0		0 est le reste

B. Divisions de nombres décimaux

179,48	5,2	On ne garde pas de virgule au diviseur
23 4	34,51	On barre la virgule et on la déplace d'un rang
2 68		au dividende, puis on effectue la division
080		comme celle de 2 nombres entiers. On place
28		la virgule au diviseur quand on abaisse le 8.

À RETENIR : Si le diviseur est un nombre décimal, on barre la virgule et on déplace vers la droite, celle du dividende d'autant de rangs qu'il y a de décimales au diviseur. Si nécessaire on ajoute des zéros à la droite du dividende.

IV. QUELQUES RÈGLES DE CALCUL MENTAL

- Pour **multiplier un nombre par 11**, on le multiplie par 10 et on rajoute le nombre au résultat.

  EXEMPLE : $45 \times 11 = (45 \times 10) + 45 = 450+45 = 495$

- Pour **multiplier un nombre par 15**, on le multiplie par 10 et on rajoute la moitié du résultat obtenu.

  EXEMPLE : 42×15 : $(42 \times 10) = 420$, puis $420 \div 2 = 210$, donc $42 \times 15 = 420 + 210 = 630$.

- Pour **multiplier un nombre par 25**, on le multiplie par 100 et on divise par 4.

  EXEMPLE : $42 \times 25 = 42 \times 100 \div 4 = 4\,200 \div 4 = 1\,050$.

EXERCICES

1. Poser et effectuer les opérations suivantes :
$122 + 277$; 18×39 ; $158{,}3 + 6{,}97 + 320$; $697{,}2 - 68{,}36$; $13{,}4 \times 12$; $84{,}2 \times 1{,}9$; $5{,}02 \times 8{,}7$; $46{,}03 \times 7{,}06 =$ ....

2. Effectuer, sans les poser, les opérations suivantes :
37×10 ; $1{,}354 \times 100$; $4{,}45 \times 1\,000$; $10{,}2 \times 100$; $0{,}38 \times 1\,000$; $0{,}574 \times 100$; $150 \times 0{,}1$; $295 \times 0{,}01$; $15\,900 \times 0{,}001$; $25{,}3 \times 0{,}1$; $0{,}036 \times 0{,}01 =$ ....

3. Calculer :
$15 + 4 \times 3$; $15 \times 4 + 3$; $2 \times 3 + 4 \times 5$; $(19 - 17) \times (3 + 2) =$ ....

J-55 CORRIGÉ

BIOLOGIE

1. La clavicule, l'omoplate, l'humérus, le radius, le cubitus, le carpe, le métacarpe, les phalanges.
2. Les fontanelles sont des sillons présents sur les os du crâne des nourrissons qui se referment à 3 mois (fontanelle postérieure) et vers 18 mois (fontanelle antérieure).
3. Os du membre supérieur : humérus, ceinture scapulaire, cubitus, clavicule.
   Os du membre inférieur : tarse, fémur, tibia, rotule.
   Os du crâne : mandibule, os temporal.

MATHÉMATIQUES

1. $122 + 277 = 399$
   $18 \times 39 = 702$
   $158,3 + 6,97 + 320 = 485,27$
   $697,2 - 68,36 = 628,84$
   $13,4 \times 12 = 160,8$
   $84,2 \times 1,9 = 159,98$
   $5,02 \times 8,7 = 43,674$
   $46,03 \times 7,06 = 324,9718$
2. $37 \times 10 = 370$
   $1,354 \times 100 = 135,4$
   $4,45 \times 1\,000 = 4\,450$
   $10,2 \times 100 = 1\,020$
   $0,38 \times 1\,000 = 380$
   $0,574 \times 100 = 57,4$
   $150 \times 0,1 = 15$
   $295 \times 0,01 = 2,95$
   $15900 \times 0,001 = 15,9$
   $25,3 \times 0,1 = 2,53$
   $0,036 \times 0,01 = 0,00036$
3. $15 + 4 \times 3 = 15 + (4 \times 3) = 15 + 12 = 27$
   $15 \times 4 + 3 = (15 \times 4) + 3 = 60 + 3 = 63$
   $2 \times 3 + 4 \times 5 = (2 \times 3) + (4 \times 5) = 6 + 20 = 26$
   $(19 - 17) \times (3 + 2) = 2 \times 5 = 10$

J-54 CULTURE GÉNÉRALE La chirurgie esthétique

La chirurgie esthétique présente deux visages assez différents. La **chirurgie plastique, reconstructrice** vise à satisfaire de réels besoins médicaux. Elle est par exemple proposée aux femmes après un cancer (et une ablation) du sein. Elle permet à une victime d'un traumatisme facial après un accident de la route ou à une personne gravement brûlée au visage de retrouver une vie sociale « normale ». Elle se montre également très utile pour corriger certaines malformations congénitales comme les fentes palatines.

Mais il existe aussi une **chirurgie purement esthétique** principalement pratiquée dans les cliniques privées. Dans un monde où les individus, soumis à un devoir de beauté et de minceur, se montrent obsédés par leur apparence, on constate un véritable essor de cette chirurgie qui permet des transformations radicales et rapides du corps. 150 000 à 200 000 opérations seraient ainsi motivées chaque année par la seule volonté de se sentir mieux dans son corps et donc dans sa tête. Ce que les seules stars pouvaient hier s'offrir paraît aujourd'hui accessible au plus grand nombre. Les trois quarts des personnes opérées sont des femmes.

EXERCICE

Destination bistouri

Implants mammaires et rhinoplastie au Maghreb. Lifting en Afrique du Sud. Dentition irréprochable en Hongrie. Greffons capillaires à l'Île Maurice. Mais aussi... un nouveau rein en Iran, des ovocytes en Espagne et un ventre porteur aux États-Unis ou en Belgique : la santé se mondialise. Et les Français n'hésitent plus à prendre l'avion pour se faire soigner, opérer, greffer, inséminer ou liposucer sous des cieux plus cléments. Dans l'univers de la médecine mondialisée, à chacun ses raisons et son pays de prédilection. L'argument le plus connu de ces patients globe-trotters consiste à alléger la facture des soins peu – ou pas – remboursés par la Sécurité sociale. Destination favorite : la Tunisie qui, grâce à ses 8 500 médecins aux diplômes reconnus en Europe et à sa chirurgie esthétique à prix cassés, attire plusieurs centaines de Français par an. Parmi eux, Carole, comptable de 28 ans. Pour 3 300 euros, soit le coût en France d'une lipo-aspiration de la culotte de cheval, elle s'est offert une poitrine bonnet C, un corps délesté de toute cellulite et une semaine dans un hôtel quatre étoiles.

Linda BENDALI, *Terra Economica*, n° 289, 9-22 novembre 2006

➤ Expliquez les raisons qui poussent les Français à prendre l'avion pour la santé. Qu'en pensez-vous ?

IFSI Bas-Rhin, 2007

TEST PSYCHOTECHNIQUE
Aptitude verbale

Dans ces exercices il faut lire les cinq mots proposés et trouver la notion ou idée commune à quatre d'entre eux, le cinquième étant l'intrus. L'idée commune est par exemple un thème comme «la mer, la cuisine, les couleurs...» ou une définition comme «perdre, pardonner, donner, se reposer».

Trouver l'intrus dans chaque série de 5 ou 6 mots

1. ☐ A Hampe
☐ B Rôti
☐ C Onglet
☐ D Pâté
☐ E Côte de veau

2. ☐ A Violon
☐ B Guitare
☐ C Trompette
☐ D Harpe
☐ E Contrebasse

3. ☐ A Mimosa
☐ B Kiwi
☐ C Soleil
☐ D Haricot beurre
☐ E Blonde

4. ☐ A Sirop
☐ B Thé
☐ C Eau
☐ D Armagnac
☐ E Lait

5. ☐ A Arrêt
☐ B Fin
☐ C Stop
☐ D Arrivée
☐ E Starter

6. ☐ A Reconnaître
☐ B Avouer
☐ C Confesser
☐ D Dire
☐ E Défendre

7. ☐ A Sombre
☐ B Cyan
☐ C Magenta
☐ D Turquoise
☐ E Rouge

8. ☐ A Haricot
☐ B Courgette
☐ C Carotte
☐ D Tomate
☐ E Asperge

9. ☐ A Silence
☐ B Calme
☐ C Désert
☐ D Murmure
☐ E Dessert

10. ☐ A VTT
☐ B Ski
☐ C Slalom
☐ D Bobsleigh
☐ E Descente
☐ F Luge

11. ☐ A Rose
☐ B Bambou
☐ C Pivoine
☐ D Marguerite
☐ E Lilas
☐ F Myosotis

12. ☐ A Merle
☐ B Mésange
☐ C Chenille
☐ D Rouge-gorge
☐ E Moineau
☐ F Étourneau

13. ☐ A Flûte
☐ B Cor
☐ C Trompette
☐ D Harpe
☐ E Saxophone
☐ F Tuba

14. ☐ A Buisson
☐ B Peuplier
☐ C Chêne
☐ D Châtaignier
☐ E Hêtre
☐ F Charme

15. ☐ A Singe
☐ B Éléphant
☐ C Renard
☐ D Marsouin
☐ E Lapin

J-54 CORRIGÉ

CULTURE GÉNÉRALE

L'engouement pour les métamorphoses corporelles conduit les Français à recourir de plus en plus fréquemment à une chirurgie esthétique devenue plus efficace et plus accessible. 150 000 à 200 000 opérations seraient ainsi motivées chaque année par la seule volonté de se sentir mieux dans son corps et donc dans sa tête. Toutefois, en l'absence de prise en charge par la sécurité sociale, cette démocratisation de la chirurgie esthétique est encore timide en France. Cela conduit des Français à pratiquer à une sorte de tourisme médical, dont ils distinguent clairement les avantages, mais ne mesurent peut-être pas les inconvénients.

Des Français de plus en plus nombreux font le choix d'aller se faire opérer à l'étranger, notamment dans des pays émergents ou en voie de développement, pour profiter des prix bas. De plus, ils joignent l'utile à l'agréable en retenant des destinations touristiques comme la Tunisie, l'Afrique du Sud ou le Brésil.

Il est difficile de condamner ce calcul économique, car cela aboutirait à réserver les opérations de chirurgie les plus ambitieuses aux Français les plus aisés.

Cependant, lorsqu'il s'agit d'aller se faire inséminer ou greffer dans un pays pauvre, on peut trouver moralement douteux ce néocolonialisme médical et biologique. De même, il paraît contestable de faire à l'étranger des actes interdits par la législation française, comme celui consistant à « louer » le ventre d'une mère porteuse.

Par ailleurs, ces nouveaux touristes prennent plus de risques qu'ils n'en ont conscience. Une opération de chirurgie esthétique n'est jamais anodine. C'est la raison pour laquelle cette activité est désormais encadrée en France, avec notamment un délai minimum accordé aux patients pour donner leur consentement et une information sur les coûts et les risques encourus. Même s'il existe à l'étranger d'excellents spécialistes, il est plus difficile pour un touriste français de choisir des praticiens qui ont reçu les formations adéquates. Enfin, en cas de complications, le système de santé du pays permet rarement une prise en charge efficace, sûre et rapide.

Il peut paraître plus sûr de préférer des prestataires de chirurgie esthétique *low-cost* qui exercent dans les pays développés ou voisins comme la Belgique ou la Suisse, dont l'exotisme est il est vrai moins évident. Mais le mieux est incontestablement d'apprendre à accepter et aimer son corps et, le cas échéant, à prendre conscience que les problèmes qu'on lui attribue possèdent d'autres causes, intérieures celles-là.

TEST PSYCHOTECHNIQUE

1. Réponse D (idée commune : morceau de viande)
2. Réponse C (idée commune : instrument à cordes)
3. Réponse B (idée commune : couleur jaune)
4. Réponse D (idée commune : boisson non alcoolisée)
5. Réponse E (idée commune : fin)
6. Réponse E (idée commune : reconnaître, avouer)
7. Réponse A (idée commune : couleur)
8. Réponse D (idée commune : légume)
9. Réponse E (idée commune : calme)
10. Réponse A (idée commune : sport de neige)
11. Réponse B (idée commune : fleur)
12. Réponse C (idée commune : oiseau)
13. Réponse D (idée commune : instrument à vent)
14. Réponse A (idée commune : arbre)
15. Réponse D (idée commune : animal terrestre)

J-53 BIOLOGIE
La colonne vertébrale

I. ANATOMIE

La colonne vertébrale est formée de 33 vertèbres : 7 cervicales, 12 dorsales, 5 lombaires, 5 sacrées et 4 coccygiennes.

L'atlas est la première vertèbre cervicale.

L'axis est la deuxième vertèbre cervicale. Sa face supérieure présente une saillie, permettant les mouvements de rotation de la tête.

Les vertèbres dorsales présentent sur leurs apophyses une facette sur laquelle s'articule la côte correspondante.

Les vertèbres sacrées soudées entre elles, forment le sacrum.

Les vertèbres coccygiennes forment le coccyx.

La colonne vertébrale est reliée aux membres supérieurs par l'intermédiaire de la **ceinture scapulaire** et aux membres inférieurs par l'intermédiaire de la **ceinture pelvienne**. À l'intérieur, circule le **liquide céphalo-rachidien** (LCR). Elle protège la moelle épinière d'où émergent les nerfs rachidiens.

La colonne vertébrale

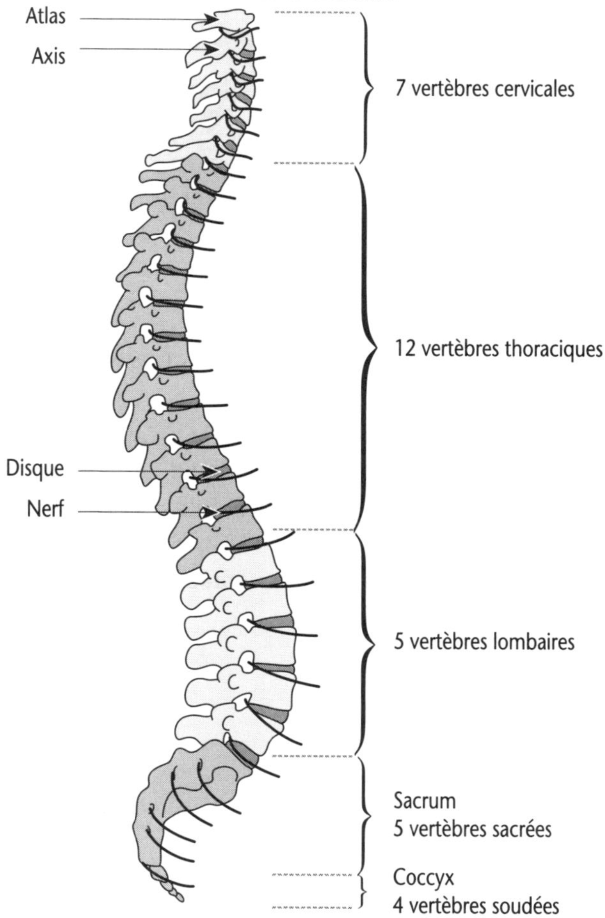

La colonne peut présenter des déformations. La **scoliose** est une déformation latérale, la **lordose** correspond à un dos rond et la **cyphose** présente une courbure en avant.

II. LES VERTÈBRES

Le **corps vertébral** est une masse cylindrique dont les faces supérieures et inférieures offrent une légère excavation pour l'articulation des disques inter-vertébraux.

L'arc postérieur présente deux **apophyses** : 1 apophyse postérieure, 2 apophyses transverses, 4 apophyses articulaires

Le trou rachidien situé entre le corps vertébral et l'axe vertébral postérieur. La superposition des trous rachidiens constitue **le canal vertébral** par où passe **la moelle épinière**.

UNE VERTÈBRE

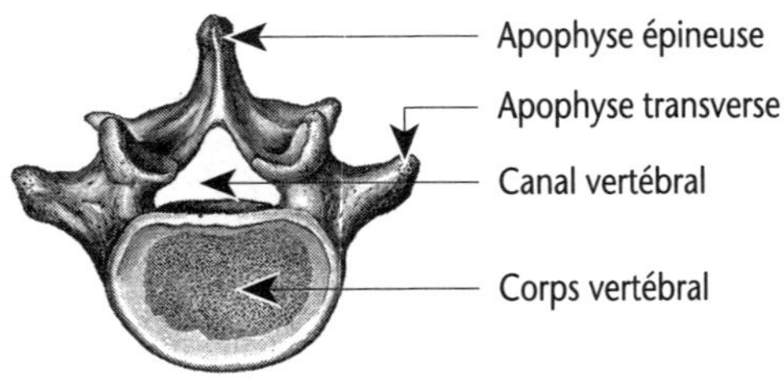

III. LES CÔTES

Les côtes sont des os longs et plats situées dans le thorax. On en compte 12 paires.

Sur le **sternum** en avant viennent s'articuler les 7 premières paires de côtes, appelées **vraies cotes** et la **clavicule**.

Les 8e, 9e et 10e paires de côtes, appelées **fausses côtes**, se terminent en avant par un cartilage commun qui s'unit à celui de la 7e paire de côtes.

Les 11e et 12e paires ou **côtes flottantes** ne sont reliées ni au sternum, ni aux autres côtes.

EXERCICE

1. Indiquer et détailler le nombre de vertèbres en les nommant.
2. Nommer et décrire les déformations possibles de la colonne vertébrale.
3. Indiquer le rôle de la colonne vertébrale.

MATHÉMATIQUES
Choix des opérations

I. CONSEILS

Lire plusieurs fois l'énoncé pour bien en comprendre le sens.

Écrire clairement ce que vous savez d'une part, ce que vous cherchez d'autre part.

Faire un schéma si cela vous aide.

Résoudre le problème en utilisant les points de repère qui suivent.

II. POINTS DE REPÈRE

La difficulté du choix d'une opération pour résoudre un problème vient de la grande variété des expressions utilisées.

Les mots « total », « somme », « ajouter », « de plus que » dans l'énoncé d'un problème indiquent que des grandeurs **s'ajoutent**.

EXEMPLE : La masse d'une voiture vide est 810 kg. Trois personnes montent à bord : le conducteur 83 kg, sa femme 69 kg et leur fille 48 kg. Ils ont à eux trois 37 kg de bagages. Quelle est la masse de la voiture chargée ?
810 + 83 + 69 + 48 + 37 = 1 047.
La masse de la voiture chargée est 1 047 kg.

Les mots « différence », « reste », « enlever », « de moins que » dans l'énoncé d'un problème indiquent que des grandeurs **se soustraient**.

EXEMPLE : La masse d'une casserole contenant 0,85 kg d'eau est 1,4 kg. Quelle est la masse de la casserole vide ?
1,4 – 0,85 = 0,55
La masse de la casserole vide de 0,55 kg.

Il y a **multiplication** lorsqu'on prend plusieurs fois une même grandeur.

Grandeur pour une unité X Nombre de fois = Total

EXEMPLE : La hauteur d'un étage dans l'immeuble « Les Gentianes » est 2,75 m. Cet immeuble a 8 étages. Quelle est sa hauteur ?
On prend 8 fois la hauteur d'un étage. Donc on effectue la multiplication de 2,75 par 8. On obtient 2,75 × 8 = 22.
La hauteur de l'immeuble est 22 m.

Il y a **division** lorsqu'on cherche combien de fois une grandeur est contenue dans une autre ou lorsqu'une grandeur est partagée en parties égales.

EXEMPLE : La hauteur d'un étage dans l'immeuble « Les Jonquilles » est 2,85 m. Cet immeuble a une hauteur de 17,1 m. Quel est le nombre d'étages ?
On cherche combien de fois 2,85 m est contenu dans 17,1 m.

Donc on effectue la division de 17,1 par 2,85. On obtient
17,1 ÷ 2,85 = 6.
L'immeuble a 6 étages.

A est le double de B signifie A = B × 2 (deux fois plus que B)
A est la moitié de B signifie A = B : 2 (deux fois moins que B)
A est le triple de B signifie A = B × 3 (trois fois plus que B)
A est le tiers de B signifie A = B : 3 (trois fois moins que B)

EXEMPLES : Le double de 13,7 est 27,4 car 13,7 × 2 = 27,4.
La moitié de 17 est 8,5 car 17 ÷ 2 = 8,5.
Le triple de 8 est 24 car 8 × 3 = 24.
Le tiers de 22,2 est 7,4 car 22,2 ÷ 3 = 7,4.

EXERCICE

Monsieur A, Monsieur B et Monsieur C ont chacun un appartement dans la même copropriété où les charges s'élèvent à 13,80 €/m².

1. Monsieur A possède un appartement de 57 m². Quel est le montant de ses charges ?
2. L'appartement de Monsieur A possède 8 m²de moins que celui de Monsieur C. Quelle est la superficie de l'appartement de Monsieur C ?
3. Monsieur B paie 1 573,20 € de charges ? Quelle est la superficie de son appartement ?

J-53 CORRIGÉ

BIOLOGIE

1. 33 vertèbres : 7 cervicales, 12 dorsales, 5 lombaires, 5 sacrées et 4 coccygiennes.
2. La **scoliose** est une déformation latérale, la **lordose** correspond à un dos rond et la **cyphose** présente une courbure en avant.
3. La colonne vertébrale protège la moelle épinière d'où émergent les nerfs rachidiens.

MATHÉMATIQUES

1. Charges de Monsieur A : $13{,}80 \times 57 = 7\,866$ €.
2. Superficie de l'appartement de Monsieur C : $57 + 8 = 65$ m^2.
3. Superficie de l'appartement de Monsieur B : $1\,573{,}20 \div 13{,}80 = 114$ m^2.

J-52 CULTURE GÉNÉRALE
Les médicaments

I. LA CONSOMMATION DE MÉDICAMENTS

A. Définition

Le **code de la santé publique** définit le médicament comme une « substance ou composition présentée comme possédant des propriétés curatives ou préventives à l'égard des maladies humaines ou animales, ainsi que tout produit pouvant être administré à l'homme ou à l'animal en vue d'établir un diagnostic médical ou de restaurer, corriger ou modifier leurs fonctions organiques ».

Dans la seconde moitié du XXe siècle, les **progrès spectaculaires** des médicaments ont permis de lutter plus efficacement contre les maladies et d'améliorer l'état de santé en France. C'est ainsi qu'en 2004, notre pays a franchi le seuil de 80 ans en ce qui concerne l'espérance de vie à la naissance, ce qui le place en haut du classement européen.

B. Consommation en France

Depuis 1970, la **part de la santé** dans la consommation effective des ménages a presque doublé. En 2004, elle s'établissait à 13 %, ce qui correspondait à 484 euros par mois et par ménage.

Au sein de ces dépenses de consommation médicale en constante augmentation, malgré la succession des plans de redressement, la **part des médicaments** ne cesse de croître : elle est passée de 18 %, en 1990, à 21 % en 2004. Depuis 1997, ce sont les dépenses de médicaments qui ont le plus contribué à l'augmentation de la consommation de soins.

Le nombre de produits remboursés par personne s'élève, en moyenne, à 40 boîtes par an (18 en 1975 et 33 en 1995). Quant au nombre moyen de médicaments prescrits sur une ordonnance, il est de 4,5 contre 0,8 dans les pays du nord de l'Europe. Chaque consultation de médecin généraliste débouche sur la prescription d'une cinquantaine d'euros de médicaments.

Or le contexte économique et budgétaire aussi bien que les évolutions démographiques, notamment le vieillissement de la population, rendent nécessaire la maîtrise des dépenses de santé et donc de médicaments.

II. LES MÉDICAMENTS GÉNÉRIQUES

A. Définition

Une des solutions consiste certainement à développer le recours aux **médicaments génériques**. Il s'agit de médicament ayant le même principe actif, le même dosage, la même forme pharmaceutique et la même biodisponibilité (c'est-à-dire la même vitesse et intensité d'absorption dans l'organisme) que les médicaments princeps qu'ils copient.

Établi et régulièrement actualisé par l'Agence française de sécurité sanitaire des produits de santé (AFSSAPS), un **répertoire** officiel recense tous les médicaments génériques. Comme les brevets des médicaments princeps sont tombés, au bout de vingt ans, dans le domaine public, ils peuvent être fabriqués par n'importe quel laboratoire. Ils présentent surtout l'avantage d'être commercialisés normalement à un **prix** inférieur au prix du produit princeps, même si cet écart tend à diminuer (actuellement de –30 % à –15 % en moyenne).

B. Consommation en France

Or, si les **Français** sont les premiers consommateurs de médicaments en Europe, ils consomment peu de médicaments génériques. Ceux-ci ne représentent que 7 % de leurs dépenses de médicaments (13 % en volume) contre environ 40 % en Allemagne ou au Danemark.

Pour réduire les déficits tout en maintenant un système de santé de qualité, les **pouvoirs publics** développent donc le recours aux médicaments génériques. C'est ainsi que, depuis un décret du 11 juin 1999, un pharmacien peut délivrer un médicament générique à la place d'un princeps en application du droit de substitution. Par ailleurs, les accords conclus entre les syndicats de médecins et les caisses d'assurance-maladie en 2002 incitent les médecins généralistes à prescrire des génériques ou en Dénomination commune internationale (DCI) qui permet d'identifier le principe actif majeur contenu dans un médicament à l'aide d'un langage commun au niveau mondial.

De fait, la part des médicaments génériques progresse rapidement. Son augmentation de 39 % en 2004 correspond à une croissance qui est près de sept fois supérieure à celle du marché global.

III. L'AUTOMÉDICATION

A. Définition

Dans un **sens strict**, l'automédication consiste dans le fait, pour un patient, de prendre un ou plusieurs médicaments de prescription médicale facultative (PMF) achetés dans une pharmacie et non prescrits par un médecin.

Dans un **sens plus large**, elle peut aussi consister à modifier la prescription établie par le médecin, par exemple en augmentant/diminuant la dose ou en ajoutant/retranchant un médicament, ou à se tourner vers l'armoire à pharmacie familiale pour réutiliser des médicaments antérieurement prescrits.

La **motivation** la plus importante pour recourir à l'automédication paraît le besoin de soulagement rapide. Ce comportement permet aussi de résoudre facilement, sans avoir à consulter un médecin, un problème que l'on sait bénin et qui, le plus souvent, est familier. Avec l'expérience, la personne régulièrement sujette à des maux de tête ou à des rhumes connaît les remèdes qui conviennent le mieux à son organisme. Enfin, l'automédication permet de responsabiliser le citoyen sur ses problèmes de santé en lui donnant une autonomie.

L'automédication présente toutefois **un inconvénient et des dangers**. D'abord, le patient doit supporter la charge financière des médicaments qu'il achète sans prescription médicale. Il ne peut bénéficier d'un remboursement de l'assurance-maladie ni, le plus souvent, de son assurance complémentaire.

Surtout, le patient, qui n'est pas un professionnel de santé, peut se tromper dans le diagnostic comme dans le choix du traitement, qu'il s'agisse des médicaments ou de leur dosage. Or le retard dans le recours au traitement adapté peut se montrer grave voire fatal. C'est pourquoi, en cas de symptômes douteux, violents ou persistants, il est vivement recommandé de consulter un médecin pour un examen plus approfondi.

B. Consommation en France

Selon le rapport *Situation de l'automédication en France et perspectives d'évolution* remis en 2006 au ministre de la santé, la comparaison des cinq principaux marchés européens de l'automédication montre que la France est en **dernière position** après l'Allemagne, le Royaume-Uni, l'Italie et l'Espagne.

Au total, alors que les dépenses de médicaments en France sont parmi les plus élevées des pays européens, celles-ci concernent peu les produits d'automédication et relativement moins que dans les autres pays d'Europe (27 euros par personne et par an à comparer à 60 euros en Allemagne ou 40 pour le Royaume-Uni et l'Italie).

Dans les pays où l'automédication est développée, l'**organisation de l'assurance-maladie obligatoire** incite souvent à l'achat direct de médicaments (forfait par boîte, quotas de prescription...).

En outre, le succès de l'automédication relève d'**habitudes de consommation médicale** : dans les pays anglo-saxons, l'accent est mis sur la responsabilisation du patient, considéré comme apte à se traiter pour des pathologies mineures. En France, au contraire, la consultation d'un praticien pour des pathologies bénignes est plus systématique, d'autant qu'elle ouvre droit au remboursement des médicaments prescrits.

Toutefois, on peut constater un **écart paradoxal** entre les chiffres de vente des médicaments disponibles en automédication et les comportements déclarés par les Français. Si l'automédication en France reste un secteur peu développé en valeur, consommer sans prescription médicale des médicaments n'en demeure pas moins un geste banal de la vie quotidienne : 80 % des adultes déclarent avoir utilisé des médicaments sans avoir recours à une consultation chez le médecin.

EXERCICES

L'automédication

Il nous arrive à tous d'acheter des médicaments sans l'ordonnance pour soigner les petits maux de la vie quotidienne. L'automédication est donc une pratique ancienne et banale. Pourtant, elle est moins répandue en France, pays champion de la consommation des médicaments, qu'en Allemagne ou en Grande-Bretagne. Les raisons tiennent sûrement à l'organisation particulière de notre système de santé.

Signe des temps, l'automédication est appelée à se développer dans notre pays. Au début de l'année, le ministre de la Santé a reçu un rapport qu'il avait demandé sur le sujet à Alain Coulomb, ancien directeur de la Haute Autorité de santé et au professeur Alain Baumelou, président du groupe de travail Prescription médicale facultative à l'Agence française de sécurité sanitaire des produits de santé. Du côté des pouvoirs publics, on comprend bien l'intérêt de promouvoir l'automédication, gisement d'économies dans la droite ligne de la réforme de l'assurance-maladie. Pour l'industrie pharmaceutique, c'est un nouveau marché qui s'ouvre, d'autant plus juteux que les prix sont libres et la publicité autorisée. Mais pour les patients ? Leurs charges ne cessent de s'alourdir. La liste des médicaments déremboursés s'allonge tandis que les prix, libérés, s'envolent, comme l'a démontré l'enquête que nous avons publiée dans notre mensuel d'octobre 2006.

L'automédication ne peut consister en un transfert de charges de l'assurance-maladie vers les mutuelles et les assurés sociaux. Elle suppose transparence et même encadrement des prix des médicaments. Elle peut être bénéfique aux patients si elle s'accompagne d'une véritable éducation à la santé et d'une meilleure information. Apprendre à se soigner soi-même, en toute sécurité, ce n'est pas se transformer en professionnel de santé. C'est, bien au contraire, mieux dialoguer avec le médecin traitant et le pharmacien - c'est faire bon usage des médicaments pour soulager les maux les plus courants sans prendre de risques, et aussi repérer les situations dans lesquelles le recours au médecin est indispensable.

Marie-Jeanne HUSSET, *60 Millions de Consommateurs*,
hors-série découverte n° 32, juin-juillet-août 2007

1. Dégagez les idées principales du texte.

2. D'après le texte, quelle est la condition indispensable pour qu'une automédication soit bénéfique pour le patient ? Illustrez votre réponse par trois exemples.

DDAS Val-de-Marne, 2008

J-52 CORRIGÉ

CULTURE GÉNÉRALE

1. En raison de leur système de santé, les Français achètent moins de médicaments sans ordonnance que leurs voisins européens. Pourtant, les difficultés et la nécessaire réforme de l'assurance-maladie conduisent les pouvoirs publics à réfléchir aux moyens de promouvoir l'automédication. Si les industries pharmaceutiques ont intérêt au développement de ce marché, les assurés sociaux pourraient voir leurs dépenses médicamenteuses encore augmenter.

   Pour être juste, le développement de l'automédication doit être associé à une politique de transparence voire de réglementation des prix et, surtout, à une information et à une formation des patients en matière de matière de santé. La participation du médecin et du pharmacien est essentielle pour que l'automédication soit éclairée, bénéfique et consciente de ses limites.

2. Pour Marie-Jeanne Husset, l'automédication ne peut se montrer bénéfique pour les patients que si ceux-ci reçoivent une meilleure information et formation sur les questions de santé. Cela passe par le développement du rôle de conseil du médecin et du pharmacien qui, eux, sont des professionnels de santé.

   En premier lieu, le développement de l'automédication impose une meilleure information des patients. Ainsi, les notices des médicaments de prescription médicale facultative doivent être compréhensibles, non seulement pour les professionnels de santé, mais aussi pour les patients dépourvus de toute formation médicale. L'amélioration de l'information doit également concerner les prix, avec une généralisation de l'affichage des prix dans les pharmacies. Par ailleurs, la mise en accès libre, devant le comptoir, des médicaments d'automédication doit permettre une plus grande transparence financière.

   En deuxième lieu, les médecins doivent jouer un rôle de conseil essentiel pour le bon usage et la sécurité de la consommation médicamenteuse. Pour les affections récidivantes telles que la constipation, l'insomnie, la migraine ou les manifestations allergiques, ils orienteront l'automédication des patients et les informeront sur les conditions dans lesquelles elle constitue une solution appropriée (notion d'aggravation des troubles, risques de surdosage ou d'interactions médicamenteuses, délai de recours au médecin en cas de persistance des symptômes, etc.).

   Enfin, les médicaments utilisés en automédication sont des médicaments obligatoirement délivrés dans les officines. Le pharmacien est donc un des piliers de l'automédication dont l'activité de conseil doit être améliorée par le développement des actions de formation continue dans les domaines thérapeutiques relevant de l'automédication.

J-51 BIOLOGIE
Les os

I. STRUCTURE

Les os peuvent être **longs** (humérus), **courts** (vertèbre), ou **plats** (omoplate).

L'os est constitué de substances minérales (de 65 à 70 %), le **phosphate** tricalcique, et le **carbonate de calcium**, et de substances organiques dont l'**osséine** (de 30 à 35 %), ce qui le rend à la fois dur et souple.

Les os sont des **organes érythropoïétiques** : C'est un lieu de fabrication des globules rouges (érythrocytes).

La structure d'un os long présente :

- un corps allongé ou **diaphyse** recouverte par une membrane fibreuse : **le périoste**. Elle est constituée d'os compact, creusée en son centre, par un canal rempli par une substance molle jaune : **la moelle** ;
- deux têtes renflées ou **épiphyses** recouvertes par une substance blanche, brillante, lisse : **le cartilage articulaire**. À l'intérieur se trouve l'os spongieux rempli par de la **moelle rouge** richement vascularisée ;
- des saillies irrégulières ou **apophyses** qui permettent l'insertion d'un tendon ou d'un ligament ;
- **des trous nourriciers** par où pénètrent les vaisseaux sanguins et les nerfs.

Les cellules osseuses ou **ostéoblastes** prennent le nom **d'ostéocytes à** la maturité.

Le tissu cartilagineux est composé d'une substance intercellulaire homo-

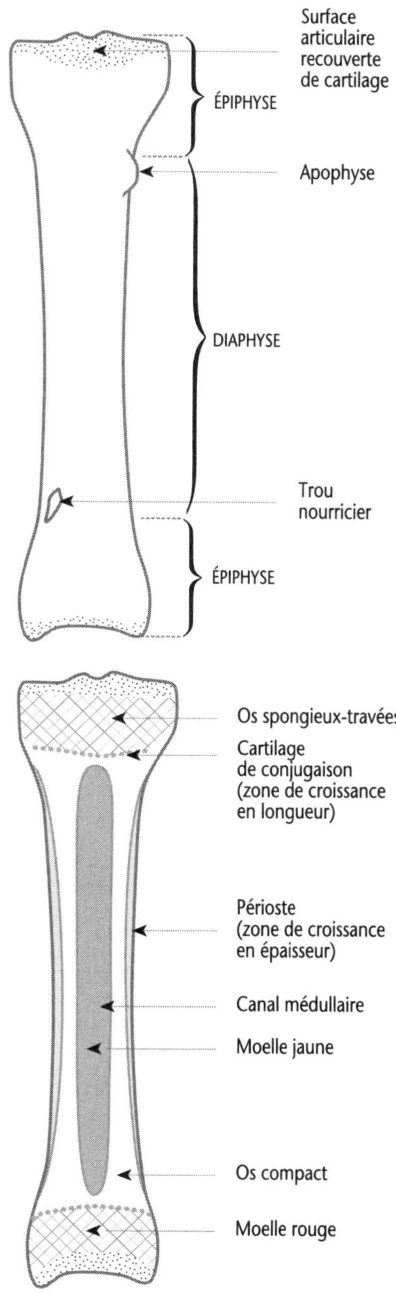

Schéma d'un os long

gène : le cartilage hyalin composé de fibres conjonctives et de fibres élastiques. Il n'est pas vascularisé.

La formation de l'os commence pendant la vie intra-utérine. Sa croissance se fait en longueur et en épaisseur : les couches osseuses nouvelles se forment sous le périoste tandis que le canal médullaire s'agrandissait grâce à l'action des cellules spéciales : **les ostéoclastes.**

La croissance en longueur est assurée par le cartilage de conjugaison qui produit de nouvelles cellules osseuses sur sa face diaphysaire.

La croissance en épaisseur s'effectue grâce au périoste. Alors que l'os s'accroît en épaisseur, le canal médullaire se développe également.

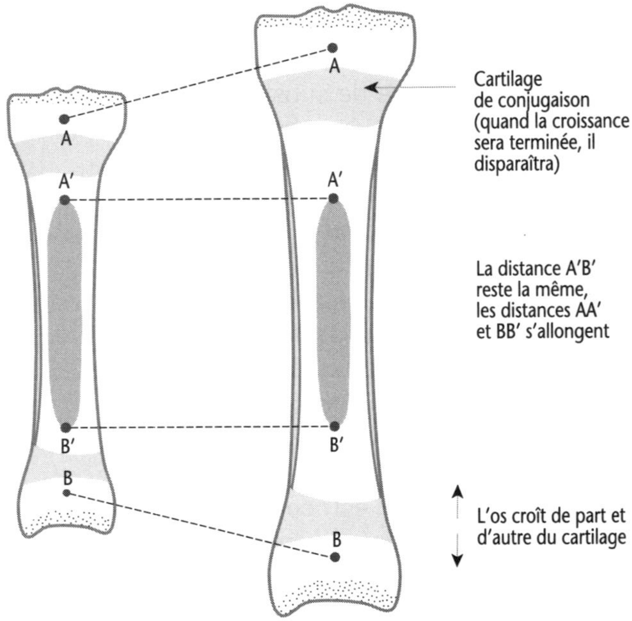

Croissance en longueur des os

EXERCICE

1. Relier les définitions aux mots :

partie de l'os où s'effectue sa croissance	•	•	diaphyse
cellule osseuse	•	•	cartilage de conjugaison
saillie de l'os qui permet l'insertion d'un tendon	•	•	moelle rouge
Partie allongée de l'os	•	•	ostéoblastes
Substance située dans la partie épiphyse médullaire de l'os	•	•	apophyse

2. Nommer les différentes formes d'os et pour chacun donner un exemple.
3. Nommer la zone de croissance en épaisseur de l'os.

MATHÉMATIQUES
Mesures de longueur

La longueur est la distance séparant deux points. L'unité principale des mesures de longueur est le **mètre** (m).

On utilise les multiples du mètre.

Décamètre (dam) qui vaut **10 m**ètres.

Hectomètre (hm) qui vaut **100 m**ètres.

Kilomètre (km) qui vaut **1 000 m**ètres.

On utilise également les sous-multiples du mètre (pour des mesures inférieures au mètre).

Décimètre (dm) qui vaut la 10e partie du mètre (ou 0,1 m).

Centimètre (cm) qui vaut la 100e partie du mètre (ou 0,01 m).

Millimètre (mm) qui vaut la 1 000e partie du mètre (ou 0,001 m).

Nous pouvons présenter ces mesures sous forme de tableau :

Par exemple 1,2 km converti en m, il suffit alors de placer la virgule dans la case de l'unité demandée.

km	hm	dam	m	dm	cm	mm
1	2	0	0,	0.	0.	0.

Il faut savoir refaire ce tableau et surtout savoir l'utiliser. Les unités de longueur sont de **dimension 1**, on doit mettre **1 chiffre** par colonne.

EXEMPLE : Convertir 12 hm en mètres.
Effectuer des conversions revient à déplacer la virgule du nombre, comme un curseur, de l'unité donnée vers l'unité demandée.
Ici l'unité donnée est l'hectomètre ; le nombre 12 peut s'écrire 12,0. Dans la colonne des hectomètres nous mettons le chiffre des unités et la virgule. L'unité demandée est le mètre. Déplaçons la virgule dans la colonne des mètres. Il suffit ensuite de compléter les colonnes « vides » par des zéros.

EXEMPLE : 12 hm = 1 200 m
64 700 mm = 64,7 m
2 km = 200 000 cm

Lorsque dans un problème, l'unité n'est pas précisée on choisit l'unité en fonction de ce que l'on mesure. Ex : La longueur entre deux villes est en km, la longueur d'une fourmi en mm.

EXERCICE

1. En utilisant le tableau, convertir les mesures dans l'unité demandée.

km	hm	dam	m	dm	cm	mm	
							2,3 km en m
							25 cm en m
							3,78 dam en km
							0,06 hm en mm

2. Convertir :
   3 hm 2 dam 3 m = ... m
   47,064 km = ... dm
   1,604 km = ... cm
   6,04 dam = ... dm
   17,49 hm = ... m
   170 064 mm = ... m

3. Écrire en mètre puis en hm : 3 000 mm ; 37 cm ; 5 700 dm ; 13,87 cm ;

4. Calculer en m : 1 m + 3 mm + 7,36 cm +0,0792 hm =

J-51 CORRIGÉ

BIOLOGIE

1. – partie de l'os où s'effectue sa croissance : cartilage de conjugaison
   – cellule osseuse : ostéoblaste
   – saillie de l'os qui permet l'insertion d'un tendon : apophyse
   – partie allongée de l'os : diaphyse
   – substance située dans la partie épiphyse médullaire de l'os : moelle rouge
2. os plat : omoplate ; os long : humérus ; os court : vertèbre
3. Périoste

MATHÉMATIQUES

1. En utilisant le tableau, convertir les mesures dans l'unité demandée.

km	hm	dam	m	dm	cm	mm	
2	3	0	0				2,3 km en m
			0,	2	5		25 cm en m
0,	0	3	7	8			3,78 dam en km
			6	0	0	0	0,06 hm en mm

2. 3 hm 2 dam 3 m = 323 m — 6,04 dam = 604 dm
   47,064 km = 470 640 dm — 17,49 hm = 1 749 m
   1,604 km = 160 400 cm — 170 064 mm = 170,064 m
3. **en m** : 3 m ; 0,37 ; 570 ; 0,1387
   en hm : 0,03 ; 0,0037 ; 5,7 ; 0,001387
4. 1 m + 0,003 m + 0,0736 m + 7,92 m = 8,9966 m

J-50 CULTURE GÉNÉRALE
Le don d'organes

Selon l'Agence de la biomédecine, la **greffe** se définit comme le remplacement, au moyen d'un acte chirurgical, d'un élément défectueux du corps humain (un organe, un tissu ou encore des cellules) par un élément du corps humain qui fonctionne correctement (le greffon). Cette technique envisagée par les médecins lorsque plus aucun autre traitement ne marche.

Quand on parle de **don** d'organes ou de tissus, on fait référence à la volonté de la personne qui va être prélevée. Quand on parle de **prélèvement**, on fait référence à l'acte médical qui est rendu possible par le don. En France, le prélèvement ne peut pas se faire sur une personne qui était contre le don.

En 2008, 1 563 personnes ont été prélevées et 4 620 malades greffés (un donneur permet de greffer 4 personnes, en moyenne). 5 % des greffes ont été réalisées grâce à des donneurs vivants. Mais 222 malades sont morts faute de greffe et près de 14 000 personnes sont inscrites sur la liste d'attente d'un organe.

30 % des prélèvements possibles sont refusés. Dans près de 4 cas sur 10, c'est parce que le défunt a déclaré son opposition au don d'organes durant sa vie. Dans les 6 autres cas, l'opposition vient de la famille.

EXERCICE

Les dons d'organes manquent : en 2004, sur 11 500 patients en attente d'une greffe, 4 000 seulement ont pu être transplantés et 260 sont morts faute de greffons.

Pourtant, selon la dernière enquête de l'Agence de la biomédecine (qui gère les transplantations en France), 74 % des Français se déclarent prêts à donner leurs organes. Mais dans la réalité, le taux d'opposition reste stable : aux alentours de 30 à 32 %. « On n'a pas à expliquer son refus, souligne le Pr Daniel Marcelli, spécialiste du sujet au centre hospitalier universitaire de Poitiers. Mais, donneur ou pas, il faut en parler avec ses proches. »

Dans 50 % des cas, la famille refuse le prélèvement car la question n'a jamais été évoquée auparavant avec le défunt. C'est justement parce qu'elle y avait déjà réfléchi en famille que, après le décès brutal de son petit garçon, Monique a pu dire « oui » à l'équipe médicale : « Grâce au don de ses organes, je sais qu'on continue à parler de lui. Ça donne un sens à la mort. »

Viva, novembre 2005

➤ Pourquoi la question du don d'organes est-elle si peu évoquée dans notre société ?

DRASS Île-de-France, 2006

TEST PSYCHOTECHNIQUE
Aptitude verbale

Dans ces exercices les mots d'une phrase ont été mélangés. Il faut dans un premier temps retrouver la phrase initiale puis trouver si son sens est vrai ou faux. Lisez tous les mots ; essayez d'en associer 2 ou 3 pour ensuite réécrire la phrase dans sa totalité.

Après avoir remis la phrase dans l'ordre, trouvez si l'affirmation est exacte ou fausse.

1. les en généralement sont France magasins dimanche le ouverts
☐ A Vrai
☐ B Faux

2. est la maladie virale est une grippe non d'origine qui
☐ A Vrai
☐ B Faux

3. les tour de cols des franchissent coureurs le France durant
☐ A Vrai
☐ B Faux

4. main le troisième est le majeur la de doigt
☐ A Vrai
☐ B Faux

5. un le bois dur est chêne
☐ A Vrai
☐ B Faux

6. moyen vélo de est le déplacement un écologique
☐ A Vrai
☐ B Faux

7. côte les usent de rochers les la vagues
☐ A Vrai
☐ B Faux

8. les deviennent grenouilles têtards des
☐ A Vrai
☐ B Faux

9. les élus français sont députés pour 4 ans
☐ A Vrai
☐ B Faux

10. souris ne pas d'alimentation une nécessite sans électrique fil

☐ A Vrai

☐ B Faux

11. un calculatrice pas de mathématiques ne professeur utiliser de doit

☐ A Vrai

☐ B Faux

12. les grand très éoliennes de l'énergie vent produisent par

☐ A Vrai

☐ B Faux

13. nette en PIB de France est le la en régression 2009

☐ A Vrai

☐ B Faux

14. la mer l'Egypte des méditerranée côtes donnant possède sur

☐ A Vrai

☐ B Faux

15. une il a dans semaine jours six y

☐ A Vrai

☐ B Faux

16. prix des fruits et les moitié ont diminué de depuis légumes 2000

☐ A Vrai

☐ B Faux

17. livret taux du mêmes A d'intérêts toujours les sont les

☐ A Vrai

☐ B Faux

18. fruitiers l'amandier et deux arbres l'abricotier sont

☐ A Vrai

☐ B Faux

19. des stock- sociétés des dirigeants perçoivent souvent les options

☐ A Vrai

☐ B Faux

20. un jeune américain Barack président est Obama

☐ A Vrai

☐ B Faux

J-50 CORRIGÉ

CULTURE GÉNÉRALE

Le don d'organes constitue aujourd'hui une question de santé publique, car la greffe permet de sauver des vies ou de mieux vivre. Mais, bien que le nombre de greffons disponibles augmente, la pénurie persiste. Cette situation s'explique en partie par la difficulté de nombreux Français d'évoquer cette question au sein de la cellule familiale.

Une première raison de cette réticence est que cette évocation du don d'organes est forcément douloureuse, car elle suppose d'imaginer la mort de ses parents pour un enfant, ou inversement la mort de son enfant pour les parents. Elle nous oblige à prendre à prendre conscience que la mort peut frapper chacun d'entre nous et de nos proches de manière inopinée, bien avant une vieillesse avancée. Si, de plus, le parent est gravement malade ou simplement âgé, cette évocation peut être ressentie comme une manière d'officialiser une mort prochaine.

Les hésitations à donner ou simplement à évoquer le don d'organes peuvent aussi avoir des sources religieuses même si les quatre religions les plus représentées en France – le catholicisme, l'islam, le protestantisme et le judaïsme – sont aujourd'hui favorables au don d'organes conçu comme un acte de charité et un don de vie au profit d'un autre être humain.

Dans le silence autour du don d'organes, on trouve enfin de la superstition. Conformément à une croyance finalement assez répandue, on peut craindre qu'en évoquant une hypothèse malheureuse, on risque d'en provoquer la survenance, tandis que si on se tait, ça n'arrivera pas.

Pour aider à lever ces obstacles, l'Agence de la biomédecine diffuse depuis 2006 un Guide d'information détaillant notamment « les clés d'un échange familial serein sur le don d'organes ».

TEST PSYCHOTECHNIQUE

1. B : En France, les magasins sont généralement ouverts le dimanche
2. B : La grippe est une maladie qui est d'origine non virale
3. A : Les coureurs franchissent des cols durant le tour de France
4. A : Le majeur est le troisième doigt de la main
5. A : Le chêne est un bois dur
6. A : Le vélo est un moyen écologique de déplacement
7. A : Les vagues usent les rochers de la côte
8. A : Les têtards deviennent des grenouilles
9. B : Les députés français sont élus pour 4 ans
10. B : Une souris sans fil ne nécessite pas d'alimentation électrique
11. B : Un professeur de mathématiques ne doit pas utiliser de calculatrice
12. B : Les éoliennes produisent de l'énergie par très grand vent
13. A : En 2009, le PIB de la France est en nette régression
14. A : L'Egypte possède des côtes donnant sur la mer méditerranée
15. B : Dans une semaine il y a six jours
16. B : Les prix des fruits et légumes ont diminué de moitié depuis 2000.
17. B : Les taux d'intérêts du livret A sont toujours les mêmes
18. A : L'amandier et l'abricotier sont deux arbres fruitiers
19. A : Les dirigeants des sociétés perçoivent souvent des stock-options
20. A : Barack Obama est un président américain jeune

J-49 BIOLOGIE
Les organes reproducteurs

I. L'APPAREIL GÉNITAL FÉMININ

Les organes reproducteurs féminins se situent principalement à l'intérieur de l'abdomen. À droite et à gauche de l'**utérus** se situent les **ovaires**, qui produisent les **ovocytes** qui deviendront des **ovules**. Les **trompes de Fallope** permettent la descente de l'ovocyte vers l'utérus.

L'utérus est relié au vagin par le col de l'utérus. Il reçoit l'**embryon** de quelques jours et permet sa nidation et sa croissance. Il est essentiellement formé de deux couches : le **myomètre**, musculeux et l'**endomètre**.

II. L'APPAREIL GÉNITAL MASCULIN

Les **testicules** situés dans le **scrotum** produisent des **spermatozoïdes**, qui seront envoyés vers la **prostate** à travers un long tuyau appelé le **canal déférent**. De là, ils remonteront à travers le **pénis** par **les canaux éjaculateurs** et seront expulsés par le méat. **L'urètre** est un canal qui traverse la verge. Il permet le passage soit de l'urine à partir de la vessie, soit du sperme à partir des testicules.

Les vésicules séminales, sécrètent le liquide séminal qui donne au sperme son état liquide.

La prostate est une glande qui elle sécrète des substances nécessaires à la spermatogénèse.

III. PHYSIOLOGIE

La **fécondation** est un phénomène qui consiste en la fusion d'un spermatozoïde et d'un **ovule** pour aboutir à un œuf fécondé qui se développera pour donner un **embryon** puis un **fœtus** puis un enfant.

Après un rapport sexuel, les spermatozoïdes contenus dans le **sperme** remontent du **vagin** à la **cavité utérine** en traversant le col de l'utérus aidé par la **glaire cervicale**. Ils se dirigent vers les trompes pour aller à la rencontre de l'ovule (ovocyte) pour le féconder. Cette fécondation se fait dans l'une de deux **trompes de fallope**. L'œuf fécondé chemine ensuite le long de la trompe pour rejoindre l'utérus où il va se développer. Si l'ovule n'est pas fécondé, les **règles** apparaissent, c'est la **menstruation**.

IV. LES IST

Ce sont des affections transmises par l'intermédiaire de rapports sexuels. On peut citer **les mycoses génitales** (candidoses), les infections à **trichomonas**, les **gonococcies** (appelée aussi blennorragie), **les chlamydiae**, (responsables de stérilité), les infections à **papillomavirus**, favorisant le développement du cancer du col de l'utérus, **l'herpès**, la **syphilis**, le **chancre mou**, **l'hépatite B** et le **SIDA** (ces deux dernières IST se transmettent par voie sexuelle et sanguine et par voie materno-fœtale).

La seule protection efficace contre les IST est le préservatif.

L'APPAREIL GÉNITAL FÉMININ

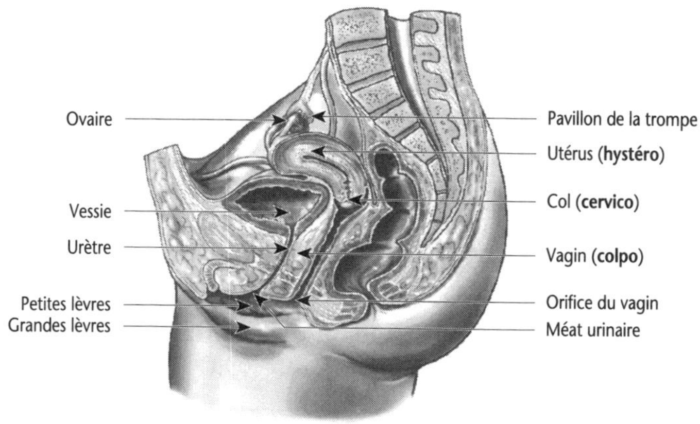

L'APPAREIL GÉNITAL MASCULIN

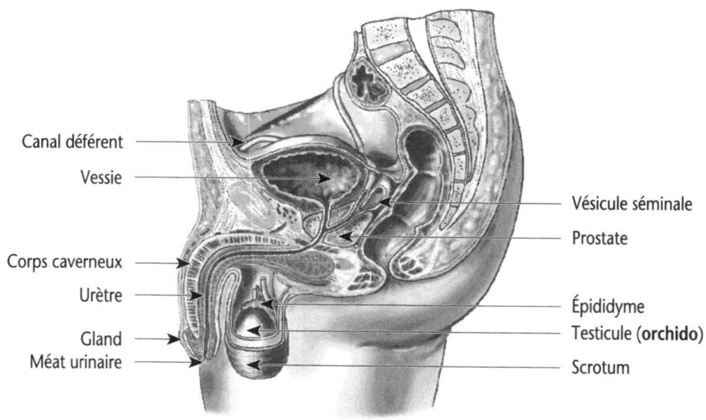

EXERCICES

1. Nommer les gamètes mâles et femelles.
2. Citer les organes producteurs de spermatozoïde.
3. Relier le mot à sa définition.

Il est l'organe féminin de l'accouplement •	• prostate
Il permet la nidation •	• fécondation
Elle se produit dans la trompe de fallope •	• vagin
Elle secrète les substances nécessaires à la spermatogenèse •	• utérus

MATHÉMATIQUES
Mesures de capacité

Les mesures de capacité servent à évaluer les contenances. L'unité principale des mesures de capacité est le **litre** (l). Le litre a des multiples et des sous-multiples :

- le **déca**litre (dal) vaut 10 litres.
- l'**hecto**litre (hl) vaut 100 litres.
- le **kilo**litre (kl) vaut 1 000 litres (rarement utilisée, on utilise le m^3).
- le **déci**litre (dl) vaut 1 dixième de litre (0,1 l).
- le **centi**litre (cl) vaut 1 centième de litre (0,01 l).
- le **milli**litre (ml) vaut 1 millième de litre (0,001 l).

...	hl	dal	l	dl	cl	ml	...
	.	.	.	.	.	.	

EXEMPLE : 28 cl = 0,28 l = 0,0028 hl.

EXERCICES

1. Convertir en litre : 15 dal ; 320 dl ; 42 ml ; 2,5 hl

2. Convertir en centilitre : 0,05 hl ; 1 950 ml ; 32 ml ; 48 dl

3. En utilisant le tableau, convertir les mesures dans l'unité demandée :

hl	dal	l	dl	cl	ml	
.	.	.	.	.	.	3 540 ml = … l
						1,28 hl = … l
						54 ml = … dl
						82,4 cl = … l
						14,7 l = … cl
						12,5 dl = … l
						3 ml = … l
						25 cl = … ml
						720 hl = dal

4. Convertir en litre : 15 dal ; 320 dl ; 42 ml ; 2,5 hl

5. Convertir en centilitre : 0,05 hl ; 1 950 ml ; 32 ml ; 48 dl

6. Convertir dans l'unité demandée : 4,7 hl en litre ; 2 450 l en hl ; 3,2 l en ml ; 0,254 l en cl ; 2 460 cl en l ; 560 ml en l ; 35 dal en cl ; 2,72 cl en l

J-49 CORRIGÉ

BIOLOGIE

1. Les gamètes mâles sont les spermatozoïdes ; les gamètes femelles sont les ovocytes.
2. Les organes producteurs de spermatozoïde sont les testicules logés dans le scrotum.
3. Relier le mot à sa définition.
   Il est l'organe féminin de l'accouplement : vagin
   Il permet la nidation : utérus
   Elle se produit dans la trompe de fallope : fécondation
   Elle secrète les substances nécessaires à la spermatogenèse : prostate

MATHÉMATIQUES

1. 150 l ; 32 l ; 0,042 l ; 250 l
2. 500 cl ; 195 cl ; 3,2 cl ; 480 cl
3. En utilisant le tableau, convertir les mesures dans l'unité demandée :

hl	dal	l	dl	cl	ml	...
		3,	5	4	0	3 540 ml = 3,540 l
1	2	8				1,28 hl = 128 l
			0,	5	4	54 ml = 0,54 dl
		0,	8	2	4	82,4 cl = 0,824 l
	1	4	7	0		14,7 l = 1 470 cl
		1,	2	5		12,5 dl = 1,25 l
		0,	0	0	3	3 ml = 0,003 l
			2	5	0	25 cl = 250 ml
720	0					720 hl = 7 200 dal

4. 150 l ; 32 l ; 0,042 l ; 250 l
5. 500 cl ; 195 cl ; 3,2 cl ; 480 cl
6. 4,7 hl en litre = 470 l
   2 450 l en hl = 24,5 hl
   3,2 l en ml = 3 200 ml
   0,254 l en cl = 25,4 cl
   2 460 cl en l = 24,60 cl
   560 ml en l = 0,56 l
   35 dal en cl = 35 000 cl
   2,72 cl en l = 0,0272 l

J-48 CULTURE GÉNÉRALE
Nutrition et santé

La **nutrition** désigne l'ensemble des processus d'absorption et d'utilisation des aliments qui sont indispensables à l'organisme pour assurer son entretien et ses besoins en énergie. Elle concerne donc aussi bien les apports (l'alimentation) que les dépenses énergétiques (l'activité physique).

Elle représente un **facteur important de la santé**. Dans les pays en voie de développement, les maladies par carence alimentaire restent un problème majeur de santé publique. En revanche, dans les pays développés comme la France, c'est la situation d'abondance alimentaire qui entraîne des conséquences néfastes : nos habitudes alimentaires, associées à notre mode de vie trop sédentaire, conduisent à une augmentation de l'obésité, à la fois chez les adultes et chez les enfants.

I. LA SITUATION EN FRANCE

A. L'ÉTAT DE LA POPULATION

Selon *L'État de santé de la population en France (rapport 2007)*, la prévalence de la surcharge pondérale (surpoids et obésité) augmente partout dans le monde occidental.

La **surcharge pondérale** est définie comme un indice de masse corporelle (IMC = poids en kg/taille^2 en m^2) supérieur ou égal à 25. Le **surpoids** correspond à un IMC compris entre 25 et 30 et l'**obésité** à un IMC supérieur ou égal à 30.

En France, le nombre de personnes en surcharge pondérale et, plus spécifiquement, le nombre d'obèses a été en forte croissance pendant les années 1990 dans la population adulte, et les évolutions des années 2000 ne montrent pas d'infléchissement, mais plutôt une **augmentation** en particulier chez les femmes.

Actuellement, l'obésité concerne 11 % des hommes comme des femmes adultes, le surpoids un peu plus d'un tiers des hommes et 23 % des femmes. La surcharge pondérale concerne de 14 à 20 % d'enfants dont 4 % seraient obèses. Les chiffres diffèrent peu entre garçons et filles.

Chez les adultes comme chez les enfants, les prévalences de surcharge pondérale varient de façon importante selon le milieu socio-économique et elles sont les plus élevées dans les milieux les plus modestes.

L'excès de poids et la sédentarité, souvent associés, sont des facteurs de **risque importants** pour la santé : le diabète « gras » touche 2 millions de Français ; les maladies cardiovasculaires (hypertension artérielle, accidents vasculaires cérébraux, infarctus du myocarde...) entraînent 170 000 morts par an.

La nutrition constitue également un facteur de protection ou de risque dans des pathologies comme les cancers et l'ostéoporose.

Toutes ces pathologies pèsent très lourd dans les **dépenses de l'assurance-maladie** : sur un coût de 5 milliards d'euros par an, la part attribuée à la mauvaise nutrition atteindrait 800 millions d'euros.

Par-delà les singularités individuelles, les facteurs héréditaires par exemple, la prévalence du surpoids et de l'obésité dans les sociétés occidentales s'explique par **deux raisons principales**.

D'abord, les nouveaux modes de vie ont pour effet de diminuer les dépenses physiques et les besoins énergétiques des individus : dans leur majorité, ils habitent en ville, circulent en automobile ou en transports en commun, exercent des activités professionnelles dans le secteur tertiaire, se consacrent à des loisirs en grande partie audiovisuels ou virtuels (par exemple la télévision ou Internet)...

Or, jamais les individus n'ont eu une alimentation aussi riche et, au demeurant, déséquilibrée. Ils consomment trop d'aliments riches en sucres et en matières grasses, au détriment des légumes et des fruits notamment. Le développement du grignotage entre les repas et la fréquentation des chaînes de restauration rapide favorisent également le surpoids.

En plus de la quantité des apports caloriques, la **qualité des aliments** a des répercussions sur la santé des individus. Une consommation suffisante de fruits et légumes et des apports modérés en sel sont ainsi, d'après les études épidémiologiques, favorables à une diminution de certaines maladies chroniques (cancers, maladies cardiovasculaires, diabète notamment).

Or, en 2002, 81 % des hommes et 71 % des femmes avaient une consommation de fruits et de légumes inférieure ou égale à 3 fois par jour alors que les recommandations préconisent une consommation de 5 fruits et légumes par jour. Cette faible consommation concerne tout particulièrement les hommes et les jeunes ainsi que les régions du nord de la France. Les achats de fruits par personne ont cependant augmenté entre 2000 et 2005.

B. L'obésité infantile

La prévalence du surpoids et de l'obésité se montre particulièrement inquiétante parmi les jeunes. Selon l'enquête réalisée en milieu scolaire en 2000-2001, il apparaît que 14 % des enfants de six ans présentent une surcharge pondérale, dont 4 % une obésité et 10 % un surpoids modéré. À cet âge, les filles apparaissent plus sujettes aux surcharges pondérales que les garçons.

On peut distinguer **trois grandes causes** du développement de l'obésité infantile. Cette situation résulte d'une part de la modification des **comportements alimentaires** des enfants. En effet, ceux-ci consomment trop d'aliments riches en sucres, en matières grasses et en sel, au détriment des légumes et des fruits notamment. Les nombreux repas qu'ils prennent dans les chaînes de restauration rapide, à base de hamburgers, de frites et de sodas, méconnaissent les principes d'une alimentation saine et équilibrée. Le développement du grignotage représente également une cause importante de l'obésité infantile. L'importance de la qualité de l'alimentation explique que l'obésité soit moins développée dans les familles les mieux formées et informées, aux niveaux de revenus et d'instruction les plus élevés. Par exemple, la proportion d'enfants en surcharge pondérale apparaît nettement plus importante en zones d'éducation prioritaire (17,3 % contre 13,3 % dans les autres zones).

Une deuxième raison de l'obésité infantile réside dans la **diminution de l'activité physique** favorisée notamment par un usage immodéré de la télévision, de l'ordinateur et des jeux vidéo. C'est ainsi que les enfants des grandes agglomérations sont plus fréquemment en surpoids que ceux des communes rurales, dont les loisirs se montrent plus extérieurs et physiques. De plus, il existe une sorte de cercle vicieux dans ce domaine. En effet, dès l'apparition d'un surpoids, les enfants concernés évitent les sports d'équipe et la piscine, car ils sont complexés et, il faut l'admettre, souvent victimes des moqueries de leurs camarades.

Enfin, il ne faut pas oublier les **causes psychologiques** de l'obésité. Si le jeune se sent négligé par ses parents, s'il ne se sent pas intégré dans sa famille ou dans la société, s'il éprouve des difficultés scolaires ou relationnelles, l'alimentation peut lui offrir à la fois une compensation et un refuge. En effet, le malaise éprouvé peut le conduire à se protéger, consciemment ou non, en créant une sorte de barrière corporelle entre lui et le monde.

Outre son retentissement social et psychologique, l'obésité dans l'enfance majore considérablement le risque d'obésité à l'âge adulte et donc de survenue de nombreuses maladies (diabète, maladies cardio-vasculaires, certains cancers, difficultés respiratoires, atteintes articulaires...).

II. LES PROGRAMMES NATIONAUX NUTRITION SANTÉ (PNNS)

A. Le PNNS 1

Pour répondre au défi que représente la nutrition en matière de santé publique, la France a été un des premiers pays européens à se doter d'un plan de santé publique, le Programme national nutrition santé (PNNS), dès 2001.

Le premier PNNS (2001-2005) a établi un socle de repères nutritionnels (pour tous mais aussi pour des groupes particuliers : femmes enceintes, enfants, adolescents, personnes de plus de 55 ans, personnes âgées dépendantes...) qui constitue désormais la référence française officielle. Conformes à la culture alimentaire française, ils associent à l'objectif de santé publique les notions de goût, de plaisir et de convivialité.

Ces repères ont été promus notamment grâce à un effort massif de communication par le biais de guides (plus 25 millions d'exemplaires) et de campagnes de communication de grande ampleur.

B. Le PNNS 2

Tout en poursuivant la stratégie initiée dans le cadre du PNNS 1, le PNNS 2 (2006-2010) approfondit les orientations, en portant une attention plus grande à la modification des environnements (notamment en ce qui concerne l'offre alimentaire et d'activité physique), à la formation des professionnels en contact avec les publics, à la question générale de « l'image du corps » dans la société française, à l'amélioration de la prise en charge de la dénutrition et de l'obésité. Il vise aussi à mieux prendre en compte les besoins spécifiques de certaines populations, notamment les moins favorisées.

Le PNNS 2 retient une série d'**objectifs quantifiés** de réduction des déficiences nutritionnelles. Il s'est fixé 9 objectifs prioritaires (comme –20% de la prévalence du surpoids ; –25% des « petits consommateurs » de fruits et légumes ; –5% de la cholestérolémie moyenne ; +25 % de personnes à l'objectif en matière d'activité physique) dont il assurera le suivi et l'évaluation régulière.

L'**effort financier** conjoint de l'État et de l'assurance-maladie en faveur de la nutrition se portera à 47 M€ en 2007.

EXERCICE

Il aura fallu cinq années de discussions, tergiversations, pour que l'Europe élabore enfin le règlement qui doit mettre bon ordre aux allégations santé. Il était temps car les produits industriels revendiquant une action bénéfique pour la santé se multiplient dans les rayons des grandes surfaces. [...]

Le marketing santé se déchaîne. Les industriels interprètent à leur façon les préoccupations des consommateurs alarmés par l'épidémie d'obésité, la montée du diabète, des maladies cardiovasculaires, des cancers, de toutes les pathologies liées justement aux nouveaux modes alimentaires. Désormais, tout ou presque existe en version allégée en matières grasses ou en sucres (ce qui ne veut pas forcément dire pauvre en calories). Mais l'imagination débordante des industriels ne s'arrête pas là. Sur les emballages prolifèrent des promesses de toutes sortes reposant sur quelques termes magiques qui, manifestement, font vendre : vitamines, bien sûr mais aussi protéines, fibres, la palme de l'effet garanti revenant aux omégas 3 et aux anticholestérol. [...]

Les industriels de l'agro-alimentaire prennent soin maintenant de toutes les parties de notre corps. Bref, démêler sur les emballages les informations utiles - plus ou moins lisibles - et les allégations santé - plus ou moins justifiées - des slogans publicitaires est un vrai casse-tête.

M.-J. Husset, *60 Millions de Consommateurs*,
hors-série découverte n° 130, février-mars 2007

➤ À partir du texte, à votre avis, le consommateur est-il acteur de sa santé ou victime de la publicité en choisissant ce type de produit ? *Vous étayerez votre réponse de trois arguments. Réponse rédigée en 10 à 15 lignes.*

IFSI hôpital Esquirol (Saint-Maurice), 2007

J-48 CORRIGÉ

CULTURE GÉNÉRALE

La multiplication des allégations santé sur les produits industriels paraît faire du consommateur une victime de la publicité. D'abord, nombre de ces allégations jouent avec les peurs relatives à la santé et constituent des slogans publicitaires proches de la manipulation, les « versions allégées » pouvant se montrer très riches en calories par exemple.

Ensuite, les vertus réelles ou supposées de ces produits justifient des prix de vente supérieurs à ceux des autres produits, auxquels les clients les moins aisés sont condamnés.

Mais les allégations et les slogans sont accompagnés d'informations souvent détaillées sur la composition des produits. Cela permet désormais au consommateur attentif et critique d'être en mesure de faire des choix éclairés pour devenir acteur de sa santé.

J-47 BIOLOGIE
La reproduction

I. LE CYCLE OVARIEN

À partir de la puberté, sous l'action de l'hormone FSH, les ovaires fabriquent un ovule par mois jusqu'à la **ménopause**. Le cycle commence le 1er jour des règles et se termine la veille des règles suivantes.

Au 14e jour, la température corporelle est inférieure à 37 °C. La muqueuse interne s'épaissit sous l'influence des **œstrogènes** sécrétés par l'ovaire.

L'ovule est expulsé sous l'influence de l'**hormone lutéotrope** (LH) sécrétée par l'hypophyse. Il migre dans la trompe utérine.

Dans le col utérin, la glaire cervicale facilite l'ascension des spermatozoïdes.

Le follicule rompu se transforme en **corps jaune** et produit une hormone : **la progestérone**.

Au 28e jour, s'il n'y a pas eu de fécondation, le corps jaune disparaît. La paroi utérine se détache, ce qui constitue les règles suivantes.

S'il y a eu fécondation, la rencontre ovule/spermatozoïde a lieu dans la trompe utérine. La division cellulaire commence formant une boule de cellules appelée **morula**. Celle-ci donne naissance aux **blastocytes**, ensemble de cellules, qui se nichent eux-mêmes dans la paroi utérine, 7 à 8 jours après la fécondation. C'est la **nidation**. Les cellules au contact de l'utérus constituent le **placenta** qui entoure l'œuf et forme la **poche amniotique**, qui protège le fœtus contre le risque d'infections vaginales.

Le cordon ombilical relie l'abdomen de l'enfant au placenta. Il est constitué d'une veine ombilicale qui apporte l'oxygène, et de deux artères ombilicales qui rapportent le sang dépourvu d'oxygène.

Le placenta produit des hormones qui permettent un bon déroulement de la grossesse et de l'accouchement. Il est très vascularisé et véhicule l'oxygène, les nutriments les anticorps maternels, ainsi que certaines substances toxiques (alcool, tabac), des médicaments et des micro-organismes.

Le bouchon muqueux est une substance gélatineuse qui obstrue le col utérin.

À la ménopause, l'activité hormonale génitale s'arrête progressivement.

II. LES MÉTHODES DE PROCRÉATION

- **Insémination artificielle** : le sperme d'un homme est injecté dans l'utérus de la femme.
- **Fécondation in vitro** : fécondation des ovules dans une éprouvette, avec des spermatozoïdes congelés, et implantation d'embryons dans l'utérus de la femme.

II. LES MÉTHODES DE CONTRACEPTION

A. Les méthodes mécaniques

- Le **préservatif** empêche le dépôt de sperme dans le vagin. Il protège contre les IST (Infection sexuellement transmissible).
- Le **stérilet** ou dispositif intra-utérin empêche la nidation de l'œuf
- Le **diaphragme** empêche le passage du sperme dans l'utérus

B. Les méthodes chimiques

- La **pilule contraceptive** bloque l'ovulation.
- Les **spermicides** détruisent les spermatozoïdes
- L'**implant**, bâtonnet en plastique implanté dans le bras, libère un progestatif en continu et bloque l'ovulation.

C. Les méthodes dites naturelles

- Le **coït interrompu** : l'éjaculation se fait en dehors de l'appareil génital féminin. Pas de sperme, donc pas de fécondité possible.
- La **méthode des températures** permet de repérer la date d'ovulation et d'éviter les rapports pendant cette période.

Une pilule du lendemain peut être prise dans les 72 heures qui suivent le rapport non protégé, cependant, elle n'a pas d'effet abortif, et ne doit être prise qu'exceptionnellement.

EXERCICES

1. Indiquer la durée du cycle ovarien. À quel moment du cycle se produit l'ovulation ?
2. Que se passe-t-il si l'ovule n'a pas été fécondé ?
3. Nommer les hormones qui interviennent durant le cycle.

MATHÉMATIQUES
Mesures de masse

Le mot « masse » est le mot scientifiquement juste, il est plus communément appelé improprement « poids ». L'usage courant a prévalu d'appeler pesée la détermination d'une masse et d'appeler poids les masses qui servent à faire une pesée. Bien que ces deux mots aient un sens différent, devant l'usage courant, le mot « masse » qui sera utilisé devra être compris pour le mot « poids » et réciproquement.

L'unité principale des masses est le kilogramme (kg). Les multiples et sous-multiples du kilogramme sont :

tonne (t)	quintal (q)	myriagramme (mag)	kilogramme (kg)	hectogramme (hg)	décagramme (dag)	gramme (g)	décigramme (dg)	centigramme (cg)	milligramme (mg)

On met 1 chiffre par colonne :

EXEMPLE : 3 t = 3 000 kg = 3 000 000 g ;
17 064 g = 17,064 kg = 0,17064 q ;
1 203,6 g = 1 kg 2 hg 3 g 6 dg.

Pour peser un liquide, on pèse le vase vide (tare) puis le vase plein (masse brute). La différence représente la masse nette du liquide.

Masse nette = masse brute – tare

EXERCICES

1. Dans le tableau ci-dessous, convertir dans l'unité demandée.

tonne (t)	quintal (q)	myriagramme (mag)	kilogramme (kg)	hectogramme (hg)	décagramme (dag)	gramme (g)	décigramme (dg)	centigramme (cg)	milligramme (mg)	
										2,5 kg en dag
										3,63 t en q
										258 mg en hg
										3,8 cg en g
										200 g en cg

2. Convertir les unités de masse.

164,8 g = ……kg ; 3,7 t = … kg

410,84 kg = ……dag ; 37 064 g = … kg

1,08 t = ……g ; 876 400 dg = … q

3. Quelles capacités correspondent aux masses d'eau suivantes ?

3,5 kg – 275 g – 7 q – 0,064 t

4. Calculer dans l'unité indiquée :

750 g + 2 400 dg = en kg

4,2 kg – 2 380 cg = en g

8,35 hg + 250 g = en dg

5. La masse d'une casserole contenant 850 g d'eau est 1,4 kg. Quelle est la masse de la casserole vide ?

J-47 CORRIGÉ

BIOLOGIE

Le cycle ovarien dure 28 jours. L'ovulation a lieu le 14e jour après les règles.

Si l'ovule n'a pas été fécondé, le corps jaune provenant du follicule rompu disparaît, la paroi utérine se détache, ce qui constitue les règles.

Les hormones qui interviennent durant le cycle sont les **œstrogènes**, l'**hormone lutéotrope** et la **progestérone**.

MATHÉMATIQUES

1. Dans le tableau ci-dessous, convertir dans l'unité demandée.

tonne (t)	quintal (q)	myriagramme (mag)	kilogramme (kg)	hectogramme (hg)	décagramme (dag)	gramme (g)	décigramme (dg)	centigramme (cg)	milligramme (mg)	
			2	5	0					2,5 kg en dag
3	6,	3								3,63 t en q
				0,	0	0	2	5	8	258 mg en hg
						0,	0	3	8	3,8 cg en g
				2	0	0	0	0		200 g en cg

2. 0,1648 kg ; 3 700 kg
   41 084 dag ;37,064 kg
   1 080 000 g ; 0,8764 q
3. 3,5 kg d'eau = 3,5 l ; 275 g = 275 ml ; 7 q = 700 l ; 0,064 t = 64 l
4. 0,99 kg ; 4 176,2 g ; 10 850 dg
5. 1,4 kg – 0,85 = 0,55 kg

J-46 CULTURE GÉNÉRALE
L'anorexie et la boulimie

D'origine psychologique, l'**anorexie** mentale est liée à la volonté obsessionnelle de maigrir. Débutant presque toujours à l'adolescence, elle concerne dans neuf cas sur dix des filles. Dans certains cas, la malade a véritablement au départ une surcharge pondérale modérée faisant l'objet de moqueries, mais sa volonté d'amaigrissement peut aussi résulter d'une perception du corps imaginaire. Le jeûne prolongé perturbe les mécanismes de la faim et de la satiété et l'amaigrissement pathologique s'accompagne de carences nutritionnelles. Dans les cas les plus graves, la seule solution pour éviter la mort consiste à hospitaliser pour renutrition par gavage dans le cadre d'un traitement associant médecins, nutritionnistes et psychiatres. Mais les contrats de poids ne réussissent que dans la moitié des cas et les rechutes sont nombreuses.

La **boulimie** est également une maladie d'origine psychologique touchant surtout les adolescentes. Elle se caractérise par la consommation de grandes quantités de nourriture survenant le plus souvent par crises. La malade mange alors n'importe quoi à toute vitesse jusqu'à ce qu'elle ressente des douleurs au ventre et vomisse. Comme elle ne garde pas les aliments, elle peut maintenir un poids normal. Les crises de boulimie peuvent alterner avec des périodes de restriction alimentaire intense.

EXERCICE

Soumises à ces projections incessantes de femmes corporellement idéalisées, un grand nombre d'Occidentales se sont mises à réduire leur consommation alimentaire, à forcer sur la gym et le sport, et à devenir des obsessionnelles de la minceur pour se conformer à la nouvelle norme de beauté mince. Chez les adolescentes, des désordres nutritionnels apparaissent au point que l'obsession de minceur est devenue un problème de santé publique, plus caché certes que l'accroissement de l'obésité, mais qui, si l'on réfléchit bien, lui est assez directement lié. En effet, si une enfant de dix ans, par exemple, commence à restreindre sa consommation alimentaire par peur de devenir grosse et laide, qu'elle entre dans un processus de régimes à répétition, sa relation avec la nourriture se complique et va souvent mener à des désordres, y compris à une surconsommation de « compensation », pouvant mener à l'obésité.

Annie Hubert, anthropologue, *Corps de femmes sous influence*

➤ Expliquez, en quelques lignes, en vous appuyant sur le texte ci-dessus, comment la société peut influencer le comportement des femmes.

IFSI Diaconesse (Paris), 2006

TEST PSYCHOTECHNIQUE
Aptitude logique

Dans cette suite d'exercices on vous donne des damiers avec des cases grisées. Il faut trouver le damier manquant parmi les réponses proposées. Il faut donc trouver une “action” qui permet de passer d'un damier à l'autre. Pensez par exemple à : décaler toutes les colonnes d'un cran vers la gauche, la droite, vers le bas, vers le haut. Comptez le nombre de cases grisées ; décalez toutes les cases vers le bas et vers la droite à chaque fois ; pensez parfois à faire tourner les cases extérieures du damier dans le sens des aiguilles d'une montre ou l'inverse...

1. Trouvez le damier suivant les quatre premiers.

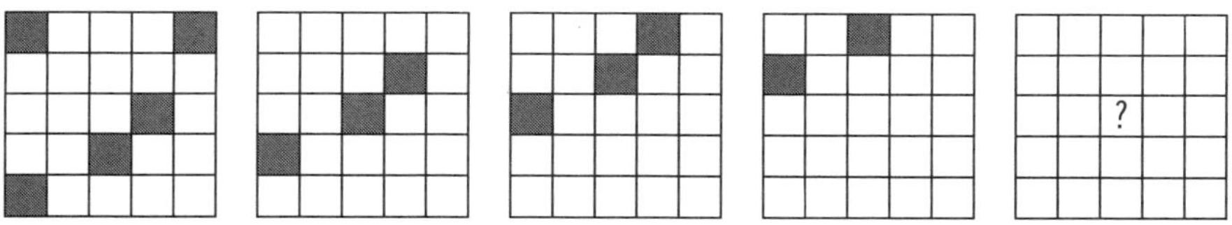

La bonne réponse est :

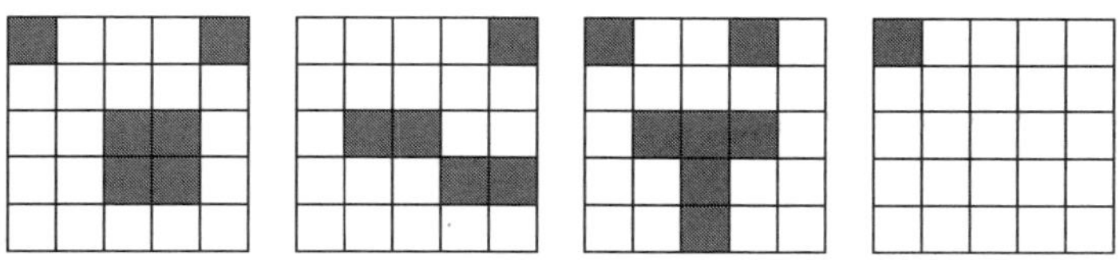

☐ A ☐ B ☐ C ☐ D

2. Trouvez le damier suivant les quatre premiers.

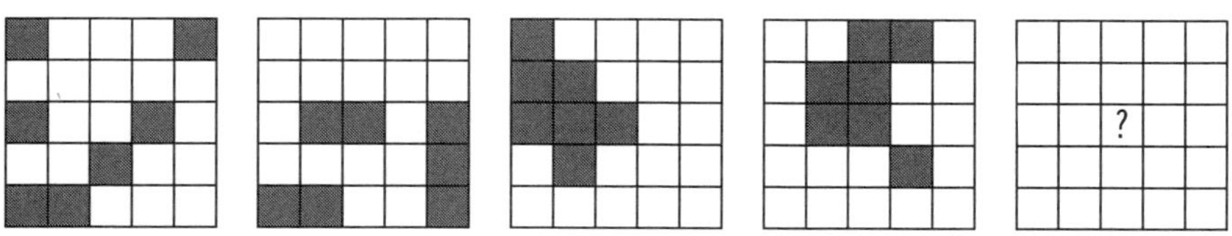

La bonne réponse est :

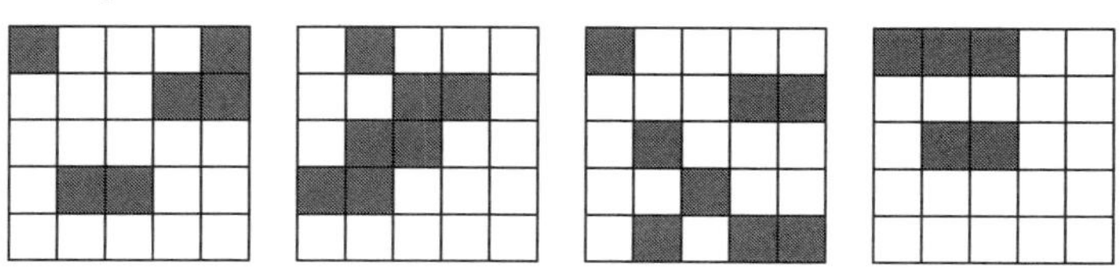

☐ A ☐ B ☐ C ☐ D

3. Trouvez le damier suivant les quatre premiers.

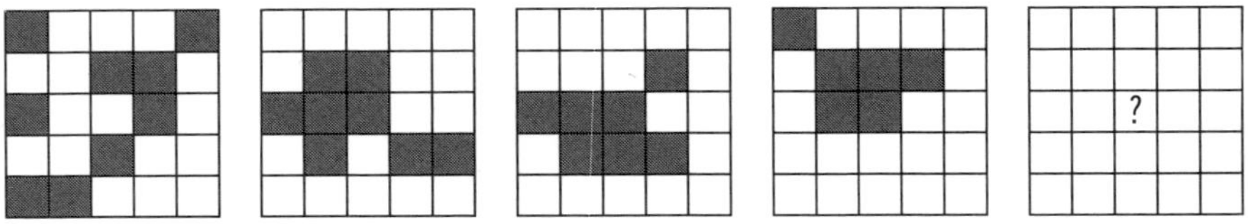

La bonne réponse est :

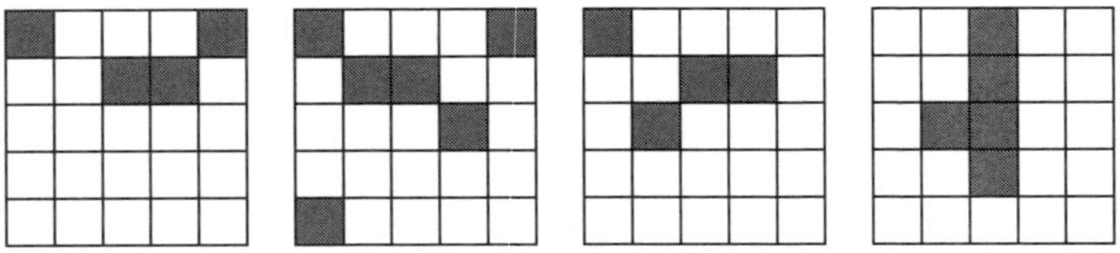

☐ A ☐ B ☐ C ☐ D

4. Trouvez le damier suivant les quatre premiers.

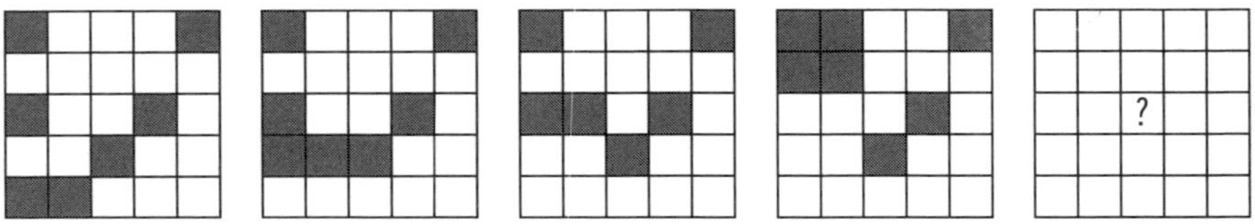

La bonne réponse est :

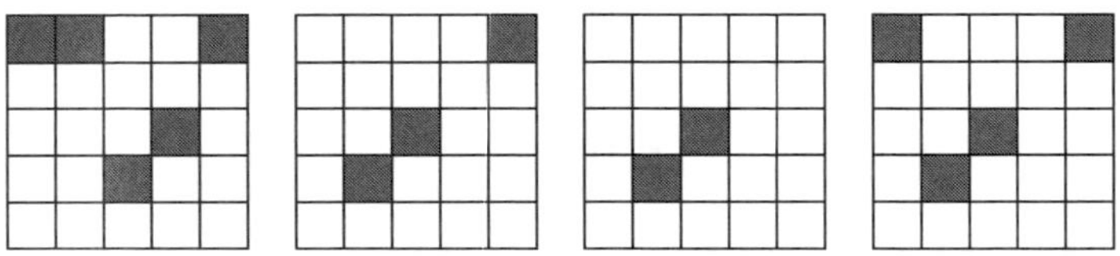

☐ A ☐ B ☐ C ☐ D

5. Trouvez le damier suivant les quatre premiers.

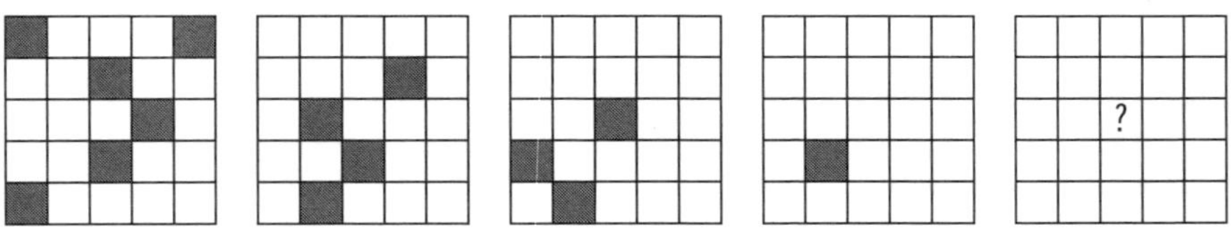

La bonne réponse est :

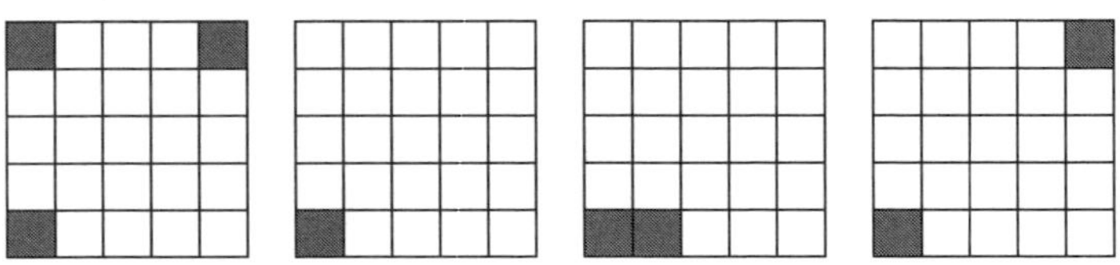

☐ A ☐ B ☐ C ☐ D

6. Trouvez le damier suivant les quatre premiers.

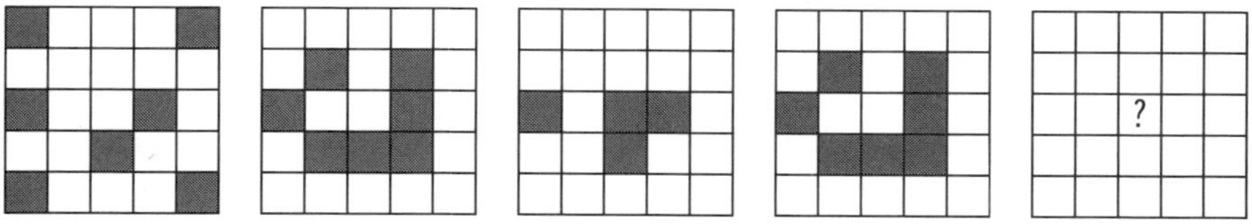

La bonne réponse est :

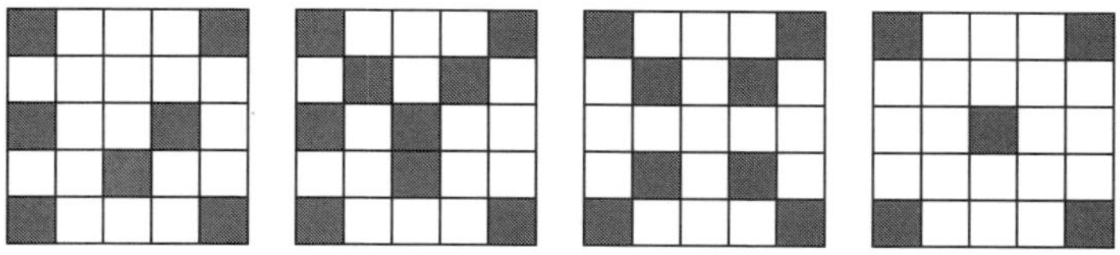

☐ A ☐ B ☐ C ☐ D

J-46 CORRIGÉ

CULTURE GÉNÉRALE

Dans toute société, les comportements des individus sont influencés par des modèles, des idéaux, des normes. En France, les femmes, notamment, sont aujourd'hui soumises à un devoir de beauté et de minceur qui commande toutes leurs habitudes de vie, d'alimentation et, en liaison avec le développement de l'industrie de la mode, d'habillement. Cet idéal intériorisé par de nombreuses femmes résulte évidemment d'actions multiples et complexes, qu'elles soient visuelles ou verbales.

L'enfant aussi bien que l'adulte vivent au milieu d'images exaltant ou au contraire dévalorisant certains types de corps, de femmes notamment. C'est bien sûr les cas des magazines féminins, souvent mis en accusation, mais en fait tous les mondes médiatiques, publicitaires et artistiques participent à cette glorification des femmes minces et des silhouettes longilignes. Ni la poupée Barbie, ni la chanteuse ou l'actrice fétiche des adolescentes, ne sont des femmes obèses ou, tout simplement, rondes.

Les femmes sont également influencées par les mots qu'elles entendent au sujet des corps, particulièrement au sujet de leurs corps, que ces mots soient des jugements, des moqueries, des compliments ou des conseils. Ainsi, la petite fille en surpoids, qui « mange trop », se fera sans doute rappeler à l'ordre par ses parents et, en tout cas, devra essuyer les quolibets de ses camarades de classe. Selon qu'elle est mince ou ronde, l'adolescente aura ou non du succès auprès des garçons. Même les campagnes du ministère de la Santé sur les habitudes alimentaires saines peuvent contribuer à l'idéalisation des « minces » et à la culpabilisation des « gros ».

Finalement, c'est la société tout entière qui contribue à faire régner la dictature de la minceur, même si le législateur paraît décidé, en 2008, à punir sévèrement « le fait de provoquer une personne à se priver d'aliments de façon persistante pour maigrir de façon excessive pour agir sur son apparence physique qui pourrait l'exposer à un danger de mort ou compromettre sa santé » (proposition de loi visant à combattre l'incitation à la maigreur extrême et à l'anorexie, déposée par la députée Valérie Boyer le 3 avril 2008).

TEST PSYCHOTECHNIQUE

1. Réponse D. Toutes les cases grisées remontent d'une ligne à chaque fois en passant d'un damier à l'autre.
2. Réponse B. Tous les damiers ont 7 cases grisées.
3. Réponse D. Une case grisée de moins d'un damier à l'autre. Le damier à trouver aura 5 cases grisées.
4. Réponse A. Les deux cases grisées de la dernière ligne du premier damier remontent à chaque fois d'une ligne puis jouent le rôle de gomme après être remontées.
5. Réponse B. Toutes les cases grisées se décalent d'un rang vers le bas et d'un rang vers la gauche à chaque fois (diagonale).
6. Réponse A. Les cases grisées des quatre coins du premier damier se déplacent en direction du centre et en diagonale d'un cran à chaque fois d'un damier à l'autre (puis s'en éloignent).

J-45 BIOLOGIE
Les muscles

Les **contractions** des muscles permettent la mobilité des os sur lesquels ils s'insèrent, ainsi que les mouvements des viscères dont ils constituent les parois. Pour fonctionner les muscles ont besoin de glucose et d'oxygène.

I. LES DIFFÉRENTS MUSCLES

Les **muscles striés** sont fixés sur les os. Ils permettent le **mouvement**, grâce **muscles antagonistes** dont les rôles sont inversés.

La contraction des muscles striés est soumise au contrôle du système nerveux cérébro-spinal (dépendance volontaire).

On distingue :

- **les muscles en fuseau** de forme volumineuse (**le ventre du muscle**) Leurs deux extrémités sont effilées et se terminent par une partie fibreuse : **le tendon** qui se fixe sur les apophyses des os ;
- les muscles **plats**, comme le grand dorsal ;
- les muscles étalés ou en **éventail** comme le grand pectoral ;
- les muscles **circulaires** ou **orbiculaires** qui permettent de réduire ou fermer les orifices (les sphincters).

Les muscles lisses entrent dans la constitution des organes. Ils forment la paroi des viscères.

Les principaux muscles

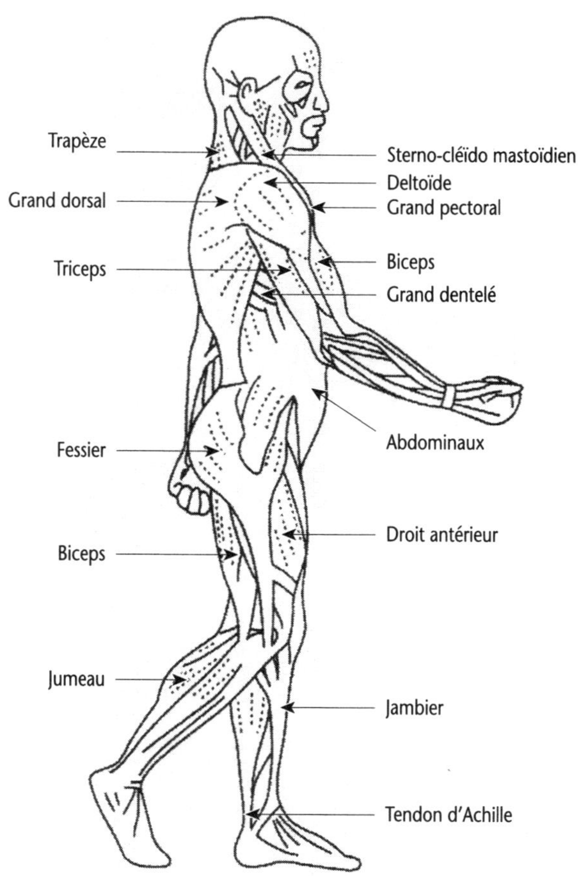

II. STRUCTURE

Les muscles se composent d'un tissu élastique et contractile où l'on observe de nombreux gros faisceaux séparés les uns des autres par une gaine de tissu conjonctif, chacun de ces faisceaux étant lui-même constitué de petits faisceaux. À l'intérieur, le tissu conjonctif, très richement vascularisé, est cloisonné. Les fibres musculaires montrent des zones claires et sombres (striées). Chaque fibre est innervée, ce qui permet la contraction.

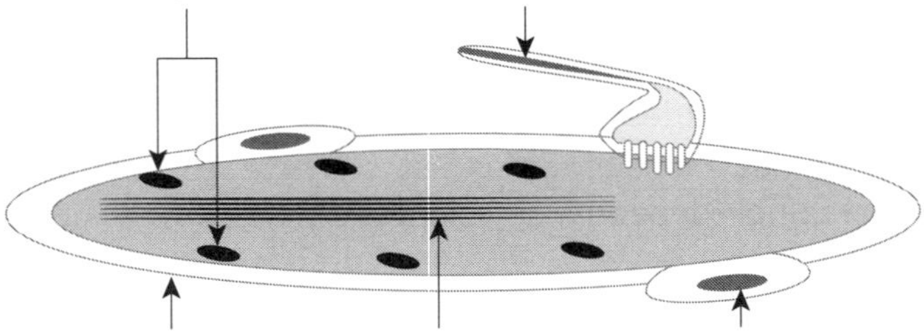

III. LES PROPRIÉTÉS DES MUSCLES

Le muscle est **excitable** : il répond à toute excitation d'origine thermique, mécanique ou chimique portée sur lui. L'excitant musculaire est **l'influx nerveux** transmis par le nerf moteur.

Le muscle est **contractile**. La contraction est la réponse à une excitation volontaire ou non. Elle s'accompagne d'un épaississement et d'un raccourcissement du muscle, ce qui permet aux muscles striés qui s'insèrent sur les os, d'entraîner le mouvement.

Le muscle est **élastique**, capable de se déformer puis de reprendre de lui-même sa forme lorsque la source d'excitation a cessé d'agir.

EXERCICES

1. Nommer 2 muscles antagonistes.
2. Citer 3 propriétés des muscles.
3. Nommer les différentes formes des muscles et pour chacune, donner un exemple.

MATHÉMATIQUES
Les figures géométriques

I. CALCUL DES PÉRIMÈTRES, AIRES ET VOLUMES DE FIGURES GÉOMÉTRIQUES SIMPLES

A. Le carré

Le carré est un quadrilatère qui a 4 angles droits et 4 côtés égaux. Son périmètre est $P = C \times 4$ et son aire, $A = C \times C$

EXEMPLE : Un carré de 3 m de côté a pour périmètre $P = 3 \times 4 = 12$ m et pour aire $A = 3 \times 3 = 9$ m^2.

B. Le rectangle

Le rectangle est un quadrilatère à 4 angles droits et dont les côtés sont parallèles et égaux 2 à 2 ; on les nomme longueur L (le plus grand coté) et largeur l (le plus petit). Son périmètre est $P = (L + l) \times 2$ et son aire, $A = L \times l$.

EXEMPLE : Un rectangle de 5 m de long et 3 m de large a pour périmètre $P = (5 + 3) \times 2 = 16$ m et pour aire $A = 5 \times 3 = 15$ m^2.

C. Le cercle

Le cercle, courbe fermée dont tous les points sont à égale distance d'un point appelé centre. La droite qui passe par le centre et qui partage le cercle en 2 parties égales est le diamètre D. le rayon R est égal à sa moitié ; $R = D \div 2$ et $D = 2R$. $P = D \times \pi = 2R \times \pi$. $A = \pi \times R \times R = \pi \times R^2$

Il faut savoir que $\pi = 3{,}14$

EXEMPLE : Un cercle de 4 cm de rayon a pour périmètre $P = 4 \times 2 \times 3{,}14 = 25{,}12$ cm et son aire $A = 4 \times 4 \times 3{,}14 = 50{,}24$ cm^2.

D. Le cube

Le cube a 6 faces identiques et 12 arêtes (A) égales, son volume $V = A \times A \times A$.

EXEMPLE : L'arête d'un dé à jouer est égale à 1,5 cm son volume $V = 1{,}5 \times 1{,}5 \times 1{,}5 = 3{,}375$ cm^3.

E. Le parallélépipède

Le parallélépipède rectangle a pour base un rectangle et la troisième dimension peut représenter la hauteur ou l'épaisseur ou la profondeur de l'objet ; V = L × l × h ou e ou p

EXEMPLE : Une brique mesure 25 cm de long, 15 cm de large et 8 cm d'épaisseur, son volume V = 25 × 15 × 8 = 3 000 cm^3.

EXERCICES

➤ Complétez les tableaux suivants.

	Carré 1	Carré 2	Carré 3
côté	2,1 cm		
périmètre		18 hm	48 m
aire			

	Rectangle 1	Rectangle 2	Rectangle 3
longueur	13 m		15 dm
largeur	7 m	20 dam	
périmètre		150 dam	120 dm^2
aire			

J-45 CORRIGÉ

BIOLOGIE

1. 2 muscles antagonistes : le biceps et le triceps.
2. 3 propriétés des muscles : excitabilité, contractilité, élasticité.
3. Les différentes formes des muscles :
   – en fuseau : le biceps ;
   – plat : dorsal ;
   – éventail : pectoral ;
   – circulaire : sphincter du pylore.

MATHÉMATIQUES

	Carré 1	Carré 2	Carré 3
coté	2,1 cm	$18 \div 4 = 4{,}5$ hm	$48 \div 4 = 12$ m
périmètre	$2{,}1 \times 4 = 8{,}4$ cm	18 hm	48 m
aire	$2{,}1 \times 2{,}1 = 4{,}41$ cm^2	$4{,}5 \times 4{,}5 = 20{,}25$ hm^2	$12 \times 12 = 144$ m^2

	Rectangle 1	Rectangle 2	Rectangle 3
longueur	13 m	$(150 \div 2) - 20 = 55$ dam	15 dm
largeur	7 m	20 dam	$120 \div 15 = 8$ dm
périmètre	$(13+7) \times 2 = 40$ m	150 dam	$(15+8) \times 2 = 46$ dm
aire	$13 \times 7 = 91$ m^2	$55 \times 20 = 1\,100$ dam^2	120 dm^2

J-44 CULTURE GÉNÉRALE La santé mentale

I. LA SANTÉ MENTALE

A. La santé mentale

L'Organisation mondiale de la santé (OMS) définit la **santé** comme un état de complet bien être physique, mental et social. Elle n'est pas seulement l'absence de maladie, mais le résultat d'un état d'équilibre entre un individu et son environnement personnel aussi bien que collectif.

De même, la **santé mentale** ne consiste pas seulement en une absence de troubles mentaux. Elle représente l'état d'équilibre psychique d'une personne à un moment donné sous l'influence de facteurs biologiques, psychologiques et environnementaux qui agissent sur la personne elle-même et sur la communauté à laquelle elle appartient. Dans cet état de bien-être, la personne peut se réaliser, surmonter les tensions normales de la vie, accomplir un travail productif et fructueux et contribuer à la vie de sa communauté.

B. Les maladies mentales

Selon l'OMS, les maladies mentales se classent au troisième rang des maladies en termes de **prévalence** et sont responsables du quart des invalidités. En médecine générale, elles se situent au deuxième rang derrière les maladies cardio-vasculaires. Elles affectent une personne sur cinq chaque année et une sur trois si l'on se réfère à la prévalence sur la vie entière.

L'OMS retient cinq maladies mentales parmi les dix pathologies les plus préoccupantes pour le XXIe siècle : schizophrénie, trouble bipolaire, addiction, dépression et trouble obsessionnel compulsif. Selon toutes les estimations, ce bilan devrait s'alourdir dans les prochaines années. La contribution des maladies mentales à la charge de morbidité due à l'ensemble des maladies pourrait augmenter de 50 % d'ici 2020.

Selon les études épidémiologiques comparées menées dans plusieurs pays européens, la prévalence des différentes pathologies psychiatriques est relativement élevée en **France**. La prévalence vie entière des troubles bipolaires serait de l'ordre de 1,2 % en population générale adulte et celle des troubles psychotiques délirants serait de l'ordre de 1 % en population générale adulte, la schizophrénie représentant la moitié, voire le tiers, de ces troubles psychotiques délirants. Par ailleurs, les troubles psychiatriques sont responsables de 12 000 morts par suicide, auxquels s'ajoute la surmortalité non suicidaire (accidentelle, consommation d'alcool, de tabac et de drogue).

II. LA POLITIQUE DE SANTÉ MENTALE

A. Les trois niveaux de prévention définis par l'OMS

La **prévention primaire** des troubles mentaux a pour objet de réduire l'incidence de la maladie avant l'apparition des problèmes. L'efficacité des pratiques de prévention se mesure par la diminution de l'apparition de nouveaux cas. Il s'agit alors de cibler les facteurs de risque associés à chaque pathologie mentale.

Deux types de mesures sont possibles :

- des mesures universelles touchant l'ensemble de la population et se rapprochant de la promotion de la santé ;
- des mesures sélectives visant des individus ou des groupes de population qui sont plus à risque de développer des troubles mentaux : enfants fugueurs, adolescents, populations en situation de stress post-traumatique (par exemple décès, violences subies, passage à la précarité, plans sociaux dans l'entreprise), nouveaux retraités...

L'OMS fait entrer le dépistage dans le champ de la prévention. Cette **prévention secondaire** vise à identifier les personnes asymptomatiques dans une population ciblée qui sont aux premiers stades de la maladie.

Enfin la **prévention tertiaire** consiste à mettre en œuvre des actions de réhabilitation et de réinsertion auprès des personnes atteintes de troubles psychiatriques, Ces activités s'intègrent dans ce rapport dans le cadre de l'accompagnement des malades dans leurs processus thérapeutiques.

B. La psychiatrie

La prise en charge des troubles mentaux comme état pathologique relève de la **psychiatrie**. Bien qu'elle contribue avec d'autres acteurs des secteurs médico-social et social à la bonne mise en œuvre d'une politique de santé mentale, elle conserve une part de spécificité inhérente aux caractéristiques des pathologies qu'elle prend en charge et qu'elle traite. En 2009, le rapport Couty relève trois particularités essentielles.

Dans de nombreux cas, les malades mentaux n'ont pas, pendant une longue période, la **conscience de leur maladie**. Ils perçoivent leur souffrance mais ne peuvent l'exprimer dans un contexte rationalisé d'offre de soins accessibles, financièrement et géographiquement. Contrairement aux personnes atteintes d'autres pathologies, ils ne peuvent aussi simplement exprimer un besoin de diagnostic, de prise en charge, et d'accompagnement.

La maladie mentale peut conduire la personne malade à « **troubler l'ordre public** ». Aussi toute organisation de l'offre de santé doit proposer des dispositifs prenant en compte cette dimension.

Dans le champ des soins somatiques et de l'hospitalisation de court séjour en médecine, chirurgie ou obstétrique, le regroupement des activités, des compétences et des moyens matériels lourds sur des plateaux techniques performants est souvent gage de qualité et de sécurité. S'agissant de l'organisation en santé mentale, c'est l'**action de proximité**, pérenne et permanente, qui est le plus souvent garante de qualité et de sécurité tant pour les actions de prévention que pour la prise en charge et l'accompagnement des patients.

Au 1er janvier 2004, le nombre de psychiatres était de 13 767, soit un nombre moyen de 22,2 **psychiatres pour 100 000 habitants**. Ils avaient leur activité principale à 41 % dans le secteur public et à 47 % dans le secteur libéral. En 2006, le nombre de **lits d'hospitalisation** complète était, tous types d'établissements confondus de 57 784, soit 91,7 lits pour 100 000 habitants.

Si les comparaisons internationales montrent que la France, pour le nombre de psychiatres par habitants, ne se trouve pas dans une situation défavorable, il n'en va pas de même pour celui des **pédopsychiatres**. On compte en effet 1,9 pédopsychiatre pour 100 000 habitants, alors qu'il y en a 3,9 en Finlande, 3,3 en Suède, 2,6 au Danemark et 2 au Royaume-Uni (mais 1,3 en Allemagne et 1,2 au Portugal).

Cependant, la situation française se caractérise par de **très fortes disparités territoriales**. Si un psychiatre couvre en moyenne une population de 4 500 habitants, cette couverture varie dans un rapport de 1 à 10 entre les départements les moins biens couverts (la Mayenne, le Pas-de-Calais et la Guadeloupe) avec plus de 10 000 habitants par médecin, et Paris qui compte 1 063 habitants pour un psychiatre. Des disparités géographiques existent également dans l'offre hospitalière proposée à la population en matière de soins psychiatriques. Si la densité nationale moyenne était en 2003 de 140 lits et places d'hospitalisation à temps partiel pour 100 000 habitants, elle variait dans un rapport de 1 à 4 selon les départements.

B. La politique de santé mentale

La **loi de programmation en santé publique** du 9 août 2004 définit plusieurs grands objectifs de santé publique dans le domaine des maladies psychiatriques : diminuer de 10 % le nombre de psychotiques chroniques en situation de précarité ; diminuer de 20 % le nombre de personnes présentant des troubles bipolaires, dépressifs, ou névrotiques non reconnus ; augmenter de 20 % le nombre de personnes souffrant de troubles bipolaires, dépressifs ou névrotiques et anxieux qui sont traitées conformément aux recommandations de bonnes pratiques professionnelles ; réduire la marginalisation sociale et la stigmatisation des personnes atteintes de troubles psychiatriques. Mais les défauts de l'organisation de la surveillance et de la veille en santé mentale et de la psychiatrie ne permettent pas actuellement une évaluation de la politique de santé mentale.

La **loi du 11 février 2005** reconnaît dans la définition du handicap le handicap psychique et impose une collaboration étroite entre tous les acteurs de la santé mentale (professionnels de santé, professionnels des champs social et médico-social, malades et leurs familles).

Deux plans successifs ministériels ont vu le jour, celui de 2002 et celui couvrant la période 2005-2008. Ces plans ont accompagné les évolutions de l'offre de soins en psychiatrie.

Dans son rapport de janvier 2009, la commission Couty, chargée de mener une réflexion d'ensemble sur la psychiatrie et la santé mentale, dégage les **trois principes structurants** qui pourraient fonder le cadre d'une politique novatrice et d'une législation nouvelle en santé mentale :

- intégrer à la politique de santé publique, un volet santé mentale, s'appuyant sur trois aspects indissociables : sanitaire, social et médico-social ;
- renforcer le rôle institutionnel des malades, de leur famille ou de leur entourage, acteurs à part entière du système de santé aux côtés des professionnels ;
- consacrer l'évaluation des structures, des activités et des pratiques comme un outil consubstantiel de toutes pratiques en santé mentale et en psychiatrie.

Cette commission souligne aussi que l'exigence d'une politique de santé mentale alliant l'intégration des malades dans la cité et des prises en charge « sécures » pour la population reste un impératif qui peut paraître paradoxal.

EXERCICE

Le corps en psychiatrie

Dans le champ de la psychiatrie, le corps pose problème, il est embarrassant, il a du mal à trouver une juste place, il est oublié, dénié, et parfois même agressé. Il est fréquent de faire le reproche à la médecine physique de ne voir chez un patient que son corps, ou partie de son corps. Le reproche inverse peut être fait à la psychiatrie, celui d'oublier le corps du sujet. En effet, les données épidémiologiques sont intraitables. Il existe une surmortalité importante chez les patients présentant des troubles psychiatriques. Au début du siècle précédent, ceci pouvait s'expliquer par le développement des maladies infectieuses que favorisait la concentration asilaire associée à de mauvaises conditions d'hygiène. Actuellement, ces hypothèses expliquent difficilement cette surmortalité que les études contemporaines continuent de confirmer, les patients psychotiques étant vraisemblablement les plus touchés. Les facteurs de risques, aux maladies cardio-vasculaires ou au cancer, habituellement trouvés dans la population générale, sont particulièrement fréquents chez ces patients : sexe masculin, célibat, addictions (tabac, alcool). La négligence du corps est un symptôme fréquemment rencontré dans les troubles psychiatriques. Mais ceci n'explique pas tout.

Pluriels, n° 44-45, mai-juin 2005

- Que pensez-vous de cette approche du corps en psychiatrie ?

IFSI Châteauroux, 2006

J-44 CORRIGÉ

CULTURE GÉNÉRALE

La psychiatrie est la spécialité médicale prenant en charge la personne atteinte de troubles mentaux pour lui permettre de retrouver la santé mentale. Toute psychiatrie digne de ce nom devrait être, comme la médecine elle-même, « bio-psycho-sociale ». De manière réductrice et finalement stérile, certains spécialistes tendent toutefois à la réduire au domaine du corps ou de l'esprit.

Dans *Corps et psychiatrie* (2004), Pierre André rappelle que le corps et son appréhension sont des éléments essentiels de la conscience de soi. Les troubles de la représentation du corps sont très souvent constitutifs de troubles psychiatriques. C'est évidemment le cas des troubles du comportement alimentaire. Ainsi, la volonté obsessionnelle de maigrir qui caractérise l'anorexique repose généralement sur une conception du corps imaginaire, sans rapport avec sa corpulence réelle. Cependant, selon Pierre André, compte tenu du dualisme classique de la séparation du corps et de l'esprit, le corps est souvent oublié en psychiatrie.

Cette critique s'applique certainement aux psychothérapies utilisées pour soigner les névroses. Bien que Sigmund Freud, lui-même médecin, ait souvent souligné l'importance du fonctionnement organique sur la vie psychique, il est exact que, dans le cadre de son activité psychanalytique, il « ne touchait pas ». Le toucher a même été considéré comme devant être banni de la psychanalyse, certains praticiens se tenant à distance respectable de leurs patients ou évitant de leur serrer la main. Cela semble d'autant plus paradoxal que le toucher est le premier mode de communication et que beaucoup de mémorisations ont été enregistrées dans le corps avant l'accès au langage. L'essor actuel des (psycho)thérapies corporelles témoigne au contraire d'une mise en avant du corps comme processus thérapeutique.

Mais on trouve aussi une tendance à réduire la psychiatrie à sa dimension organique. Depuis les années 1980, grâce aux découvertes effectuées sur les aspects génétiques et biochimiques de la maladie mentale, la psychiatrie tend à privilégier l'aspect biologique en négligeant les influences psychologiques et sociales sur la santé mentale. Depuis l'apparition des premiers médicaments agissant sur les symptômes psychotiques, au milieu des années 1950, les traitements organiques, médicamenteux, se sont beaucoup développés et répandus, au détriment des psychothérapies.

En psychiatrie, finalement, le grand danger consiste à réduire la santé mentale à sa dimension psychique, sociale ou corporelle et à méconnaître l'interdépendance active entre les diverses parties du réel, liées par des conditionnements réciproques.

J-43 BIOLOGIE
Le cœur

I. ANATOMIE

Le cœur est un muscle strié, creux. Il reçoit une double innervation parasympathique et sympathique. Il propulse le sang dans les artères, le retour se fait par les veines. La paroi du cœur est constituée de trois tuniques :

- **l'endocarde** à l'intérieur du cœur est tapissé par un endothélium ;
- le **myocarde** épais et résistant, constitué de cellules musculaires striées ;
- le **péricarde** à l'extérieur, entouré de tissu **nodal** qui assure l'automatisme cardiaque, ce qui permet les contractions.

STRUCTURE ANATOMIQUE DU CŒUR

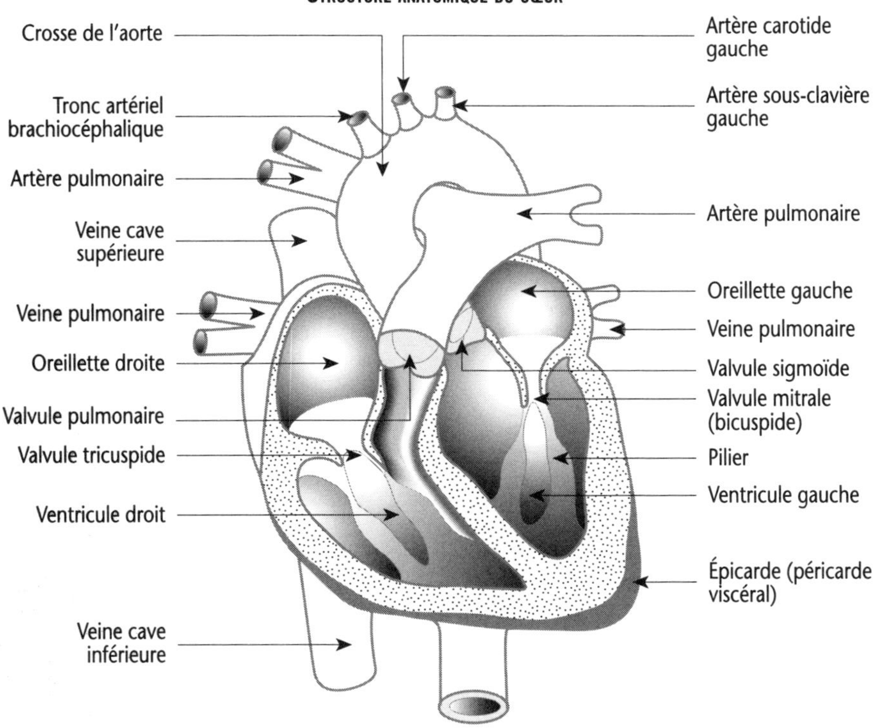

Le cœur présente 2 parties indépendantes, cœur droit et cœur gauche. Chacune des parties comporte deux cavités : les **oreillettes** en haut et les **ventricules** en bas. Le sang entre dans les oreillettes par les veines (**veines pulmonaires** et **veines caves)**, et sort des ventricules par les artères (**artère pulmonaire et artère aorte**).

Oreillettes et ventricules communiquent entre eux par une valvule qui détermine le sens de circulation du sang dans le cœur : valvule **tricuspide** pour le cœur droit ; valvule **mitrale** pour le cœur gauche.

II. LE FONCTIONNEMENT CARDIAQUE

Le cœur a un fonctionnement cyclique (70 révolutions par minute). Le rythme cardiaque est mesurable par le pouls. Il correspond à la contraction des ventricules qui émet une onde de choc le long de la paroi des artères.

Ce rythme varie avec l'âge, le sexe, le travail musculaire, la fièvre, la peur, le stress.

Une révolution cardiaque comprend 4 phases.

La révolution cardiaque

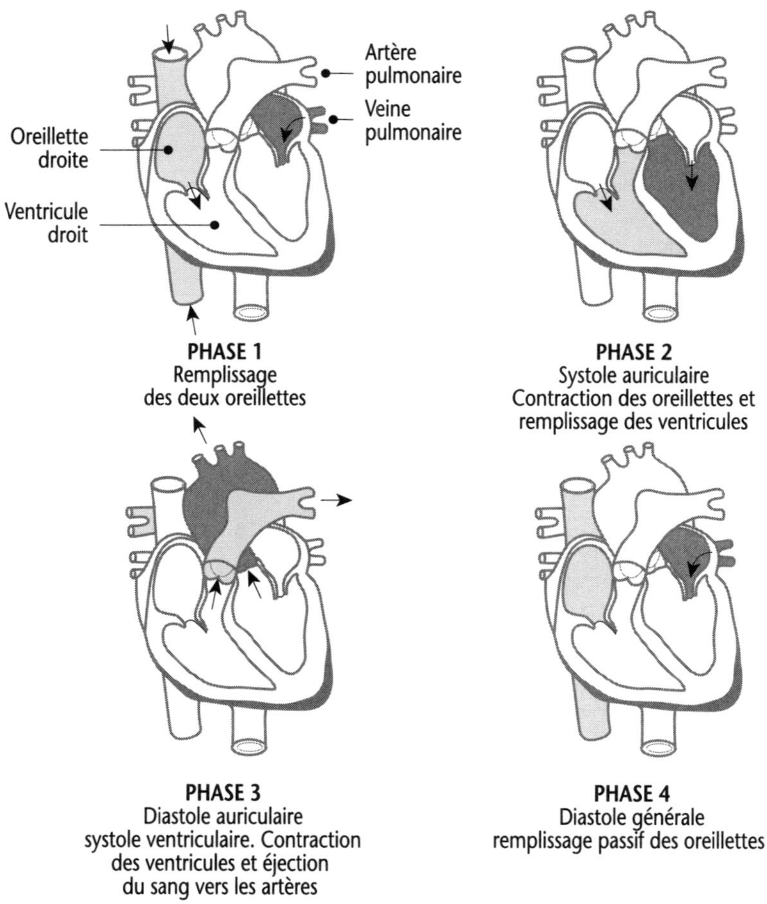

- Remplissage actif des deux oreillettes
- **Systole auriculaire** : contraction des oreillettes et remplissage des ventricules

- **Systole ventriculaire** : contraction des ventricules et relâchement des oreillettes
- **Diastole générale** : le ventricule se relâche, les valvules auriculo-ventriculaires s'ouvrent et le remplissage des oreillettes commence.

L'électrocardiogramme est l'enregistrement des variations électriques du cœur.

EXERCICE

1. Retrouver l'ordre logique : diastole générale – systole auriculaire – systole ventriculaire – remplissage.
2. Remplacer les mots manquants : Le sang entre dans les ...... par les ...... et sort des ...... par les ....
3. Nommer les 3 tuniques du cœur.

MATHÉMATIQUES
Mesures d'aire

I. LES UNITÉS D'AIRE

Une surface ou superficie est une région plane comprise à l'intérieur d'une ligne fermée. La mesure d'une surface est appelée l'**aire**. Parfois, par abus de langage, on utilise les deux mots aire et surface l'un pour l'autre.

L'unité principale est le **mètre carré** (m^2) qui est l'aire d'un carré de 1 mètre de côté.

Le tableau des multiples et sous-multiples du m^2 va donc se calquer sur celui des unités de longueurs, mais chaque unité **ayant** deux dimensions on mettra **deux** chiffres par colonne.

Écriture d'un nombre dans ce tableau :

km^2	hm^2	dam^2	m^2	dm^2	cm^2	mm^2
		7	45,	65		

Pour écrire un nombre exprimant une aire, on représente chaque unité par tranche de 2 chiffres. On complète par des zéros une tranche manquante.

Pour changer d'unité, on utilise la même règle que pour les unités de longueur soit un déplacement de virgule de 2, de 4, de 6 vers la droite ou vers la gauche. On remplace par des zéros les ordres manquants.

EXEMPLE : 745,65 m^2 = 7,4565 dam^2 = 0,074565 hm^2 = 7 456 500 cm^2

II. LES MESURES AGRAIRES

Dans beaucoup de problèmes de géométrie on rencontrera souvent des mesures **agraires** qui correspondent aux unités d'aire.

- L'**are** (a) est le nom donné au décamètre carré.
- L'hectare (ha) est un multiple de l'are, il vaut 100 ares ou 10 000 m^2, il correspond à l'hectomètre carré. Le km^2 vaut 100 ha ou 1 000 000 m^2.
- Le centiare (ca) plus rarement utilisé (sauf au cadastre ou chez le notaire), il vaut la 100e partie de l'are soit 1 m^2.

Unités d'aires	hm^2	dam^2	m^2
Unités agraires	ha	a	ca

EXERCICE

➤ Convertir les unités d'aire.

31 dam^2 = ... m^2 | 17,04 a = ... m^2 | 63,8 ha = ... m^2

4 506 040 cm^2 = ... m^2 | 21 m^2 = ... ha | 3 ha 2 a 24 ca = ... m^2

182 a = ... m^2 | 18 dam^2 = ... ha | 1 250 cm^2 = ... m^2

5 426 ca = ... ha | 0,937 ha = ... m^2 | 16 000 dm^2 = ... ha

J-43 CORRIGÉ

BIOLOGIE

1. Ordre logique : remplissage – systole auriculaire – systole ventriculaire – diastole générale.
2. Remplacer les mots manquants : Le sang entre dans les **oreillettes** par les **veines (veines caves ou veines pulmonaires)** et sort des **ventricules**. par les **artères (aorte ou artère pulmonaire)**.
3. Les 3 tuniques du cœur : endocarde, myocarde, péricarde.

MATHÉMATIQUES

31 dam^2 = 3 100 m^2
4 506 040 cm^2 = 450,604 m^2
182 a = 18 200 m^2
5 426 ca = 0,5426 ha

17,04 a = 1 704 m^2
21 m^2 = 0,0021 ha
18 dam^2 = 0,18 ha
0,937 ha = 9 370 m^2

63,8 ha = 638 000 m^2
3 ha 2 a 24 ca = 30 224 m^2
1 250 cm^2 = 0,125 m^2
16000 dm^2 = 0,016 ha

J-42 CULTURE GÉNÉRALE
L'alcool

Selon *L'état de santé de la population en France* (rapport 2007), la **consommation moyenne** annuelle d'alcool pur par habitant de 15 ans et plus a baissé d'un peu plus de 10 % entre 1999 et 2006. Cette diminution s'inscrit dans une tendance plus ancienne et provient essentiellement de la baisse de la consommation de vin. Cependant la France, avec une consommation moyenne annuelle de 12,9 litres par habitant (ce qui correspond à un peu moins de 3 verres d'alcool standard par jour), fait toujours partie des pays de l'Union européenne les plus consommateurs d'alcool.

En 2005, 37 % des personnes de 18 ans et plus vivant en France ont une **consommation d'alcool considérée à risque** : risque d'alcoolisation excessive ponctuelle pour les trois quarts d'entre elles (plutôt des hommes entre 18 et 44 ans) et risque d'alcoolisation excessive chronique pour un quart (là encore plutôt des hommes plus âgés, après 44 ans).

L'excès de consommation d'alcool est à l'origine d'une part importante de la **morbidité** (cancers, maladies chroniques du foie, atteintes psychiques, séquelles d'accidents) et de la **mortalité** prématurée. Ainsi, en 2006, un accident mortel sur trois est survenu à cause de l'alcool et 1 271 décès sur la route auraient pu être évités si tous les conducteurs avaient respecté la limite légale d'alcoolémie.

EXERCICE

Capitaine de soirée

Un capitaine de soirée, c'est le jeune (homme ou femme) qui s'engage lors d'une fête ou sortie à ne boire que de l'eau ou du jus de fruit et conduit sobrement ses amis à l'abri du danger qu'ils représenteraient s'ils conduisaient sous l'emprise de l'alcool. La Prévention routière l'appelle Sam. C'est extrêmement valorisant pour celui qui prend cette décision et rassurant pour les autres. Depuis 1997, ce concept fait fureur. Les opérations « capitaine de soirée » se multiplient dans toute la France. Près de 10 000 soirées ont été organisées par les comités départementaux de la prévention routière et leurs partenaires locaux. De nombreuses discothèques se sont engagées dans cette démarche et offrent à chaque capitaine de soirée désigné dans un groupe l'entrée et deux boissons sans alcool au minimum. Ces actions se sont ouvertes aux bars, organisateurs de soirées étudiantes ou clubs sportifs qui le désirent.

MNH Revue, n° 153, août 2006, Mutualité Française

➤ Argumentez trois points positifs et trois limites de cette initiative.

IFSI Amboise, 2007

TEST PSYCHOTECHNIQUE
Aptitude logique

Dans cette série d'exercices des dominos vous sont proposés et il faut trouver le domino manquant. Encore une fois, il faut penser à regarder s'il y a une symétrie horizontale ou verticale. Pensez également à calculer la somme des parties hautes ou basses des dominos, la somme totale des dominos ; les comparer afin de trouver si une « idée commune » est présente.

1. Trouvez le domino manquant

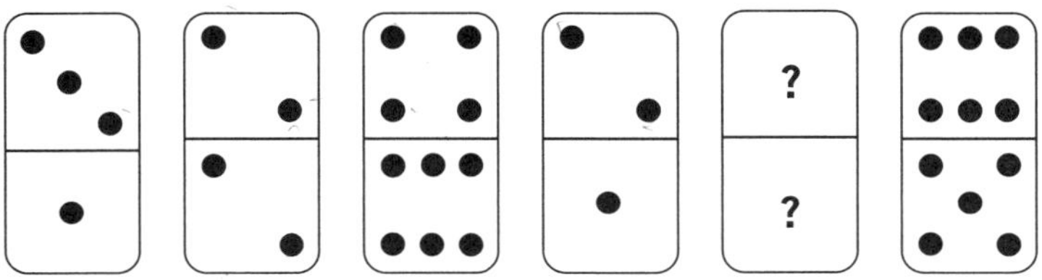

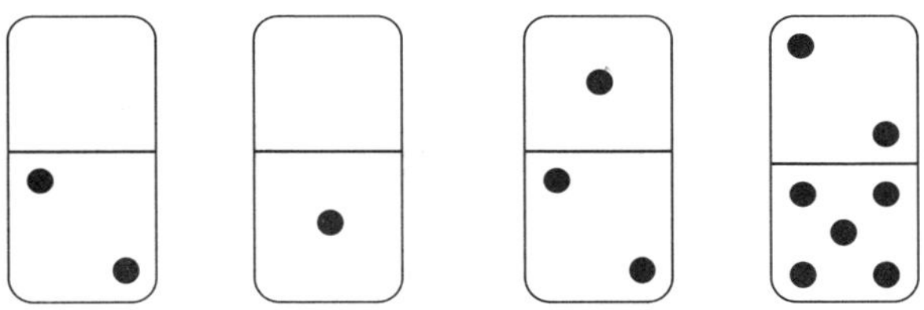

☐ A ☐ B ☐ C ☐ D

2. Trouvez le domino manquant

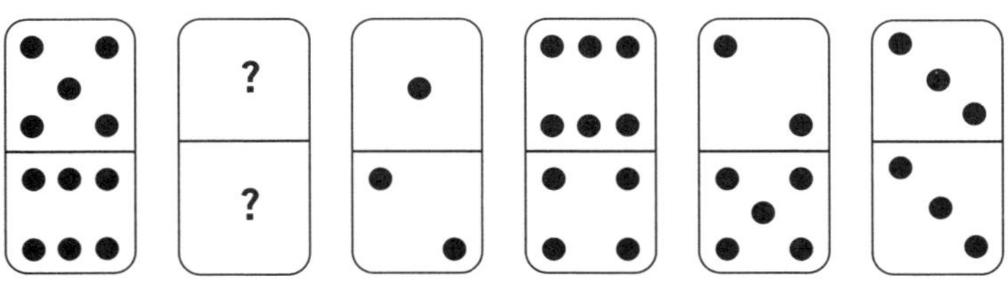

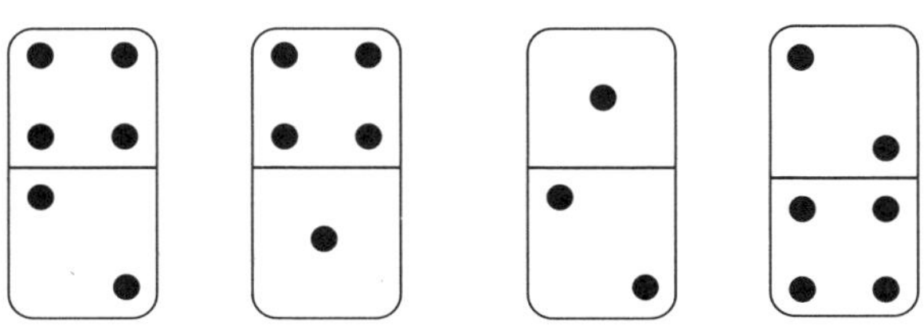

☐ A ☐ B ☐ C ☐ D

3. Trouvez le domino manquant

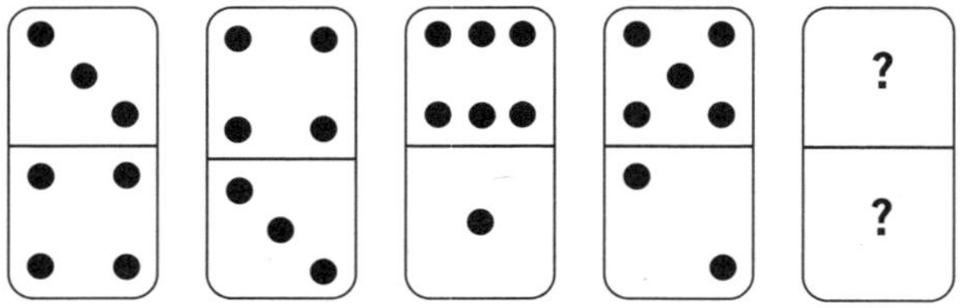

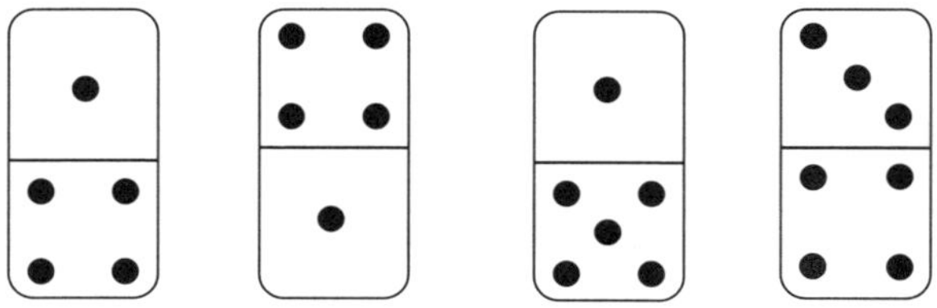

☐ A ☐ B ☐ C ☐ D

4. Trouvez le domino manquant

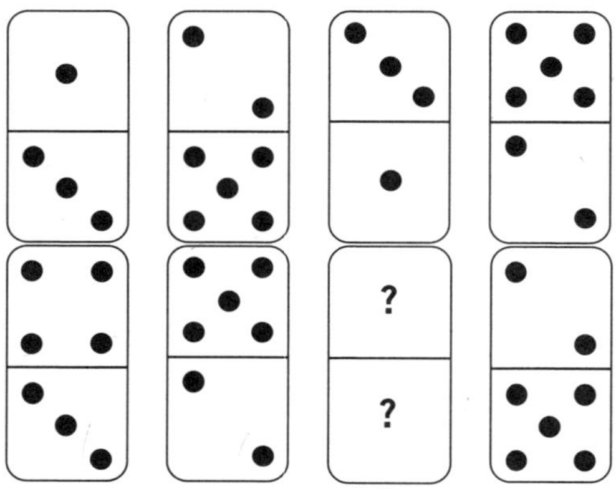

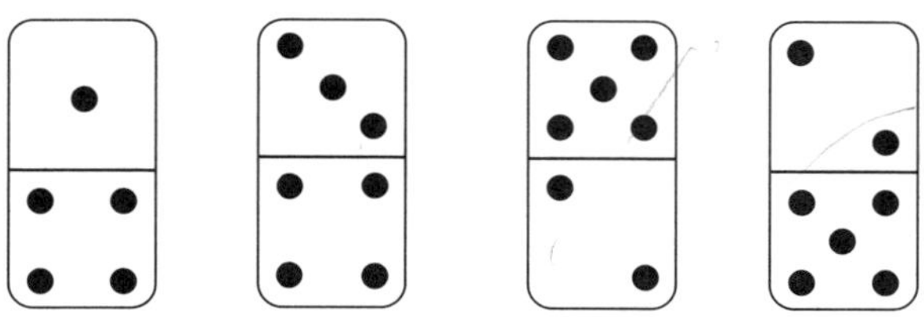

☐ A ☐ B ☐ C ☐ D

5. Trouvez le domino manquant

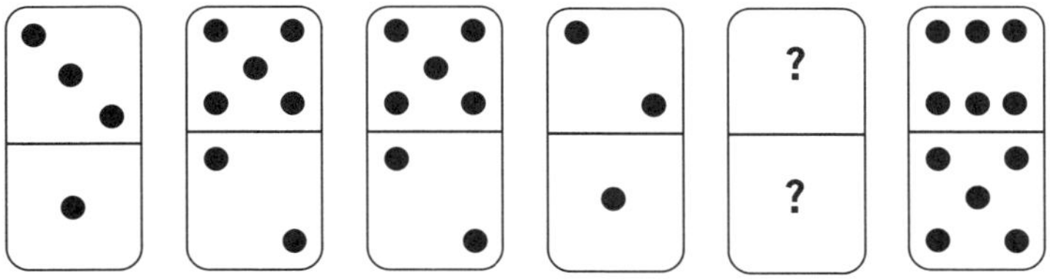

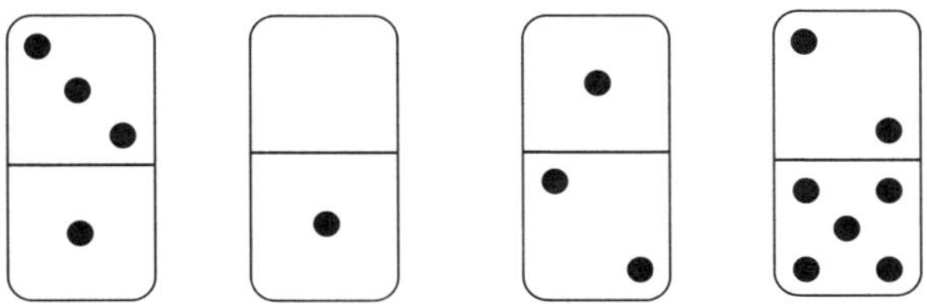

☐ A ☐ B ☐ C ☐ D

J-42 CORRIGÉ

CULTURE GÉNÉRALE

La désignation d'un capitaine de soirée qui restera sobre pour conduire ses amis après une fête constitue une heureuse initiative. D'une part, l'alcool est présent dans 11,1 % des accidents corporels et dans presque 30 % des accidents mortels. Les victimes sont majoritairement les conducteurs alcoolisés (66 %) et leurs passagers (17,3 %), mais aussi des conducteurs ou des piétons qui ont eu le malheur de croiser leur chemin. La présence au volant d'un individu sobre ne peut qu'avoir des effets positifs sur la sécurité routière. En effet, si aucun conducteur n'avait conduit avec un taux d'alcoolémie positif, les nombres d'accidents mortels et de personnes tuées auraient pu être réduits de plus de 26 % en 2006.

D'autre part, cette initiative contribue à renforcer le sens de la responsabilité du capitaine de soirée : de sa sobriété dépend la sécurité et, trop souvent, la vie de plusieurs personnes avec qui il a des liens amicaux, affectifs ou amoureux.

Enfin, les compagnons du capitaine de soirée font l'expérience de la confiance dans l'autre. Ils peuvent s'amuser en toute liberté et néanmoins rentrer chez eux avec un sentiment de grande sécurité.

La formule du capitaine de soirée n'est cependant pas exempte de toute critique. D'abord, sa désignation peut être fictive, simple moyen pour des jeunes désargentés de bénéficier d'une entrée gratuite dans une discothèque, plus quelques boissons non alcoolisées.

Ensuite, si la désignation du capitaine de soirée est sincère, elle a pour effet d'autoriser ses compagnons à boire librement, sans retenue. Or l'alcool ne tue pas seulement au volant. Il tue aussi à petit feu tous ceux qui en font une consommation excessive. Paradoxalement, l'institution du capitaine de soirée renforce la croyance, conforme à la tradition française, que faire la fête, c'est boire voire s'enivrer.

Enfin, la sobriété du capitaine peut inspirer un sentiment de sécurité illusoire et même dangereux. Car l'alcool n'est évidemment pas le seul facteur de danger. La conduite de nuit est en soi dangereuse : elle concerne moins de 10 % du trafic, mais correspond à 44 % des personnes tuées sur la route. Malgré une moindre visibilité, on tend en effet à conduire plus vite la nuit. Enfin, lors d'un retour de fête ou de boîte au milieu de la nuit, la sobriété du conducteur n'empêche ni sa fatigue, ni sa somnolence, qui sont à l'origine de presque 3 % des accidents mortels. Et il ne peut pas compter sur ses compagnons alcoolisés ou ivres pour être vigilants !

TEST PSYCHOTECHNIQUE

1. Réponse A.
En choisissant le domino A, la somme des valeurs supérieures des 6 dominos sera 17 et la somme des parties inférieures des 6 dominos sera également égale à cette valeur.

2. Réponse B.
On remarque qu'il faut 1 ; 2 ; 3 ; 4 ; 5 ; 6 pour les parties supérieures des dominos et la même chose pour les parties inférieures. Le domino manquant aura donc 4 pour partie supérieure et 1 pour partie inférieure.

3. Réponse D.
La somme des parties inférieures et supérieures des dominos est toujours égale à 7.

4. Réponse B.
Sur une même ligne chaque domino est à nouveau présent deux crans après vers la droite mais en ayant subi une rotation de 180 degrés.

5. Réponse B.
Cet exercice n'est pas facile. On remarque toutefois que le domino B est le seul qui n'est pas déjà présent dans la série initialement proposée. Il se distingue donc des autres et est solution.

J-41 BIOLOGIE
La circulation sanguine

La circulation sanguine

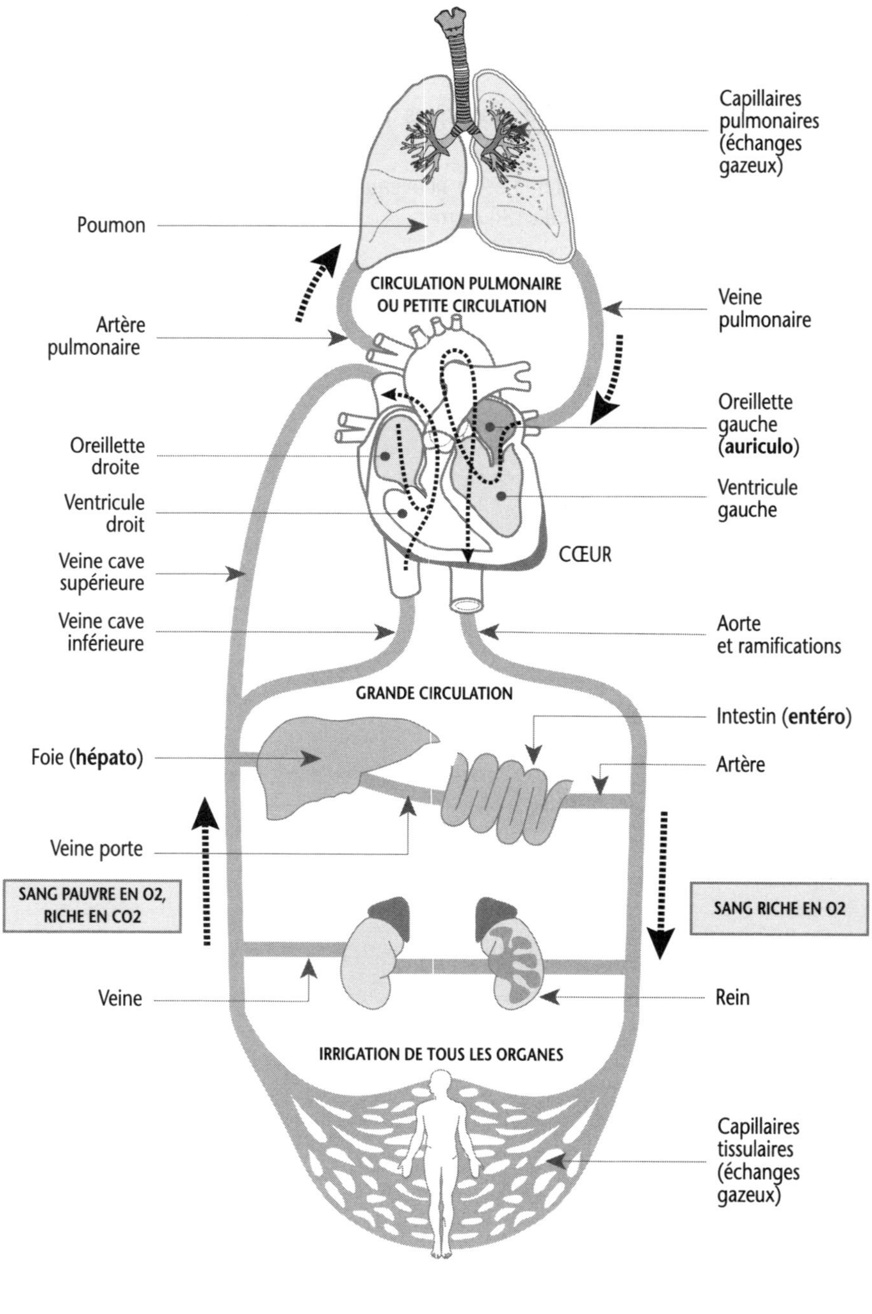

Le sang est envoyé du cœur :

- vers les poumons pour y être oxygéné, puis revenir vers le cœur. Ce circuit s'appelle la petite circulation ou circulation pulmonaire ;
- vers les organes pour les nourrir et les oxygéner. Ce circuit s'appelle la grande circulation.

I. LES ARTÈRES

Elles conduisent, sous pression, le sang du cœur aux organes. Leurs parois à sections circulaires sont épaisses, solides et élastiques.

- **L'artère pulmonaire** part du ventricule droit.
- Le tronc aortique, **crosse de l'aorte**, part du ventricule gauche.

Les artères ont un calibre important quand elles sortent du cœur, puis elles se ramifient en artères de diamètre plus petit : les **artérioles** jusqu'à donner naissance à un réseau de **capillaires** au sein des organes.

La **pression artérielle** traduit la poussée exercée par le sang sur la paroi des artères lors des contractions des oreillettes.

II. LES VEINES

Elles se forment à partir d'un réseau de capillaires veineux au niveau des organes qui donnent naissance à des veinules de petit calibre. Ces veinules se rejoignent pour former des veines de plus en plus grosses qui arrivent au cœur.

Les veines sont molles et déformables, et s'affaissent en cas de rupture. La pression dans les veines est faible.

III. LES CAPILLAIRES

Ils forment un réseau dense très fin. Leur paroi, formée d'un simple endothélium, permet les échanges de molécules avec la lymphe interstitielle. Le sang arrive dans les capillaires par une artériole et repart par une veine.

Les vaisseaux lymphatiques ont la même structure que les vaisseaux sanguins, mais ne participent pas à la circulation générale.

EXERCICE

1. Compléter la phrase suivante :
   Le sans riche en oxygène arrive par les ...... dans le cœur, puis va distribuer l'O_2 dans les ...... , qui rejettent le ...... par les ...... dans le cœur.
2. La petite circulation est le circuit qui déverse le sang du cœur vers les ...... par le ......, et ramène le sang des ...... vers le ...... par les ....
3. Replacer les mots dans l'ordre logique :
   Cœur – veines – artères – capillaires tissulaires. Ceci constitue la ....

MATHÉMATIQUES
Mesures de volume

Les mesures de volume servent à évaluer l'étendue des corps au moyen de **trois dimensions** : longueur, largeur, hauteur profondeur ou épaisseur.

L'unité principale des mesures de volume est le **mètre cube** (m^3).

Le mètre cube est le volume d'un cube de 1 mètre d'arête :

$1 \text{ m} \times 1 \text{ m} \times 1 \text{ m} = 1 \text{ m}^3$.

Les sous-multiples couramment utilisés sont :

- Le **déci**mètre cube (dm^3) vaut 1 millième de m^3.
- Le **centi**mètre cube (cm^3) vaut 1 millième de dm^3.
- Le **milli**mètre cube (mm^3).

Les unités de volume ayant trois dimensions on mettra trois chiffres par colonne.

Un récipient d'1 dm^3 contient 1 litre donc on retiendra l'équivalence entre le litre et le décimètre cube : 1 dm^3 = 1 litre.

m^3	**dm^3**			**cm^3**			**mm^3**
5	450			000			
	hl	dal	l	dl	cl	ml	

Le changement d'unité revient à déplacer la virgule de 3, de 6, de 9 rangs vers la droite ou vers la gauche. On remplace par des zéros les ordres manquants.

EXEMPLE : 5,45 m^3 = 5 450 dm^3 = 5 450 000 cm^3

EXERCICE

1. Convertir les unités de volume (ou de capacité) : 13,4 m^3 = ... l ; 71 940 l = ... m^3 ; 43 dm^3 = ... cm^3 ; 83,5 hl = ... ml ; 28,707 cm^3 = ... cl ; 60 000 ml = ... dm^3 ; 123 hl = ... m^3 ; 320 cl = ... dm^3 ; 20 000 ml= ...... m^3 ; 200 l = ... dm^3

2. En utilisant le tableau ci-dessous, convertir dans l'unité demandée.

m^3	**dm^3**	**cm^3**	**mm^3**	
				3,5 dm^3 en cm^3
				265 dm^3 en m^3
				450 mm^3 en cm^3
				25 000 mm^3 en dm^3
				0,05 m^3 en dm^3
				5,7 cm^3 en mm^3
				0,008 dm^3 en mm^3
				3 600 cm^3 en dm^3

J-41 CORRIGÉ

BIOLOGIE

1. Le sang riche en oxygène arrive par les **veines pulmonaires** dans le cœur, puis va distribuer l'O_2 dans les **organes** qui rejettent le **dioxyde de carbone** par les **veines caves** dans le cœur.
2. La petite circulation est le circuit qui déverse le sang du cœur vers les **poumons** par les **artères pulmonaires**, et ramène le sang **des poumons** vers le **cœur** par les **veines pulmonaires**.
3. Cœur – artères – capillaires tissulaires – veines. Ceci constitue la grande circulation.

MATHÉMATIQUES

1. 13,4 m^3 = 13 400 l ; 71 940 l = 71,940 m^3 ; 43 dm^3 = 43 000 cm^3 ; 83,5 hl = 8 350 000 ml ; 28,707 cm^3 = 2,8707 cl ; 60 000 ml = 60 dm^3 ; 123 hl = 12,3 m^3 ; 320 cl = 3,20 dm^3 ; 20 000 ml= 0,02 m^3 ; 200 l = 200 dm^3
2. En utilisant le tableau ci-dessous, convertir dans l'unité demandée.

m^3	dm^3	cm^3	mm^3	
	3	500		3,5 dm^3 en cm^3
0,	265			265 dm^3 en m^3
	0,	000	450	450 mm^3 en cm^3
	0,	025		25 000 mm^3 en dm^3
	50			0,05 m^3 en dm^3
		5	700	5,7 cm^3 en mm^3
		8	000	0,008 dm^3 en mm^3
	3,	600		3 600 cm^3 en dm^3

J-40 CONCOURS BLANC N° 1

I. TEXTE DE CULTURE GÉNÉRALE[1] (12 POINTS)

Femmes et alcool

Longtemps ignorée parce que minoritaire, l'alcoolisation féminine a été peu étudiée alors qu'elle est réellement problématique. Aujourd'hui, ce phénomène est en augmentation régulièrement même si la consommation d'alcool pur par adulte et par an reste inférieure à la moyenne chez les femmes.

[...] D'abord victime subissant les alcoolisations de son mari, la femme a évolué vers le statut de coupable car elle s'est mise elle-même à consommer, puis vers celui de malade. L'abus de substance chez la femme reste néanmoins stigmatisé et suscite une plus grande résistance de l'entourage.

Longtemps vécue comme un état de débauche mettant en péril la famille, l'alcoolisation féminine fait aujourd'hui l'objet d'une attention particulière. Une femme qui consomme de l'alcool en société ferait figure de femme indépendante. Ainsi la consommation festive des jeunes filles est un signe de socialisation plutôt bien accepté. L'évolution de la femme dans la société a donc donné une nouvelle place à l'alcool utilisé pour désinhiber, stimuler ou encore favoriser la performance professionnelle.

Si cette consommation est socialement plus facilement admise chez les jeunes filles, elle l'est moins chez les mères de famille. La société s'interroge en effet sur leur rôle de mère avant de s'inquiéter des dommages personnels qu'elles risquent ; d'où leurs craintes vis-à-vis du regard de l'autre et leurs difficultés d'accès aux soins. Il est donc difficile d'atteindre ces femmes souvent « fautives » vis-à-vis d'autrui, de leurs enfants ou du fœtus qu'elles portent. Par ailleurs, la peur des répercussions, notamment vis-à-vis de la garde de leurs enfants, peut les freiner à se faire traiter ou hospitaliser. Le soutien familial est alors essentiel pour l'accès aux soins.

À l'adolescence, les jeunes filles recherchent dans l'alcool plusieurs effets : euphorisant, désinhibiteur, à visée auto-thérapeutique, toxicomaniaques.

À l'âge adulte, l'alcool est alors utilisé comme un « remède » anesthésique avec une recherche d'ivresse, de sommeil et/ou d'oubli. Le plus souvent cachée, cette consommation est associée à un sentiment de culpabilité envahissant qui freine l'accès aux soins. Ces femmes consommeraient plutôt de façon solitaire : la nuit et au domicile, en cachette de l'entourage, rarement lors des fêtes. Après un traumatisme, l'alcoolisation est plus liée à l'état psychologique (tristesse, anxiété, sentiment d'abandon) qu'au groupe social. Près de 80 % des femmes justifient leur alcoolisation suite à des problèmes psychoaffectifs. Alors que l'homme alcoolo-dépendant présente plus de troubles de la personnalité de type antisocial, l'alcoolisme féminin s'accompagne souvent de dépression, de troubles anxieux et de situations socioprofessionnelles précaires.

C'est donc le plus souvent dans un contexte dépressif que la femme va débuter – ou rendre pathologique – sa consommation. À la différence des hommes, la dépression précède le plus souvent l'installation de l'alcoolo-dépendance chez la femme.

1. IFSI Diaconesses, La Croix Saint-Simon, Sainte-Anne « Virginie Olivier » (Paris), AS 2007.

[...] Comme pour les hommes, il est essentiel de mettre en place pour ces femmes une prise en charge globale et pluridisciplinaire, associée à une attention particulière portée à leur fonction maternelle...

Sarah COSCAS, Laurent KARILA, *Santé mentale*, n° 112, novembre 2006

Question n° 1 (4 points)

Dégagez les idées principales de ce texte.

Question n° 2 (3 points)

Répondez en vous aidant du texte à la question suivante : En quoi l'alcoolisme de la femme adulte est-il différent de celui de l'homme ?

Question n° 3 (3 points)

Répondez en vous aidant du texte à la question suivante : Quels sont les effets recherchés lors de la consommation d'alcool chez la femme ?

II. BIOLOGIE (4 POINTS)

1. Relier chaque mot à sa fonction ou à sa définition.

utérus	•	•	rencontre et fusion d'un gamète masculin avec un gamète féminin
ovulation	•	•	permet les rapports sexuels
vagin	•	•	assure la gestation
fécondation	•	•	production d'un gamète féminin par l'ovaire

2. Quelles sont les trois principales propriétés d'un muscle ?

3. Cochez 4 os qui entrent dans la composition du membre supérieur.

☐ l'uranus	☐ le radius	☐ les métacarpes et phalanges
☐ les fongus	☐ le tibia	☐ les métatarses et phalanges
☐ le cubitus	☐ l'humérus	☐ les carpes

4. Recopier et compléter le texte suivant :

Le sang s'enrichit en oxygène au niveau des poumons et arrive à l'oreillette gauche par .... Ce sang passe dans ...... avant d'être expulsé vers ....

Après avoir irrigué nos différents organes, le sang se dirige vers l'oreillette droite par l'intermédiaire de ...... et ....

5. **Réinscrire sur votre copie la liste des différents appareils, systèmes et organes puis faire correspondre à chacun d'eux les noms de la liste ci-dessous qui s'y rapportent.**

Plèvre – uretère – ventricule – œsophage – humérus – rétine – moelle épinière – péritoine – alvéoles – aorte – bassinet – enclume

Appareil digestif – appareil locomoteur – appareil circulatoire – appareil respiratoire – appareil urinaire – système nerveux – organes des sens.

MATHÉMATIQUES (4 POINTS)

Exercice n° 1

M. Dubois achète un caméscope à 1 480 € et 4 lots de cassettes à 26 € chacun Pour cet achat on lui accorde une remise de 30 €. Il paiera en 6 mensualités égales. Quel est le montant d'une mensualité ?

Exercice n° 2

Dans une famille de 5 personnes, on a consommé en 1 semaine 14 bouteilles d'eau minérale de 1,5 l et 20 petites bouteilles de 25 cl.

Quelle quantité d'eau a été consommée en litres ?

Combien chaque membre de la famille a pu boire d'eau en dl ?

Exercice n° 3

Vous faites votre marché, vous achetez :

- 2 kg de pêches à 2,90 €le kg
- 500 g de fraises à 5 € le kg
- un sachet de tomates à 4,20 €

Quelle somme devrez-vous débourser ?

Exercice n° 4

Vous devez mesurer un quart de litre de lait. Jusqu'à quelle graduation devez-vous verser le lait si vous disposez d'un récipient gradué en cl ?

Exercice n° 5

Justine pèse à la naissance 3,250 kg. Sachant qu'un nouveau né prend en moyenne 25 g/jour, quel sera le poids de Justine dans 22 jours ?

J-40 CORRIGÉ

I. TEXTE DE CULTURE GÉNÉRALE

Question n° 1

Même si elle retient peu l'attention, l'alcoolisation féminine constitue une réalité croissante et préoccupante qui vaut souvent aux intéressées d'être considérées comme des coupables plus que comme des malades.

Selon l'âge et le statut, le regard de la société se montre toutefois différent. L'alcoolisation des jeunes filles et femmes à la recherche de stimulation, notamment dans un cadre festif, est généralement bien admise. En revanche, celle des mères de famille suscite le plus souvent de la stigmatisation chez les autres et de la culpabilisation chez les intéressées.

Les raisons de boire varient aussi en fonction de l'âge. À la consommation festive des adolescentes, s'oppose l'alcoolisation de la femme adulte provoquée par un état dépressif, pratiquée en cachette, vécue dans la culpabilité. Ces trois caractères, qui la distinguent également de l'homme alcoolo-dépendant, appellent une prise en charge globale.

Question n° 2

En matière d'usage d'alcool, d'abus d'alcool ou d'alcoolo-dépendance, la différence entre les hommes et les femmes est d'abord quantitative. La consommation quotidienne concerne ainsi un homme sur trois contre une femme sur neuf, et la consommation hebdomadaire un homme sur deux et une femme sur trois. Les types et les quantités d'alcool consommés varient également selon le sexe. Pour les hommes, qui boivent la plus grande partie des alcools forts, le nombre moyen de verres consommés par occasion s'élève à trois, tandis qu'il est de 1,7 pour les femmes. Chez celles-ci, les épisodes d'ivresse se montrent au demeurant plus rares. Enfin, la dépendance à l'alcool est bien plus fréquente chez les hommes que chez les femmes. En conséquence, si ce produit tue un homme sur sept, il est à l'origine de 3 % des décès féminins.

Ensuite, les hommes et les femmes adultes ne boivent pas de la même façon. Pour les premiers, la consommation d'alcool a longtemps eu une image très positive. Le vin, la bière, les spiritueux apparaissaient liés à une conception, nationale ou régionale, de la gastronomie, à une tradition française de la « bonne vie », à un sens de la convivialité et de la fête, voire à un signe de « virilité » (le rite initiatique des premières ivresses au moment du service militaire, du premier travail ou des études universitaires). Comme dans les nouvelles de Maupassant, le « bon vivant » était celui qui buvait bien et beaucoup, par opposition au triste buveur d'eau. Dans les mentalités, l'alcoolisation de la femme, mère de famille et gardienne du foyer, était au contraire perçue comme un état de débauche et comme une menace pour l'ordre social. Aujourd'hui, après plusieurs décennies d'émancipation féminine, ces préjugés n'ont pas totalement disparu. De plus, les femmes se sont mises à boire de l'alcool alors qu'on commençait à prendre conscience des dangers de ce produit, à l'origine de 35 000 à 45 000 décès par an, et de la nécessité d'en réduire la consommation. Pour ces raisons, l'alcoolisation féminine se montre plus solitaire et souvent cachée, sauf chez les adolescentes et les jeunes femmes.

Par ailleurs, les intéressées sont nombreuses à éprouver un fort sentiment de culpabilité, particulièrement si elles sont mères ou enceintes. Il est vrai que la consommation d'alcool pendant la grossesse constitue un important problème de santé publique, car elle risque de provoquer chez l'enfant des anomalies congénitales et des retards dans le développement (syndrome d'alcoolisation fœtale).

Enfin, à l'âge adulte du moins, les hommes et les femmes ne boivent pas non plus pour les mêmes raisons. Par-delà la diversité des parcours individuels, on constate que la femme qui commence à sombrer dans l'alcoolo-dépendance se trouve généralement dans un état dépressif provoqué par des difficultés psycho-affectives, un stress post-traumatique, la peur de n'être pas à la hauteur, un sentiment d'échec, de solitude, de vide... La dépression précède et provoque l'alcoolisation. Chez les hommes, au contraire, les troubles de l'humeur, l'anxiété, la dépression sont plus souvent une conséquence de l'alcoolo-dépendance. Ces différences devraient au demeurant entraîner des spécificités dans l'organisation de l'accès aux soins et du traitement.

Question n° 3

Il existe bien sûr de multiples raisons d'user ou d'abuser de l'alcool, en recherchant des effets fort différents. Dans cette diversité, on peut opposer les effets visés par les jeunes filles ou femmes de ceux qui attirent la femme adulte.

Les premières ont grandi dans un monde marqué, depuis plusieurs décennies, par les progrès de la condition féminine et par le rapprochement des rôles, des comportements, des habitudes des hommes et des femmes. C'est ainsi que les adolescentes et les jeunes femmes tendent à boire, ou à fumer par exemple, comme les hommes de leur génération, pour les mêmes raisons et en recherchant les mêmes effets. Pour elles aussi, l'alcool occupe une place importante dans des pratiques de convivialité et de fête. Très liée aux sorties ou aux soirées, sa consommation a surtout lieu en fin de semaine. Selon le contexte, on demande à l'alcool de lever les inhibitions pour augmenter l'intimité des conversations, l'exubérance de la danse ou la chaleur des rencontres ; de procurer des stimulations agréables ; de donner un sentiment d'euphorie... Il s'agit aussi de faire l'expérience des « choses de la vie », dont les excès font partie. C'est ainsi que 47 % des filles de 16-17 ans déclarent avoir connu l'ivresse au moins une fois (contre 51 % des garçons).

À l'opposé, l'alcoolisation de nombreuses femmes adultes prend place dans un monde de solitude, d'ennui, de tristesse, de douleur. Pour elles, l'important est, conformément au mot d'ordre baudelairien, de s'enivrer pour oublier une expérience malheureuse des « choses de la vie ». Les effets recherchés sont alors anesthésiques, analgésiques, amnésiques. Comme le Léthé dans la mythologie grecque, l'alcool est supposé apporter l'oubli à des âmes en peine. Il constitue pourtant tout le contraire d'une médecine de l'âme, car il entraîne au réveil plus de solitude, plus de tristesse, plus de douleur finalement.

II. BIOLOGIE

1. utérus : assure la gestation
ovulation : production d'un gamète féminin par l'ovaire
vagin : permet les rapports sexuels
fécondation : rencontre et fusion d'un gamète masculin avec un gamète féminin
2. Élasticité, contractilité, excitabilité.
3. ☑ le radius ☑ Les métacarpes et phalanges ☐ les fongus ☐ le tibia
☑ le cubitus ☐ les métatarses et phalanges ☑ l'humérus ☐ les carpes.
4. Le sang s'enrichit en oxygène au niveau des poumons et arrive à l'oreillette gauche par la veine pulmonaire. Ce sang passe dans le ventricule gauche avant d'être expulsé vers l'aorte. Après avoir irrigué nos différents organes, le sang se dirige vers l'oreillette droite par l'intermédiaire de la veine cave inférieure et supérieure.
5. appareil digestif → œsophage péritoine
appareil locomoteur → humérus
appareil circulatoire → aorte ventricule
appareil respiratoire → alvéoles plèvre
appareil urinaire → bassinet uretère
organes des sens → enclume rétine

III. MATHÉMATIQUES

1. Dépense totale : 1 480 € + (26 × 4) – 30 = 1 554 €
Montant d'1 mensualité ; 1 554 ÷ 6 = 259 €
2. Quantité totale d'eau consommée : (1,5 lx 14) + (0,25 l × 20) = 21 l +5 l = 26 l
Consommation d'1 personne ; 26 ÷ 5 = 5,20 l soit 52 dl
3. Somme à débourser = (2,90 × 2) + (0,5 × 5) + 4,20 = 12,50 €
4. ¼ = 0,25 = 25 cl
5. Poids de Justine en 22 jours : 3 250 g + (25 × 22) = 3 250 + 550 = 3 800 g = 3,800 kg

J-39 CULTURE GÉNÉRALE
Les pratiques culturelles

Le mot **culture** est polysémique. Dans un sens large, celui de l'anthropologie par exemple, la culture désigne, par opposition à la nature, les croyances, les connaissances, les principes, les coutumes et les autres capacités acquises par l'homme en tant que membre d'une société déterminée. Mais en France, ce mot désigne aussi, à partir du XVIIIe siècle, les éléments constitutifs d'une éducation de qualité : la culture est humaniste ou classique, ressentie comme élitiste voire, aux siècles suivants, dénoncée comme bourgeoise. Les pratiques perçues comme culturelles sont alors en nombre relativement réduit : lire, aller au théâtre, à l'opéra ou au concert, écrire, jouer d'un instrument...

Depuis le milieu du XXe siècle, les mutations économiques et sociales ont profondément modifié la sphère culturelle. Dans les sociétés de consommation occidentales, une immense machine économique a pour objet la création et la diffusion de masse des biens culturels. Les formes culturelles elles-mêmes sont soumises à des impératifs commerciaux ou transformées en objets d'usage. Par ailleurs, les innovations technologiques n'ont cessé de renouveler et de diversifier les instruments et les formes de cette **culture de masse**, avec notamment le développement des biens et des services audiovisuels. Dans ce domaine, les progrès les plus récents font d'ailleurs entrer dans une nouvelle ère, celle de la segmentation de la culture de masse et d'une individualisation des usages.

La « haute culture » n'a pas disparu, mais son poids la rend presque marginale. Loin d'imposer ou même d'exposer une conception de la culture, l'État prend aujourd'hui acte de la multiplicité des formes et des pratiques culturelles. Dans ses enquêtes sur *Les Pratiques culturelles des Français* (1973, 1981, 1989 et 1997), le ministère de la Culture paraît mettre sur le même plan, comme le note drôlement Jacques Perret en 1999, « la foire à la brocante et le site archéologique, la pratique du crochet et celle de la lecture, le *hard rock* et la musique d'opéra ». C'est le règne d'un « **tout culturel** » dont les frontières avec les loisirs purement récréatifs deviennent incertaines.

Depuis le début des années 1970, les pratiques culturelles se développent, mais de façon très inégale selon les domaines. En 2007, la **dépense culturelle** moyenne par ménage s'élève à 1 029 €, ce qui correspond à environ 5 % de leur consommation effective. Les pratiques audiovisuelles correspondent à près de la moitié de cette dépense et la lecture à 264 € (171 € à la presse et 93 € au livre, auxquels il faudrait ajouter les dépenses dans les bibliothèques).

I. LE DÉVELOPPEMENT « SPECTACULAIRE » DE L'AUDIOVISUEL

L'équipement en appareils audiovisuels comme la diversification de l'offre de services ont pour effet de transporter la culture dans les domiciles qui deviennent des centres de loisirs individuels. C'est ainsi que les Français consacrent aujourd'hui plus de temps – une cinquantaine d'heures par semaine en moyenne – aux **pratiques audiovisuelles domestiques** qu'à leur travail. Toutefois, ce temps est souvent partagé avec d'autres activités comme la cuisine ou le ménage.

La **télévision** occupe une place de premier plan dans la vie quotidienne des Français (voir J-35). L'importance qui lui est accordée dans les activités comme dans les réflexions conduit souvent à occulter la portée du **« boom » musical** des quarante dernières années. Dans les loisirs préférés des Français, l'écoute de la musique arrive tout de suite après la télévision et bien avant la lecture, le cinéma, le surf sur Internet et le théâtre. Si ce phénomène touche toutes les catégories d'âge, la musique se montre omniprésente dans la vie des jeunes.

La « dernière séance » du septième art a été prédite à plusieurs reprises. De fait, le cinéma a connu **deux crises importantes** avec l'arrivée massive des téléviseurs dans les années 1960 et le développement des vidéocassettes au cours des années 1980. Mais on assiste aujourd'hui à un **renouveau du cinéma** en raison sans doute du formidable succès populaire de certains films, mais aussi de changements structurels (développement de 153 multiplexes, amélioration de la qualité des salles, partenariats avec la télévision). En 2007, 61,1 % des Français de plus de 6 ans déclarent être allés au cinéma au cours de l'année (5,1 entrées en moyenne). 177,6 millions d'entrées ont été enregistrées dans les 5 398 salles que compte la France.

II. LA SITUATION CONTRASTÉE DES PRATIQUES CLASSIQUES

Dans le **domaine de la presse**, la baisse spectaculaire et régulière de la vente des journaux (une vingtaine de titres nationaux et plus de soixante régionaux ou départementaux) s'explique par les progrès de celle des magazines ainsi que par la concurrence d'Internet et, depuis 2002, des journaux gratuits (*20 Minutes* qui, avec 2,4 millions de lecteurs, détrône *L'Équipe* comme quotidien le plus lu, *Métro*, etc.). En 2005, 7 % des personnes de 15 ans et plus ont lu tous les jours ou presque un quotidien national et 27 % un quotidien régional.

Dans le domaine de la **lecture**, les évolutions se révèlent complexes. Grâce au succès des livres de poche (30,8 % des ventes) et des ventes en grande distribution, le livre est devenu un objet banal. Selon les *Chiffres clés 2009* du ministère de la Culture, 75 385 titres de livres (dont 37 326 nouveautés) ont été édités et 655,2 millions d'exemplaires produits en 2005. En 2005, 58 % des personnes de 15 ans et plus (67 % des femmes et 48 % des hommes) ont lu un livre au cours des douze derniers mois, que ce livre ait été acheté ou emprunté à un ami, un parent ou dans une bibliothèque (4 390 bibliothèques publiques en 2007). Dans les lectures librement choisies, on constate un déclin de la littérature au profit d'ouvrages utilitaires, susceptibles de produire des effets dans la vie quotidienne (psychologie, développement personnel, cuisine, forme physique, santé...). Par ailleurs, le nombre moyen de livres lus tend à diminuer, notamment en raison de l'effritement du nombre des « grands lecteurs » et de l'utilisation de supports électroniques physiques ou d'Internet.

Le nombre des Français ignorant totalement les équipements culturels diminue. Les visites des 2 400 monuments historiques ouverts au public, tels que les châteaux, les édifices religieux, les sites préhistoriques, constituent le gros des **sorties à caractère culturel** : elles attirent 46 % des personnes de 15 ans ou plus en 2003. Les Français s'intéressent également aux expositions (37 %) et aux 1 201 musées (29 %). Enfin, une personne sur quatre est allée à un concert en 2003.

Malgré l'engouement croissant des Français depuis le début des années 1970, les **activités artistiques** en amateur demeurent moins répandues. Le développement de ces activités artistiques est au demeurant difficile à mesurer car, d'une part, elles s'expriment souvent dans un cadre privé, même si les ateliers et autres cours collectifs se multiplient, et d'autre part, beaucoup de pratiquants se montrent peu assidus ou versatiles. Il est notamment favorisé par une volonté d'épanouissement personnel que la vie professionnelle paraît insuffisante à satisfaire ou par le besoin d'affirmer l'appartenance à une identité collective (au moyen du rap par exemple).

III. LES INÉGALITÉS PERSISTANTES EN MATIÈRE DE PRATIQUES CULTURELLES

Même si elles existent, notamment pour les familles et les publics les plus éloignés de l'offre culturelle, les contraintes financières ne constituent pas le principal obstacle à l'accès à la culture. Avant tout, les pratiques culturelles sont déterminées par le **niveau de diplôme**, puis par la catégorie socioprofessionnelle et par l'âge. Ainsi, en 2000, les trois quarts des diplômés du supérieur ont visité au moins un musée, une exposition ou un monument historique, contre un quart des personnes ayant quitté le système scolaire sans diplôme.

Parmi les cadres et **professions** libérales, 60 % sont allés au théâtre ou au concert en 2000, soit quatre fois plus que les ouvriers. Entre 1989 et 1997, aucune réduction significative des écarts entre les milieux sociaux n'a été observée. Toutefois, certaines activités s'écartent de ce schéma. C'est le cas du cinéma, où l'effet de l'âge se montre largement prépondérant, et de la lecture, où le sexe joue un rôle significatif.

Les pratiques culturelles des hommes et des **femmes** apparaissent aujourd'hui assez semblables, mis à part la lecture et les pratiques artistiques en amateur qui demeurent des activités plus féminines : les deux tiers des femmes ont lu un livre au cours des douze derniers mois, contre seulement la moitié des hommes. Dans l'ensemble, elles exercent un plus grand nombre d'activités culturelles que les hommes qui, de leur côté, se consacrent davantage au sport. D'une façon générale, la vie en couple joue à la baisse sur le nombre d'activités culturelles. De même, avoir des enfants en bas âge constitue un frein aux sorties comme aux pratiques artistiques.

Les **jeunes** témoignent globalement d'une vie culturelle plus intense et extravertie. Les moins de 30 ans s'adonnent à un grand nombre d'activités culturelles, sorties aux spectacles (cinéma, théâtre, concert, etc.), visites culturelles, pratiques artistiques, au total plus de 80 fois en moyenne dans l'année, soit presque deux fois par semaine.

Si les **disparités géographiques** se sont légèrement réduites au cours des dernières années, la taille de la commune de résidence reste un facteur discriminant. C'est que le développement important de l'offre bénéficie aux grandes métropoles et aux villes moyennes qui disposent d'équipements culturels plus conséquents qu'en milieu rural. La quantité et la diversité de l'offre contribuent aussi à expliquer que la vie parisienne entraîne des sorties et activités artistiques et culturelles plus nombreuses qu'en province.

EXERCICE

Que lit-on et pourquoi ?... Là encore l'appartenance à une catégorie socioprofessionnelle, le niveau d'études, le sexe et l'âge impliquent des goûts spécifiques... La préférence des hommes va vers les romans policiers et d'espionnage, les ouvrages de sciences et techniques, d'histoire et les bandes dessinées. Avec les hommes, les femmes partagent le goût pour les romans cultivés, les essais politiques et philosophiques, les classiques... L'éclatement des familles, les nouvelles conditions de vie ont rendu nécessaire la lecture de livres pratiques répondant à un besoin d'informations, de conseils, de savoirs jusque-là transmis oralement de génération en génération. Ces lectures sont pratiquées de façon ponctuelle et immédiate en vue de résoudre toutes sortes de problèmes, qu'ils soient de santé ou psychologiques, d'aménagement, culinaires, de bricolage ou de jardinage. La vente de cette catégorie d'ouvrages a nettement augmenté depuis la diminution du temps de travail. Ils ont la faveur des femmes et des membres de catégories populaires... La lecture est aussi un moyen de se former ou d'actualiser ses connaissances dans le domaine professionnel. Les hommes sont plus nombreux à lire des ouvrages techniques et scientifiques, qu'ils soient cadres, ingénieurs ou ouvriers. Les femmes, plus tournées vers les métiers éducatifs, de soins, d'assistance et de services, se penchent davantage vers les ouvrages et les revues consacrées aux sciences humaines.

C. Horellou-Lafarge, *Sciences humaines*, n° 161, p. 38

➤ Identifiez dans ce texte trois rôles dévolus à la lecture, en les argumentant. *Réponse rédigée en une quinzaine de lignes.*

DRASS Île-de-France, 2006

J-39 CORRIGÉ

CULTURE GÉNÉRALE

Ce texte met en évidence trois rôles possibles de la lecture, d'inégale importance selon l'activité professionnelle, le niveau d'instruction, l'âge et le sexe des lecteurs.

On peut d'abord lire pour se divertir, pour oublier un moment la réalité quotidienne, en voyageant dans l'univers romanesque, qu'il soit littéraire, historique ou policier.

Mais un nombre croissant de Français profite de son temps libre en augmentation pour lire des ouvrages utilitaires, susceptibles de produire des effets dans la vie quotidienne : psychologie, développement personnel, cuisine, forme physique, santé...

Enfin, dans une société de plus en plus technologique où les connaissances deviennent indispensables à la réussite professionnelle, la lecture peut relever de la formation professionnelle, que les ouvrages concernent les sciences physiques et les techniques ou les sciences humaines et sociales.

J-38 BIOLOGIE
Le sang et la lymphe

Le sang est composé d'une partie liquide, le **plasma**, dans laquelle baignent des cellules, et **d'éléments figurés** (globules blancs, hématies, plaquettes...). Il **transporte les éléments nécessaires à la nutrition de la cellule**, ainsi que les **déchets** qu'il va livrer aux organes excréteurs.

I. LE PLASMA

C'est une solution aqueuse, limpide et jaune qui contient **des ions minéraux** (Na^+ et Cl^-, Ca^{2+}, HCO^{3-}, Phosphates), **des molécules organiques** (protides, glucides, lipides, vitamines), des **nutriments**, **des déchets** (urée, acide urique), **des gaz dissous** (O_2 et CO_2), **des hormones**, **des anticorps**.

II. LES ÉLÉMENTS FIGURÉS

A. Les hématies ou érythrocytes ou globules rouges

Ce sont des cellules biconcaves, dépourvues de noyau. On en dénombre 5 millions par mm^3 de sang. Leur durée de vie est de 4 mois.

Grâce à l'hémoglobine, elles transportent l'oxygène et rejettent le gaz carbonique, déchet des cellules.

Les globules rouges sont porteurs des antigènes déterminant les groupes sanguins de l'individu.

B. Les leucocytes ou globules blancs

Ce sont des cellules à un ou plusieurs noyaux, incolores, de forme et de taille diverses. On en dénombre de 7 à 8 mille par mm^3 de sang. Elles se déplacent grâce à l'émission de pseudopodes, et ont la capacité de traverser les vaisseaux sanguins : c'est la **diapédèse**. On distingue :

- **Les polynucléaires** macrophages (60 %) et les monocytes (10 %) qui assurent la destruction des corps étrangers en les capturant et en les digérant. C'est la **phagocytose**.
- **Les lymphocytes** qui assurent les défenses immunitaires. Ils portent des antigènes qui déterminent l'identité immunologique. Les lymphocytes B fabriquent des anticorps. Les lymphocytes T fabriquent des substances chimiques qu'ils injectent dans les cellules à tuer.

C. Les plaquettes

On en dénombre de 150 000 à 400 000 par mm^3 de sang. Elles ont la forme de petits disques et n'ont pas de noyau.

Elles assurent la coagulation en formant des amas qui obstruent les lésions des capillaires.

III. LA LYMPHE

Elle constitue un milieu d'échange entre le plasma et les cellules. Les vaisseaux lymphatiques assurent le **drainage des espaces intercellulaires**.

La lymphe interstitielle baigne les cellules dans les tissus. Elle est formée à partir du plasma artériel et contient des leucocytes.

Les veines lymphatiques portent des ganglions lymphatiques, (au niveau du cou, des aisselles et de l'aine). Ces ganglions hébergent des lymphocytes.

IV. Les groupes sanguins

Les globules rouges portent des antigènes (agglutinogènes) déterminant le groupe sanguin de l'individu : les agglutinogènes A, B et facteur rhésus.

Un agglutinogène mis en présence de l'agglutinine correspondante provoque l'agglutination des globules rouges d'un des sangs par le plasma de l'autre individu. Seules les transfusions sanguines suivantes peuvent être possibles :

- les groupes de même identité peuvent se transfuser entre eux ;
- le groupe O ne possède pas d'agglutinogène : il pourra être transfusé aux personnes de tous les groupes : il est donneur universel ;
- le groupe AB ne possède pas d'agglutinines dans son plasma ; il peut recevoir du sang de tous les autres groupes : il est receveur universel.

Si un sang Rhésus positif est mis en contact avec un sang Rhésus négatif, des agglutinines anti Rhésus vont se former dans le plasma de la personne Rh^-.

EXERCICE

1. Citer les éléments constituant le sang.
2. Nommer les différents groupes sanguins. Quel est le groupe receveur universel ?
3. Relier les affirmations et les mots correspondants.

participe à la coagulation	•	•	hématies
assure les défenses immunitaires	•	•	globules blancs
transporte les gaz respiratoires	•	•	leucocytes
portent les antigènes	•		

MATHÉMATIQUES
Unités de mesure : problèmes

Voici quelques exemples d'exercices résolus.

1. On veut partager un terrain de 23,5 ares en 3 lots de façon que le second ait 50 m² de plus que le premier et que le troisième soit le double du second. Trouver l'aire de chaque lot.
   Transformons 23,5 ares en m^2 : 23,5 a = 2 350 m^2.
   Si le 1er lot = X, le 2e lot = X + 50, et le 3e lot = 2 × (X +50) = 2X + 100.
   L'équation s'écrit : X + X + 50 + 2X + 100 = 2 350
   Regroupons les X :
   4X + 150 = 2 350 donc 4X = 2 350 – 150 = 2 200
   X = 2 200 ÷ 4 = 550
   L'aire du premier lot est 550 m^2, l'aire du second lot est 550 + 50 = 600 m^2, l'aire du troisième lot est 600 × 2 = 1 200 m^2

2. Pour construire un mur on a utilisé 1 324 briques de 4,5 dm^3 chacune. Trouver le volume total du mur sachant que l'on a utilisé 0,15 m^3 de mortier.
   Volume total des briques : 4,5 × 1 324 = 5 958 dm^3.
   Volume du mortier en dm^3 : 0,15 m^3 = 150 dm^3.
   Volume total du mur : 5 958 + 150 = 6 108 dm^3.

3. Pour entourer un terrain carré de 52 m de côté, on doit acheter du grillage. Quelle longueur faut-il acheter, sachant qu'on laisse une ouverture de 3,5 m ? Le grillage est vendu en rouleau de 30 m. Combien doit-on acheter de rouleaux ?
   Périmètre du terrain carré = C × 4 soit 52 m × 4 = 208 m
   Il faut donc acheter 208 m – 3,5 m = 204,5 m
   Si 1 rouleau mesure 30 m pour entourer le champ il faudra :
   204,5 ÷ 30 = 6,8 soit 7 rouleaux de grillage.

EXERCICE

1. Pierre entoure son terrain rectangulaire qui mesure 41 m de long et 36 m de large. Il laisse une porte de 3,4 m et une autre de 2,5 m. Quelle longueur de clôture devra-t-il réaliser ?
2. Un peintre encadre l'un de ses tableaux qui mesure 130 cm de long sur 850 mm de large. La baguette est vendue par longueur de 2,5 m, Combien de baguettes doit-il acheter ?
3. Un propriétaire possède 2 terrains, l'un carré de 120 m de côté, l'autre rectangulaire de 270 m de long et dont l'aire est le triple de celle du carré. Calculez le périmètre des 2 champs.
4. Combien faut-il de litres d'eau pour remplir une piscine de 20 m de long, 5 m de large et 1,60 m de profondeur ?

J-38 CORRIGÉ

BIOLOGIE

1. Le plasma, dans lequel baignent les hématies, les leucocytes et les plaquettes
2. A, B, AB, O. Le groupe receveur universel est AB.
3. Relier les affirmations et les mots correspondants
   Participe à la coagulation : plaquettes
   Assure les défenses immunitaires : globules blancs
   Transporte les gaz respiratoires : hématies
   Portent les antigènes : hématies

MATHÉMATIQUES

1. $P = (41+36) \times 2 = 154$ m ; ouvertures = 3,4+2,5 = 5,9 m ; donc Longueur de la clôture : 154 m – 5,9 m = 148,1 m
2. 850 mm = 85 cm, 2,5 m = 250 cm ; Périmètre du tableau : $(130+85) \times 2 = 430$ cm ; nombre de baguettes : $430 \div 250 = 1{,}72$ soit 2 baguettes.
3. Périmètre du carré : $120 \times 4 = 480$ m
   Aire du carré : $120 \times 120 = 14\ 400$ m^2
   Donc aire du rectangle : $14\ 400 \times 3 = 43\ 200$ m^2
   Largeur du rectangle : $43\ 200 \div 270 = 160$ m
   Périmètre du rectangle : $(270 + 160) \times 2 = 860$ m
4. $V = 2\ 0 \times 5 \times 1{,}6 = 160$ m^3 = 160 000 l

J-37 CULTURE GÉNÉRALE
Les jeux vidéo

5 CHIFFRES À RETENIR

- **1968-1972** : création du premier jeu vidéo à succès, *Pong*, qui consiste en une simulation simpliste de « ping-pong ». Le but est de battre un score.
- **1985** : création de *Super Mario Bros* qui est le second jeu vidéo le plus vendu (40,2 millions d'exemplaire). Le but est de vivre une vraie aventure.
- **2005** : création de *World of Warcraft* qui devient rapidement le jeu de rôle en ligne massivement multijoueur (MMORPG) le plus fréquenté. En interaction avec les autres joueurs, on fait progresser le personnage ou avatar qu'on a créé dans un monde virtuel.
- **7 heures** : en France, durée moyenne d'utilisation des jeux vidéo par semaine.
- **35 millions** : nombre de jeux vidéos achetés par les Français en 2005 (soit près de deux par ménage).

EXERCICE

Les jeux vidéo sont-ils bons pour le cerveau ?

Avec les jeux vidéo d'aujourd'hui, il est possible d'incarner tout à tour un sportif, un psychanalyste, une mère de famille, un pilote de chasse, un chirurgien, un soldat... Leurs décors peuvent nous immerger dans des lieux contemporains, historiques ou mythiques, dans une représentation métaphorique du cerveau ou dans des univers oniriques délirants. Ils nous proposent de perfectionner notre anglais, de mesurer l'âge de notre cerveau, d'apprendre à cuisiner, à danser ou à jouer de la guitare... Ils représentent une pratique ludique d'une grande richesse qui se développe de plus en plus auprès d'une clientèle qui s'élargit.

Malgré son succès fulgurant et les nombreuses possibilités qu'il peut offrir, le jeu vidéo n'a pas toujours bonne image. En effet, certains jeux sont souvent décriés pour la violence qui les caractérise, lorsque le but est de tirer sur tout ce qui bouge sans complexe et que le carnage qui en résulte est de surcroît très réaliste. Ils sont souvent également jugés « abrutissants » et ont la réputation d'enfermer certains de leurs utilisateurs dans une pratique toxicomaniaque conditionnée.

Célia HODENT-VILLAMAN, *Sciences humaines*, n° 178, janvier 2007

➤ Les jeux vidéo occupent désormais une place prépondérante dans la vie quotidienne. Énoncez trois bénéfices et trois risques. Argumentez vos réponses.

IFSI Amboise, 2007

TEST PSYCHOTECHNIQUE
Aptitude visuelle

Dans ce type d'exercices la concentration et l'aptitude visuelle vont jouer un grand rôle. On vous propose des tableaux avec des noms de fruits. On vous demande de trouver le nombre de fois où le nom d'un fruit est présent dans le tableau, dans des colonnes, lignes… Procédez avec une méthode (lecture par lignes ou par colonnes).

1. Observez le tableau suivant

Cerise	Kiwi	Groseille	Abricot	Cerise	Groseille	Groseille	Groseille
Cerise	Cerise	Kiwi	Myrtille	Kiwi	Myrtille	Cerise	Brugnon
Abricot	Myrtille	Myrtille	Kiwi	Myrtille	Myrtille	Myrtille	Groseille
Myrtille	Cerise	Abricot	Brugnon	Abricot	Myrtille	Kiwi	Groseille
Kiwi	Myrtille	Cerise	Groseille	Amande	Kiwi	Brugnon	Brugnon
Brugnon	Kiwi	Myrtille	Cerise	Myrtille	Brugnon	Abricot	Kiwi
Groseille	Abricot	Groseille	Kiwi	Kiwi	Myrtille	Brugnon	Cerise
Abricot	Myrtille	Myrtille	Kiwi	Amande	Myrtille	Myrtille	Groseille
Brugnon	Kiwi	Myrtille	Cerise	Amande	Kiwi	Abricot	Kiwi
Abricot	Myrtille	Myrtille	Kiwi	Amande	Abricot	Abricot	Abricot
Cerise	Cerise	Kiwi	Myrtille	Myrtille	Myrtille	Cerise	Brugnon
Groseille	Myrtille	Brugnon	Brugnon	Kiwi	Brugnon	Cerise	Amande
Brugnon	Kiwi	Myrtille	Cerise	Amande	Kiwi	Abricot	Kiwi
Abricot	Myrtille	Myrtille	Kiwi	Amande	Brugnon	Myrtille	Groseille
Cerise	Cerise	Kiwi	Myrtille	Amande	Myrtille	Cerise	Brugnon
Groseille	Myrtille	Brugnon	Brugnon	Kiwi	Myrtille	Cerise	Amande
Cerise	Abricot	Myrtille	Abricot	Brugnon	Kiwi	Cerise	Abricot
Brugnon	Brugnon	Brugnon	Myrtille	Abricot	Brugnon	Myrtille	Amande

1. Combien de fois est présent le mot « Abricot » sur la ligne 2 ?
2. Combien de fois est présent le mot « Abricot » sur la colonne 3 ?
3. Combien de fois est présent le mot « Abricot » sur la ligne 10 ?
4. Combien de fois est présent le mot « Abricot » sur la colonne 8 ?
5. Combien de fois est présent le mot « Abricot » sur l'avant dernière colonne ?
6. Combien de fois est présent le mot « Abricot » sur les deux dernières lignes ?
7. Combien de colonnes ne contiennent pas le mot « Abricot » ?

8. Quel est le numéro de la ligne comportant le plus de fois le mot « Abricot » ?

2. Observez le tableau suivant

Cassis	Cassis	Mangue	Nectarine	Groseille	Framboise	Noix	Nectarine
Mangue	Mangue	Mangue	Mangue	Noix	Cassis	Nectarine	Cassis
Framboise	Groseille	Groseille	Fraise	Groseille	Nectarine	Fraise	Groseille
Fraise	Cassis	Framboise	Fraise	Mangue	Cassis	Framboise	Fraise
Cassis	Cassis	Mangue	Nectarine	Groseille	Framboise	Cassis	Cassis
Fraise	Cassis	Nectarine	Cassis	Groseille	Mangue	Nectarine	Framboise
Cassis	Framboise	Fraise	Framboise	Mangue	Groseille	Noix	Mangue
Fraise	Cassis	Framboise	Fraise	Mangue	Cassis	Noix	Fraise
Framboise	Mangue	Groseille	Mangue	Framboise	Fraise	Cassis	Nectarine
Nectarine	Cassis	Groseille	Groseille	Fraise	Framboise	Framboise	Mangue
Framboise	Framboise	Groseille	Mangue	Framboise	Fraise	Noix	Nectarine
Cassis	Mangue	Groseille	Nectarine	Groseille	Framboise	Noix	Cassis
Fraise	Groseille	Framboise	Fraise	Mangue	Groseille	Groseille	Fraise
Cassis	Mangue	Mangue	Groseille	Noix	Mangue	Framboise	Fraise
Framboise	Framboise	Groseille	Mangue	Nectarine	Fraise	Noix	Nectarine
Cassis	Mangue	Groseille	Nectarine	Groseille	Framboise	Noix	Cassis
Cassis	Cassis	Mangue	Groseille	Noix	Mangue	Framboise	Fraise
Nectarine	Framboise	Groseille	Fraise	Nectarine	Nectarine	Mangue	Fraise

1. Combien de fois est présent le mot « Cassis » sur la ligne 7 ?
2. Combien de fois est présent le mot « Cassis » sur la colonne 5 ?
3. Combien de fois est présent le mot « Cassis » sur les lignes 8 et 10 ?
4. Combien de fois est présent le mot « Cassis » sur les colonnes 6 et 8 ?
5. Combien de fois est présent le mot « Cassis » sur la colonne 6 ?
6. Combien de lignes ne contiennent pas le mot « Cassis » ?
7. Quel est le numéro de la ligne comportant le plus de fois le mot « Cassis »?
8. Quel est le numéro de (ou des) la colonne(s) comportant le plus de fois le mot « Cassis » ?

3. Observez le tableau suivant

Myrtille	Myrtille	Groseille	Kiwi	Cassis	Myrtille	Myrtille	Myrtille
Cerise	Cassis	Groseille	Brugnon	Myrtille	Cassis	Myrtille	Kiwi
Myrtille	Cerise	Brugnon	Groseille	Kiwi	Amande	Kiwi	Brugnon
Kiwi	Myrtille	Kiwi	Cerise	Brugnon	Myrtille	Brugnon	Abricot
Abricot	Groseille	Cerise	Kiwi	Groseille	Kiwi	Myrtille	Brugnon
Myrtille	Myrtille	Groseille	Kiwi	Abricot	Amande	Myrtille	Myrtille
Kiwi	Myrtille	Kiwi	Cerise	Brugnon	Amande	Kiwi	Abricot
Kiwi	Groseille	Groseille	Abricot	Cerise	Cerise	Groseille	Groseille
Cerise	Kiwi	Brugnon	Myrtille	Cerise	Kiwi	Myrtille	Cerise
Abricot	Myrtille	Abricot	Abricot	Cerise	Brugnon	Kiwi	Cerise
Brugnon	Brugnon	Amande	Myrtille	Brugnon	Abricot	Brugnon	Myrtille
Myrtille	Myrtille	Groseille	Kiwi	Abricot	Amande	Brugnon	Myrtille
Cerise	Kiwi	Brugnon	Myrtille	Cerise	Myrtille	Myrtille	Cerise
Myrtille	Brugnon	Amande	Brugnon	Groseille	Kiwi	Brugnon	Cerise
Kiwi	Myrtille	Kiwi	Cerise	Brugnon	Amande	Kiwi	Abricot
Myrtille	Myrtille	Groseille	Kiwi	Abricot	Amande	Brugnon	Myrtille
Cerise	Kiwi	Brugnon	Myrtille	Cerise	Amande	Myrtille	Cerise
Myrtille	Brugnon	Amande	Brugnon	Groseille	Kiwi	Myrtille	Cerise

1. Combien de fois est présent le mot « Myrtille » sur la ligne 2 ?
2. Combien de fois est présent le mot « Myrtille » sur la colonne 4 ?
3. Combien de fois est présent le mot « Myrtille » sur la ligne 10 ?
4. Combien de fois est présent le mot « Myrtille » sur la colonne 8 ?
5. Combien de fois est présent le mot « Brugnon » sur la deuxième colonne en partant de droite ?
6. Combien de fois est présent le mot « Brugnon » sur la troisième colonne en partant de gauche ?
7. Quel est le numéro de la colonne (ou des colonnes) comportant le plus de fois le mot « Myrtille » ?

J-37 CORRIGÉ

CULTURE GÉNÉRALE

Relancés dans les années 1980, les jeux sont caractéristiques des modes de vie des jeunes, mais ils sont aussi appréciés par certains adultes. Leurs bénéfices peuvent être de trois ordres.

L'intérêt peut être éducatif. Cette éducation peut d'abord concerner une activité intellectuelle. C'est ainsi que les jeux vidéo peuvent servir à l'éveil des tout-petits et constituer un support pédagogique pour des plus grands, par exemple pour leur apprendre une langue étrangère. Mais il existe aussi des jeux éducatifs pour les adultes (*serious games*) qui peuvent par exemple s'entraîner à la gestion d'un pays, d'une ville, d'une entreprise ou... d'un hôpital. De même, un jeu de simulation d'endoscopie digestive a été mis au point pour que les médecins puissent s'entraîner sans risque.

Mais les jeux vidéo permettent également d'apprendre des activités d'ordre physique, par exemple à toutes les sortes de pilotage, automobile, naval ou spatial. Différentes armées du monde, celle des États-Unis par exemple, les utilisent d'ailleurs pour entraîner ou pour recruter leurs pilotes ou leurs tireurs. Les habitués des jeux vidéo se distingueraient d'ailleurs par la qualité de leurs réflexes et de leurs aptitudes visuelles. Certains jeux vidéo permettent même de pratiquer une activité sportive régulière et sont recommandés pour les enfants souffrant de surpoids.

Enfin, le jeu vidéo a pour effet de démocratiser les activités humaines. Pour une trentaine d'euros, chacun peut piloter un avion de chasse, conduire une voiture de course, explorer le fond des mers ou les sommets himalayens... Il peut même remonter le temps et vivre la vie de l'homme de Cro-Magnon ou d'un pharaon égyptien !

De nombreux parents se méfient pourtant de la mode des jeux vidéo. En premier lieu, si la durée moyenne d'utilisation est, en France, de sept heures par semaine, ces jeux peuvent donner lieu à une pratique anormalement élevée, comme ce serait le cas pour 15 % des jeunes américains. Certains observateurs n'hésitent pas à parler d'addiction. En tout état de cause, leur utilisation prolongée peut provoquer des maux intenses de tête ou d'estomac, voire, chez certains sujets, des crises d'épilepsie.

En deuxième lieu, les jeux d'action, de combat, de stratégie, de simulation représentent environ 40 % des ventes. Nombre d'entre eux mettent en scène des situations et des actions d'une violence parfois extrême. Or, tous les coups, tirs, tortures, etc., infligés virtuellement pourraient rendre plus agressifs les joueurs et même parfois leur inspirer des passages à des actes dont les effets sont appréhendés de façon irréelle.

Enfin, le plaisir de l'évasion dans un univers fantasmagorique peut conduire à des attitudes de fuite par rapport au monde réel et à des comportements inadaptés voire pathologiques.

TEST PSYCHOTECHNIQUE

1. Observez le tableau suivant

1. 0 « Abricot » sur la ligne 2
2. 1 « Abricot » sur la colonne 3
3. 4« Abricot » sur la ligne 10
4. 2« Abricot » sur la colonne 8
5. 4« Abricot » sur l'avant dernière colonne
6. 4« Abricot » sur les deux dernières lignes
7. Aucune, toutes les colonnes contiennent le mot
8. Ligne 10 comportant le plus de fois le mot « Abricot »

2. Observez le tableau suivant

1. 1 mot « Cassis » sur la ligne 7
2. 0 mot « Cassis » sur la colonne 5
3. 3, (2+1) mots « Cassis » sur les lignes 8 et 10
4. 7, (3+4) mots « Cassis » sur les colonnes 6 et 8
5. 3 mots « Cassis » sur la colonne 6
6. 5 lignes ne contiennent pas le mot « Cassis », lignes 3, 11, 13, 15 et 18
7. Ligne 5 comportant le plus de fois le mot « Cassis » (cinq fois)
8. Colonnes 1 et 2 comportant le plus de fois le mot « Cassis » (7 fois)

3. Observez le tableau suivant

1. 2 fois « Myrtille » sur la ligne 2
2. 4 fois « Myrtille » sur la colonne 4
3. 1 fois « Myrtille » sur la ligne 10
4. 5 fois « Myrtille » sur la colonne 8
5. 5 fois « Brugnon » sur la deuxième colonne en partant de droite
6. 4 fois « Brugnon » sur la troisième colonne en partant de gauche
7. Colonnes 2 et 7 comportant le plus de fois le mot « Myrtille » (8 fois)

J-36 BIOLOGIE
L'appareil respiratoire

L'appareil respiratoire permet au sang de recevoir l'oxygène et de se débarrasser du gaz carbonique. L'air circule dans les voies respiratoires. Les échanges entre l'air et le sang se font dans les alvéoles pulmonaires.

I. ANATOMIE

L'APPAREIL RESPIRATOIRE

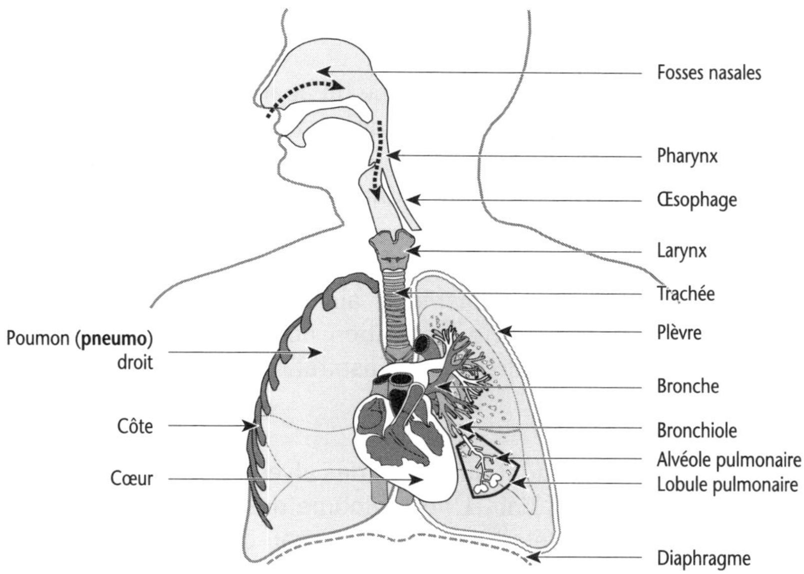

Les fosses nasales s'ouvrent à l'extérieur de l'organisme par les narines et à l'intérieur sur le pharynx. Elles se composent du **pharynx**, **du larynx**, de la **trachée-artère** et des **bronches**. Dans les fosses nasales débouchent les **sinus** et les **conduits lacrymaux**. Une muqueuse tapisse les fosses nasales qui réchauffent l'air Elle contient des cils vibratiles et des poils qui retiennent les poussières et les micro-organismes, des cellules et les récepteurs olfactifs.

Le pharynx est le carrefour des voies aéro-digestives.

Le larynx est situé entre le pharynx et la trachée. Il contient les cordes vocales qui vibrent sous l'effet de l'air pulmonaire.

La trachée est un conduit composé d'anneaux cartilagineux superposés. Elle est tapissée à l'intérieur d'une muqueuse qui sécrète un mucus chargé de déchets ou de micro-organismes Des cils vibratiles rejettent ce mucus

Elle se divise en 2 **bronches** qui se divisent en **bronchioles** qui aboutissent dans une **vésicule pulmonaire**, composée de nombreuses alvéoles où s'effectuent les échanges gazeux.

Les poumons sont protégés par la cage thoracique. Le poumon droit est composé de 3 lobes, le poumon gauche de 2 afin de loger le cœur. Ils sont entourés par une membrane : **la plèvre**, constituée de 2 feuillets. Entre les deux feuillets se trouve le liquide pleural.

Les os de la cage thoracique forment une cage souple grâce au jeu des articulations avec la colonne vertébrale et le sternum.

Les muscles intercostaux interviennent lors de **l'inspiration** : phénomène actif qui entraîne l'augmentation du volume de la cage thoracique. **L'expiration** est un phénomène passif,

Le **diaphragme** sépare le thorax de l'abdomen. Il est innervé par les **nerfs phréniques** soumis au **système nerveux cérébro-spinal**.

II. PHYSIOLOGIE

La contraction du diaphragme provoque un abaissement des viscères abdominaux et une augmentation du volume de la cage thoracique.

La respiration peut-être normale ou forcée, automatique ou soumise à notre volonté. Le centre respiratoire se situe dans le bulbe rachidien.

La capacité pulmonaire est de 6 litres environ. Elle se divise en air résiduel (1 litre) qui reste après une expiration forcée, air courant (0,5 litre) que nous aspirons et rejetons normalement, air de réserve (1,5 litre) que l'on peut inspirer en plus, après une inspiration normale et air complémentaire (1,5 litre), quantité d'air pris lors d'une inspiration approfondie.

III. LES ÉCHANGES GAZEUX

Les échanges gazeux se font au niveau des alvéoles et à travers la paroi des capillaires entre le sang et l'air. L'hémoglobine des globules rouges libère le gaz carbonique dont elle s'était chargée au niveau des cellules et se combine avec l'oxygène de l'air pour l'apporter à tout l'organisme.

EXERCICE

1. Nommer le siège des échanges gazeux.
2. Indiquer le trajet de l'air inspiré.
3. Répondre par vrai ou faux.

	vrai	faux
L'inspiration est un phénomène actif	☐	☐
L'expiration est un phénomène passif	☐	☐
Le diaphragme est la membrane qui entoure les poumons	☐	☐
Les échanges gazeux se font au niveau de la plèvre.	☐	☐
Les bronches se divisent en bronchioles	☐	☐

MATHÉMATIQUES
Numération sexagésimale (I)

I. DÉFINITIONS

Le jour est le temps que met la terre à faire un tour complet sur elle-même.

1 jour = 24 heures (h) ; 1 heure = 60 minutes (min) = 3 600 secondes ; 1 minute = 60 secondes (s).

Un temps s'exprime par nombre sans virgule tel 2 h 58 min 47 s. Un tel nombre est dit sexagésimal. Cependant l'utilisation de la machine nous donnera les mesures du temps sous forme de nombre décimal qu'il faudra transformer sous forme d'un nombre sexagésimal.

EXEMPLE : 1,28 heure = 1 heure + 0,28 heure.
Transformons 0,28 heure en minutes : 0,28 × 60 = 16,8 min
donc 16 min + 0,8 min et transformons 0,8 min en secondes
0,8 × 60 = 48 secondes Finalement 1,28 heure = 1 h 16 min 48 s.

Les temps inférieurs à la seconde s'expriment en fractions de seconde : un coureur a effectué les 100 mètres en athlétisme en 10 s $^{3}/_{10}$ ou 10,3 s.

II. CONVERSIONS

EXEMPLES : **Exprimer 2 h 25 min 0 s en secondes**
2 h = 3 600 s × 2 = 7 200 s ; 25 min = 60 s × 25 = 1 500 s
2 h 25 min 30 s = 7 200 s + 1 500 s + 30 s = 8 730 s
Exprimer 3 920 s en h, min, s
1 h = 3 600 s, il reste donc 3 920 s – 3 600 s = 320 s
1 min = 60 s donc 320 ÷ 60 = 5 min et il reste 20 s
3 920 s = 1 h 5 min 20 s

EXERCICE

1. Exprimer les temps suivants en h, min : 4 073 s ; 1 414 s ; 365 s
2. Exprimer en secondes : 1 h 13 min 0 s ; 3 h 05 min 7 s
3. Convertir : 3,5 h – 7,6 h – 2,3 h en h et min
4. Convertir : 2,4 min – 5,2 min – 6,3 min en min et s
5. Combien de jours représentent : 264 h – 7 200 min
6. Combien d'heures ont passé entre le 12 janvier 10 h et le 18 janvier 12 h ?
7. Un agent doit travailler 7 h 20 min par jour. Sachant qu'il doit à son employeur 1 650 h/an, combien de journées de travail représentent ces 1 650 h ?
8. Combien y a-t-il de secondes dans un jour ?
9. Si l'on travaille 7 h 30/jour pendant 5 jours, combien d'heures aura-t-on travaillé au cours des 4 semaines de février ?
10. Classer par ordre croissant : 3 h 15 – 11 380 s – 149 min

J-36 CORRIGÉ

BIOLOGIE

1. Alvéoles pulmonaires
2. Fosses nasales, pharynx, larynx, trachée, bronches, bronchioles, alvéoles pulmonaires, sang.
3. Répondre par vrai ou faux.

	vrai	faux
L'inspiration est un phénomène actif	☑	☐
L'expiration est un phénomène passif	☑	☐
Le diaphragme est la membrane qui entoure les poumons	☐	☑
Les échanges gazeux se font au niveau de la plèvre.	☐	☑
Les bronches se divisent en bronchioles	☑	☐

MATHÉMATIQUES

1. 1 h 07 min 3 s ; 0 h 23 min 4 s ; 0 h 06 min 05 s
2. 4 390 s ; 11 107 s
3. 0,5 h = 0,5 × 60 = 30 min ; 3,5 h = 3 h 30 ; 7,6 h = 7 h 36 ; 2,3 = 2 h 18
4. 2,4 min = 2 min 24 ; 5,2 min = 5 min 12 ; 6,3 min = 6 min 18 s
5. 1 jour = 24 h ; 264 ÷ 24 = 11 jours
6. 12 janvier 10 h au 18 janvier 10 h il y a 6 jours soit 24 h × 6 = 144 h ;
   + 2 h (10 h – 12 h) = 146 h
7. 1 650 h = 99 000 min ; 7 h 20 = 440 min
   nombre de jours : 9 900 ÷ 440 = 225 jours
8. En un jour, il y a 3 600 × 24 = 86 400 secondes
9. On aura travaillé 7,5 × 5 × 4 = 150 heures
10. 149 min (soit 8 940 s) – 11 380 s – 3 h 15 (soit 11 700 s)

J-35 CULTURE GÉNÉRALE
La télévision

I. L'IRRÉSISTIBLE AVÈNEMENT DE LA TÉLÉVISION

A. La massification du loisir télévisuel

Dès la première émission officielle en 1935, la télévision française devient un monopole de l'État. Arrivée au pouvoir en 1981, la gauche contribue à bouleverser le paysage audiovisuel français (PAF) en l'émancipant du pouvoir politique et, paradoxalement, en l'ouvrant au secteur privé. D'une part, la loi du 29 juillet 1982 crée une **autorité administrative indépendante** chargée de la régulation du secteur audiovisuel qui est, depuis 1989, le Conseil supérieur de l'audiovisuel (CSA).

D'autre part, la gauche engage en 1983 la **privatisation du secteur télévisuel** en créant, aux côtés des trois chaînes publiques, la première chaîne cryptée à péage, Canal Plus. Ce mouvement se poursuit au milieu des années 1980 avec l'apparition de nouvelles chaînes commerciales comme M6 en 1987 et la privatisation de TF1. Par ailleurs, la télévision hertzienne publique ou privée est désormais concurrencée par de nombreuses chaînes thématiques diffusées par le câble ou le satellite.

La télévision se révèle le principal bénéficiaire de l'accroissement du **temps** libre au cours des 25 dernières années. Presque tous les foyers sont équipés d'un téléviseur couleur et d'une télécommande, même si certains ne déclarent pas leur équipement pour échapper à la redevance. Les Français de 4 ans et plus consacrent en moyenne à la télévision 3 h 26 par jour. Contrairement à une idée reçue, les jeunes la regardent moins que leurs aînés, près d'une heure et demie en moins pour les 15-24 ans (2 h 05 par jour) par rapport aux 25-59 ans (3 h 30 par jour). Même si l'écart tend à diminuer, les femmes ont passé devant le téléviseur, en 2004, 23 minutes de plus que les hommes. Enfin, les diplômés et les catégories socioprofessionnelles supérieures sont moins « téléphages » que les ouvriers et les employés.

Dans le budget des Français, la part consacrée aux programmes télévisuels (redevance, abonnements, vidéo) a triplé depuis 1980. En 2005, ces **dépenses** atteignent 256 € par ménage.

B. De la télévision de masse à la télévision à la carte

Depuis l'ouverture du début des années 1980, le paysage audiovisuel s'est considérablement modifié et l'offre télévisuelle diversifiée. Chaîne du sport et du cinéma, Canal Plus compte plus de cinq millions d'abonnés, soit plus d'un foyer sur cinq. Malgré une lente érosion, TF1 continue de dominer les autres chaînes hertziennes dites généralistes avec 32,3 % de l'**audience** en 2005 (contre 35,1 % en 1999 et 40,7 % en 1992). Viennent ensuite, en termes d'audience, France 2 (19,8 %), France 3 (14,7 %), M6 (12,6 %) et France 5-Arte (4,9 %), cette dernière étant la seule à progresser (3,4 % en 2001). La suppression programmée des ressources publicitaires pour les chaînes publiques pose cependant la question du financement et du contenu du service public télévisuel.

Depuis le début des années 1990, ces chaînes sont concurrencées par la prolifération, grâce au câble et au satellite, de **chaînes thématiques payantes**, locales et surtout nationales, visant des publics ciblés : Eurosport, Canal J, LCI... Au nombre d'environ 200 au début 2006, elles bénéficient de plus du tiers de l'audience parmi les 15,7 millions de personnes disposant de l'offre élargie.

Enfin, la diffusion terrestre hertzienne, qui reste le mode unique de réception de la télévision pour les trois quarts des foyers français, peut désormais, après le câble et le satellite, bénéficier des techniques de compression numérique grâce à un téléviseur ou un décodeur adaptés. La **télévision numérique terrestre** (TNT) est créée le 31 mars 2005. Trois ans plus tard, 90 % du territoire est couvert et 17,4 millions de terminaux (13 millions de récepteurs et 4,4 millions de boîtiers) ont été achetés ou loués pour recevoir gratuitement 18 chaînes nationales (il existe également des chaînes locales et des chaînes payantes). En mars 2008, les chaînes de la TNT battent leur record en obtenant une part d'audience globale de 10,2 %. En application de la loi du 5 mars 2007 relative à la télévision du futur, l'extinction progressive de la diffusion analogique des programmes télévisés interviendra entre 2008 et 2011.

La diversification de l'offre télévisuelle favorise bien sûr le passage d'une télévision de masse à une télévision à la carte. Par ailleurs, la généralisation du **multi-équipement** dans les années 1990 permet aux différents membres d'une famille de regarder séparément leurs programmes favoris. La console de jeux vidéo, présente dans une famille avec enfant(s) sur trois, permet aussi un usage individuel du téléviseur.

Deux innovations techniques ont puissamment contribué au renouvellement des modalités de la consommation télévisuelle. D'abord, le **magnétoscope** s'est spectaculairement développé à partir du début des années 1980. De 2 % en 1981, le taux d'équipement des ménages passe à 82 % en 2006. Il permet en effet de ne pas dépendre des horaires, de satisfaire les goûts contradictoires des différents membres de la famille, d'escamoter les spots publicitaires et d'échapper au flot des images en se constituant une vidéothèque personnelle. Les lecteurs-enregistreurs de DVD – 1,2 million d'appareils achetés en 2005, soit le double de 2004 – prennent maintenant la relève des magnétoscopes.

Ensuite, la **télécommande** permet de regarder la télévision sans intention préalable, de choisir son émission sur l'instant, de l'abandonner pour une autre en cas de déception ou d'intrusion publicitaire...

Finalement, la télévision n'a pas eu pour effet, comme on le redoutait dans les années 1960, de massifier, niveler, uniformiser tous les téléspectateurs. De plus, **Internet** est en train de renouveler les manières de consommer la télévision en permettant de voir ou revoir une émission, anciennement ou tout récemment diffusée, au moment où on le souhaite.

II. LE PROCÈS TOUJOURS RECOMMENCÉ DE LA TÉLÉVISION

A. Les critiques relatives à son fonctionnement

En 1964, la nouvelle ORTF se voyait assigner quatre missions principales : « informer, distraire, éduquer et cultiver ». Les contempteurs de la télévision actuelle lui reprochent de ne pas éduquer ni cultiver, de mal informer voire de désinformer, et de privilégier les divertissements les plus bas.

Dans une émission d'information, la télévision tend, selon le sociologue Pierre Bourdieu (*La Télévision*, 1996), à privilégier le sensationnel, l'extraordinaire, les « faits divers qui font diversion », comme l'illustrent la plupart des reportages consacrés à la misère ou aux banlieues.

Dans la mentalité Audimat, le succès populaire devient le critère principal de sélection et de jugement. C'est la raison pour laquelle les chaînes préfèrent divertir plutôt que cultiver et éduquer. Sauf événement rare, aucune émission littéraire, aucun programme musical ou chorégraphique, aucune retransmission théâtrale, aucun magazine culturel ne commencent avant 23 h.

Dans le domaine du pur **divertissement**, la course à l'audience conduit à proposer des programmes flattant ou excitant les plus bas penchants des téléspectateurs. Le voyeurisme télévisuel s'est d'abord nourri des émissions de « télévérité » (*Psy-Show* en 1983) dans lesquelles des stars du présent ou du passé comme de parfaits inconnus déballent leur vie intime. En 2001, *Loft Story* marque le début officiel d'une « téléréalité » dont l'exhibitionnisme de candidats soigneusement sélectionnés, réunis dans un lieu clos, soumis à des règles du jeu strictes, et le voyeurisme des téléspectateurs assurent le succès.

B. Les critiques relatives à son influence

La télévision provoquerait l'**abrutissement** de ceux qui la regardent, en les noyant dans un tourbillon continu d'informations sensationnelles et souvent trompeuses, en flattant leurs instincts les plus bas (l'attirance pour la violence, la grossièreté, la pornographie), en les détournant d'activités moins faciles, plus actives et plus enrichissantes comme la lecture ou les sorties culturelles... On lui reproche encore de faire la part trop belle aux productions nord-américaines et de participer à l'**américanisation** de notre société. Il est évidemment bien difficile de mesurer les effets de la télévision sur les esprits.

La loi du marché coïncide d'une certaine façon avec la **logique de la démocratie**, c'est-à-dire la loi du plus grand nombre. Après tout, s'ils avaient envie de culture, les téléspectateurs pourraient préférer les « petites » chaînes comme

Arte ou certaines chaînes thématiques aux divertissements proposés par TF1 ou France 2. Autrement dit, les Français ont la télévision qu'ils méritent.

À force de privilégier l'extraordinaire et l'excentrique, la télévision banaliserait les différences entre les cultures, les coutumes, les croyances, les sexualités, etc., pour le meilleur et pour le pire. D'une part, elle militerait en faveur des progrès de la **tolérance**. Mais, d'autre part, ses leçons quotidiennes de relativisme moral peuvent aussi provoquer des **comportements dangereux**. Notamment, les scènes de violence et de « pornographie » encourageraient les actes violents et le traitement des femmes comme des objets sexuels.

EXERCICE

Un bon usage de la télévision

Près de 95 % des ménages français possèdent aujourd'hui un téléviseur couleur. Devant une telle omniprésence, les parents doivent exercer un contrôle bienveillant et jouer les régulateurs d'image. Candice Margollé, conseillère pédagogique d'éducation au lycée général et technologique Les Bruyères, dans la banlieue rouennaise, se montre catégorique : « Je n'entends jamais parler de télévision sauf lorsque les élèves s'endorment sur leur table. ET pour cause, ils la regardent toute la nuit, tranquillement installés dans leur chambre ». Une mauvaise habitude partagée par nombre de foyers français. « Combien de parents entendus en consultation m'expliquent que leur enfant a tout dans sa chambre ; le téléphone, la gamecube, le lecteur DVD, la télévision... et qu'il ne travaille pas », confie Michel Boudlil, pédopsychiatre à la fondation Lenval pour enfants à Nice. La famille n'a pas conscience du mal fait ici à l'adolescent. Quel que soit son âge, 10 ou 18 ans, il n'a pas la maîtrise de sa consommation. La télévision au même titre que le tabac ou l'alcool, est à ranger parmi les produits addictifs. Dès lors, il faut lui retirer et la mettre dans une pièce commune du foyer. Le petit écran est un outil pédagogique formidable pourvu qu'on en fasse un bon usage.

Renaud PARQUET et Grégoire SABLONS, *Pédagogie magazine*, automne 2006

➤ Dans le cadre d'abus de la télévision, précisez les répercussions négatives sur les jeunes. *Développez votre réponse.*

IFSI Bas-Rhin, 2007

J-35 CORRIGÉ

CULTURE GÉNÉRALE

La télévision est le média le plus apprécié et le plus critiqué des Français. On lui reproche les effets les plus néfastes, particulièrement sur les corps, les esprits ou les relations des jeunes. Les jeunes passent en moyenne deux heures par jour devant la télévision, c'est-à-dire presque une heure et demie de moins que les adultes. Mais il ne s'agit que d'une moyenne, car les « accros » peuvent passer une grande partie des week-ends, des soirées voire des nuits, avachis devant le petit écran. Cette place excessive d'un loisir sédentaire et passif ne peut qu'avoir des conséquences négatives sur le corps des jeunes « drogués ». Associée au grignotage et à l'absorption de boissons sucrées ou alcoolisées, elle contribue au développement inquiétant du surpoids et de l'obésité, cette dernière concernant 12 % des moins de 18 ans en 2003.

L'excès de télévision nuit également au travail scolaire. Il est difficile d'apprendre ou de composer efficacement en regardant la télévision. De surcroît, le manque de sommeil des jeunes les plus « téléphages » peut leur interdire de rester concentrés ou parfois éveillés pendant les cours.

On reproche aussi souvent aux images télévisuelles d'inculquer des croyances erronées et de provoquer des comportements dangereux. Les émissions mettant en valeur les stars, le show-biz, la jet-set, etc., ne favorisent certes pas l'apprentissage de l'effort. De manière plus grave, les scènes de violence et de « pornographie » encourageraient les actes violents et le traitement des femmes comme des objets sexuels. En 2000, le psychiatre Serge Tisseron conclut, dans *Les Enfants sous influence*, que les écrans rendent les jeunes violents. Dans un rapport remis au ministre de la Culture et de la communication en 2002, la commission présidée par l'historienne Blandine Kriegel s'arrête à la même conclusion, qui fait cependant l'objet de controverses.

Enfin, pendant longtemps, la famille s'est retrouvée le soir ou le dimanche autour de la télévision. Or la généralisation du multi-équipement dans les années 1990 permet aux différents membres d'une famille de regarder séparément leurs programmes favoris. Un intérêt trop exclusif pour le petit écran éloigne donc le jeune téléspectateur de ses proches.

J-34 BIOLOGIE
L'appareil excréteur

I. ANATOMIE

L'APPAREIL URINAIRE

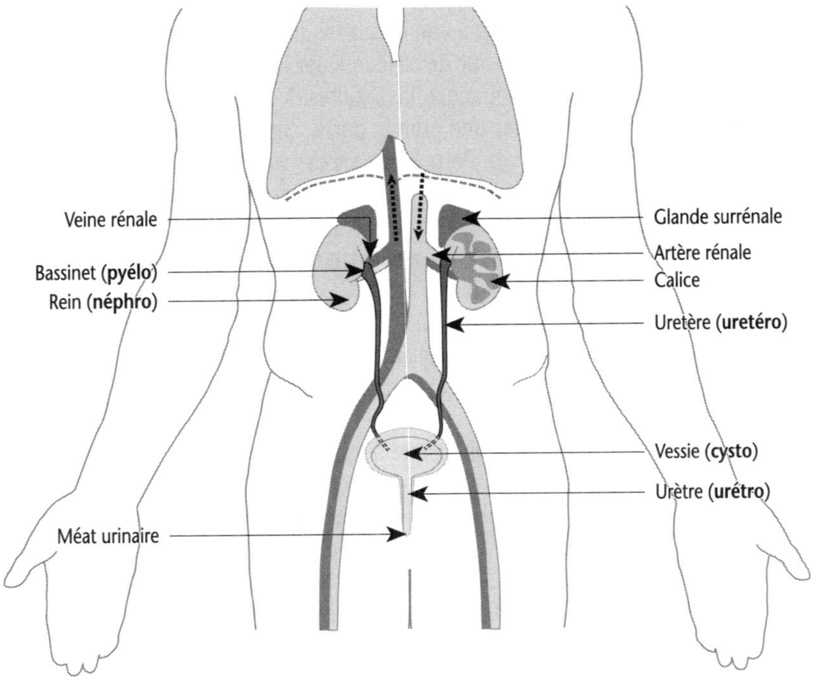

L'appareil urinaire comprend :

- 2 **reins** situés de part et d'autre de la colonne vertébrale. Ils pèsent 150 g environ. Le bord interne présente une partie déprimée : le hile où pénètre l'artère rénale et sortent la veine rénale et l'uretère.
- 2 **uretères** qui transportent l'urine définitive des bassinets de chaque rein vers la vessie.
- La **vessie**, réservoir musculo-membraneux destiné à recueillir l'urine venant des uretères et à l'évacuer lors des mictions dans l'urètre. Lorsque la vessie est pleine, un influx sensoriel informe à la fois la moelle épinière et le cerveau qui déclenche miction. Sa capacité est d'environ 300 ml.
- L'**urètre**, canal évacuateur qui s'ouvre par le méat urinaire. Chez l'homme, il se confond avec une partie des voies génitales et mesure 20 centimètres. Chez la femme, il mesure 3 cm et descend en amont de la face antérieure du vagin.

II. PHYSIOLOGIE

Le rein est composé de **néphrons** (environ un million) produisant l'urine. Le néphron est constitué de glomérules de Malpighi qui filtrent et d'un tube urinifère, entouré par des capillaires sanguins ce qui permet la réabsorption de l'eau du glucose, des sels minéraux. Les tubes urinifères se réunissent en faisceaux et forment les **pyramides de Malpighi**. Au sommet des pyramides, l'urine définitive se déverse dans les calices, puis dans le **bassinet**.

Chaque jour, le rein filtre 180 litres de liquide et rejette près de 2 litres d'urine. Il évacue les déchets apportés dans le sang par l'artère rénale au niveau du glomérule. Il élimine l'excès d'eau et permet une stabilité acido-basique (pH). Il régule la pression artérielle.

Les molécules volumineuses comme les protéines, le glucose, les lipides et les éléments figurés du sang ne franchissent pas la membrane.

Au niveau du tubule se produit une réabsorption sélective : processus actif qui nécessite de l'énergie.

La quantité d'urine émise en 24 heures s'appelle la **diurèse**. **L'analyse d'urine** permet d'obtenir beaucoup d'informations

Comparaison des compositions de l'urine et du plasma

Éléments	Plasma (en g/l)	Urine (en g/l)
Eau	910	950
Protéines	70	0
Lipides	3	0
Glucose	0,9	0
Chlore	3,7	6
Sodium	3,2	5
Potassium	0,2	1,5
Urée	0,3	20
Acide urique	0,03	0,5
Créatinine	0,01	0,8
Ammoniaque	0	0,7

EXERCICE

1. Nommer l'unité fondamentale du rein.
2. Replacer ces mots dans l'ordre logique : uretère – urètre – artère rénale – vessie – néphron – bassinet – calice
3. Retrouver les mots manquants :

   Les reins évacuent les ...... apportés dans le sang par ...... au niveau du .... Il élimine l'excès d'eau et permet une stabilité .... Il régule la ....

MATHÉMATIQUES
Numération sexagésimale (II)

OPÉRATIONS

Je calcule par unité et je commence par les secondes.

EXEMPLES : 8 h 12 min 45 s + 10 h 43 min 37 s = ? ;
10 h 10 min 34 s – 4 h 25 min 40 s = ?

8 h	12 min	45 s
+ 10 h	43 min	37 s
18 h	55 min	82 s

82 s = 1 min + 22 s
J'ajoute la minute aux 55 min de la colonne précédente, le résultat de l'addition est donc :
18 h 56 min 22 s

9 h	69 min	94 s
10 h	~~09~~ min	94 s
10 h	10 min	~~34~~ s
– 4 h	25 min	40 s
5 h	44 min	54 s

34 – 40 impossible, je prends 1 min à 10 min (il en reste 9) que je convertis en secondes soit 60 et que j'ajoute à 34 : résultat : 94 s
9 – 25 impossible, je prends 1 h à 10 h (il en reste 9) que je convertis en min soit 60 et que j'ajoute à 09 : résultat : 69 min
l'opération est alors :
9 h 69 min 94 s – 4 h 25 min 40 s

2 h	12 min	45 s
×		3
6 h	36 min	135 s
6 h	38 min	15 s

135 s = 2 min 15 s

25 h	38 min	44 s	4
1 h =	60 min		6 h 24 min 41 s
	98 min		
	2 min =	120 s	
		164 s	
		0	

Je divise les heures par 4 puis je transforme les heures restantes en minutes soit 60 min que j'ajoute aux 38 min = 98 min puis je recommence avec les min, etc.

EXERCICE

Calculer :

1. 3 h 25 min+2 h 30 min ; 6 h 38 min 15 s +5 h 57 min 49 s

2. 4 h 45 min-2 h 18 min = ; 23 h 4 min 30 s – 12 h 9 min 40 s=

3. 2 min 45 s × 12 = ; 1 h 15 min 11 s × 35 =

4. 10 h 45 min 35 s ÷ 5 = ; 14 h 35 min 49 s ÷ 7 =

J-34 CORRIGÉ

BIOLOGIE

1. néphron
2. artère rénale – néphron – calice – bassinet – uretère – vessie – urètre
3. déchets – l'artère rénale – glomérule – acido-basique – pression artérielle.

MATHÉMATIQUES

1. 5 h 55 min ; 12 h 36 min 04 s
2. 2 h 27 min ; 10 h 54 min 50 s
3. 33 min ; 43 h 51 min 25 s ou 1 jour 19 h 51 min 25 s
4. 2 h 9 min 7 s ; 2 h 5 min 7 s

J-33 CULTURE GÉNÉRALE
Le téléphone mobile

La **diffusion** du téléphone mobile en France a été rapide. De 2,5 millions fin 1996, le nombre d'abonnements est passé à 56,4 millions fin 2008. Toutefois, avec un taux d'abonnement de 88,4 % de la population, la France se situe en dessous de la moyenne des pays de l'Union européenne (119 %).

Au troisième trimestre 2008, le **trafic** français de la téléphonie mobile représente 24,4 milliards de minutes et le nombre de messages interpersonnels émis s'élève à 8,5 milliards (en moyenne, 50 SMS par client chaque mois). Les services multimédia mobile (accès à l'Internet mobile par exemple) sont utilisés par 17,4 millions de clients.

Pourtant, d'après certains scientifiques, ce phénomène de société pourrait constituer un **problème majeur de santé publique** : nous serions dans la même situation qu'il y a cinquante ans pour l'amiante et le tabac.

De son côté, le **ministère français de la santé** considère qu'il n'existe aucune preuve scientifique de la nocivité du téléphone mobile sur la santé. Mais, comme cette hypothèse ne peut être définitivement exclue, le principe de précaution le conduit à préconiser des mesures simples pour réduire l'exposition moyenne du public aux champs de radiofréquences : éviter de téléphoner en se déplaçant ; favoriser les appels dans les zones où la réception est optimale ; utiliser un kit piéton (oreillettes)... Cette approche de précaution doit particulièrement s'appliquer aux enfants de moins de 12 ans dont le système nerveux, en cours de maturation, est plus vulnérable.

EXERCICE

Ces fous parlants et leur drôle de machine

Dix universitaires du CELSA, l'école des sciences de l'information et de la communication de la Sorbonne, ont passé six mois à vous observer dans les cafés, bureaux, bibliothèques, pour une vaste étude commandée par l'Association française des opérateurs mobiles. Le constat : l'utilisateur de portable est compulsif. « On a calculé que ceux qui entraient dans la gare du Nord n'attendaient jamais plus de deux minutes avant de sortir leur téléphone », explique Joëlle Menrath, chargée de cours au CELSA. « C'est même devenu un rituel d'installation dans les lieux publics ». Et les appels ? On les passe de partout, souvent à voix haute, sans peur de gêner un voisin qu'on juge équipé (comme 72 % des Français), et donc compréhensif.

Erwan Desplanques, *Télérama*, n° 2883,13 avril 2005

- Ce moyen de communication est en pleine expansion. Quels en sont les avantages et les inconvénients ? Argumentez votre réponse.

DDASS Eure-et-Loir, 2006

TEST PSYCHOTECHNIQUE
Aptitude logique

Dans ces exercices il faut trouver un mot constitué de 4 lettres (le mot n'a pas de sens). On vous propose quatre mots et, pour chacun, on vous indique le nombre de lettres bien ou mal placées. Une bonne méthode consiste à regarder les mots où un maximum de lettres sont bien placées et de procéder à des hypothèses qu'il faut ensuite vérifier. Vous pouvez partir des solutions et vérifier si elles répondent aux contraintes de l'énoncé.

1. Trouvez un mot de quatre lettres sachant que :

- ZBCT
- BTZC
- CZTB

ont chacun 4 lettres communes mal placées

☐ A BTCZ
☐ B TCBZ
☐ C ZCBT
☐ D CZTB
☐ E TBZC

2. Trouvez un mot de quatre lettres sachant que :

- UEBJ a trois lettres communes bien placées
- AJBU a deux lettres communes mal placées
- JFUA a trois lettres communes mal placées
- UEAB a deux lettres communes bien placées

☐ A UAFB
☐ B UFBJ
☐ C UEBF
☐ D UEFJ
☐ E UFAJ

3. Trouvez un mot de quatre lettres sachant que :

- XOCA a trois lettres communes mal placées
- CEBX a trois lettres communes bien placées
- CEAB a deux lettres communes bien placées
- AXBC a deux lettres communes mal placées

☐ A CAOB
☐ B COBX
☐ C CEBO
☐ D CEOX
☐ E COAX

4. Trouvez un mot de quatre lettres sachant que :

- LIBR a trois lettres communes bien placées
- BATO a zéro lettre bien placée ou mal placée
- CIBR a deux lettres communes bien placées
- BAXB a une lettre commune bien placée

☐ A LICR
☐ B COBX
☐ C LICR
☐ D LICX
☐ E LIXR

5. Trouvez un mot de quatre lettres sachant que :

- DLEL a une lettre commune mal placée
- LACX a trois lettres communes bien placées
- EACB a deux lettres communes bien placées
- LEBX a une lettre commune mal placée

☐ A LACB
☐ B DACX
☐ C CEBO
☐ D CACX
☐ E COAX

6. Trouvez un mot de quatre lettres sachant que :

- TPAQ
- AMBF
- TRGF
- ZPBY

ont chacun 2 lettres communes bien placées

☐ A BTPF
☐ B PFTB
☐ C FPBT
☐ D TPBF
☐ E TBFP

7. Trouvez un mot de quatre lettres sachant que :

- KOLA a trois lettres communes bien placées
- OKLX a trois lettres communes mal placées
- QOLB a deux lettres communes bien placées
- KABU a deux lettres communes mal placées

☐ A KOLU
☐ B UALO
☐ C OLAU
☐ D QOLE
☐ E LOKK

J-33 CORRIGÉ

CULTURE GÉNÉRALE

Selon un sondage de la SOFRES d'août 2005, les possesseurs de téléphones mobiles sont 94 % à ressentir positivement l'omniprésence de cet appareil. Il favorise ainsi leurs relations conjugales, amoureuses ou amicales. Car il permet aux amis, aux amants comme aux parents de se joindre plus facilement et de se parler plus fréquemment. Comme le courriel, le minimessage ou SMS (50 en moyenne par client chaque mois) a permis un retour en force de la communication écrite, annoncée naguère comme moribonde, particulièrement chez les jeunes.

Dans l'exercice de nombreuses professions, pouvoir joindre et être joint rapidement et à tout moment constitue un atout précieux. Le mobile donne, sans inconvénient pour le travail, une plus grande liberté de mouvement et constitue l'instrument indispensable du nomadisme professionnel. La connexion à Internet et, plus généralement, les services multimédias mobiles, renforcent cette utilité professionnelle.

Comme toute technologie, nouvelle ou non, le téléphone mobile présente évidemment des inconvénients. Ainsi, il est à l'origine d'une pollution sonore dans de nombreux lieux publics. C'est pourquoi la SNCF aménage dans certains trains des « compartiments silence », tandis que certaines salles de spectacle et de cinéma se dotent des moyens techniques d'empêcher les sonneries intempestives.

Par ailleurs, la « joignabilité » peut rendre plus difficile la tranquillité à laquelle il est légitime d'aspirer. Notamment, le mélange qu'elle permet entre vie professionnelle et vie personnelle peut se faire au détriment de la seconde, quand joignable rime avec corvéable à tout moment.

De manière plus grave, le téléphone mobile peut inspirer de nouvelles formes de violence. Le *happy slapping* (joyeuses baffes) consiste ainsi à surprendre un inconnu par une gifle en filmant sa réaction. Malheureusement, le jeu a vite dégénéré et laisse place aujourd'hui à des agressions gratuites dont le seul but est d'obtenir des vidéos violentes constituant autant de trophées parfois diffusés par les agresseurs.

Enfin, s'il n'existe aucune preuve scientifique de la nocivité du téléphone mobile sur la santé, cette hypothèse ne peut être définitivement exclue. C'est pourquoi le principe de précaution conduit les autorités sanitaires françaises à préconiser des mesures simples pour réduire l'exposition moyenne du public aux champs de radiofréquences.

Finalement, pour le meilleur comme pour le pire, le téléphone mobile concentre aujourd'hui trois des aspects les plus modernes de notre société : le goût pour les technologies innovantes, le besoin de communication et l'envie de consommation.

TEST PSYCHOTECHNIQUE

1. Réponse B.
Le mot solution doit donc contenir les quatre lettres B, C, T, Z bien placées. On procédera par élimination des réponses proposées. Par exemple, on nous dit que la lettre T est mal placée dans le premier mot (ZBCT) et mal placée dans BTZC et mal placée dans CZTB. Donc, dans la solution la lettre T ne pourra pas occuper les places 2, 3, 4 elle sera donc obligatoirement en première position. Seules les solutions B et E conviennent encore. De proche en proche on construit la solution ou on procède par élimination pour trouver B comme bonne réponse.

2. Réponse D.
UEBJ a trois lettres communes bien placées et UEAB a deux lettres communes bien placées. Supposons que U et E soient bien placées aux deux premières places du mot solution. Il ne nous resterait que les solutions proposées en C et D. Emettons une seconde hypothèse : J est en quatrième position. Dans ce cas, la première proposition de l'énoncé est vérifiée (3 lettres bien placées) et les trois autres également. Donc UEFJ est le mot solution.

3. Réponse D.
En regardant les affirmations 2 et 3 de l'énoncé les lettres C et E semblent devoir occuper les positions 1 et 2 du mot solution. Dans ce cas, la lettre B ne peut pas être en position 3 car l'affirmation 3 de l'énoncé ne serait pas vérifiée (une lettre serait aussi mal placée). Donc, d'après l'affirmation 2 de l'énoncé et pour avoir trois lettres bien placées X sera en position 4. Seule la réponse D reste valable dans ce cas. Il faut maintenant vérifier si la solution CEOX vérifie toutes les affirmations de l'énoncé. C'est le cas.

4. Réponse E.
En regardant l'affirmation 2 il n'y a pas les lettres B, A, T et O dans la solution. D'après l'affirmation 1 L est donc en position 1, I en 2, R en 4. D'après l'affirmation 4, X est en position 3. La solution LIXR vérifie toutes les affirmations de l'énoncé.

5. Réponse B.
En regardant l'affirmation 2 on suppose que A, C et X sont bien placées. L'affirmation 3 confirme que A et C sont en positions 2 et 3. X est bien en position 4 selon l'affirmation 4. Donc c'est D qui est en première position d'après l'affirmation 1. Donc DACX est solution.

6. Réponse D.
Seule la solution B avec les lettres T, P, B et F placées dans cet ordre répond aux contraintes de l'énoncé.

7. Réponse A.
En regardant l'affirmation 1 on peut émettre l'hypothèse que K, O et L occupent les trois premières places. L'affirmation 3 signifie que B n'est pas présent dans la solution (O et L déjà bien placées). L'affirmation 4 donne donc U en position 4 (A ne peut pas être dans la solution). Il faut maintenant vérifier si la solution KOLU vérifie toutes les affirmations de l'énoncé. C'est le cas.

J-32 BIOLOGIE
Le système nerveux

I. LE SYSTÈME NERVEUX CENTRAL

Le système nerveux central comprend l'**encéphale** formé du cerveau, du cervelet et du tronc cérébral contenu dans la boîte crânienne et la **moelle épinière** protégée par le canal rachidien constitué par l'empilement des vertèbres. Du tronc cérébral partent les douze paires de nerfs crâniens. De la moelle épinière émergent les nerfs rachidiens (31 paires).

Anatomie du système nerveux central

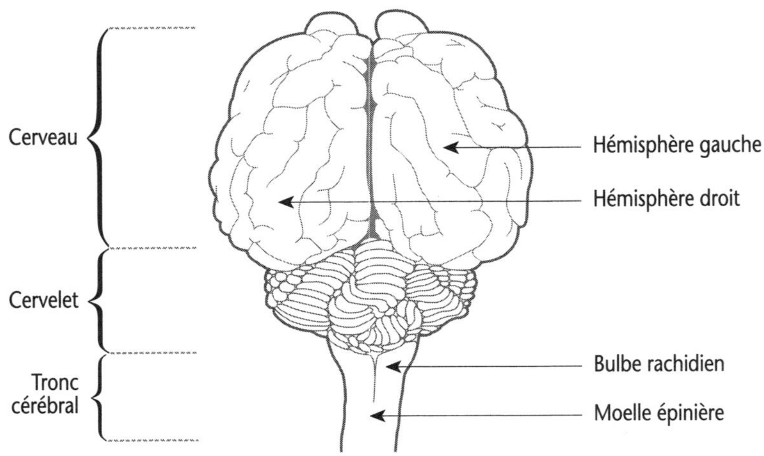

La moelle épinière permet la transmission des informations sensitives venant de la périphérie, et les informations motrices provenant du cerveau. C'est le centre nerveux de l'activité réflexe.

Elle est protégée par 3 enveloppes appelées **méninges** :

- la **dure-mère**, la plus externe, protège les organes contre les chocs ;
- l'**arachnoïde**, au milieu est plus fine constituée de 2 feuillets où circule le liquide céphalo-rachidien ;
- la **pie-mère** composée d'une membrane très riche en vaisseaux qui permettent la nutrition des cellules nerveuses.

Le **liquide céphalo-rachidien** (**LCR**) ou encore **liquide cérébro-spinal** (**LCS**) est un liquide clair, transparent dans lequel baignent le cerveau et la moelle épinière. Il est contenu dans les méninges, entre la pie-mère et l'arachnoïde (qui tapisse le versant interne de la dure-mère).

II. LE SYSTÈME NERVEUX PÉRIPHÉRIQUE

Le système nerveux périphérique se compose des nerfs et des récepteurs sensoriels.

Les nerfs sensitifs conduisent les informations recueillies à la périphérie vers les centres nerveux.

Les nerfs moteurs transmettent les ordres d'origine centrale aux muscles. Certains assurent les deux fonctions.

Les 12 paires de nerfs crâniens prennent naissance au niveau du tronc cérébral. 3 paires sont sensitives, 5 sont motrices et 4 sont mixtes. La 10e paire commande les fonctions vitales.

Parmi les 31 paires de nerfs rachidiens, issus de la moelle épinière on en dénombre 8 paires cervicales, 12 paires dorsales, 5 paires lombaires, 5 paires sacrées et 1 paire coccygienne.

III. FONCTIONNEMENT DU SYSTÈME NERVEUX

La cellule nerveuse est le **neurone**. Il est composé d'un **corps cellulaire** prolongé par une arborisation terminale appelée **dendrites** et de **l'axone**, recouvert d'une gaine graisseuse blanche, **la myéline**. Les axones se réunissent en faisceau pour former les nerfs.

UN NEURONE

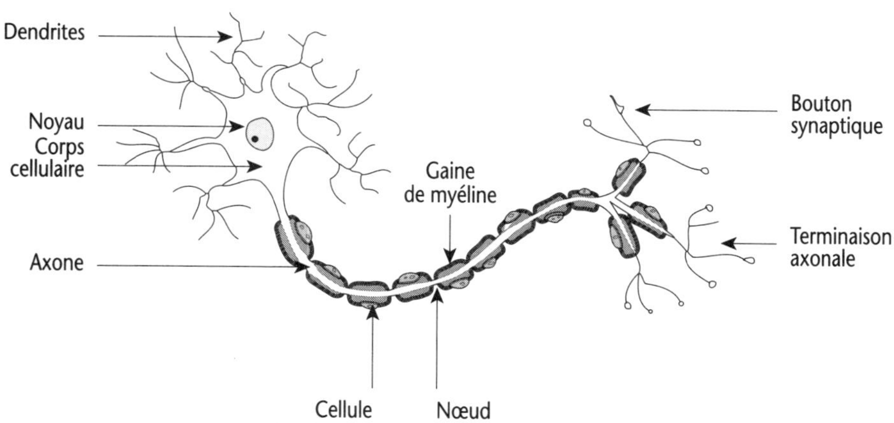

Le neurone transmet l'influx nerveux. Deux neurones sont reliés entre eux par la **synapse**, espace à l'extrémité de l'axone, entre 2 neurones. À l'arrivée d'un influx nerveux, il y a ouverture des vésicules synaptiques et libération de neurotransmetteur.

Lorsque l'influx est conduit d'un neurone à une cellule musculaire ou glandulaire, cet espace prend le nom de jonction neuromusculaire ou neuro-glandulaire. Le point de contact s'appelle **la plaque motrice**. Des médiateurs chimiques aident le passage de l'influx nerveux et déclenchent la contraction musculaire. Certaines substances voisines du neurotransmetteur (drogue, médicaments), peuvent agir sur la synapse et l'inhiber.

EXERCICE

1. Citer les enveloppes qui protègent la moelle épinière
2. Énumérer les parties de l'encéphale
3. Chasser l'intrus : synapse – dendrite – neurone – arachnoïde – axone – tubule

MATHÉMATIQUES
Durées : problèmes

PROBLÈME RÉSOLU N° 1

Une personne travaille tous les jours, sauf le samedi, le dimanche et le lundi de 8 h à 11 h 45 min et de 13 h 15 min à 17 heures Calculer le nombre d'heures de travail accomplies dans une semaine.

Cette personne travaille 4 jours par semaine.

Le matin pendant 11 h 45 min − 8 h = 3 h 45 min et l'après-midi 17 h − 13 h 15 min = 3 h 45 soit 3 h 45 + 3 h 45 = 7 h 30 min/jour et en 1 semaine 7 h 30 × 4 = 28 h 120 min = 30 h.

PROBLÈME RÉSOLU N° 2

Un coureur cycliste a fait 3 tours de circuit en 1 h 25 min 20 s. Il a fait le premier tour en 27 min 45 s. Il a mis 2 min 55 s de plus pour faire le second tour. Combien de temps a-t-il mis pour faire le troisième ?

Temps pour faire le second tour : 27 min 45 s + 2 min 55 s = 29 min 100 s soit 30 min 40 s

Pour faire les 2 premiers tours il a mis : 27 min 45 s+30 min 40 s = 57 min 85 s soit 58 min 25 s

Pour faire le dernier il a mis 1 h 25 min 20 s − 58 min 25 s = 26 min 55 s.

EXERCICE

1. Annie part de chez elle, à 15 heures, pour aller, en voiture, à la plage de la Corniche « Aux salines ». Elle arrive sur la plage à 15 h 25 min.
   Marie, veut se rendre avec sa voiture électrique au même endroit et désire arriver à la même heure qu'Annie.
   Sachant que Marie parcourt la distance entre sa maison et la plage en 53 minutes, à quelle heure doit-elle partir de sa maison ?
2. Un robinet débite 45 litres à la minute. Pour mesurer la contenance d'un bassin, on ouvre le robinet à 8 h 25 min et le bassin se trouve rempli à 10 h 15 min. Quelle est, en litres, la contenance du bassin ?
3. À l'hôpital les visites sont autorisées de : 10 h 15 à 11 h 30 ; 13 h à 16 h 15 ; 19 h à 21 h 10. Combien de temps les visiteurs peuvent-ils être présents ?
4. Marie part en vacances en train. Elle part à 9 h 35 min et arrive à 11 h 55. Puis elle prend un bus pendant ¾ d'h pour arriver à destination. Combien de temps a duré le voyage ?
5. Un automobiliste met 45 min chaque matin pour se rendre à son travail. Le soir il met 22 min de plus. Quelle est la durée journalière du trajet de cette personne ?
   S'il travaille 5 jours par semaine, combien de temps passe-t-il sur la route ?

J-32 CORRIGÉ

BIOLOGIE

1. Pie-mère, dure-mère et arachnoïde.
2. Cerveau, cervelet, tronc cérébral.
3. L'intrus est le tubule qui appartient à l'appareil urinaire.

MATHÉMATIQUES

1. Marie doit partir de chez elle à : 15 h 25 min – 53 min = 14 h 32 min
2. Durée du remplissage : 10 h 15 min – 8 h 25 min = 9 h 75 min – 8 h 25 min = 1 h 50 min = 110 min
   En 1 minute le robinet débite 45 litres donc en 110 minutes il débitera 45 × 110 = 4 950 litres
3. 11 h 30 – 10 h 15 = 1 h 15 ; 16 h 15 – 13 h = 3 h 15 ; 21 h 10 – 19 h = 2 h 10
   Total = 6 h 40
4. 11 h 55 – 9 h 35 = 2 h 20 ; 2 h 20 + 45 min = 2 h 65 soit 3 h 05 min
5. Durée journalière : 45 min + 45 min + 22 min = 112 min = 1 h 52 min
   Durée par semaine : 1 h 52 min × 5 = 5 h 260 min = 9 h 20 min

J-31 CULTURE GÉNÉRALE
L'école

En même temps qu'ils envisagent la création d'écoles publiques, les hommes de la **Révolution** ouvrent un débat sur les missions de ces établissements. Dans ses textes de 1791-1792, Condorcet, qui est un mathématicien et un philosophe chargé par la Convention de préparer la réforme, développe une distinction entre l'instruction ou la transmission des connaissances et l'éducation ou l'enseignement des valeurs, pour faire de la première la seule mission de l'école républicaine. Lorsque la **IIIe République**, notamment avec les lois de Jules Ferry, ministre de l'Instruction publique entre 1879 et 1883, met enfin en place un système d'enseignement public, la discussion sur ses finalités reprend pour ne plus cesser jusqu'au **grand débat national sur l'école** qui s'est déroulé de septembre 2003 à mars 2004.

I. LES DEUX MISSIONS ESSENTIELLES DE L'ÉCOLE

A. La transmission des connaissances

Condorcet insiste sur la nécessité de limiter la mission des futures écoles publiques à l'instruction des citoyens, à l'exclusion de toute prétention éducative. Pour lui, les maîtres doivent seulement enseigner aux élèves « les vérités de fait et de calcul » et s'interdire, en vertu du principe de neutralité, tout enseignement relatif aux opinions morales, politiques ou religieuses.

L'organisation d'une instruction publique commune, gratuite et obligatoire est exigée par la **nature humaine**, par la logique démocratique et par les besoins économiques. D'abord, contrairement aux petits de nombreuses espèces animales qui sont guidés par les instincts, les petits des hommes doivent posséder – et donc commencer par apprendre – de nombreuses connaissances pour communiquer avec les autres ou agir sur les choses.

Comme le développe Condorcet, la **société démocratique** implique l'instruction de tous les citoyens. Pour accomplir ses fonctions sociales et notamment son devoir électoral, chaque citoyen doit être capable de prendre connaissance, en lisant la presse par exemple, des affaires de la cité, de comprendre les problèmes, d'évaluer les solutions proposées par les partis et les hommes politiques, enfin de choisir un bulletin de vote en toute connaissance de cause.

Enfin, Condorcet ne méconnaît pas l'**utilité économique** de l'instruction. Elle doit en effet permettre à tous les individus de développer leurs talents, de pourvoir à leurs besoins et d'assurer leur bien-être. Elle est la condition nécessaire du perfectionnement des techniques et des métiers, de la prospérité économique et du progrès social.

À partir des années 1960, la nécessité de l'instruction des enfants a pourtant fait l'objet de **contestations radicales**. En 1971, dans *Une Société sans* *école*, Ivan Illich dénonce l'institution scolaire comme un instrument d'aliénation des individus à la société de consommation. Les travaux de Pierre Bourdieu et Jean-Claude Passeron servent de caution scientifique à cette idéologie antiscolaire. Dans *Les Héritiers* (1964) puis *La Reproduction* (1970), ils prétendent démontrer que l'école, en légitimant des connaissances qui constituent le patrimoine des classes cultivées, fabrique l'échec scolaire des enfants des milieux populaires et contribue à la reproduction des inégalités sociales.

B. Une mission de transmission des valeurs

Dans le débat sur les finalités de l'école, Condorcet rencontre l'hostilité des partisans d'une « **éducation nationale** » qui rendrait tous les Français « dignes de la Révolution ». Pour borner les missions de l'école publique c'est-à-dire de l'État à la seule instruction, il développe deux arguments principaux. D'une part, la puissance publique doit respecter les **droits des parents**. La famille constitue en effet une communauté naturelle dans laquelle les parents ont pour fonction, pour devoir et pour droit de protéger leurs enfants, de guider leur raison naissante et de les préparer à la vie et au bonheur. D'autre part, il faut que l'État respecte la **liberté des individus**. Il n'a pas à dicter à des générations entières ce qu'elles doivent croire en matière morale, politique et religieuse.

Les ministres de l'Instruction publique de la **Troisième République** naissante s'inscrivent dans le sillage de Condorcet. L'État dit se borner à la transmission des connaissances positives et certaines, aux vérités de fait et de calcul, mais se déclare incompétent en matière de croyances politiques et religieuses. Paradoxalement, cette école républicaine est aujourd'hui applaudie voire regrettée pour la réussite de sa mission éducative. C'est que le patriotisme exacerbé par la défaite et la relative homogénéité idéologique des « hussards noirs de la République » vont faire des écoles des lieux de formation de la conscience nationale et de propagation des valeurs républicaines. En 1932, la Troisième République rebaptise d'ailleurs durablement le ministère de l'Instruction publique en ministère de l'Éducation nationale.

Les écoles françaises se voient donc officiellement reconnaître **deux missions essentielles**, virtuellement contradictoires, aux priorités variables selon les contextes historiques. Elles seront d'ailleurs régulièrement accusées soit de préférer le « fanatisme éducatif » (Jacques Muglioni) à la transmission des connaissances, soit d'abandonner leur mission éducative pour une conception étroitement utilitariste de l'instruction. Ce qui caractérise la crise actuelle de l'école et souligne sa gravité, c'est qu'on lui reproche de ne plus assurer ni l'instruction ni l'éducation des enfants.

II. La crise actuelle de l'école

A. Un exercice contesté des missions d'instruction et d'éducation

Comme les lois Ferry ont permis la scolarisation primaire de masse, des réformes majeures ont, depuis les années 1960, ouvert l'enseignement secondaire à tous. Alors que le taux moyen de scolarisation des élèves de 11 à 17 ans était de 61,9 % en 1960, quasiment tous les jeunes de 17 ans sont scolarisés à la fin des années 1990. De 11,3 % en 1960, le **taux des bacheliers** par rapport à l'ensemble d'une classe d'âge passe à 30,2 % en 1985 et à 62,9 % en 1995. Toutefois, l'objectif des 80 % d'une classe d'âge au niveau du baccalauréat fixée par la loi d'orientation du 10 juillet 1989 n'est pas atteint au cours des années suivantes qui sont marquées par une stagnation voire une diminution du pourcentage des bacheliers.

Pour disposer des bâtiments et des personnels exigés par cette massification, la nation fournit un **effort budgétaire important**. De 1975 à 2003, la dépense intérieure d'éducation passe de 15 à 111 milliards d'euros, l'État et les collectivités territoriales prenant en charge plus de 85 % de ces dépenses. Enfin, la France dépense plus que la moyenne des pays de l'OCDE pour l'éducation.

Pourtant, l'école semble dans une situation de crise endémique. Son efficacité en matière d'instruction est régulièrement contestée. Lors des **évaluations triennales du PISA** (programme pour le suivi des acquis des élèves) effectuées sous l'égide de l'OCDE, les élèves français de 15 ans se situent juste au-dessus de la moyenne en mathématiques et légèrement en dessous en compréhension de l'écrit. D'autres études montrent le retard de la France dans l'apprentissage des langues étrangères.

Il est bien sûr plus difficile et sans doute impossible d'évaluer les **performances éducatives** de l'école. Nombreux sont cependant les sociologues, les psychologues et les pédagogues qui la mettent sur la sellette pour expliquer l'effacement des repères moraux, le relâchement des contraintes sociales et l'abaissement des valeurs républicaines. Son organisation, ses programmes ou ses enseignants auraient ainsi une part de responsabilité dans le développement des incivilités et des violences au sein de l'école elle-même.

B. Une redéfinition nécessaire des missions d'instruction et d'éducation

Dans le monde actuel, l'**instruction** représente un facteur essentiel de la croissance économique et du développement technologique. Au niveau des individus, si la qualification a toujours été un atout dans un parcours professionnel, son absence constitue aujourd'hui une assurance de marginalisation voire d'exclusion. Encore faut-il que les diplômes soient en adéquation avec les besoins des entreprises, ce qui, en France, n'est pas toujours le cas. De manière plus quotidienne, la vie dans une société dominée par les technologies de l'information et de la communication rend indispensable la maîtrise des savoirs fondamentaux.

De nombreuses évolutions de la société contribuent aussi à accroître la demande d'**éducation** faite à l'école. De nombreuses familles éprouvent ainsi de la difficulté à jouer leur rôle de transmetteur dans le domaine des valeurs morales et du comportement social. Le travail des parents ou du parent, dans une famille classique ou monoparentale, réduit le temps qui peut être consacré à un plein exercice des devoirs de la parentalité. Par ailleurs, les parents en situation d'exclusion ou mal intégrés dans la société française sont incapables de transmettre des valeurs et d'enseigner des comportements qui leur sont étrangers.

C'est pourquoi la **loi d'orientation et de programme du 23 avril 2005 pour l'avenir de l'école** redéfinit les deux principales missions que la Nation assigne aux établissements d'enseignement pour les deux décennies à venir. En premier lieu, il est demandé à l'école de transmettre à tous les élèves une culture générale modernisée. Un recentrage sur les apprentissages fondamentaux est décidé afin de garantir à chacun, à la fin de la scolarité obligatoire, la maîtrise d'un socle commun de connaissances : lire, écrire, compter, se situer dans l'espace et dans le temps. L'école doit aussi se fixer comme objectif d'apporter à tous les jeunes le niveau de formation nécessaire à l'obtention d'un emploi correspondant aux besoins économiques de la France et en harmonie avec leurs aspirations. Cela suppose que le système éducatif prenne mieux en compte le monde des entreprises.

En second lieu, l'école doit faire partager à tous les élèves le sentiment d'appartenance à la nation française et l'adhésion aux valeurs de la République. Elle doit aussi transmettre aux élèves les valeurs morales qui fondent la vie en société et rendent possible l'exercice de la citoyenneté.

EXERCICE

Le code-barres à l'école

Un système de code-barres attribué à chaque élève pour lutter contre l'absentéisme à l'école ? C'est l'ingénieuse invention que vient de mettre au point le lycée Albert Camus à Nîmes. Un étrange procédé qui n'a pourtant rien de barbare : « Il s'agit d'une feuille à lecture optique sur laquelle les noms des élèves sont retranscrits en codes-barres. À chaque cours, pendent l'appel, le professeur scanne le nom de l'élève présent avec son style relié à un petit boîtier », explique Jean-François Pons, le proviseur. Puis, direction le service de la vie scolaire, où, au bout de quinze minutes, la liste complète des élèves retransmise par ondes radio s'affiche sur l'ordinateur central. En cas d'absence, les parents sont immédiatement prévenus par SMS. Fini donc les heures de pointage rébarbatives des surveillants et les courriers envoyés aux parents, que l'élève astucieux pouvait intercepter. À plus long terme, l'objectif de ce système de surveillance, adopté par vingt autres établissements en France, est d'améliorer les résultats scolaires. […]

Audrey LEVY, *Le Point*, n° 1786, 7 décembre 2006

➤ Que vous suggère la mise en place de ce dispositif du point de vue de l'élève, des parents et du proviseur ? *Argumentez vos réponses.*

IFSI Amboise, 2007

J-31 CORRIGÉ

CULTURE GÉNÉRALE

Selon le code de l'éducation, l'obligation scolaire concerne « les enfants des deux sexes, français et étrangers, entre six ans et seize ans ». Dès lors que l'on accepte cette logique, qui est celle de la législation et d'ailleurs des principes républicains, le recours aux nouvelles technologies ne peut qu'être approuvé.

Il est important que l'assiduité scolaire soit contrôlée le plus efficacement, rapidement et économiquement possible. On voit donc mal pourquoi les professeurs et les proviseurs devraient continuer d'assurer leur mission avec des moyens du XIXe siècle (cahiers, stylos, pointage, voie postale...), alors même que dans tous les autres domaines on se réjouit des tâches fastidieuses supprimées ou allégées grâce aux nouvelles technologies.

De leur côté, les parents ne peuvent que se réjouir d'être immédiatement avertis des absences de leurs enfants grâce aux SMS envoyés par l'administration scolaire. De cette façon, ils pourront tout de suite prendre conscience des problèmes et retenir les moyens d'y mettre fin. Là encore, on voit mal quel argument militerait en faveur du traditionnel courrier qui est plus lent et qui peut être subtilisé par l'enfant.

Finalement, seul l'élève tenté de « sécher » les cours a des raisons de critiquer le nouveau dispositif, à cause de son efficacité précisément. Pourtant, l'objectif est bien la protection de son intérêt à long terme. Car l'absentéisme scolaire est un phénomène déstructurant pour le jeune, qui révèle souvent d'autres difficultés. Une intervention rapide peut seule permettre de prévenir une évolution vers l'échec scolaire ou, dans les cas les plus graves, la désocialisation, la marginalisation, voire la délinquance.

J-30 BIOLOGIE
L'appareil digestif

I. ANATOMIE DE L'APPAREIL DIGESTIF

L'appareil digestif se compose :

- des organes du **tube digestif** dans lesquels les aliments transitent et subissent des transformations : la bouche, l'œsophage, l'estomac, l'intestin grêle, le colon, le rectum et l'anus ;
- des **organes annexes** qui aident à la digestion : les glandes salivaires (parotides, sous-maxillaires et sub-linguales), le foie, le pancréas, et la vésicule biliaire.

L'APPAREIL DIGESTIF

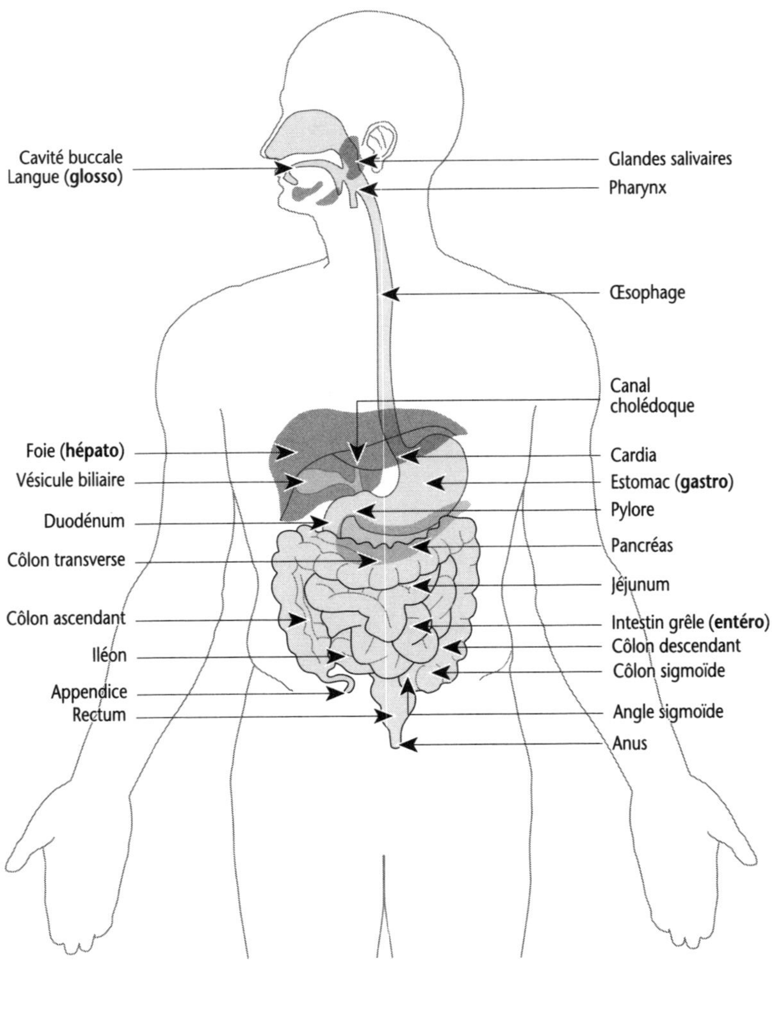

Dans la bouche se trouvent la **langue**, la **luette** entourée des **amygdales** et les **dents**.

Le pharynx est le carrefour aéro-digestif. On y trouve **l'épiglotte** et la g**lotte**. Il mesure 15 cm environ et comprend trois parties : une partie supérieure qui communique avec les fosses nasales, une partie intermédiaire (buccale), et une partie inférieure qui correspond au **larynx**.

L'œsophage est un long tube tapissé de muscles qui se contractent. Il débouche dans l'estomac par le **cardia**.

Les aliments séjournent dans l'**estomac**. C'est une poche en forme de J, d'une contenance de 1 litre à 1,5 litre. Il mesure 25 cm de haut et 10 à 12 cm de largeur Le corps de l'estomac est appelé fundus. Sa partie terminale débouche sur l'intestin grêle, par le sphincter du **pylore**.

L'intestin grêle est un organe tubulaire de 7,5 mètres de long environ. La première partie s'appelle le **duodénum**. Il se prolonge par le **jéjunum** et se termine par l'**iléon**. Sa paroi interne est formée de **villosités**, siège de l'absorption.

Le **gros intestin** fait suite. Il mesure environ 1,5 m. Les différentes parties s'appellent le cæcum, le colon ascendant, transverse et descendant, et le sigmoïde. Les déchets progressent avant d'être évacués vers l'extérieur par le **rectum**, puis l'**anus** muni d'un sphincter anal.

II. LES ORGANES INTRA-ABDOMINAUX

On distingue 9 régions au niveau de l'abdomen : les hypocondres (droit et gauche), l'épigastre, les flancs (droit et gauche), la région ombilicale, les fosses iliaques (droit et gauche), l'hypogastre.

Le péritoine est une séreuse à deux feuillets qui enveloppe des viscères digestifs. Il s'étend sur toute la hauteur de la cavité abdominale.

Les organes intra-abdominaux

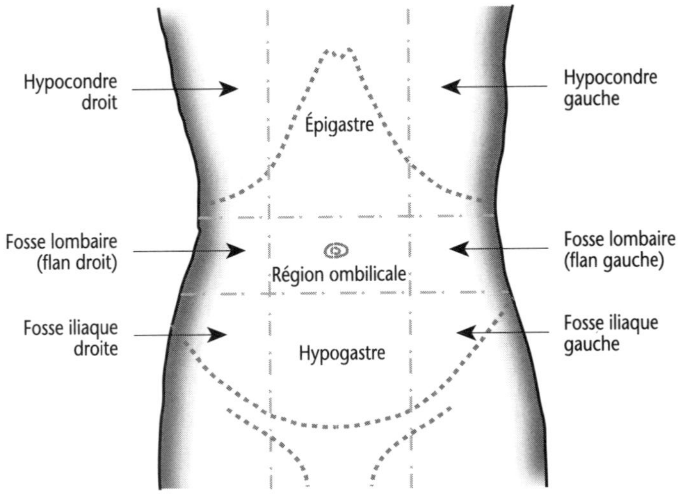

EXERCICE

1. Classer ces mots dans l'ordre logique : pylore – œsophage – duodénum – estomac – cardia – intestin grêle.
2. Nommer les organes annexes qui aident à la digestion.
3. Citer dans l'ordre les différentes parties de l'intestin grêle.

MATHÉMATIQUES
Multiples et diviseurs

I. DÉFINITION

Tout produit d'un nombre par un entier non nul est un multiple de ce nombre ; par exemple, 18 est un multiple de 6 ; on dit alors que 6 est un diviseur de 18 ou que 18 est divisible par 6.

Parmi tous les multiples communs à 2 nombres, le plus petit s'appelle le PPCM et parmi tous les diviseurs communs à 2 nombres, le plus grand s'appelle le PGCD.

Caractères de divisibilité :

- par 2 : le chiffre des unités est pair, *exemple* : 218
- par 3 : la somme des chiffres est un multiple de 3, *exemple* : 243 car 2+4+3 = 9 (multiple de 3)
- par 5 : le chiffre des unités est 0 ou 5, *exemple* : 315
- par 9 : la somme des chiffres est un multiple de 9, *exemple* : 9 243 car 9+2+4+3 = 18 (multiple de 9)
- par 4 : le nombre formé par les 2 derniers chiffres est un multiple de 4, *exemple* : 324 (24 est un multiple de 4)

II. LES NOMBRES PREMIERS

Un nombre premier n'a que deux diviseurs : 1 et lui-même (2, 3, 5, 7, 11, 13...).

Décomposition d'un nombre : tout nombre entier peut se décomposer en produit de nombres premiers.

EXEMPLES : $84 = 2 \times 42$; $42 = 6 \times 7$ et $6 = 2 \times 3$ donc $84 = 2 \times 7 \times 2 \times 3$
$= 2^2 \times 3 \times 7$
$198 = 2 \times 99$; $99 = 9 \times 11$; $9 = 3 \times 3$ donc 198
$= 2 \times 3 \times 3 \times 11 = 2 \times 3^2 \times 11$

Ces décompositions s'utilisent pour chercher le PPCM (plus petit commun multiple) : on prend tous les facteurs affectés du plus grand exposant (le PPCM de 84 et 198 est $2^2 \times 3 \times 7 \times 11 = 2\ 772$) et le PGCD (plus grand commun diviseur) : on prend les facteurs communs affectés du plus petit exposant (le PGCD de 84 et 198 est $2 \times 3 = 6$).

Elles seront également utilisées pour simplifier les fractions

EXERCICE

1. Parmi les nombres suivants 126 – 1 368 – 501 – 4 059 – 15 037, lesquels

- ne sont pas divisibles par 9
- sont divisibles par 2
- sont divisibles par 5
- sont divisibles par 3

2. Parmi les nombres suivants lequel n'est pas un nombre premier ?
17 – 29 – 31 – 49 – 53

3. Décomposer 340 et 204 en produits de facteurs premiers.

4. Chercher le PPCM et le PGCD de 340 et 204.

J-30 CORRIGÉ

BIOLOGIE

1. Œsophage – cardia – estomac – pylore – duodénum – intestin grêle.
2. Glandes salivaires, foie, vésicule biliaire, pancréas
3. Duodénum, jéjunum, iléon

MATHÉMATIQUES

1. 501 – 15 037 ne sont pas divisibles par 9
   126 – 1 368 sont divisibles par 2
   Aucun n'est divisible par 5
   126 – 1 368 – 501 – 4 059 sont divisibles par 3
2. 49 (divisible par 7)
3. $340 = 2 \times 2 \times 5 \times 17$
   $204 = 2 \times 2 \times 3 \times 17$
4. $\text{PPCM} = 2 \times 2 \times 3 \times 5 \times 17 = 1\,020$
   $\text{PGCD} = 2 \times 2 \times 17 = 68$

J-29 CULTURE GÉNÉRALE
Les femmes

Les **progrès de la condition féminine** constituent un des traits marquants du XXe siècle. Une pleine capacité civile est reconnue aux femmes qui, depuis 1944, bénéficient du droit de vote et d'éligibilité. Par ailleurs, les quatre cinquièmes de celles âgées de 30 à 49 ans travaillent et donc disposent de revenus propres.

Mais, même parmi les jeunes générations, le partage des **tâches domestiques** est encore loin d'être équitable : les femmes leur consacrent en moyenne 3 h 26 par jour contre 2 h 01 pour les hommes. Et le fait d'avoir un enfant pèse essentiellement sur leur **situation professionnelle** (retrait du marché du travail, travail à temps partiel...). Malgré l'instauration en 1972 du principe d'égalité salariale, celles-ci touchent, tous temps de travail confondus, 27 % de moins que les hommes. Les femmes sont certes cinq fois plus souvent en temps partiel que les hommes. Mais à expérience et poste équivalents, elles touchent 10 % de moins.

Le plus grand investissement des femmes dans la vie familiale contribue aussi à expliquer leur faible représentation dans les instances dirigeantes des entreprises, des associations, des syndicats, ou encore en **politique**. Ainsi, l'Assemblée nationale élue en 2007 comprend seulement 18,5 % de députées.

EXERCICE

La violence à l'encontre des femmes est un problème majeur qui concerne tant la santé que les droits de la personne humaine. À tout moment de leur vie, que ce soit dans l'espace public ou « à l'abri » au sein de l'espace familial, les femmes sont exposées à des violences physiques, sexuelles et psychologiques, trop souvent subies dans le silence comme une fatalité, voire même déniées par les victimes elles-mêmes. L'Organisation mondiale de la santé, reprenant les termes adoptés par l'Assemblée générale des Nations unies, donne la définition suivante de la violence à l'égard des femmes : « tous actes de violence dirigés contre le sexe féminin, et causant ou pouvant causer aux femmes un préjudice ou des souffrances physiques, sexuelles ou psychologiques, y compris la menace de tels actes, la contrainte ou la privation arbitraire de liberté, que ce soit dans la vie publique ou dans la vie privée ».

Bernard Kouchner, 2001

➤ La violence envers les femmes a toujours existé : expliquez pourquoi à l'époque actuelle on dénonce tant la violence chez la femme. *Trois raisons sont attendues. Réponse rédigée en 15 lignes environ.*

DRASS Île-de-France, 2006

TEST PSYCHOTECHNIQUE
Aptitude visuelle

Dans ces exercices un numéro de téléphone est donné à chaque fois. Il faut le retrouver parmi les cinq qui sont proposés. Pensez à regarder la terminaison des numéros proposés, procédez par élimination. Ce type d'exercice n'est pas difficile mais demande de l'attention et de la concentration.

Retrouvez le bon numéro de téléphone parmi les cinq proposés.

1. 0632659823
- ☐ A 0635659423
- ☐ B 0631659323
- ☐ C 0632659823
- ☐ D 0633658923
- ☐ E 0632635823

2. 0118912481
- ☐ A 0118211481
- ☐ B 0118722481
- ☐ C 0118921481
- ☐ D 0118912481
- ☐ E 0118112481

3. 0489745310
- ☐ A 0489742310
- ☐ B 0489245310
- ☐ C 0489754310
- ☐ D 0489713010
- ☐ E 0489745310

4. 0632569998
- ☐ A 0632566998
- ☐ B 0632569998
- ☐ C 0623599998
- ☐ D 0632996998
- ☐ E 0632599698

5. 0225523312
- ☐ A 0225253312
- ☐ B 0225523312
- ☐ C 0225553312
- ☐ D 0252553312
- ☐ E 0225253312

6. 0337872654
- ☐ A 0337872654
- ☐ B 0337876254
- ☐ C 0337876254
- ☐ D 0337772654
- ☐ E 0338782654

7. 0552055329
- ☐ A 0522055329
- ☐ B 0552055239
- ☐ C 0552055329
- ☐ D 0555025329
- ☐ E 0552505329

8. 0789874562
- ☐ A 0783847562
- ☐ B 0788947562
- ☐ C 0789847562
- ☐ D 0798974562
- ☐ E 0789874562

9. 0888787878
- ☐ A 0887887878
- ☐ B 0888788778
- ☐ C 0888878778
- ☐ D 0888787878
- ☐ E 0888878778

10. 0546237894
- ☐ A 0546337894
- ☐ B 0546327894
- ☐ C 0546237894
- ☐ D 0546273894
- ☐ E 0546273894

11. 0141253689
- ☐ A 0141256389
- ☐ B 0141526389
- ☐ C 0141523689
- ☐ D 0141546389
- ☐ E 0141253689

12. 0432256879
- ☐ A 0432256879
- ☐ B 0432626879
- ☐ C 0432626879
- ☐ D 0432286879
- ☐ E 0432258679

13. 0422359876
- ☐ A 0423259876
- ☐ B 0422389576
- ☐ C 0422389876
- ☐ D 0422359876
- ☐ E 0422389576

14. 0998972563
- ☐ A 0998927563
- ☐ B 0989872563
- ☐ C 0998972563
- ☐ D 0989872563
- ☐ E 0998927363

15. 0257894250
- ☐ A 0289574250
- ☐ B 0227894250
- ☐ C 0257484250
- ☐ D 0257489250
- ☐ E 0257894250

16. 0752387799
- ☐ A 0732587799
- ☐ B 0752387799
- ☐ C 0732587799
- ☐ D 0752378899
- ☐ E 0752378899

17. 0887623782
- ☐ A 0887623782
- ☐ B 0887326382
- ☐ C 0887326782
- ☐ D 0887627382
- ☐ E 0887627382

18. 0102350687
- ☐ A 0102305687
- ☐ B 0103250687
- ☐ C 0102052687
- ☐ D 0102350687
- ☐ E 0102050687

19. 0878856894
- ☐ A 0878865894
- ☐ B 0878856894
- ☐ C 0878856894
- ☐ D 0878876894
- ☐ E 0878586894

J-29 CORRIGÉ

CULTURE GÉNÉRALE

Trois raisons permettent notamment d'expliquer le développement de la dénonciation des violences faites aux femmes.

D'abord, dans les sociétés occidentales, les mœurs sont devenues plus pacifiques. Certes, la violence n'a pas disparu, loin de là, mais elle est moins tolérée, moins acceptée que dans le passé. Autrement dit, les femmes bénéficient d'une évolution générale manifestée aussi bien par la prohibition des châtiments corporels que par l'adoucissement des pratiques sportives.

Ensuite, les progrès de la condition féminine constituent un des traits marquants du XXe siècle. Une pleine capacité civile et politique est reconnue aux femmes. Entre 30 à 49 ans, les quatre cinquièmes de femmes travaillent et disposent de revenus propres. Désormais, elles conçoivent le mariage comme une relation entre deux êtres qui se reconnaissent libres et égaux.

Enfin, la loi traduit ces évolutions en condamnant et en sanctionnant les violences faites aux femmes qui, de leur côté, ont constitué des mouvements comme « Ni putes, ni soumises » ou « Les chiennes de garde » pour défendre leurs droits et soutenir les victimes.

TEST PSYCHOTECHNIQUE

1. C	**6.** A	**11.** E	**16.** B
2. D	**7.** C	**12.** A	**17.** A
3. E	**8.** E	**13.** D	**18.** D
4. B	**9.** D	**14.** C	**19.** C
5. B	**10.** C	**15.** E	

J-28 BIOLOGIE
Les dents

I. STRUCTURE ET ORGANISATION DENTAIRE

La dent

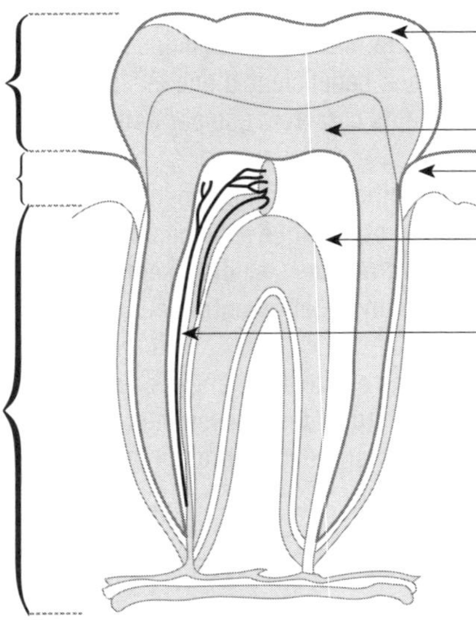

Chaque dent est formée de 2 parties : **la couronne** et la **racine**, séparées par le **collet**.

La masse principale de la dent est faite **d'ivoire**.

L'**émail** protège la couronne, matière blanche, très dure. Sur la racine, l'émail fait place au **cément**. L'émail et l'ivoire sont des substances inertes formées essentiellement de phosphore et de calcium.

À l'intérieur, la dent présente une cavité qui s'ouvre à l'extrémité de la racine où se trouve la pulpe, tissu conjonctif lâche renfermant des vaisseaux nourriciers et un nerf sensitif.

La denture de l'homme adulte comprend 32 dents. Chaque demi-mâchoire porte :

- deux **incisives**, à racine unique : elles coupent les aliments ;
- une **canine**, à racine unique plus longue : elle déchire les aliments ;
- deux **prémolaires**, à deux racines : elles écrasent les aliments ;
- trois **molaires** à trois racines : elles broient les aliments.

Entre 6 et 30 mois, une première dentition (dent de lait) apparaît. Elle ne comporte pas de molaire. L'ordre de sortie est le suivant : I_1, I_2, P_1, C, P_2.

Les dents définitives apparaissent entre 6 et 11 ans. La troisième molaire ou « dent de sagesse » ne pousse que vers 25-30 ans.

II. LES CARIES DENTAIRES

Les micro-organismes se multiplient au contact de la salive et des débris alimentaires et forment la plaque dentaire qui se transforme en tartre en durcissant. Les fermentations dégagées par les bactéries donnent naissance à des produits acides qui attaquent la dent et provoquent des caries.

ÉVOLUTION D'UNE CARIE

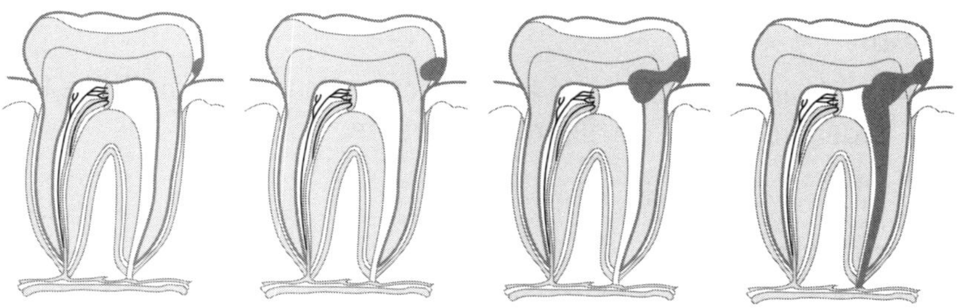

1 2 3 4

1. L'émail est touché : La douleur n'est pas très vive. Elle est ressentie en mangeant, principalement au contact du chaud et du froid.
2. L'ivoire est ensuite attaqué : la douleur est plus vive.
3. La pulpe est atteinte. Les nerfs sont touchés. La douleur est intense.
4. Un abcès se forme. L'infection peut gagner le sang et atteindre l'ensemble de l'organisme : il y a risque d'infection généralisée (septicémie).

Le brossage élimine les débris alimentaires. Le détartrage chez le dentiste élimine le tartre. Pour conserver une bonne solidité, les dents ont besoin de calcium et de phosphore.

EXERCICE

1. Annoter le schéma en plaçant les mots suivants : collet, racine, gencive, nerfs, ivoire, couronne, émail, pulpe.

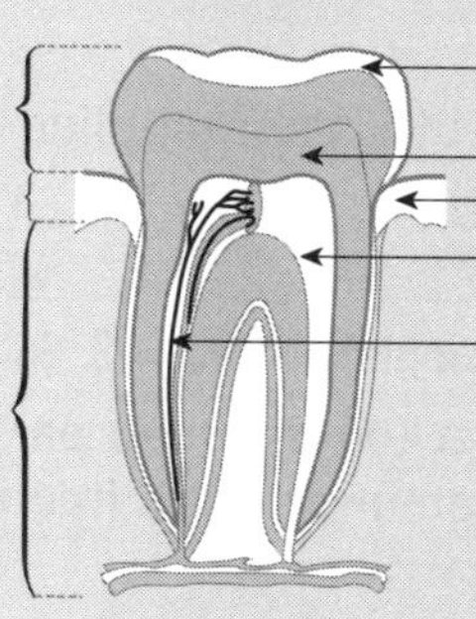

2. Nommer les différentes dents et leur fonction respective.
3. Définir plaque dentaire et tartre.

MATHÉMATIQUES
Les fractions

Une fraction est le quotient de deux nombres entiers.

EXEMPLE : $a/_b$: a est le numérateur et b est le dénominateur ; b doit être différent de zéro.

PROPRIÉTÉS

A. ÉGALITÉ

Pour obtenir une fraction égale à une fraction donnée on multiplie le numérateur et le dénominateur par un même nombre.

EXEMPLE : $\frac{2}{3} = \frac{4}{6} = \frac{14}{21}$

B. SIMPLIFICATION

La fraction irréductible est la fraction qui ne peut plus être simplifiée

EXEMPLE : $\frac{84}{198} = \frac{\cancel{2} \times 2 \times \cancel{3} \times 7}{\cancel{2} \times \cancel{3} \times 3 \times 11} = \frac{14}{33}$

C. OPÉRATIONS

Pour ajouter (ou soustraire) deux fractions, il convient qu'elles aient le même dénominateur. On ajoute alors les numérateurs.

EXEMPLE : $\frac{4}{9} + \frac{7}{9} = \frac{11}{9}$

Mais dans la plupart des cas les fractions n'ont pas le même dénominateur.

Pour additionner (ou soustraire) plusieurs fractions, il faut écrire des fractions égales aux premières afin qu'elles aient un dénominateur commun.

Le plus souvent, le dénominateur commun est le produit de tous les dénominateurs mais ce n'est pas forcément le plus petit.

EXEMPLE : $\frac{2}{5} + \frac{3}{11} + \frac{5}{3} = \frac{2 \times 1 \times 3 + 3 \times 5 \times 3 + 5 \times 5 \times 11}{5 \times 1 \times 3} = \frac{6 + 45 + 275}{165}$
$= \frac{386}{165}$

Pour la multiplication, il suffit de multiplier les numérateurs entre eux et les dénominateurs entre eux.

EXEMPLE : $\frac{2}{3} \times \frac{5}{4} = \frac{2 \times 5}{3 \times 4} = \frac{10}{12}$

Que l'on peut simplifier : $\frac{10}{12} = \frac{2 \times 5}{2 \times 6} = \frac{5}{6}$

Multiplier un nombre entier (ou décimal) par une fraction revient à multiplier ce nombre par le numérateur de cette fraction.

EXEMPLE : $3 \times \frac{5}{4} = \frac{15}{4}$

Pour la division de fractions :

L'inverse d'un nombre non nul est le nombre tel que le produit de ces deux nombres soit égal à 1 : $\frac{1}{3}$ est l'inverse de 3 ; l'inverse de 1 est 1 (ne pas confondre avec l'opposé).

Pour diviser un nombre par une fraction, on multiplie ce nombre par l'inverse de la fraction.

EXEMPLE : $15 \div \frac{2}{3} = 15 \times \frac{3}{2} = \frac{45}{2}$

EXERCICE

1. $\frac{3}{7} + \frac{2}{7} =$; $\frac{5}{21} + \frac{10}{21} =$; $\frac{4}{15} + \frac{7}{45} =$; $\frac{43}{84} + \frac{7}{12} =$

2. $\frac{16}{24} - \frac{2}{9} =$; $\frac{14}{63} - \frac{1}{5} =$; $\frac{33}{55} - \frac{28}{56} =$

3. $\frac{9}{6} \times \frac{3}{4} =$; $\frac{7}{8} \times \frac{4}{3} =$; $\frac{8}{9} \times \frac{8}{6} =$

4. $\frac{4}{7} \div \frac{3}{9} =$; $\frac{9}{3} \div \frac{10}{2} =$; $\frac{8}{7} \div \frac{8}{10} =$

5. Chaque mois Claire dépense $\frac{1}{3}$ de son salaire pour son loyer, $\frac{1}{4}$ pour la nourriture et $\frac{1}{8}$ pour des frais divers.
Quel est en fraction le montant de ses dépenses ?
Combien lui reste-t-il ?

6. Le tailleur achète un coupon de tissu. Il en utilise les $\frac{2}{5}$ pour faire un costume.
Lui est-il possible de faire 3 costumes avec ce coupon ? Justifier votre réponse.

J-28 CORRIGÉ

BIOLOGIE

1.

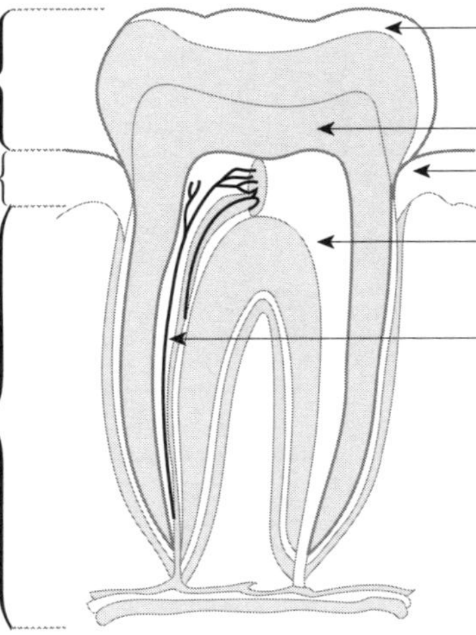

2. Les incisives coupent les aliments ;
   Les canines déchirent les aliments ;
   Les prémolaires écrasent les aliments ;
   Les molaires broient les aliments
3. La plaque dentaire est formée de micro-organismes, de salive et de débris alimentaires.
   Le tartre est le résultat de la plaque dentaire durcie.

MATHÉMATIQUES

1. $5/7$; $15/21$; $19/45$; $92/84 = 23/21$
2. $96/216 = 4/9$; $7/315 = 1/45$; $1/10$
3. $27/24 = 9/8$; $28/24 = 7/6$; $64/54 = 32/27$
4. $36/21 = 12/7$; $18/30 = 3/5$; $80/56 = 10/7$
5. Dépenses de Claire : $1/3 + 1/4 + 1/8 = (4 \times 8 + 3 \times 8 + 3 \times 4)/3 \times 4 \times 8 = (24+32+12)/96 = 68/96$
   Il lui reste : $96/96 - 68/96 = 28/96 = 7/24$
6. Pour faire 3 costumes, il faut : $2/5 \times 3 = 6/5$ soit plus d'1 coupon.

J-27 CULTURE GÉNÉRALE
La famille

En janvier 2005, dans un dossier intitulé « Où va la famille ? », la revue *Sciences humaines* rappelle que depuis plusieurs décennies, presque tous les discours sur ce sujet évoquent la crise voire la mort de la famille.

Pour une institution sociale, une **crise** peut sans doute correspondre à une phase difficile, dangereuse ou même fatale. Mais, comme le rappelle justement Paul Valéry en 1931 dans *Regards sur le monde actuel*, les crises désignent également des changements rapides et décisifs, qu'ils soient favorables ou défavorables.

Le mot ***famille*** recouvre lui aussi des réalités fort différentes qui vont du groupe formé par le père, la mère et les enfants non mariés vivant dans le même foyer à l'ensemble des personnes ayant des liens de parenté par le sang ou par alliance. Les inquiétudes des psychologues, sociologues et autres pédiatres concernent la famille dans son acception la plus étroite, c'est-à-dire la famille nucléaire ou, selon l'expression d'Émile Durkheim, conjugale.

Certes de nombreuses évolutions remettent en cause la famille moderne telle qu'elle était constituée et idéalisée depuis 1945. Mais elles aboutissent finalement à un renforcement de la cellule familiale dans le monde post-moderne.

I. UNE INCONTESTABLE REMISE EN CAUSE DE LA FAMILLE MODERNE

La crise de la famille apparaît comme celle de l'institution du mariage, des rapports entre les genres et de la place des enfants.

A. Les mutations relatives au mariage

Depuis le début des années 1970, le **nombre des mariages** tend à baisser en France comme dans les autres pays de l'Union européenne, malgré certaines périodes d'engouement (par exemple entre 1998 et 2000). Des 417 000 mariages célébrés en 1972, on est passé à 278 00 mariages en 2005.

Presque cinq millions de personnes font le choix de vivre en couple sans être mariés. Ce choix concerne particulièrement les jeunes couples, surtout en zone urbaine. Le pacte civil de solidarité (PACS) continue de progresser : sur les 102 000 couples concernés en 2007 (60 000 deux ans plus tôt), seuls 7 % sont de même sexe. Aujourd'hui, plus d'un enfant sur deux naît en dehors du mariage. La loi a au demeurant supprimé la distinction entre la filiation légitime et naturelle.

Moins attirant, le mariage apparaît aussi plus fragile. Entre 1960 et 1995, le **nombre des divorces**, qui se montrent particulièrement fréquents dans les grandes villes, a quadruplé pour se stabiliser à 110-120 000 par an. Il a connu une forte hausse en 2004 avec 134 601 cas. Aujourd'hui, un couple a une « chance » sur deux de divorcer.

B. Les mutations relatives aux rapports entre les genres

La **famille traditionnelle** reposait sur une double hiérarchie, entre l'homme et la femme d'une part, entre les parents et les enfants d'autre part. Or la première est dépassée et la seconde malmenée.

Dans le modèle familial durablement consacré par le code civil de 1804, la femme est une éternelle mineure chargée d'assurer les soins domestiques et de veiller à l'éducation des enfants.

Les **progrès de la condition féminine** constituent un des traits marquants du XXe siècle. Une pleine capacité civile et politique est reconnue aux femmes qui, dans les liens du mariage, possèdent désormais les mêmes droits que leurs époux à l'égard des enfants ou du patrimoine. Par ailleurs, les quatre cinquièmes de femmes âgées de 30 à 49 ans travaillent et disposent donc de revenus propres. Les progrès de la contraception et la légalisation de l'avortement en 1975 favorisent également l'émancipation des femmes qui peuvent maîtriser le régime de la maternité. Désormais, elles conçoivent le mariage comme une relation entre deux êtres qui se reconnaissent libres et égaux.

C. Les mutations relatives à la place des enfants

Les rapports entre les parents et les enfants sortent également bouleversés du XXe siècle. Défenseur de *La Cause des enfants*, Françoise Dolto a sans doute beaucoup contribué à diffuser une conception de l'éducation qui respecte la **liberté de l'enfant**. Les « parents responsables » décrits par Bruno Bettelheim en 1988 ne visent pas à inculquer autoritairement des principes et des interdits, mais à aménager les conditions du libre épanouissement de leurs enfants et du développement de leur vraie nature.

De manière plus récente, certains psychologues ou sociologues comme Dominique Mehl, prenant conscience des effets d'une liberté excessive laissée aux enfants, ont dénoncé le **règne de l'enfant-roi**, quand ce n'est pas de l'enfant-tyran, et appelé à la restauration d'une autorité parentale, notamment paternelle, ferme. Les 20 % de familles monoparentales seraient notamment concernées par ce vacillement de l'autorité.

II. UN RENFORCEMENT DE L'IMPORTANCE DE LA FAMILLE DANS LE MONDE POST-MODERNE

A. L'importance persistante du mariage

Qu'elle soit conjugale, monoparentale, recomposée ou étendue, la famille postmoderne continue de constituer le **lieu fondamental de socialisation** des enfants comme des adultes. Selon l'enquête menée en juin 1983 par l'INSEE, les Français comme l'ensemble des Européens la considèrent comme le

« domaine de la vie le plus important ». Au demeurant, bien des éléments invoqués pour démontrer une crise de la famille témoignent au contraire de cette importance.

La diminution de la nuptialité en partie provoquée par le **report du moment du mariage** (en moyenne 28,8 ans et 30,9 ans pour les femmes et les hommes) témoigne ainsi du maintien de la tradition consistant à assurer sa situation professionnelle avant de se marier dans un monde où la durée des études s'est allongée et la difficulté de trouver un premier emploi accrue.

Ce report s'explique aussi par l'importance accordée à la réussite du mariage et par la volonté de la garantir en faisant l'essai de la vie commune avant la consécration juridique. Car, même s'il est banalisé socialement et juridiquement, le divorce est loin d'être appréhendé comme une simple péripétie dans une succession de vies conjugales. Il continue d'être ressenti comme un échec voire comme un traumatisme long à cicatriser.

Le mariage et la vie de couple font l'objet de fortes attentes. On ne vise plus seulement des liens durables, on veut des relations authentiques et un épanouissement sentimental et sexuel. Comme le note Durkheim dès 1892, cette apparition de la **famille relationnelle** a partie liée avec le développement de l'individualisme.

La recherche d'authenticité du lien conjugal contribue à rendre celui-ci plus précaire, car elle conduit à refuser le maintien de situations malheureuses ou insupportables. Entérinant le caractère plus égalitaire et plus contractuel du lien conjugal, le législateur permet depuis 1975 au couple de décider lui-même de sa réussite ou de son échec.

B. Le renforcement du lien de filiation

La fragilisation de fait des mariages entraîne paradoxalement un renforcement du lien de filiation, comme si le caractère indissoluble était passé de la conjugalité à la parentalité.

Le législateur a progressivement adapté le **droit de l'autorité parentale**, qui a remplacé en 1970, la puissance paternelle, au développement des divorces et des concubinages. C'est ainsi que l'autorité parentale conjointe a été généralisée en 1993 et que la loi du 4 mars 2002 est inspirée par la notion de coparentalité. Celle-ci présuppose que l'intérêt de l'enfant exige toujours qu'il soit élevé par ses deux parents, quels que soient leurs statuts respectifs (mariés, divorcés, célibataires...) et l'état de leurs relations.

Autrement dit, si le mariage, le PACS ou le concubinage peuvent être rompus à tout moment, on est parent de manière indissoluble. Selon l'article 373-2 du code civil, « chacun des père et mère doit maintenir des relations personnelles avec l'enfant » et la séparation des parents n'a aucune incidence sur l'exercice de l'autorité parentale. Pour l'éducation de leurs enfants, les coparents sont donc des associés obligés de discuter, de concéder et de s'entendre. Pour reprendre un slogan des militants de la cause paternelle, « le **couple parental** doit survivre au couple conjugal ».

C. Le retour de la famille étendue

La difficulté de concilier la dissolution du lien conjugal et le caractère indissoluble du lien parental impose souvent la mobilisation des membres de la famille étendue, notamment des grands-parents. D'une façon générale, on constate un **renforcement des solidarités intergénérationnelles**. Dans un contexte socio-économique difficile, les enfants tendent à cohabiter plus longtemps avec leurs parents qui, même après leur départ du domicile familial, continuent souvent de les aider. Ils peuvent aussi bénéficier de l'aide financière de leurs grands-parents dont les retraites ont été revalorisées.

En définitive, la « crise », c'est-à-dire les mutations importantes de la famille, loin d'entraîner un dépérissement ou une mort de celle-ci, traduit le renforcement de son importance. Sans doute son caractère individualiste, relationnel et contractuel est source d'incertitudes et facteur de fragilité. Mais c'est le prix à payer pour un apprentissage de la liberté dans la sphère privée.

EXERCICE

Où va la famille ?

Peut-on encore parler de la famille au singulier devant la pluralité des modèles familiaux qui s'offrent à nous aujourd'hui ? Face à des couples plus libres et plus instables, devant l'augmentation des divorces et des recompositions, le lien parental aurait pris le pas sur le lien conjugal, aux yeux de nombre d'individus mais aussi, pour le législateur. Coparentalité, monoparentalité ou encore homoparentalité... tout un vocabulaire récent évoque ces nouvelles formes familiales qui font fi du schéma traditionnel : aujourd'hui, on peut être parent de sang, ou de droit, mais aussi tout simplement de fait ou d'amour. Tandis que les anthropologues s'interrogent sur les nouveaux ressorts de la parenté, sociologues, psychologues portent des regards contrastés et critiques sur ces transformations. Certains y voient une dommageable perte des repères anciens, d'autres une ouverture et une démocratisation des pratiques familiales.

Sciences humaines, n° 156, janvier 2005

➤ Présentez une analyse du texte et argumentez votre point de vue sur un des aspects du problème posé.

IFSI Montbéliard, 2006

J-27 CORRIGÉ

CULTURE GÉNÉRALE

Cet article de *Sciences humaines* est consacré aux nombreuses évolutions qui remettent en cause le modèle traditionnel de la famille. La fragilité de fait de l'institution du mariage a pour conséquence une diversification des situations familiales et, paradoxalement, un renforcement du lien de filiation. Divisés à propos de ces évolutions, les sociologues et les psychologues les analysent comme constitutives d'une crise ou au contraire d'une démocratisation de la famille.

La crise supposée de la famille apparaît d'abord comme celle du lien conjugal : le mariage apparaît moins attirant et plus fragile que dans le passé. Pourtant, même le développement des divorces témoigne que, pour une majorité de Français, le mariage demeure une expérience et un idéal essentiels.

Depuis le début des années 1970, le nombre des mariages tend à baisser en France comme dans les autres pays de l'Union européenne, malgré certaines périodes d'engouement. Des 417 000 mariages célébrés en 1972, on est passé à 278 00 mariages en 2005. Presque cinq millions de personnes font le choix de vivre en couple sans être mariés. Plus d'un enfant sur deux naît aujourd'hui en dehors du mariage.

Moins attirant, le mariage apparaît aussi plus fragile. Entre 1960 et 1995, le nombre des divorces, qui se montrent particulièrement fréquents dans les grandes villes, a quadruplé pour se stabiliser à 110-120 000 par an. Aujourd'hui, un couple a une « chance » sur deux de divorcer.

La diminution de la nuptialité en partie provoquée par le report du moment du mariage témoigne du maintien de la tradition consistant à assurer sa situation professionnelle avant de se marier dans un monde où la durée des études s'est allongée et la difficulté de trouver un premier emploi accrue. Ce report s'explique aussi par l'importance accordée à la réussite du mariage et par la volonté de la garantir en faisant l'essai de la vie commune avant la consécration juridique.

Le mariage et la vie de couple font l'objet de fortes attentes. On ne vise plus seulement des liens durables, on veut des relations authentiques et un épanouissement sentimental et sexuel. La recherche d'authenticité du lien conjugal contribue à rendre celui-ci plus précaire, car elle conduit à refuser le maintien de situations malheureuses ou insupportables. Entérinant le caractère plus égalitaire et plus contractuel du lien conjugal, le législateur permet depuis 1975 au couple de décider lui-même de sa réussite ou de son échec.

J-26 BIOLOGIE
La digestion

L'appareil digestif permet la transformation, des aliments en petites molécules, appelées **nutriments**, capables de passer dans le sang pour nourrir les cellules. Tout au long du tube digestif, les aliments subissent des dégradations sous l'action de phénomènes physiques et chimiques.

Le travail du tube digestif est contrôlé par les nerfs et les hormones. Les muscles se contractent sous l'action de mouvements involontaires.

I. LES PHÉNOMÈNES CHIMIQUES

Les enzymes spécifiques contenus dans les sucs digestifs transforment les aliments en nutriments par hydrolyse.

- Les **amylases** agissent sur les glucides qui sont tous transformés en maltose puis en **glucose**.
- Les **lipases** agissent sur les lipides qui sont tous transformés en **acide gras** et **glycérol**.
- Les **protéases**, puis les **pepsines** et les **trypsines** agissent sur les protides qui sont tous transformés en **acides aminés**.

Dans la bouche, **les glandes salivaires** (parotides, sous-maxillaires, sublinguales), déversent la **salive** qui contient l'amylase.

Dans l'estomac, le **suc gastrique** contient des protéases et des pepsines.

Le pancréas déverse le **suc pancréatique** dans le duodénum. Il contient de l'amylase, des lipases et de la trypsine.

Le **suc intestinal** termine l'hydrolyse Il secrète de la maltase, des lipases la lactase, des peptidases, des tripeptides, de la saccharase.

Le **foie** secrète la **bile**, qui émulsionne les lipides permettant leur attaque ultérieure par les sucs pancréatique et intestinal. **La bile est** stockée dans la **vésicule biliaire** et déversée dans l'estomac au niveau du duodénum.

II. LES PHÉNOMÈNES PHYSIQUES

Dans la **bouche**, les aliments sont broyés par les **dents**, puis modelés en boulettes pour former le **bol alimentaire**.

Les fosses nasales se ferment grâce à la luette. La glotte butte contre l'épiglotte et ferme la trachée. C'est la **déglutition**. **Si ce phénomène est perturbé, l'aliment peut passer dans la trachée, provoquant une fausse route, ou dans le pire des cas, un étouffement**.

Dans **l'estomac** le bol alimentaire est brassé et malaxé, réduit en une bouillie encore plus fine appelée le **chyme**.

Dans **l'intestin** le chyme continue sa progression tout en étant brassé. Il se forme alors une bouillie de plus en plus fine et claire appelée le **chyle**, composé de nutriments, qui vont passer dans le sang à travers les villosités (replis microscopiques en accordéon.). Ce phénomène s'appelle **l'absorption**.

Dans le **gros intestin** ou **colon**, les produits non absorbés progressent jusqu'au rectum. Ils subissent une fermentation et une déshydratation et forment les déchets qui sont expulsés par l'anus.

La déglutition

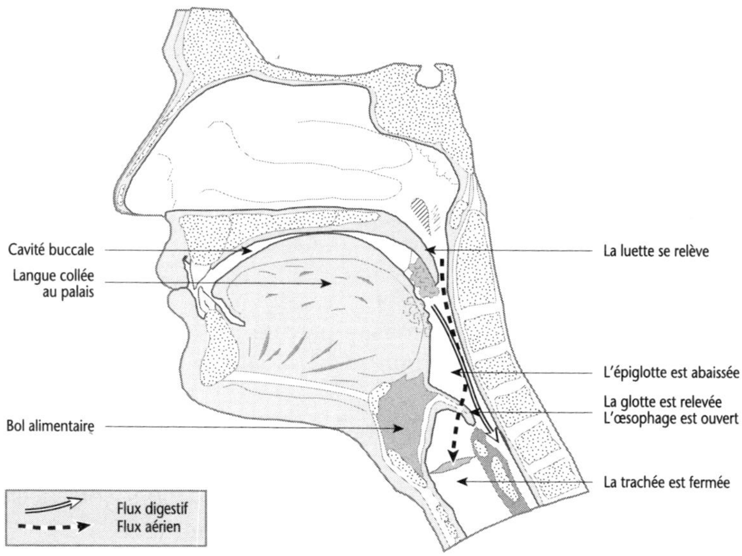

III. LES DYSFONCTIONNEMENTS DIGESTIFS

Il arrive que l'appareil digestif connaisse des dysfonctionnements : la **diarrhée** est l'émission fréquente de selles. La **constipation** est l'émission de selles dures et rares. Elle peut mener à l'**occlusion** intestinale. Les **vomissements** correspondent au rejet brutal du contenu de l'estomac. La **régurgitation** est le rejet sans effort d'une petite quantité d'aliments.

D'autres pathologies peuvent survenir : la **gastrite**, inflammation de l'estomac, l'**ulcère**, attaque de la muqueuse gastrique, la **colite**, inflammation du colon.

EXERCICE

1. Relier les mots.

lipase	•	•	acide gras
maltase	•	•	glucose
peptidase	•	•	acides aminés
amylase	•		

2. Inscrire les mots dans l'ordre logique : bol alimentaire – chyle – aliments – chyme

3. Nommer 4 dysfonctionnements de l'appareil digestif.

MATHÉMATIQUES
Prendre une fraction

I. DÉFINITION

Prendre une fraction d'un nombre c'est multiplier ce nombre par la fraction.

II. APPLICATION

Pierre possède 300 €, il en dépense les $\frac{2}{3}$. Il a dépensé 300 × $\frac{2}{3}$ = 200 €.

Un gâteau pèse 740 g avant cuisson, il perd $\frac{1}{5}$ de sa masse en cuisant. Quelle est sa masse après cuisson ?

2 méthodes peuvent être utilisées :

- 1re méthode : Je cherche la masse perdue : 740 × $\frac{1}{5}$ = **148 g** ; puis je la soustrais de la masse initiale, 740 – 148 **= 592 g** masse du gâteau après cuisson.
- 2e méthode : Je dis que si le gâteau a perdu $\frac{1}{5}$ de sa masse, il en reste les $\frac{4}{5}$ soit 740 × $\frac{4}{5}$ = **592 g**

Une personne qui gagne 1 155 €/mois dépense $\frac{2}{7}$ pour son loyer, $\frac{1}{3}$ pour sa nourriture Combien lui reste-t-il en fraction et en euros ?

Elle dépense $\frac{2}{7} + \frac{1}{3} = \frac{6}{21} + \frac{7}{21} = \frac{13}{21}$. Il lui reste donc $\frac{8}{21}$ soit 1 155 × $\frac{8}{21}$ = **440 €**

EXERCICE

1. On prélève les $^{7}/_{8}$ d'un fût contenant 208 l d'huile.
   Quelle quantité a-t-on prélevée ?

2. Karine effectue un voyage de 580 km. Elle fait une pause après avoir parcouru les $^{2}/_{5}$.
   Combien de km lui reste-t-il à parcourir ?

3. Une citerne contient 1 250 l d'eau. On en retire les $^{7}/_{10}$.
   Quelle quantité reste-t-il en litres et en fraction ?

4. Calculer les $^{3}/_{5}$ de 125 ; les $^{2}/_{3}$ de 180 ; le quart de 316 ; les $^{25}/_{9}$ de 360.

5. La recette d'un libraire est 2 400 € et se décompose ainsi :
   - $^{1}/_{2}$ provient de la vente des journaux.
   - $^{1}/_{4}$ de la vente des livres.
   - $^{1}/_{5}$ de la papeterie.
   - et le reste en produits divers.

   Chercher le montant de la recette des journaux, des livres, de la papeterie et des produits divers.

6. Monsieur R pèse 112 kg. Dans le cadre d'un régime alimentaire, il doit perdre $^{1}/_{10}$ de son poids.
   Quel poids doit-il atteindre après son régime ?

7. Madame S a gagné 9 180 euros à un jeu. Elle en donne ¼ à sa fille et $^{1}/_{5}$ à chacun de ses 2 petits enfants. Quelle est la part de chacun ? Combien lui reste-t-il ?

J-26 CORRIGÉ

BIOLOGIE

1. lipase : acide gras
   peptidase : acides aminés
   amylase : glucose
   maltase : glucose
2. aliments – bol alimentaire – chyme – chyle
3. diarrhée, constipation, vomissement, régurgitation

MATHÉMATIQUES

1. $208 \times \frac{7}{8} = 182$ litres
2. Il lui en reste les $\frac{3}{5}$ soit $580 \times \frac{3}{5} = 348$ km
3. Il reste $\frac{3}{10}$ soit 375 l
4. 75 ; 120 ; 79 ; 1 000
5. Journaux : 1 200 ; livres : 600 ; papeterie : 480 ; produits divers : 120 €
6. M. R doit perdre $112 \times \frac{1}{10} = 11{,}2$ kg ; il pèsera alors : $112 - 11{,}2 = 100{,}8$ kg
7. Part de la fille : $9\,180 \div 4 = 2\,295$ €
   Part de chaque petit enfant : $9\,180 \div 5 = 1\,836$ €
   Il lui reste : $9\,180 - 2\,295 - 1\,836 - 1\,836 = 3\,223$ €

J-25 CULTURE GÉNÉRALE
Les associations

CINQ CHIFFRES À RETENIR

- **123 800** : nombre des associations actives dans le secteur de la santé et de l'action sociale, soit 11 % de l'ensemble des associations (1,1 million).
- **200 000 euros** : budget annuel moyen, principalement alimenté par des ressources publiques (39 % de subventions publiques), des associations actives dans le secteur de la santé et de l'action sociale qui réalisent ensemble plus du tiers du budget cumulé de toutes les associations.
- **560 000** : nombre des personnes employées par les associations d'action sociale et de santé, ce qui correspond à 380 000 emplois à temps plein.
- **14,2 millions** : nombre de bénévoles dans l'ensemble des associations, dont les engagements correspondent à 935 000 emplois à temps plein.
- **90 %** : dans les établissements et services sociaux et médico-sociaux pour personnes handicapées, proportion des places prises en charge par des associations.

EXERCICE

Bénévoles mais pas trop

Dix millions de Français œuvrent gratuitement dans une association, selon l'INSEE. Un tiers y consacre plus de deux heures par mois. C'est à la fois beaucoup et peu, car les besoins sont immenses. Avec 70 000 créations d'associations par an, l'offre explose (+ 24 % en sept ans). Mais, parallèlement, le nombre de bénévoles stagne. Le marché des bonnes volontés est donc devenu très concurrentiel, comme le révèle le rapport du Centre d'étude et de recherche sur la philanthropie « La France bénévole ». D'autant plus que les comportements changent. Moins fidèle et militant, on s'investit plus occasionnellement, zappant d'une association à l'autre. La proportion de Français bénévoles engagés est ainsi passée de 13 % en 1998 à 8 % en 2003 [...]. Confronté à l'érosion progressive de la moyenne d'âge de ses bénévoles, le Secours catholique cherche à renouveler ses effectifs. « Nous sommes passés d'une culture de l'accueil à une culture de l'appel, témoigne Vincent Blyweert, l'un des responsables. Tout est fait pour rendre les missions attractives. » Aujourd'hui, le bénévole est en effet plus sensible à l'intérêt de l'activité proposée qu'aux objectifs des associations.

Solenne DUROX, *L'Express*, janvier 2006

➤ Précisez les caractéristiques de l'engagement bénévole et les actions pour favoriser le bénévolat.

IFSI Bas-Rhin, 2007

TEST PSYCHOTECHNIQUE
Aptitude verbale

Dans ces exercices cinq séries de lettres sont proposées à chaque fois, un thème est également donné. Certaines séries de lettres correspondent à des mots dont les lettres ont été mélangées, ce sont des anagrammes. Il faut retrouver les anagrammes en vérifiant que le mot trouvé correspond bien au thème proposé. Commencez par trouver une syllabe et essayez ensuite de retrouver les mots en vous aidant du thème.

Regardez le thème proposé et retrouvez les mots parmi les anagrammes ci-après.

1. Mois
☐ A MEBPSTREE
☐ B TUAOMEBS
☐ C NIMBANA
☐ D ÉRBECDEM
☐ E EMBCHARI

2. Lumière
☐ A BJOAMNE
☐ B EOBMRS
☐ C ÉOBTCRUIS
☐ D CTABERELTE
☐ E TRACARCHUIE

3. Corps
☐ A LIOTRE
☐ B EPYLEF
☐ C SIVIOVE
☐ D ESMOTACE
☐ E LERILOE

4. Rapport humain
☐ A CUROTE
☐ B MORITOJ
☐ C SARIT
☐ D MATULIRES
☐ E DAEI

5. Activités de loisirs
☐ A OPBLAMH
☐ B NOSEDUTE
☐ C ERIGOLCAB
☐ D TARIMEAU
☐ E BRATIME

6. Animal
☐ A UGANAE
☐ B TARIREB
☐ C IRSSOUN
☐ D TÉQLUIELB
☐ E SEBBIR

7. Vêtement
☐ A TANTHE
☐ B KORANA
☐ C SAXASNSIS
☐ D HÉPCARE
☐ E TENBONT

8. Vertus
☐ A COKH
☐ B EHONURN
☐ C RACEMTRIPEH
☐ D ÉNOTB
☐ E JUDETS

9. Pierres précieuses
☐ A XOEMIDSELEL
☐ B MATADNI
☐ C SIPHARD
☐ D IFOLURDA
☐ E DARÉMEUE

10. Nature
☐ A ROFERETIS
☐ B PACAMAGNE
☐ C KAGRAISTEG
☐ D TAGRS
☐ E SOBI

11. Football
☐ A ADIGREN
☐ B BUTEUR
☐ C ALGO
☐ D ALTREBI
☐ E BLONAS

12. Mer
☐ A CHUILATIER
☐ B VANIRE
☐ C FELIT
☐ D HOULEX
☐ E VUTAGE

13. Nourriture
☐ A COURCOSUS
☐ B ALPLAË
☐ C PIZZO
☐ D VIROLOISA
☐ E BAUDE

J-25 CORRIGÉ

CULTURE GÉNÉRALE

L'engagement bénévole est au cœur de la vie associative, même si les associations emploient aussi 1,9 million de personnes. Il y aurait 14,2 millions de bénévoles actifs dans une ou plusieurs associations, ce qui représente environ 935 000 emplois à temps plein. L'engagement bénévole peut revêtir des formes extrêmement variées, mais il résulte toujours d'un libre choix et d'un contrat moral passé avec une association. Dans une société individualiste, il témoigne du désir de « sortir de soi-même », de transgresser ses propres limites, de surmonter son égoïsme, pour se mettre au service des autres, de l'intérêt général ou, en tout cas, d'une cause collective.

Le bénévole semble donc se situer aux antipodes de l'*homo economicus* de la société libérale. Dans une approche citoyenne, il veut participer à la vie sociale et à l'exercice de responsabilités collectives. Pourtant, le bénévole d'aujourd'hui n'échappe pas à l'influence des valeurs libérales et consuméristes. En même temps que le souci des autres, il a le souci de soi. La multiplication des associations lui permet de « faire son marché » et de choisir celles qui lui permettront d'exercer les activités les plus intéressantes ou les responsabilités les plus gratifiantes. Autre signe du temps : l'engagement bénévole n'est plus viager, mais éphémère, saisonnier, instable. La journaliste Solenne Durox parle même de « zapping ».

Le bénévolat doit d'autant plus être encouragé que certaines associations, même anciennes comme le Secours catholique, peinent à renouveler leurs effectifs. Pour cela, l'État a créé en 1983 et réformé en 2003 le Conseil national de la vie associative. Cette instance de consultation placée auprès du Premier ministre est notamment chargée d'orienter et de gérer les subventions destinées à financer la formation des bénévoles ou l'étude de la vie associative.

Au cours de ces dernières années, diverses mesures en faveur du bénévolat ont été prises autour de grands thèmes constituant le quotidien des bénévoles : le temps, la formation, les moyens. Ainsi, les salariés exerçant des responsabilités à titre bénévole dans des associations peuvent prendre des congés de représentation. La formation constitue un élément fondamental pour l'exercice du bénévolat, d'où la création du CNVA. De plus, la loi de modernisation sociale du 17 janvier 2002, institue la possibilité de validation des acquis de l'expérience professionnelle ou bénévole pour l'obtention de diplôme. Cette mesure participe pleinement à la reconnaissance du bénévolat. Enfin, si les bénévoles, en principe, assurent leur fonction sans contrepartie, la législation fiscale permet aux responsables de recevoir, selon des modalités précises, certaines rémunérations sans que l'association perde son caractère désintéressé.

TEST PSYCHOTECHNIQUE

1. A : Septembre ; D : Décembre
2. B : Sombre ; C : Obscurité
3. A : Orteil ; E : Oreille
4. D : Altruisme ; E : Aide
5. C : Bricolage ; B : Tondeuse
6. A : Agneau ; E : Brebis
7. B : Anorak ; D : Écharpe
8. B : Honneur ; D : Bonté
9. B : Diamant ; E : Émeraude
10. A : Forestier ; E : Bois
11. A : Gardien ; C : Goal
12. B : Navire ; C : Filet
13. B : Paëlla ; E : Daube

J-24 BIOLOGIE
La peau

La peau, est le tissu qui enveloppe notre corps au niveau des orifices naturels. Les **muqueuses** assurent la continuité de la peau. C'est l'organe du toucher.

I. ANATOMIE

STRUCTURE DE LA PEAU

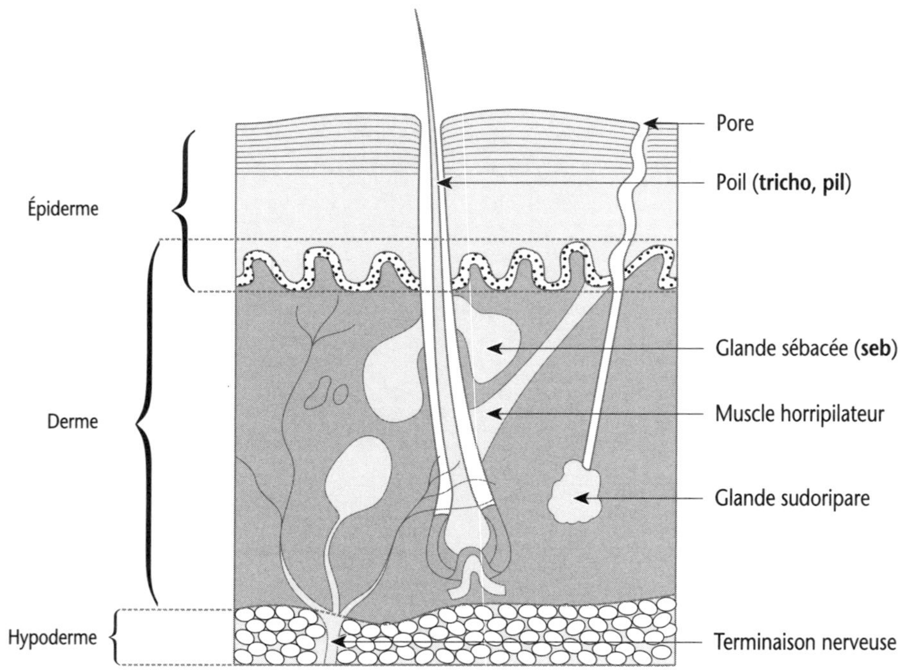

- L'épiderme est un tissu épithélial formé de 3 couches :
  - la couche cornée, extérieure, formée de cellules mortes ;
  - la couche intermédiaire, formée de cellules vivantes ;
  - la couche profonde vivante qui donne naissance à de nouvelles cellules.

  Les **kératinocytes** produisent la kératine qui protège l'épiderme. Les mélanocytes produisent la mélanine, qui protège les noyaux des kératinocytes des effets néfastes des rayons ultraviolets du soleil.

  À l'extrémité des terminaisons nerveuses se trouvent des cellules spécialisées dans la sensation.
- Le derme est un tissu conjonctif, résistant et élastique, Il contient du collagène. Dans le derme se trouvent les terminaisons nerveuses sensorielles,

les vaisseaux sanguins et lymphatiques, les follicules pileux, les glandes sébacées et sudoripares.

Un frottement ou une brûlure peut provoquer une **phlyctène** formant une poche remplie de liquide interstitiel (cloque).

- L'hypoderme est constitué de tissu conjonctif. Les cellules sont limitées par une membrane et remplies de graisse (**cellules adipeuses**).
- Les poils sont formés par des cellules kératinisées À la racine du poil, on trouve des terminaisons nerveuses, des glandes sébacées et le muscle érecteur qui provoque le redressement du poil.
- Les ongles protègent l'extrémité des doigts et des orteils.
- Les glandes sudoripares sécrètent la sueur. Elles contribuent à la thermorégulation.
- Les glandes sébacées sécrètent le sébum, substance bactéricide huileuse qui assouplit et lubrifie la peau et les poils.

II. LES FONCTIONS DE LA PEAU

- La peau forme une barrière de protection de l'organisme contre toutes agressions comme les bactéries. Elle forme la barrière biologique Elle est imperméable.
- Elle protège les muscles contre les frottements et les chocs.
- La peau protège contre la lumière solaire grâce à la mélanine qui arrête les UV nocifs pour les cellules.
- Grâce à la transpiration, la peau élimine une faible quantité de déchets, et rejette de l'eau.
- L'évaporation de la sueur règle l'hyperthermie du corps.
- La peau constitue des systèmes d'alerte. Elle permet d'appréhender la chaleur, la texture, les frôlements, la pression exercée sur les téguments.
- La peau absorbe certaines substances (crèmes, patchs...), mais aussi des substances toxiques.
- Synthèse de la vitamine D : les stérols contenus dans l'épiderme, se transforment sous l'action des rayons ultraviolets (soleil) en vitamine D. Les nourrissons peu exposés au soleil doivent absorber des doses de vitamine D.

  Une déchirure dermique ou étirement de la peau s'appelle une **vergeture**.

EXERCICE

1. Nommer dans l'ordre les couches de la peau.
2. Compléter le texte : Les glandes ...... sécrètent la sueur. Elles contribuent à la .... Les glandes sébacées sécrètent le ...... , substance bactéricide huileuse qui ...... et lubrifie la peau et les poils.
3. Citer 4 fonctions de la peau.

MATHÉMATIQUES
Les proportions

I. DÉFINITION

Deux grandeurs sont directement proportionnelles lorsque, si l'une d'elle devient 2, 3, 4…, n fois plus grande (ou plus petite), alors il en est de même pour l'autre.

Autrement dit, deux grandeurs sont proportionnelles si elles varient dans le même rapport.

EXEMPLE : la longueur d'un coupon et le prix de ce coupon.
1 m de tissu coûte 15 €, la longueur du coupon est 10 m, le coupon coûte 15 × 10 = 150 euros.

II. MÉTHODES DE BASE DANS DES PROBLÈMES DE PROPORTIONNALITÉ

EXEMPLE : Un intérimaire a reçu 3 360 € pour 14 journées de travail.
Combien recevra-t-il dans les mêmes conditions pour 21 journées de travail ?

Dans cet exemple, les mots « les mêmes conditions » acceptent l'idée qu'il y a proportionnalité entre les journées de travail et le salaire.

Dans ce problème, comme dans tous les problèmes de proportionnalité, on connaît une grandeur et on cherche l'autre.

Je connais les journées (j)	Je cherche le salaire (€)
14	3 360
21	?

➤ **1re méthode** (appelée « le produit en croix »)

Jours	Salaire
14	3 360
21	salaire ?

Alors 14 × ? = 21 × 3 360
(21 × 3 360) ÷ 14 = 70 560 ÷ 14 = 5 040
salaire = 5 040 €.

➤ **2e méthode** (« la règle de trois »)

On procède pour cette méthode par une réduction à l'unité. On se demande d'abord « quel est le prix pour 1 journée » et on détermine ensuite le salaire de 21 jours.

> En 14 jours, l'employé gagne 3 360 €. En 1 jour, il gagne 14 fois moins : 3 360 ÷ 14 = 240
> et en 21 jours, il gagne 21 fois plus : 21 × 240 = 5 040 €.

Encore une fois, il n'y a pas une méthode plus facile qu'une autre : chaque lecteur choisira en fonction de sa propre personnalité. Quelle que soit la méthode choisie, il est très important de bien choisir les unités

EXERCICE

1. 8 mètres d'étoffe coûtent 140 euros, combien coûtent 32 mètres ?
2. 5 kg de pommes coûtent 6 €. Marie en achète pour 14,40 €. Quelle quantité en a-t-elle achetée ?
3. Un véhicule consomme 8,5 l aux 100 km. Quelle distance peut-il parcourir avec un plein de 51 l ?

J-24 CORRIGÉ

BIOLOGIE

1. Épiderme, derme et hypoderme
2. Sudoripares, thermorégulation, sébum, assoupli
3. Barrière de protection contre les agressions – thermorégulation – Synthèse de la vitamine D – élimination des déchets

MATHÉMATIQUES

1. $(140 \times 32) \div 8 = 560$ €
2. $14{,}40 \times 5 \div 6 = 12$ kg
3. $(51 \times 100) \div 8{,}5 = 600$ km

J-23 CULTURE GÉNÉRALE
L'exclusion

En 1974, René Lenoir, haut fonctionnaire des affaires sociales puis ministre, publie un livre qui le fait connaître et critiquer : *Les Exclus. Un Français sur dix*. Pour le *Petit Robert*, l'**exclusion** désigne « l'action d'exclure quelqu'un, en le chassant d'un endroit où il avait précédemment sa place, ou en le privant de certains droits ». Dans un sens plus étroit, l'exclusion (sociale) signifie la « marginalisation de certaines catégories sociales ». *Le Petit Larousse* ajoute que c'est aussi « la situation d'une personne, d'un groupe exclus ».

Si le mot est ancien, il faut attendre le début des années 1990 pour que l'exclusion devienne une notion présente dans la plupart des discours politiques, des analyses sociales et des textes juridiques. Elle sert à désigner et à dénoncer la **figure multiforme du mal social**. Elle représente aujourd'hui un défi, difficile à relever, pour de nombreuses politiques publiques et initiatives privées.

I. UNE NOTION CONSENSUELLE DIFFICILE À DÉFINIR

A. Une notion consensuelle

Malgré le succès du livre de René Lenoir, au demeurant critiqué par les libéraux comme par les socialistes, la notion d'exclusion commence seulement à être mise en avant à la fin des années 1980 dans les débats sur le RMI ou sur la politique de la ville. Dès le début des années 1990, elle domine la pensée et l'action publiques. Cette référence se montre **consensuelle**. Si, entre 1995 et 1997, le gouvernement Juppé prépare un projet de loi d'orientation contre l'exclusion, la ministre socialiste de l'emploi et de la solidarité, Martine Aubry, fait adopter le 29 juillet 1998 une loi de lutte contre les exclusions.

Les Trente Glorieuses se sont caractérisées par une forte intégration par le travail, notamment salarial, ainsi que par une foi absolue dans le progrès. Or, à partir du milieu des années 1970, le **chômage** s'installe durablement. En France, les chômeurs représentent en 2009 plus de 8 % de la population active (11,9 % en 1995). Parallèlement, l'emploi salarié connaît le développement des contrats à durée déterminée (CDD), du travail à temps partiel, de l'intérim...

En plus du risque du chômage, ces nouvelles conditions salariales favorisent l'émergence d'une nouvelle catégorie sociale, les *working poor* ou **travailleurs pauvres**, ainsi que le sentiment d'une vulnérabilité de masse. Le succès de la notion d'exclusion illustre la prise de conscience de cette menace pesant sur des couches de plus en plus nombreuses de la population.

B. Une notion insaisissable

Toutefois, il n'y a pas actuellement en France – ni en droit ni en fait – d'état d'exclusion véritable, c'est-à-dire de personne que la société bannirait ou abandonnerait à son sort. Quand bien même une personne cumule les handicaps sociaux (sans famille, sans travail, sans logement), elle touche un des minima sociaux, bénéficie de la couverture maladie universelle, est suivie par des services sociaux ou des associations humanitaires, etc. L'exclusion n'est donc pas un état mais un **processus**. Elle renvoie à un ensemble complexe d'évolutions qui, peu à peu, privent un individu de la jouissance de certains droits fondamentaux permettant de participer à la vie en société. Il n'y a pas d'exclus, mais des personnes plus ou moins éloignées des normes du bien-être en vigueur.

Dans la société française actuelle, l'exclusion signifie en fait l'inclusion – ou l'intégration – sur un mode qui n'équivaut pas à la mort sociale, mais à une vie de moindre valeur : ce n'est pas le « non-être », c'est un « moindre-être ». C'est pourquoi en 1991 Serge Paugam intitule son « essai sur la nouvelle pauvreté » ***La Disqualification sociale***. Cette forme d'inclusion apparaît comme une atteinte à la dignité de l'homme, aux droits inaliénables et sacrés que lui reconnaissent les Déclarations et les Préambules, notamment celui de la Constitution de 1946.

Si l'adjectif social est souvent sous-entendu, on constate aussi une **dissémination du terme**, qui sert à caractériser diverses situations ou populations dont on distingue mal les points communs. Il est question d'exclusion en matière éducative (échec scolaire), culturelle (illettrisme), territoriale (banlieues), physique (handicapés), médicale (séropositifs, malades du sida), sexuelle (homosexuels), socio-économique (chômage, précarité)... L'exclusion représentant le mal social par excellence, toute personne qui s'estime privée d'un bien auquel elle estime avoir droit, se plaint d'être victime d'exclusion. Presque tous les sociologues admettent au demeurant qu'il s'agit d'une notion sociale ou politique plus que d'un concept sociologique.

Il ne faut pas oublier que l'exclusion constitue un **mécanisme nécessaire** au fonctionnement de toute société ou de tout groupe, de la famille ou de la bande à l'entreprise ou à la nation. Il n'y a pas d'inclusion ou d'intégration des uns sans exclusion des autres. Ainsi les étrangers sont-ils exclus de la nation française, de la citoyenneté républicaine, du droit de vote et d'éligibilité. S'il en était autrement, la distinction entre nationaux et étrangers n'aurait plus de réalité.

II. UN DÉFI MAJEUR DIFFICILE À RELEVER

A. La nécessité de la lutte contre les exclusions

Le prolongement d'une situation économique et sociale difficile a conduit à une critique de l'État-providence, déclaré en « crise » financière et idéologique. Contrairement aux États-Unis ou au Royaume-Uni, la France ne s'engage pourtant pas dans une politique néo-libérale. Comme ses voisins continentaux, elle entreprend de rénover son appareil étatique et son système social. Si certaines réformes entraînent une détérioration de la protection des individus (érosion de l'indemnisation du chômage, « déremboursement » des frais médicaux), les années 1980 et 1990 voient aussi d'**incontestables avancées** du point de vue de la « Providence ». Par exemple, de nombreux États européens mettent en place un revenu minimum. En France, la loi sur le RMI est adoptée en décembre 1988 à une quasi-unanimité.

Il existe en France une multitude d'organismes divers, des services publics aux associations humanitaires, qui ont pour mission directe ou indirecte de lutter contre les exclusions. D'après la loi du 29 juillet 1998, cette lutte constitue un **« impératif », non seulement public, mais « national »**. Pour les principaux candidats à l'élection présidentielle de 1995, la lutte contre l'exclusion (ou la fracture) sociale représentait la priorité politique. Depuis cette date, les Gouvernements de droite comme de gauche ont multiplié les dispositifs ayant explicitement cette lutte pour objectif prioritaire. Les collectivités territoriales possèdent également d'importantes compétences obligatoires en matière d'aide ou d'action sociales, d'insertion professionnelle et de politique éducative.

B. La difficulté de la lutte contre les exclusions

Malgré la multiplicité des politiques et des initiatives, la lutte contre l'exclusion apparaît comme un défi difficile à relever. Dans un livre engagé publié en 1991, *Deux siècles de rhétorique réactionnaire*, l'économiste américain Albert O. Hirschman s'efforce de réduire les discours contre l'État-providence à **trois arguments-types** qui permettent de rendre compte des principales difficultés en matière de lutte contre les exclusions.

La **« thèse de l'inanité »** consiste à démontrer que toute tentative d'améliorer l'ordre social est vouée à l'échec. Quoi que l'on entreprenne, cela ne changera rien. De nombreux analystes nord-américains se sont ainsi efforcés d'établir que les dépenses publiques de l'État-providence (enseignement, retraite, logement) ne profitent pas aux plus démunis, mais aux classes moyennes. Paradoxe : on peut trouver des raisonnements équivalents dans toute une sociologie de l'éducation, illustrée par *La Reproduction, éléments pour une théorie du système d'enseignement,* de Pierre Bourdieu et de Jean-Claude Passeron. Les sommes colossales investies dans l'éducation nationale pour la démocratiser ne changeraient pas sa nature profonde qui est la reproduction des inégalités sociales. Ce constat est également fait par le rapport annexé à la loi d'orientation du 25 avril 2005 relative à l'avenir de l'école.

Un deuxième argument-type repéré par Hirschman est celui de la **« mise en péril »**. Il consiste, non à contester les effets annoncés par les promoteurs d'une réforme, mais à faire valoir que le coût de cette réforme est trop élevé en ce qu'elle risque de porter atteinte à de précieux avantages ou droits précédemment acquis. Depuis que l'État-providence existe, notamment, les économistes libéraux se sont fait une spécialité de démontrer qu'il constitue une menace pour les libertés individuelles ou pour le fonctionnement de l'économie. En effet, chacun de ses progrès se traduit par une présence de plus en plus envahissante des appareils administratifs, qui peu à peu réduisent la marge de liberté individuelle et transforment les citoyens en assistés passifs et irresponsables. Ce type d'argument d'inspiration libérale se rencontre souvent dans les débats français sur l'exclusion.

Mais l'argument le plus efficace, le plus radical, se montre incontestablement la **« thèse de l'effet pervers »**. En effet, il consiste à démontrer qu'une action visant directement à améliorer un aspect quelconque de l'ordre social aura en réalité pour effet inévitable d'aggraver cette situation que l'on cherche à corriger. Dans son *Mémoire sur le paupérisme* (1835), Alexis de Tocqueville juge certain que l'assistance publique, loin de faire diminuer ou disparaître la pauvreté, en assure le maintien et le développement, en encourageant et en subventionnant la paresse. Ce type d'analyse se rencontre souvent dans les critiques relatives au RMI ou à la CMU.

La part de vérité contenue dans ces trois arguments contribue à expliquer ***La Crise de l'État-providence*** analysée en 1981 par le sociologue français Pierre Rosanvallon. Cela ne signifie pas que l'État protecteur doive disparaître, mais qu'il faut le moderniser.

EXERCICE

« Je me sens de plus en plus inutile, je me sens indigne d'être mère. Mes enfants sont innocents, pourtant ils prennent toute cette misère en pleine figure. [...] » Aide-soignante en CDI à temps plein dans une maison de retraite [...], Nathalie craque. Cela fait maintenant trois ans qu'elle est sans domicile fixe, malgré un salaire avoisinant les 1 000 euros. Le cas de Nathalie est loin d'être une exception. De plus en plus de personnes se retrouvent à la rue quand bien même elles occupent un emploi. Selon une étude de l'INSEE d'octobre 2003, un tiers des personnes sans domicile travaillent et plus d'un quart d'entre elles seraient même en CDI. Les autres sont en intérim, en CDD, en intermittence ou sans contrat. Précarisation de l'emploi, salaires au rabais, pullulement de petits jobs et du temps partiel, et surtout pénurie de logements sociaux en sont les principales causes. Depuis le milieu des années quatre-vingt, la proportion de travailleurs pauvres en France s'aggrave de manière inquiétante et atteste d'une paupérisation sociale. « Les études montrent que la progression des bas salaires constatée depuis une vingtaine d'années est intimement liée au développement des emplois à temps partiel », explique l'économiste Christian Jacquiau.

C.C., *L'Humanité*, 5 février 2005

➤ Après avoir relevé dans le texte quatre causes du phénomène des travailleurs pauvres, énoncez deux conséquences possibles de ce phénomène.

IFSI hôpital Esquirol (Saint-Maurice), 2007

J-23 CORRIGÉ

CULTURE GÉNÉRALE

L'auteur de l'article paru dans *L'Humanité* du 5 février 2005 attribue quatre causes principales au phénomène des travailleurs pauvres :

– la multiplication des emplois précaires (intérim, contrat à durée déterminée, intermittence...) ;
– le développement du travail à temps partiel ;
– la faiblesse des ressources salariales ;
– la pénurie de logements sociaux.

Comme l'illustre le parcours de Nathalie évoqué dans l'article, la multiplication des travailleurs pauvres produit des effets dans l'ordre matériel aussi bien que moral.

D'une part, la pauvreté peut conduire des travailleurs à être privés du droit essentiel et constitutionnel de disposer d'un logement décent. Or celui-ci n'est pas seulement le lieu où les ménages passent le plus de temps, il est aussi un facteur-clé de l'intégration sociale. Il constitue un marqueur social et, à ce titre, contribue à la construction de l'image, du statut et de l'identification sociale de ses occupants. Par ailleurs, le logement, perçu comme lieu positif et rassurant en contrepoint d'un monde en pleine mutation, représente un besoin particulièrement fort pour les individus victimes de la précarité professionnelle. Au contraire, l'absence de domicile les condamne à vivre dans la précarité permanente, l'inconfort, l'insalubrité, durs à supporter pour les adultes et plus encore pour les enfants.

D'autre part, la paupérisation matérielle entraîne presque inévitablement une paupérisation morale. Il est difficile pour une personne qui se démène pour travailler de n'être pas découragée et abattue de se retrouver pourtant sans logement. Comme Nathalie, de nombreuses personnes se remettent en cause et se sentent coupables, indignes. Cette perte d'estime de soi entraîne un état de déprime et perturbe l'exercice de l'autorité parentale, l'un et l'autre trouble se montrant souvent durable. La précarité devient psychologique.

Voilà pourquoi il est urgent d'agir pour combattre cette « nouvelle pauvreté » dénoncée par le président d'Emmaüs France, Martin Hirsch, avant sa nomination en mai 2007 comme Haut Commissaire aux solidarités actives contre la pauvreté.

J-22 BIOLOGIE
L'ouïe et l'audition

I. ANATOMIE DE L'OREILLE

L'oreille se compose de 3 parties.

- L'oreille externe, composée du **pavillon et du conduit auditif externe**, dont les parois sont tapissées de glandes sébacées qui sécrètent **le cérumen**. Elle transmet les ondes sonores à l'oreille moyenne.
- L'oreille moyenne est située dans l'os temporal. Elle comprend **le tympan**, membrane souple, **et les osselets** : **marteau**, **enclume**, **étrier**. Elle est fermée par **la fenêtre ovale et la fenêtre ronde**. L'oreille moyenne communique avec le pharynx **par la trompe d'Eustache**.
- L'oreille interne est formée par le limaçon, labyrinthe osseux, siège des cellules sensorielles reliées au nerf auditif. Un liquide : **l'endolymphe** circule dans ce labyrinthe.

SCHÉMA DE L'OREILLE

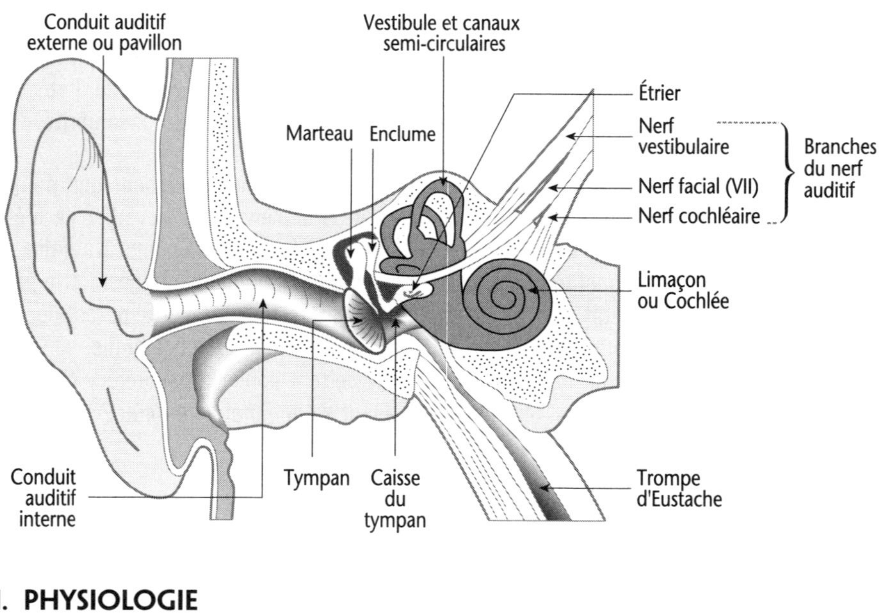

II. PHYSIOLOGIE

L'oreille est le centre de l'audition et celui de l'équilibre.

L'oreille externe capte les sons. L'oreille moyenne transmet ces perceptions par le tympan et les osselets.

L'oreille interne crée et propage l'influx nerveux qui est capté par le nerf auditif. Grâce aux fibres nerveuses qu'elle contient, l'oreille interne informe le cervelet des positions de notre corps et surtout de notre tête. Le cerveau analyse l'influx nerveux et détermine la sensation auditive.

L'audiogramme mesure la perception des sons tant en intensité qu'en fréquence.

III. LES ANOMALIES DE L'AUDITION

- Les **otites** sont des inflammations aiguës ou chroniques de l'oreille moyenne. Les otites aiguës sont infectieuses, virales ou bactériennes. Si le tympan est bombé, le traitement antibiotique doit être complété, par une **paracentèse**, petite perforation permettant de bien drainer la caisse du tympan.
- **La mastoïdite** est une Inflammation de la mastoïde (os derrière l'oreille), souvent consécutive à une otite.
- Les **surdités** correspondent à des pertes partielles ou totales de l'audition. Elles peuvent être liées à un obstacle (bouchon de cérumen, corps étranger), des séquelles d'otite, une lésion des organes de l'oreille interne, une lésion du nerf auditif.
- Les **hypoacousies** sont des diminutions de l'acuité auditive. Fréquentes chez les personnes âgées, les hypoacousies peuvent se développer en cas de situations prolongées dans une ambiance très sonore.
- Les **acouphènes** sont des sensations auditives, inhabituelles dans l'oreille ou dans la tête : sifflement, sonnerie, cliquetis, bourdonnement.

EXERCICE

1. Répondre par vrai ou faux.

	vrai	faux
L'oreille est le centre de l'équilibre	☐	☐
Les otites sont toujours infectieuses	☐	☐
L'oreille moyenne communique avec le larynx	☐	☐
Les fibres nerveuses informent le cervelet	☐	☐
Le tympan se situe dans l'oreille moyenne	☐	☐

2. Nommer l'appareil qui permet de mesurer la perception des sons.

3. Compléter le texte.
L'oreille externe capte les .... L'oreille moyenne transmet ces perceptions par le ...... et les osselets. L'oreille interne crée et propage ...... qui est capté par le nerf auditif. Grâce aux fibres nerveuses qu'elle contient, l'oreille interne informe le ...... des positions de notre corps et surtout de notre tête. Le ...... analyse l'influx nerveux et détermine la sensation auditive.

MATHÉMATIQUES
Les échelles

L'échelle est le **rapport qui existe entre une longueur réelle et sa représentation** sur un dessin (ou une carte). Cela revient finalement à comparer deux longueurs exprimées dans la même unité. L'échelle est donc un nombre exprimé sans unité, souvent sous forme de fraction.

$$\text{Échelle} = \frac{\text{longueur du dessin}}{\text{longueur réelle}} \text{ dans la même unité}$$

EXEMPLE : $^1/_{2\,000}$ signifie que 1 cm sur la carte représente 2 000 cm en réalité ou que 1 m représente 2 000 m en réalité ou que 1 km représente 2 000 km en réalité ou plus simplement que la réalité est 2 000 fois plus grande que le dessin et que le dessin est 2 000 fois plus petit que la réalité.

Il y a donc proportionnalité entre une longueur réelle et sa longueur correspondante sur le dessin.

REMARQUE : Parfois, surtout en cartographie, on représente l'échelle au moyen d'un segment.
Ici la longueur du segment est de 2 cm, alors que la longueur réelle correspondante est 200 km, soit 2 cm pour 20 000 000 cm ou 1 cm pour 10 000 000 cm.

On a toujours intérêt à ramener la longueur du dessin à 1 unité car d'un seul coup d'œil on sait combien de fois la longueur réelle est plus grande ou plus petite.

Une échelle sert donc soit à **diminuer** (; ...), soit à **reproduire** (1), soit à **agrandir** (2 ; 3 ; 4...).

EXEMPLES : La distance réelle d'une ville A à une ville B est de 240 km. On représente cette distance sur une carte routière à l'échelle $^1/_{2\,000\,000}$ par un segment AB ; Quelle est la longueur de ce segment ?
La première idée est de savoir que sur une carte, on va utiliser souvent le centimètre comme unité, on doit donc transformer 240 km en cm soit 24 000 000 cm.

Distance réelle	2 000 000 cm	24 000 000 cm
Distance sur la carte	1 cm	?

Produit en croix $(1 \times 24\,000\,000) \div 2\,000\,000 = 12$

Sur une carte, un segment de 78 mm représente la distance réelle entre deux villes qui est de 39 km. Quelle est l'échelle de cette carte ?

Comme on peut s'en rendre compte, dans les exercices sur les échelles, la première difficulté est de maîtriser les conversions d'unités (voir II sur la géométrie) 39 km = 39 000 000 mm.

Chercher l'échelle d'une carte revient à chercher la distance réelle d'une longueur correspondant à une distance de 1 unité sur cette carte soit 1 mm.

Distance réelle	?	39 000 000
Distance sur la carte	1	78

produit en croix (1 × 39 000 000) ÷ 78 = 500 000
1 mm sur la carte représente 500 000 mm en réalité donc l'échelle est $^1/_{500\,000}$

EXERCICE

1. Sur une carte, un segment d'une longueur de 38 mm représente en réalité une distance de 95 m. Quelle est l'échelle de cette carte ?
2. Sur une carte à l'échelle $^1/_{250\,000}$ la distance entre 2 villes est 78 cm. Calculez la distance réelle en km.

J-22 CORRIGÉ

BIOLOGIE

1. Répondre par vrai ou faux.

	vrai	faux
L'oreille est le centre de l'équilibre	☑	☐
Les otites sont toujours infectieuses	☐	☑
L'oreille moyenne communique avec le larynx	☐	☑
Les fibres nerveuses informent le cervelet	☑	☐
Le tympan se situe dans l'oreille moyenne	☑	☐

2. Audiogramme.
3. Sons – tympan – l'influx nerveux – cervelet – cerveau.

MATHÉMATIQUES

1.

Distance réelle	95 m = 95 000 mm	?
Distance sur la carte	38 mm	1 mm

95000 ÷ 38 = 2 500 donc la carte est à l'échelle $\frac{1}{2\,500}$

2.

Distance réelle	?	250 000 cm
Distance sur la carte	78 cm	1 cm

250 000 × 78 = 19 500 000 cm = 195 km

CULTURE GÉNÉRALE
La santé au travail

CINQ CHIFFRES À RETENIR

- **556** : nombre de décès dus à des accidents routiers liés au travail (accidents de trajet dans trois quarts des cas et accidents de travail à proprement parler une fois sur quatre).
- **7 %** : proportion des salariés concernés par un travail répétitif (répétition de gestes à une cadence élevée) de plus de 20 heures par semaine.
- **34 %** : proportion des salariés déclarant devoir « rester longtemps dans une posture pénible ou fatigante à la longue » pendant leur travail.
- **3,3 %** : proportion des salariés déclarant ne pas entendre une personne située à deux ou trois mètres d'eux lorsqu'elle leur adresse la parole à cause du bruit ambiant.
- **1,1 million** : nombre de salariés exposés à des produits cancérigènes classés en catégorie 1 ou 2 par l'Union européenne. De 30 à 46 % d'entre eux ne bénéficient d'aucune protection ni collective ni individuelle.

EXERCICE

Quand le travail rend malade...

Si l'on adopte une position proche de celle de Georges Canguilhem, ***la santé peut être définie comme la possibilité pour chaque personne d'avoir une influence sur son environnement et sur sa propre vie.*** *Cette approche permet de rendre compte des atteintes à la santé qui sont en lien avec l'organisation du travail et de ses évolutions. Elle permet, d'une part, de comprendre pourquoi des personnes ayant une forte charge de travail mais aussi une importante latitude décisionnelle peuvent avoir une perception positive de leur activité professionnelle, qui contribue sans doute favorablement à leur santé. Ce regard sur la santé conduit d'autre part à mieux comprendre pourquoi l'absence de marge de manœuvre, d'autonomie dans le travail, est directement pathogène. [...] Toutes les situations où les travailleurs se sentent coincés, sans possibilité d'influencer leur environnement de travail et la définition de leurs propres modes opératoires, sont porteuses d'atteinte à la santé.*

François DANIELLOU, *Sciences humaines*, hors-série, mars-avril-mai 2005

➤ Expliquer à partir des éléments du texte et/ou de vos propres expériences la phrase en caractères gras. *Rédiger la réponse en 20 lignes maximum.*

IFSI Tours, 2007

TEST PSYCHOTECHNIQUE
Aptitude logique

Dans ces exercices on vous donne deux colonnes de lettres avec, au dessus de chacune, le nombre de lettres bien placées. Il faut ensuite trouver la bonne affirmation parmi celles proposées. Plutôt que de chercher la solution, regardez les réponses et procédez par élimination. Exemple : si vous voyez 4 en tête d'une colonne cela signifie que cette colonnes possède ses quatre lettres bien placées ; du coup, vous pouvez répondre aux questions. Si le nombre 0 est placé en tête de colonne cela vous renseigne sur les positions non occupées par certaines lettres...

1. Trouvez la proposition exacte.

4	0
A	Z
Z	A
T	Z
R	Z

- ☐ A Z est obligatoirement en deuxième position à partir du haut
- ☐ B Il n'y a pas de solution
- ☐ C Il y a plusieurs solutions
- ☐ D Z est en première position à partir du haut

2. Trouvez la proposition exacte.

0	4
A	Z
Z	A
T	Z
R	Z

- ☐ A Z est obligatoirement en deuxième position à partir du haut
- ☐ B Il y a une seule solution
- ☐ C Il y a plusieurs solutions
- ☐ D Z est présent 4 fois

3. Trouvez la proposition exacte.

0	2
Z	Z
A	A
T	Z
R	Z

- ☐ A Z est obligatoirement en deuxième position à partir du haut
- ☐ B Il y a une seule solution
- ☐ C Z est présent 4 fois
- ☐ D Il y a plusieurs solutions

4. Trouvez la proposition exacte.

0	0
Z	Z
A	A
T	Z
R	Z

- ☐ A Z est obligatoirement en première position à partir du haut
- ☐ B Il y a une seule solution
- ☐ C On ne peut pas trouver la solution
- ☐ D Z est présent 4 fois

5. Trouvez la proposition exacte.

0	**3**
A	**Z**
A	**A**
T	**Z**
R	**Z**

☐ A Z est obligatoirement en deuxième position à partir du haut

☐ B Il y a une seule solution

☐ C A est solution

☐ D Z est présent 4 fois

6. Trouvez la proposition exacte.

0	**0**
A	**Z**
Z	**A**
T	**Z**
R	**Z**

☐ A Z est obligatoirement en deuxième position à partir du haut

☐ B Il y a une seule solution

☐ C Il y a plusieurs solutions

☐ D Z est présent 4 fois

7. Trouvez la proposition exacte.

0	**2**	**0**
A	**Z**	**Z**
Z	**A**	**Z**
T	**A**	**R**
R	**Z**	**Z**

☐ A Z est obligatoirement en deuxième position à partir du haut

☐ B Il y a une seule solution

☐ C Il y a au moins deux lettres A dans la solution

☐ D A est présent 4 fois

J-21 CORRIGÉ

CULTURE GÉNÉRALE

Dans *Le Normal et le Pathologique*, le philosophe Georges Canguilhem montre que la santé ne possède pas seulement un sens médical (« le silence des organes », selon la célèbre formule du chirurgien René Leriche), mais aussi un sens existentiel. Elle traduit les rapports d'un individu avec les contraintes de son environnement, comme le montre parfaitement le monde du travail.

En effet, de nombreuses atteintes à la santé sont liées à l'organisation du travail et à ses évolutions. Les situations de stress génératrices d'anxiété et de dépression associent généralement de fortes contraintes de productivité et d'efficacité à une faible latitude décisionnelle, avec souvent un manque d'aide ou de soutien de la part des supérieurs ou des collègues. Ainsi, les troubles musculo-squelettiques (TMS), en croissance exponentielle, ne résultent pas seulement d'une hypersollicitation des articulations, mais aussi de l'impossibilité pour les individus de déployer un véritable geste professionnel dont ils seraient les auteurs. Ces travailleurs se sentent coincés, sans possibilité d'influencer leur environnement ou de définir leurs modes opératoires, car leurs mouvements leur sont largement dictés par l'organisation du travail et le dispositif technique.

À l'inverse, la personne qui suit une vocation, exerce des responsabilités ou dispose d'une marge de manœuvre se montrera moins sensible à l'intensité ou à la dureté du travail. Ce sentiment d'épanouissement se traduira ainsi par un moindre absentéisme médical.

Pour ces raisons, l'amélioration de la santé au travail passe par le développement de l'autonomie dans les fonctions et de la démocratie dans l'entreprise, comme cela se fait particulièrement en Suède.

TEST PSYCHOTECHNIQUE

1. Réponse A.
- Z est obligatoirement en deuxième position à partir du haut : oui c'est vrai.
- Il n'y a pas de solution : c'est faux il y en a une.
- Il y a plusieurs solutions : non, une seule A/Z/T/R.
- Z est en première position à partir du haut : impossible d'après la colonne de gauche mais aussi d'après la colonne de droite.

2. Réponse B.
- Z est obligatoirement en deuxième position à partir du haut : faux Z est en position 1, 3 et 4 en partant du haut de la colonne.
- Il y a une seule solution : oui Z/A/Z/Z
- Il y a plusieurs solutions : non, d'après la colonne de droite.
- Z est présent 4 fois : non, d'après la colonne de droite.

3. Réponse D.
- Z est obligatoirement en deuxième position à partir du haut : faux, rien ne l'impose.
- Il y a une seule solution : faux.

- Z est présent 4 fois : faux, Z n'est pas en haut de colonne d'après la colonne de gauche.
- Il y a plusieurs solutions : oui, dont les deux dernières lettres en lisant à partir du haut de la colonne sont Z et Z.

4. Réponse C.
- Z est obligatoirement en première position à partir du haut : faux, Z ne peut pas être présent en positions 1, 3 et 4 à partir du haut de la colonne solution.
- Il y a une seule solution : non, il y en a plusieurs.
- On ne peut pas trouver la solution : vrai, on manque d'informations.
- Z est présent 4 fois : faux puisqu'il peut n'être placé qu'en position 2 à partir du haut.

5. Réponse D.
- Z est obligatoirement en deuxième position à partir du haut : non, ce n'est pas obligatoire.
- Il y a une seule solution : non, il y en a plusieurs.
- A est solution : non, A n'est pas en position 2 d'après la colonne 1, donc absent d'après la colonne 2.
- Z est présent au moins 3 fois : oui.

6. Réponse C.
- Z est obligatoirement en deuxième position à partir du haut : faux, d'après la colonne 1.
- B Il y a une seule solution : non, plusieurs sont possibles.
- Il y a plusieurs solutions : oui.
- Z est présent 4 fois : Faux, Z est absent de la solution.

7. Réponse C.
- Z est obligatoirement en deuxième position à partir du haut ; faux d'après les colonnes 1 et 3.
- Il y a une seule solution : faux, il peut y en avoir plusieurs.
- Il y a au moins deux lettres A dans la solution : oui car Z ne peut pas être en position 1 ou 4 de la colonne 2.
- A est présent 4 fois : non, d'après la colonne 1.

J-20 CONCOURS BLANC N° 2

I. TEXTE DE CULTURE GÉNÉRALE[1] (12 POINTS)

À parcourir l'histoire des attitudes maternelles, naît la conviction que l'instinct maternel est un mythe. Nous n'avons rencontré aucune conduite universelle et nécessaire de la mère. Au contraire, nous avons constaté l'extrême variabilité de ses sentiments, selon sa culture, ses ambitions ou ses frustrations. Comment dès lors, ne pas arriver à la conclusion, même si elle s'avère cruelle, que l'amour maternel n'est qu'un sentiment. Ce sentiment peut exister ou ne pas exister, être ou disparaître. Se révéler fort ou fragile. Privilégier un enfant ou se donner à tous. Tout dépend de la mère, de son histoire et de l'Histoire. L'amour maternel ne va pas de soi. Il est « en plus »...

Apparemment, l'amour maternel n'est plus l'apanage des femmes. Les nouveaux pères font comme les mères, aiment leurs enfants comme elles. Ce qui semblerait prouver qu'il n'y a plus de spécificité de l'amour maternel que de 1'amour paternel. Est-ce à dire qu'il n'y a plus de spécificité des rôles paternel et maternel, et que l'on tend de plus en plus vers l'identification de l'homme et de la femme ?

[...] Et de ce fait, le traditionnel « papa lit et maman coud » est en train de se modifier. Maman peut lire et bricoler pendant que papa lange et biberonne. Nul n'en sera surpris.

Élisabeth BADINTER, *L'Amour en plus*, Flammarion, 1980

Question n° 1

Dégagez en quatre, cinq lignes les idées principales du texte.

Question n° 2

« Apparemment, l'amour maternel n'est plus l'apanage des femmes. » Qu'en pensez-vous ? (Une dizaine de lignes sont attendues.)

Question n° 3

Pensez-vous que le « nouveau père » d'aujourd'hui correspond à celui décrit par É. Badinter en 1980 ? Vous exposerez votre point de vue dans un développement d'une vingtaine de lignes.

II. BIOLOGIE (4 POINTS)

1. Indiquer le trajet suivi par les aliments à travers l'organisme au cours de la digestion.
2. Donnez le nom des glandes endocrines situées au niveau du pole supérieur de chaque rein.
3. Quelles sont les trois fonctions des fosses nasales lors de l'inspiration ?

1. IFSI groupe hospitalier Saint-Joseph, AP 2008.

4. Citer les 4 catégories de dents et pour chacune préciser son rôle.

5. Citer le nom de chacune des trois enveloppes qui assurent la protection de l'encéphale et de la moelle. Comment s'appelle le liquide qui circule entre ces enveloppes ?

III. MATHÉMATIQUES (4 POINTS)

1. Monsieur G est hospitalisé 4 jours en service de médecine.
   Sachant que :
   - la sécurité sociale lui rembourse ses frais d'hospitalisation à 80 % ;
   - le prix d'une journée d'hospitalisation s'élève à 457 €.

   Calculer ce que doit payer Monsieur G pour son hospitalisation.

2. Madame A a fêté ses 97 ans en 2005.
   Donner son année de naissance.

3. Recopier et compléter le tableau ci-dessous

Nombre de paniers garnis	1		13		27
Prix		81,41		220,97	314,01

4. Vous préparez un gâteau pour le goûter des enfants.
   Le temps de préparation est de 25 minutes.
   Le temps de cuisson est de $^{3}/_{4}$ d'heure.
   Le temps pris pour la vaisselle des ustensiles est de 600 secondes.
   Donnez en minutes puis en secondes le temps passé pour confectionner ce gâteau.

5. Une personne part courir, elle prévoit de boire et emporte une bouteille de 500 cm^3. De retour à son domicile, la bouteille est vide. Elle absorbe un verre de jus d'orange soit 200 ml. 2 heures plus tard elle boit un thé soit 25 cl. Quelle quantité de liquide a-t-elle absorbé ? Votre réponse est attendue en décilitres.

J-20 CORRIGÉ

I. TEXTE DE CULTURE GÉNÉRALE

Question n° 1

Si l'instinct maternel existait, il se rencontrerait chez toutes les mères de toutes les sociétés, ce qui n'est pas le cas. Finalement, l'amour maternel constitue un sentiment dont l'existence et les formes caractérisent des sociétés et des femmes déterminées. Au demeurant, les nouveaux pères d'aujourd'hui font également preuve d'amour maternel.

Question n° 2

De nombreuses études ont mis en évidence une véritable révolution dans les attitudes et les comportements des pères d'aujourd'hui. Dans leurs relations avec leurs enfants, ils se montrent bien plus impliqués, plus affectueux, plus tendres et plus disponibles que ne l'étaient leurs propres pères. La plupart interviennent de façon importante dans des domaines traditionnellement réservés à la mère. C'est ainsi qu'ils savent s'occuper seuls de leurs enfants ou qu'ils se promènent fièrement dans la rue avec leur nourrisson en kangourou sur le ventre.

Traditionnellement tourné vers l'autorité, le rôle paternel deviendrait donc de plus en plus féminin, voire maternel, au point d'inquiéter certains psychologues attachés à la différenciation des rôles parentaux dans la relation à l'enfant. Pourtant, de nombreuses femmes continuent de croire à l'existence et à la spécificité de l'instinct maternel car, en devenant mères, elles ont été « submergées par un véritable orage hormonal et affectif qui ne peut être contrôlé » : elles sont devenues « instinctives » (Edwige Antier, *Éloge des mères,* 2001).

Question n° 3

En 2004-2005, deux enquêtes réalisées par IPSOS pour Enfant Magazine ont dressé un portrait des nouveaux pères qui semblait assez proche de celui esquissé par Élisabeth Badinter dans *L'Amour en plus.*

En une génération, les pères paraissent avoir radicalement changé. Quels que soient leur catégorie socioprofessionnelle, leur niveau de revenu ou leur localisation géographique, les nouveaux pères s'investissent dans les tâches quotidiennes relatives aux enfants. Ils savent s'occuper seuls de leurs enfants, changer leurs couches ou gérer leurs terreurs nocturnes. Si cela avait peu d'impact financier pour eux, une large majorité des pères interrogés déclarent être prêts à prendre un congé paternité de quelques mois (86 %) ou un travail à temps partiel pour vivre plus intensément leur paternité (76 %). 38 % se disent même prêts à être « enceints » si le progrès le permettait un jour ! Par ailleurs, à l'opposé de l'image du *pater familias*, ils éprouvent souvent des difficultés à incarner l'autorité, la sévérité, le sens des limites pourtant nécessaires au développement de l'enfant.

Mais il faut noter un décalage entre ce que les pères déclarent et ce que les mères ressentent ou constatent. Les premiers ont en effet tendance à exagérer leur participation aux soins et à l'éducation de l'enfant. Ils sont très peu nombreux à prendre un congé de paternité et encore moins nombreux un temps partiel. Et, si l'on met à part les familles monoparentales ou homoparentales, ce sont les mères qui s'occupent principalement des relations avec les services de garde. En cas de souci à la crèche ou à l'école maternelle, c'est pratiquement toujours la maman que l'on appelle, même lorsque le papa travaille à proximité ou est à la maison. Au demeurant, le personnel des institutions de garde est presque exclusivement féminin.

Finalement, la thèse chère à Élisabeth Badinter du passage de la complémentarité à la ressemblance des sexes ne correspond pas – ou pas encore – à la réalité. Et c'est heureux, car les références maternelle et paternelle sont également indispensables au développement de l'enfant.

II. BIOLOGIE

1. Bouche – œsophage – estomac – intestin grêle – colon – rectum – anus.
2. Glandes surrénales.
3. réchauffement de l'air – arrêter les poussières et certains micro-organismes – recevoir la sensibilité olfactive.
4. – Les incisives, coupent les aliments.
   – Les canines déchirent les aliments.
   – Les prémolaires écrasent les aliments.
   – Les molaires broient les aliments.
5. Dure mère, pie-mère et arachnoïde. Le liquide céphalo-rachidien (LCR).

III. MATHÉMATIQUES

1. Frais d'hospitalisation : $457\ € \times 4 = 1\ 828\ €$
   Remboursement de la sécurité sociale $(1828 \times 80) \div 100 = 1\ 462{,}40\ €$ .Donc Monsieur G aura à payer $1\ 828 - 1\ 462{,}40 = 365{,}60$ euros
2. Madame A est née en : $2\ 005 - 97 = 1\ 908$
3.

Nombre de paniers garnis	1	7	13	19	27
Prix	11,63	81,41	151,19	220,97	314,01

4. 1 min = 60 s donc 600 s = 10 min
   Temps passé pour confectionner le gâteau : 25 min + 45 min +10 min = 80 min = 60×80 = 4 800 secondes
5. 500 cm^3 = 0,5 dm^3 = 0,5 l = 5 dl ; 200 ml = 2 dl ; 25 cl= 2,5 dl
   Cette personne a bu : 5 dl + 2 dl + 2,5 dl = 9,5 dl

J-19 BIOLOGIE
L'œil, la vision

I. ANATOMIE DE L'ŒIL

Le globe oculaire est une sphère creuse remplie de liquide : l'**humeur aqueuse**. Il est formé par 3 membranes :

- la **sclérotique** : la plus externe assure la protection. En avant, elle devient la **cornée transparente** ;
- la **choroïde**, très vascularisée. Elle forme **l'iris** en avant de l'œil. En son centre se situe la pupille qui peut se dilater ;
- la **rétine**, à l'intérieur du globe, contient cellules visuelles.

En arrière de l'iris, se trouve le **cristallin**, lentille biconvexe qui s'épaissit avec l'âge.

Le nerf optique prend naissance au fond de la rétine. Son point de départ s'appelle **le point aveugle** où il n'y a pas de cellules sensitives. Au centre de la rétine, juste au-dessus du nerf optique existe **la fovéa** ou **la tâche jaune**.

SCHÉMA DU GLOBE OCULAIRE

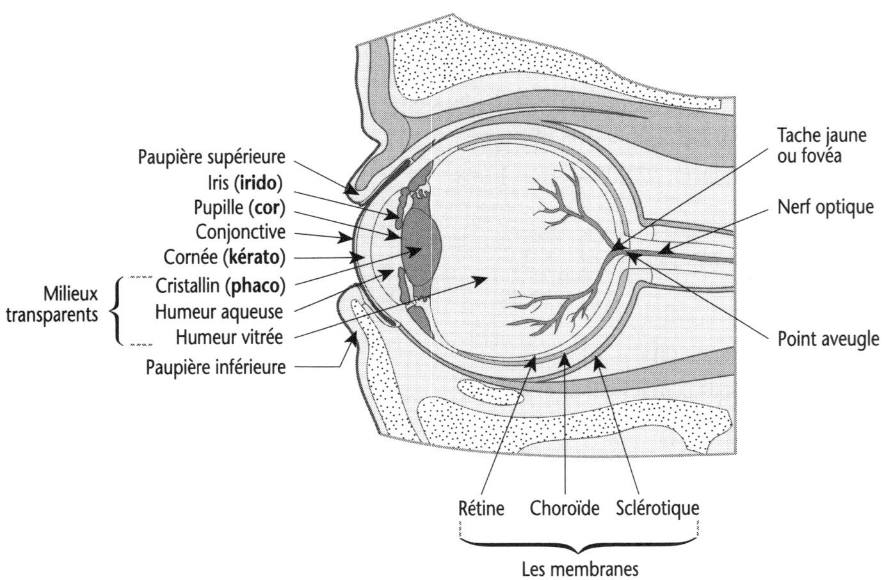

La **glande lacrymale** sécrète les larmes qui sont déversées à la surface de l'œil par le canal excréteur. Les larmes contiennent des substances antibactériennes. Elles nettoient, humidifient et entretiennent la cornée.

Les **paupières** sont mobiles, elles protègent la partie avant de l'œil.

II. PHYSIOLOGIE DE L'ŒIL

La rétine est formée d'une couche de cellules pigmentaires de protection, de deux couches de cellules nerveuses et d'une couche de cellules visuelles en forme de cônes et de bâtonnets. Les cellules à cônes perçoivent plus spécifiquement les couleurs. Elles assurent la vision diurne. Les cellules à bâtonnets enregistrent les images en noir et blanc. Elles interviennent dans la vision crépusculaire et périphérique de faible intensité lumineuse.

LA RÉTINE

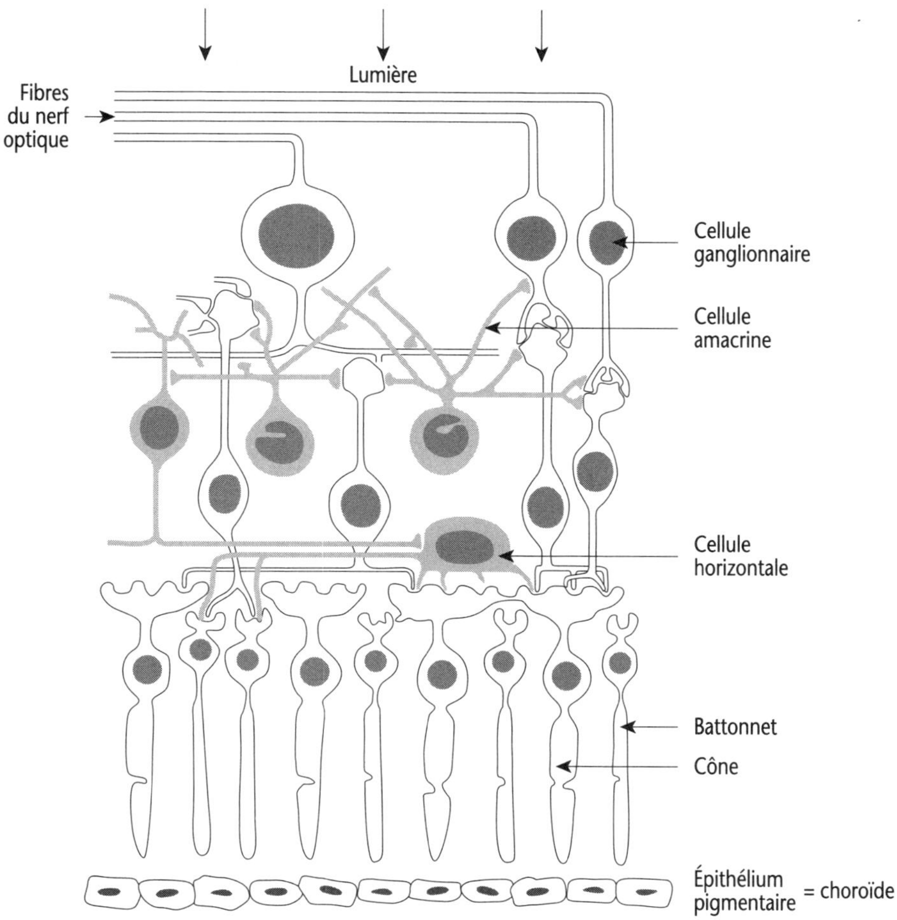

Les cellules visuelles de la rétine sont sensibles à la lumière. Elles informent sur la forme, le relief, la distance de l'objet regardé.

La zone appelée **tâche jaune** ne contient que des cônes.

L'iris s'ouvre ou se ferme selon l'intensité de la lumière. Ce phénomène s'appelle la **diaphragmation**.

Dans l'œil, les images des objets viennent se former renversées au centre de la rétine. Si l'objet se rapproche, l'image se fait en arrière de la rétine. L'**accommodation** intervient : le cristallin se bombe et adapte la vision de près. C'est une action réflexe.

Le champ visuel est l'ensemble des points de l'espace que l'on peut voir d'un seul coup d'œil. Il est normalement de 180 ° sur un plan horizontal et de 120 ° sur le plan vertical.

Quelques anomalies de la vision : myopie, hypermétropie, astigmatisme, daltonisme, presbytie, cataracte.

EXERCICE

1. Quel est le rôle de la rétine ?
2. Nommer l'organe touché par la cataracte. Quel est son rôle ?
3. Citer les trois membranes protectrices de l'œil.

MATHÉMATIQUES
Vitesse/distance/temps

Lorsque nous disons qu'un automobiliste a parcouru une distance AB à la vitesse de 80 km à l'heure, cette vitesse indique une vitesse moyenne entre A et B.

EXEMPLE n° 1 : Un cycliste part à 8 h 10 min d'une ville A vers une ville B distante de A de 55 km. Il arrive en B à 10 h.
À quelle vitesse moyenne a-t-il roulé ?

➤ Premier travail : chercher le temps mis pour aller de A à B :

t = 10 h – 8 h 10 min = 9 h 60 min – 8 h 10 min ;
t = 1 h 50 min = 110 min

➤ Deuxième travail : Quelle distance parcourt-il en 60 min (1 h)

Distance en km	55	?
Temps en min	110	60

(55 × 60) ÷ 110 = 30 km

EXEMPLE n° 2 : Un camion effectue le trajet de A à B, distant de 160 km, à la vitesse moyenne de 60 km/h. Il part de A à 8 h 20 min.
À quelle heure arrivera-t-il en B ?
Pour trouver l'heure d'arrivée, il faut connaître la durée du voyage, c'est-à-dire le temps mis pour aller de A à B. La vitesse moyenne nous donne le rapport entre la distance et le temps.

Distance en km	160	60
Temps en min	?	60

(160 × 60) ÷ 60 = 160 min = 2 h 40 min
Heure d'arrivée : 8 h 20 min + 2 h 40 min = 11 h.

EXERCICE

1. Un train part de Paris à 20 h 15 min et arrive à Bordeaux à 1 h 50 min. La distance parcourue est de 588 km. Quelle est la vitesse moyenne de ce train (arrondir au km/h près) ?
2. Quel temps met une voiture de F1 roulant à 215 km/h pour parcourir les 301 km du Grand Prix ?
3. Chloé a marché pendant 3 h 42 min à la vitesse moyenne de 5,4 km/h. Quelle distance a-t-elle parcouru ?
4. Un automobiliste fait l'aller – retour Paris-Bordeaux soit 600 km (aller). À l'aller il met 6 h et au retour il roule à 105 km/h de moyenne. Quelle est la vitesse moyenne à l'aller ? Combien de temps mettra-t-il au retour ?

J-19 CORRIGÉ

BIOLOGIE

1. La rétine contient les cellules visuelles. Elle perçoit les images et les transmet au cerveau.
2. Le cristallin. Il assure l'accommodation (vision nette).
3. Sclérotique – choroïde – rétine.

MATHÉMATIQUES

1. temps de voyage ; 24 h – 20 h 15 = 3 h 45
   Et 3 h 45 +1 h 50 = 4 h 95 soit 5 h 35 min = 335 min
   $V = d \div t = 588 \div 335 \times 60 = 105$ km/h
2. $T = d \div v = 310 \div 215 =$ 1 h 26 min 30 s
3. 3 h 45 = 225 min
   $D = v \times t = 5{,}4 \times 225 \div 60 = 20{,}25$ km
4. Vitesse de l'aller : $600 \div 6 = 100$ km/h
   Temps pour le retour : $600 \div 105 =$ 5 h 42 min 51 s

J-18 CULTURE GÉNÉRALE
Méthodologie de l'oral (I)

I. PRÉSENTATION DE L'ÉPREUVE

L'épreuve orale d'admission est identique dans les concours d'accès à la formation d'aide-soignant et d'auxiliaire de puériculture. Elle consiste en un **entretien** de 20 minutes maximum avec deux membres du jury, précédé de 10 minutes de préparation.

L'entretien se divise en **deux parties** :

- présentation d'un **exposé** à partir d'un thème relevant du domaine sanitaire et social et réponse à des questions. Cette partie, notée sur 15 points, vise à tester les capacités d'argumentation et d'expression orale du candidat ainsi que ses aptitudes à suivre la formation ;
- **discussion** avec le jury sur la connaissance et l'intérêt du candidat pour la profession d'aide-soignant ou d'auxiliaire de puériculture. Cette partie, notée sur 5 points, est destinée à évaluer la motivation du candidat.

L'épreuve est notée sur 20 points. Si une note inférieure à 10 sur 20 est éliminatoire, une note égale ou supérieure à la moyenne n'assure pas l'admission, qui dépend du nombre de places ouvertes au concours.

IMPORTANT : *l'admission ne résulte pas d'une moyenne entre la ou les notes d'écrit et la note d'oral, mais uniquement de cette dernière.*

L'épreuve orale vise à apprécier la maîtrise d'une « culture sanitaire et sociale » dont aucun texte ne définit le contenu. Si un important travail d'acquisition et de révision des **connaissances** se montre indispensable, il se confond avec celui effectué pour préparer l'écrit de culture générale. À vous de relire régulièrement vos fiches pour en entretenir le souvenir. Efforcez-vous aussi de suivre l'**actualité** sanitaire et sociale qui souvent inspire aux examinateurs des questions (voir J-60).

Dans le respect de la réglementation, les **grilles d'évaluation** des candidats sont librement définies par les autorités organisatrices des concours. Celle de l'école d'auxiliaires de puériculture de Neuilly, dans le département des Hauts-de-Seine, rend bien compte des barèmes généralement adoptés. Elle comprend cinq critères notés chacun sur quatre points :

- aptitudes physiques (présentation physique, attitude générale) ;
- aptitudes intellectuelles (raisonnement, curiosité) ;
- aptitudes à communiquer (de manière verbale et non verbale) ;
- aptitudes relationnelles (maîtrise de soi, rapport aux autres) ;
- motivations (parcours et projets personnels, connaissance de la profession).

II. CONSEILS PRATIQUES

Vous ne devez surtout pas attendre la proclamation des résultats d'admissibilité pour commencer la **préparation** de l'oral. C'est dès la tenue de l'épreuve ou des épreuves écrites que, après quelques jours de repos, vous devez vous remettre au travail.

Le **jour de l'épreuve**, le candidat s'efforce d'arriver trente minutes au moins avant l'heure indiquée sur sa convocation : c'est le seul moyen d'éviter tout retard ou toute précipitation, sources de stress. Les candidats les plus prudents ou les plus anxieux auront sans doute pris la précaution, dans les jours précédents, de venir repérer les lieux.

Dès votre arrivée, vous devez impérativement éteindre votre **portable**. Une sonnerie intempestive perturberait l'épreuve, vous déstabiliserait, indisposerait les examinateurs et influencerait sans doute leur notation.

Certains se posent des questions relatives à l'**habillement**. Il est certain que les candidats — féminins comme masculins — doivent adopter une tenue classique et sobre. Dans leur choix vestimentaire, ils considéreront deux éléments :

- ils se rendent à un entretien d'embauche, puisque le concours peut être considéré comme la première étape d'une longue procédure de recrutement ;
- ce choix est censé traduire leur personnalité.

Il est incontestable que la tenue vestimentaire, et la présentation physique en général (la coiffure, les boucles d'oreille ou les *piercings* par exemple), constituent des éléments d'appréciation et influencent la notation des examinateurs. Mais il est également important que le candidat porte des vêtements dans lesquels il n'apparaisse pas emprunté et endimanché.

III. LA PRÉPARATION DE L'EXPOSÉ

Le candidat commence par tirer au sort un sujet qui peut prendre **quatre formes** :

- phrase interrogative ou affirmative ;
- citation ou texte court, le plus souvent suivis d'une ou plusieurs questions ;
- cas pratique ou situation concrète, souvent suivis d'une ou plusieurs questions ;
- image, affiche, symbole, souvent suivis d'une ou plusieurs questions.

Puis le candidat s'installe pour **préparer** son intervention soit dans une pièce spécialement prévue à cet effet, soit dans celle où se déroulent les entretiens. Dans les deux cas, le lieu peut être bruyant. L'usage de boules Quiès peut constituer une solution pour les candidats les plus sensibles.

Le temps de préparation – 10 minutes – peut vous sembler suffisant. En réalité, tous les candidats font l'expérience qu'il passe très vite. Il faut impérativement s'interdire de rédiger l'exposé qu'on s'apprête à faire, même en style télégraphique. Le seul objectif qu'on puisse raisonnablement viser consiste à élaborer un **plan détaillé** de l'intervention. De toute façon, l'épreuve ne consiste pas en un exercice de lecture. Le jury attend au contraire que le candidat s'adresse à lui en s'aidant de ses notes préparatoires comme d'un tableau de bord.

IMPORTANT : *il ne faut pas lire mais dire, à partir non d'un texte rédigé, mais d'un plan détaillé.*

Du **point de vue intellectuel**, pour construire son plan détaillé, le candidat met en œuvre les techniques qu'il a acquises en préparant l'épreuve écrite. Il structure son exposé en deux ou trois parties auxquelles il donne des titres. Puis il subdivise ces parties en deux ou trois sous-parties au sein desquels sont notés les mots-clés et les chiffres significatifs.

Le plan constitue un critère de la notation. Toute intervention structurée, qui commence par une introduction, comporte deux ou trois parties et s'achève par une conclusion est assurée d'une note correcte, à moins d'un hors sujet ou de connaissances vraiment indigentes. De plus, le plan favorise la clarté, donc une impression d'ensemble favorable.

Du **point de vue matériel**, le candidat doit rédiger ses notes en caractères assez larges, plus larges que sur les copies de culture générale par exemple. En effet, il doit pouvoir se relire rapidement, d'un simple coup d'œil, pour s'exprimer le plus possible en s'adressant aux examinateurs. Nombreux sont les candidats qui, lors de l'exposé, peinent à se déchiffrer ou se perdent au milieu de leurs flèches multidirectionnelles.

De même, il faut n'écrire que sur le recto des feuilles, pour n'avoir pas à les tourner et les retourner. Enfin, il est sage de les numéroter afin de prévenir tout risque d'inversion ou de confusion.

Les feuilles de brouillon sont fournies par l'autorité organisatrice : le candidat n'hésite pas à en prendre d'emblée cinq ou six et à en redemander en cas de besoin.

IV. LA RÉUSSITE DE L'INTERVENTION

Une fois en face du jury, le candidat attend que les examinateurs l'invitent à s'asseoir puis à se présenter, c'est-à-dire à décliner son nom et son prénom. Après s'être assis, il installe posément ses notes en face de lui, un crayon, un stylo ou un feutre, ainsi qu'une montre pour gérer son temps d'épreuve.

En principe, les examinateurs demandent au candidat de mentionner son sujet. Sinon, le candidat commence par le faire, avant de passer à son introduction. Il ne doit jamais oublier que le jury ne prend pas seulement en considération ses connaissances, mais également ses **qualités d'exposition**. Le plan est-il annoncé et suivi ? La langue est-elle respectée ? La parole est-elle maîtrisée ? Le discours est-il argumenté ? intéressant ? convaincant ?

À l'oral, l'usage de la **première personne du singulier** s'impose. « Pour conclure, je soulignerai... ». En revanche, la première personne du pluriel – le « nous » dit de majesté ou de modestie – doit être bannie, car elle paraît d'une solennité vraiment déplacée dans la bouche d'un candidat à une épreuve orale.

Certains procédés ayant pour objet de marquer la **structuration** des développements se montrent plus essentiels encore à l'oral qu'à l'écrit. Il s'agit des annonces et des rappels de plan (« Voilà quelles sont les principales conséquences du vieillissement de la population française. Je passe maintenant au second point de mon exposé, c'est-à-dire aux nombreuses interventions des collectivités territoriales dans ce domaine. ») ; des transitions ; des « d'une part, d'autre part », « d'abord, ensuite, enfin » ; des numérotations...

Un moyen simple et efficace d'ordonner les développements consiste en effet à **dénombrer** les causes, les conséquences, les attributions, etc., que l'on s'apprête à détailler. « Je distinguerais trois conséquences principales du vieillissement de la population française. La première... »

Il est important, pour le confort du candidat comme pour la structuration du discours, de marquer un bref temps d'arrêt – de **bien respirer** – entre les différentes parties et sous-parties, ou simplement entre les idées essentielles. D'une façon générale, le candidat doit montrer qu'il maîtrise non seulement le sujet, mais aussi ses nerfs, sa voix, son souffle.

Une fois sa conclusion effectuée, le candidat indique clairement que son exposé est achevé au moyen d'une phrase qui « ferme la boucle » sans équivoque, telle que : « Voilà les premières réflexions que m'inspire la question du vieillissement de la population française. » Une seconde phase prend la forme d'un échange au cours duquel le candidat s'efforce de répondre aux questions posées par les examinateurs.

IMPORTANT *: pour mettre en œuvre la méthodologie relative à l'exposé, vous vous efforcerez de préparer dans les conditions du concours, sans document et en dix minutes, chacun des sujets proposés, avant d'en lire le corrigé. Il est souhaitable de faire plusieurs fois l'exposé devant un ami ou un parent capables de vous poser ensuite des questions, pour enfin vous donner un jugement sur la forme et sur le fond.*

EXERCICE

« Je sais, il y a des gens qui disent, enivrés par nos petits bonds dans le cosmos : "Eh bien, quand l'homme aura épuisé le capital nourricier de sa planète, quand il aura pillé tous les magasins terrestres, quand il se sera rendu son logis inhabitable avec ses ordures radioactives, avec ses pétroles, avec sa chimie, il émigrera sur un autre globe, qu'il mettra à sac et souillera à son tour." En attendant que ces rêves prennent corps, conduisons-nous en bons "terricoles". »

➤ En quoi cette réflexion de Jean Rostand (*Inquiétudes d'un biologiste*, 1967) exprime-t-elle un enjeu essentiel pour les générations futures ?

IFSI hôpital Esquirol (Saint-Maurice), 2007

J-18 CORRIGÉ

CULTURE GÉNÉRALE

En 1967, Jean Rostand (1894-1977) n'est pas loin de soutenir, dans *Inquiétudes d'un biologiste*, que nombre des malheurs du monde seraient causés par la soif des hommes de se rendre « comme maîtres et possesseurs de la nature », pour reprendre une expression fameuse de René Descartes. Or les évolutions qui nourrissaient ses peurs n'ont cessé de se renforcer au cours des quarante dernières années. C'est pourquoi il est essentiel de réfléchir à l'avenir de notre planète.

Grâce au développement prodigieux des sciences et des techniques, l'homme a réussi à conquérir et dominer la Terre. Mais ses interventions ont pour effet d'épuiser les ressources naturelles et de multiplier les déchets industriels. Or, à force de détruire la nature, l'homme risque de mettre sa propre existence ou du moins son propre bien-être en danger.

C'est ainsi que, selon la Commission du développement durable des Nations unies, plus de la moitié des cours d'eau seraient gravement pollués. Et même si la croissance de la population mondiale tend à se ralentir, « les magasins terrestres » ne sauraient permettre de nourrir durablement des hommes aussi nombreux et envahissants.

La solution ne consiste évidemment pas à émigrer sur une autre planète pour la piller à son tour, comme l'évoque avec ironie Jean Rostand. Il est en revanche urgent, selon le mot d'ordre du biologiste, de se conduire en bons « terricoles ».

Il n'est pas nécessaire de détruire les sciences et les techniques, de renoncer aux progrès de la biologie et de médecine ou, plus prosaïquement, aux bienfaits de la voiture individuelle ou des voyages en avion. Il ne s'agit pas de stopper ni même de limiter le développement technique ou économique, mais de le contrôler et de l'orienter pour supprimer ou atténuer ses effets les plus néfastes. C'est ainsi que le développement durable représente aujourd'hui une préoccupation des collectivités publiques et une exigence constitutionnelle (Charte de l'environnement de 2004).

En somme, il faut croire dans la capacité des hommes à concilier, comme ils tentent de le faire depuis longtemps, des impératifs apparemment contradictoires, leur aspiration au bien-être, au progrès, au développement, et la protection de la nature.

J-17 BIOLOGIE
Les défenses de l'organisme

I. LE SYSTÈME ENDOCRINIEN RÉGULATEUR

Les glandes endocrines sécrétion, et déversent leurs hormones dans le sang. Elles agissent sur les cellules d'un autre organe, qu'elles stimulent ou inhibent, de façon à maintenir constantes certaines valeurs.

- L'**hypophyse** contrôle indirectement toutes les glandes du système endocrinien. Elle est liée à l'hypothalamus, située à la base du cerveau.
- La **thyroïde** est située devant et sur les côtés du cartilage du larynx. Elle sécrète des hormones qui interviennent sur la croissance.
- Les **parathyroïdes** sont situées dans la région du cou sous la glande thyroïde. Elles sécrètent la **parathormone**, qui contrôle la concentration du calcium et du phosphore dans le sang.
- Le **thymus**, situé à la base du cou est le lieu de fabrication des globules blancs appelés lymphocytes T.
- Les **glandes surrénales**.
- Le **pancréas** produit l'insuline qui régule la glycémie.
- Les **gonades** sont des glandes sexuelles qui sécrètent les hormones spécifiques.

II. LA RÉGULATION DE LA GLYCÉMIE

Le taux de glucose dans le sang s'appelle la **glycémie**. Sa valeur à jeun est de 0,80 g par litre. La glycémie est régulée par deux hormones principales, l'**insuline** et le **glucagon**, mais aussi par l'hormone de croissance, les glucocorticoïdes, l'adrénaline, et la thyroxine.

L'insuline, produite par des cellules du pancréas diminue le taux de glucose dans le sang. Si, par manque d'insuline, le glucose s'accumule dans le sang, l'hyperglycémie provoque un malaise général pouvant aller jusqu'au coma. Cette maladie est appelée **diabète**. **Des injections d'insuline associées à un régime alimentaire mesuré en glucides permettent de contrôler la maladie**.

III. LE SYSTÈME IMMUNITAIRE

L'immunité est l'ensemble des processus qui protègent l'organisme contre les micro-organismes et les substances étrangères ou anormales.

A. Les défenses non spécifiques

Une première barrière (peau et muqueuses) empêche la pénétration des agents pathogènes.

Lorsque la peau présente une lésion, les microbes peuvent envahir les tissus plus profonds. Les phagocytes (globules blancs et macrophages) passent à travers la paroi des vaisseaux. Ce phénomène s'appelle **la diapédèse**. Ils entourent alors les substances étrangères et les débris des cellules lésées. Ils forment une vacuole, puis ils digèrent leurs proies. C'est la **phagocytose**. Les restes de germes, de polynucléaires et de débris tissulaire constituent le pus.

Au niveau de la peau il se produit une **réaction inflammatoire** caractérisée par 4 signes : **rougeur**, **douleur**, **chaleur**, **œdème** (gonflement).

B. Les défenses spécifiques : les anticorps

Les substances étrangères appelées **antigènes** sont reconnues par des globules blancs (lymphocytes) qui fabriquent des **anticorps**, permettant de se défendre contre une éventuelle attaque ultérieure de ces éléments étrangers. À une substance étrangère correspond un anticorps spécifique.

La **vaccination** permet d'acquérir une immunité active artificielle. Les vaccins contiennent des agents pathogènes morts ou vivants très atténués, capables de stimuler la production d'anticorps spécifiques. Le corps fabrique lui-même des anticorps : l'immunité est **active**.

Les anticorps apparaissent au bout de 3 semaines : l'immunité est **tardive**.

La **sérothérapie** consiste à injecter des anticorps étrangers .Ils procurent une protection **immédiate**, **de courte durée**. Ils sont éliminés en 3 semaines. Le corps subit cette immunité : elle est dite **passive**.

Le respect des vaccinations contribue à une immunité le plus efficace possible.

EXERCICE

1. Nommer les signes de la réaction inflammatoire.
2. Compléter le tableau

	Vaccination	Sérothérapie
Immunité (active ou passive)		
Durée d'action		
Efficacité		

3. Citer la glande qui intervient dans la régulation de la glycémie. Précisez le nom de sa production.

MATHÉMATIQUES
Les pourcentages

I. DÉFINITIONS

Le **coefficient de proportionnalité** de deux grandeurs proportionnelles peut être exprimé sous la forme d'une fraction décimale ayant 100 pour dénominateur. Le coefficient représente ainsi un tant pour cent ou un pourcentage (appelé parfois le ***taux***).

EXEMPLE : 5 % se lit « cinq pour cent ».

REMARQUE : Parfois le coefficient de proportionnalité est exprimé en tant pour mille (le taux de natalité).

II. APPLICATIONS

- On connaît le pourcentage

EXEMPLE : Calculer les 3 % de 6 500 €.

Pour prendre le pourcentage d'un nombre on multiplie ce nombre par le pourcentage :

(6 500 × 3) ÷ 100 = 195 euros

- On cherche un pourcentage

EXEMPLE : Un produit coûte 262,50 €. Or ce même produit coûtait la veille 250 €. Quel est donc le pourcentage de cette augmentation ?

Je cherche d'abord l'augmentation : 262,50 – 250 = 12,50

Ancien prix	250	100
Augmentation	12,50	?

Produit en croix (12,50 × 100) ÷ 250 = 5
L'augmentation est de 5 € pour 100 € donc de 5 %.

La difficulté dans un calcul de pourcentage est de bien saisir ce que l'on cherche et à quoi on le compare. Il faut donc toujours se dire « je cherche le pourcentage de quoi (A) par rapport à quoi (B) ? ».
Dans l'exemple, on cherchait le pourcentage de l'augmentation (A) par rapport à l'ancien prix (B).

EXERCICE

1. Vous avez récolté 17 kg de pommes. À la fin de l'hiver, il vous reste seulement 3 kg. Quel pourcentage avez-vous consommé ?
2. Dans un collège de 590 élèves 60 % sont demi-pensionnaires. Combien sont-ils à déjeuner à la cantine ?
3. Une citerne ayant une capacité de 5 800 l est remplie à 65 %. Quelle quantité de liquide peut-elle encore recevoir ?
4. Sur un salaire de 1 450 €, il est prélevé 22 % de charges. Quel est le salaire net ?
5. Dans un village de 1 000 personnes, les femmes représentent 60 %. Un nouveau lotissement est construit, qui représente 200 nouveaux habitants, dont 48 % de femmes. Quel pourcentage représente alors le sexe féminin dans la population totale du village ?

J-17 CORRIGÉ

BIOLOGIE

1. Rougeur, chaleur, douleur, œdème.
2. Compléter le tableau.

	Vaccination	Sérothérapie
Immunité	active	passive
Durée d'action	à vie (avec des rappels)	1 mois
Efficacité	au bout de 3 semaines	immédiate

3. Le pancréas. Il secrète l'insuline.

MATHÉMATIQUES

1. Quantité de pommes consommées : 17 kg – 3 kg = 14 kg.

Pommes récoltées	17	100
Pommes consommées	14	?

(14 × 100) ÷ 17 = 82,35 pourcentage : 82,35 %

2. 590 × 60 ÷ 100 = 354 élèves
3. 5 800 × 65 ÷ 100 = 3 770 l ; 5 800 l – 3 700 = 2 100 l
4. Montant des charges : 1 450 × 22 ÷ 100 = 319 €
   Salaire net : 1 131 €
5. Nombre de femmes dans l'ancienne population :
   1 000 × 60 ÷ 100 = 600 ; nombre de femmes nouvellement installées : 200 × 48 ÷ 100 = 96 ; nombre de femmes en tout : 600 +96 = 696
   Donc 696 ÷ 1 200 = 58 %

J-16 CULTURE GÉNÉRALE
Méthodologie de l'oral (II)

Dans les jours précédant l'entretien, le candidat prépare une liste des points forts de son ***curriculum*** ainsi que des motivations à mettre en valeur. Il élabore également le plan d'une présentation de son parcours pour n'être pas pris de court si le jury lui demande de se présenter en 2 ou 3 minutes.

Dans le cadre d'un « curriculum parlé » de 3 minutes, les ***30 premières secondes*** *permettent au candidat de se présenter (nom, prénom, âge, diplôme(s), activité professionnelle actuelle éventuellement).*

Lors des ***deux minutes*** *suivantes, le candidat détaille les différentes étapes de son parcours scolaire et professionnel. L'ordre le plus pertinent est celui de la chronologie, en allant de l'expérience la plus ancienne à la plus récente. Le candidat doit aussi exposer les raisons pour lesquelles il veut devenir aide-soignant ou auxiliaire de puériculture. Les motivations sont présentées dans un ordre décroissant d'importance, en commençant par les plus importantes et les plus « nobles » afin de les mettre en valeur.*

Les ***trente dernières secondes*** *permettent d'élargir la perspective et de préparer la conclusion. Le candidat, qui vient de résumer sa vie passée, se projette dans l'avenir. Il peut aussi montrer que sa vocation est cohérente avec les autres facettes de sa personnalité et de sa vie, par exemple avec ses responsabilités extraprofessionnelles.*

Une fois son exposé effectué, le candidat indique clairement qu'il est achevé. Cette **conclusion** prend la forme d'une phrase qui « ferme la boucle » sans équivoque, telle que : « Voilà donc quelles sont les principales étapes de mon parcours scolaire et professionnel dont l'inscription à ce concours constitue un prolongement naturel ».

Le candidat doit **préparer** chez lui son intervention, en arrêter le plan détaillé et, à partir de ce plan, s'entraîner à faire l'exposé sur le ton de la conversation, en respectant la limite de trois minutes par exemple. Il doit aussi envisager l'hypothèse d'une réduction de la durée de présentation en hiérarchisant les éléments de son exposé.

Il est souhaitable de faire au moins une fois la présentation devant **un ami ou un parent** qui pourra ensuite poser des questions et enfin donner un jugement sur la forme et sur le fond. L'idéal est bien sûr que cet ami ou ce parent appartienne au monde paramédical.

EXERCICE

➤ En région parisienne, beaucoup de personnes de cultures différentes se côtoient (pays, religion différents). Quels sont les avantages et les inconvénients de ce mélange culturel ?

Lycée Jacques Monod (Paris)

TEST PSYCHOTECHNIQUE
Aptitude visuelle

Les exercices de cette série demandent une grande attention et de la concentration. Vous disposez d'un tableau avec des icônes et il faut trouver le nombre de fois où un motif apparaît. Attention à la consigne donnée !

1. Combien de fois apparaît 👓 avec 🔔 directement à sa gauche.

☐ A 2 ☐ B 3
☐ C 5 ☐ D 1
☐ E 0 ☐ F 6

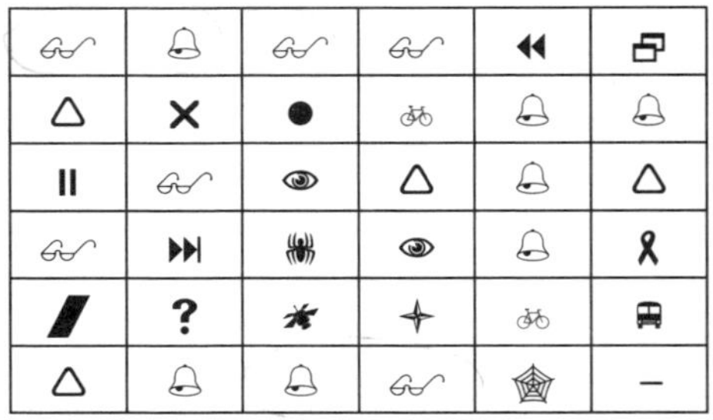

2. Combien de fois apparaît 👓 avec 👓 directement à sa droite.

☐ A 4 ☐ B 2
☐ C 5 ☐ D 1
☐ E 7 ☐ F 6

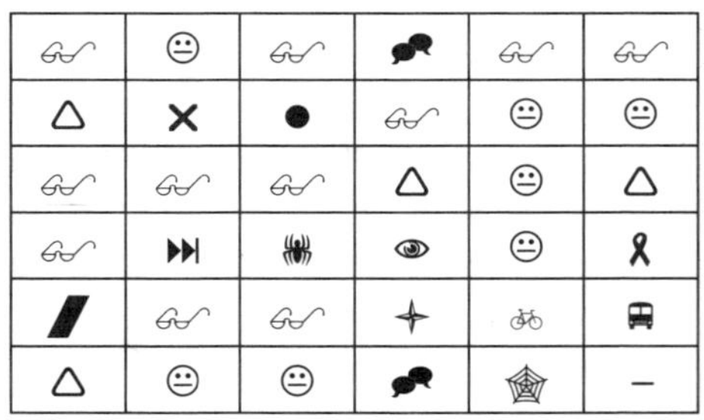

3. Combien de fois apparaît ♈ avec ✸ directement dessous.

☐ A 2 ☐ B 3
☐ C 5 ☐ D 1
☐ E 0 ☐ F 6

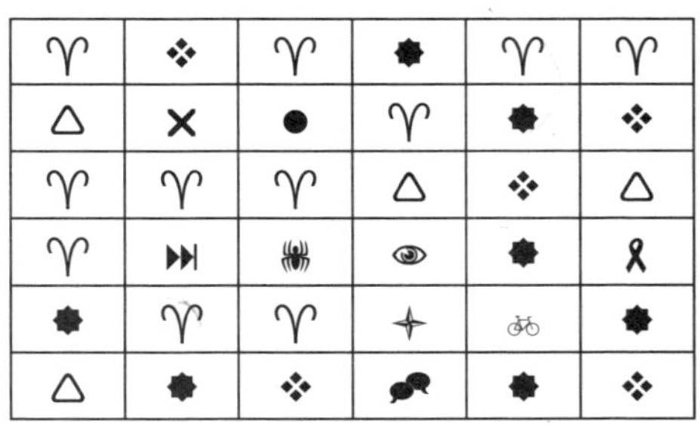

4. Combien de fois apparaît 🔈 avec ✕ directement dessous.

☐ A 3 ☐ B 2
☐ C 0 ☐ D 1
☐ E 4 ☐ F 6

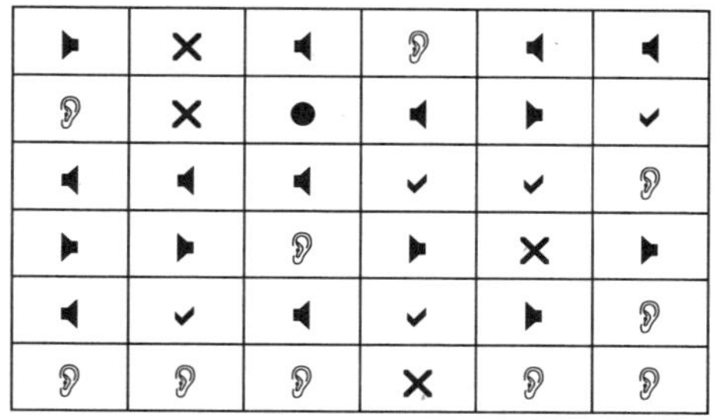

5. Combien de fois apparaît ☁ avec ☁ directement dessus.

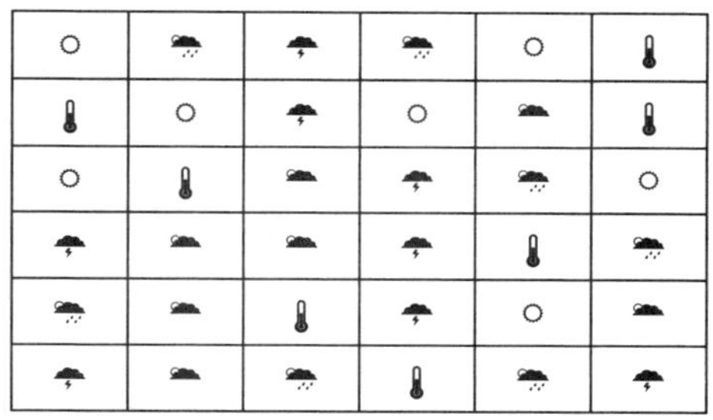

☐ A 1 ☐ B 0
☐ C 5 ☐ D 2
☐ E 3 ☐ F 6

6. Combien de fois apparaît 🔈 avec ✕ directement dessus.

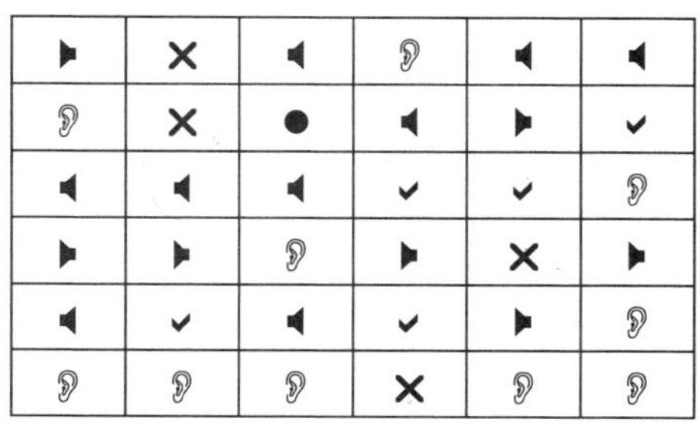

☐ A 3 ☐ B 2
☐ C 0 ☐ D 1
☐ E 4 ☐ F 6

J-16 CORRIGÉ

CULTURE GÉNÉRALE

En 2004, l'INSEE recense 3,5 millions d'étrangers (dont 550 000 nés en France), qui ne possèdent pas la nationalité française, et 4,9 millions d'immigrés personne nés dans un pays étranger avec une nationalité étrangère (dont 2 millions ont acquis la nationalité française) très inégalement répartis sur le territoire français et particulièrement implantés en Île-de-France. Ces personnes étrangères ou d'origine étrangère possèdent des cultures différentes dont le mélange peut être source de richesses mais aussi de problèmes pour la société française.

D'une autre nationalité, l'étranger ne se caractérise pas seulement par un passeport distinct. Du point de vue culturel aussi, il se distingue des nationaux, par la langue, le costume, les goûts culinaires, les références culturelles, diverses coutumes...

La France a l'habitude de cette confrontation culturelle. Dès le XIXe siècle, elle devient un pays d'immigration. Malgré la crise économique et sociale, environ 120 000 étrangers continuent de s'installer chaque année. Pourtant le nombre d'étrangers demeure d'une étonnante stabilité. Car la France s'est fait une spécialité de transformer les étrangers en Français. Cette assimilation est juridique aussi bien que culturelle. Si la France accorde généreusement sa nationalité, c'est qu'elle se flatte d'assimiler les étrangers avec lesquels elle entre en contact, de les rendre semblables aux nationaux, de les franciser. C'est cette puissance qui, aujourd'hui, paraît remise en cause.

Pendant longtemps, l'immigration est restée de voisinage. En 1946, les Européens représentent presque 90 % de la population étrangère. Aujourd'hui, les principaux pays d'origine sont africains. Entre Européens, les différences culturelles pouvaient sembler presque imperceptibles. Aujourd'hui, certaines cultures d'origine se révèlent tellement éloignées des nôtres qu'elles nous paraissent étranges, parfois choquantes. Ce choc des cultures est flagrant lors des procès faits aux parents africains qui, conformément aux traditions de leur pays, font exciser leurs jeunes filles. Il explique les passions déchaînées par l'affaire dite du « foulard islamique », qui illustre la contradiction existant entre l'Islam traditionnel et les conceptions françaises relatives aux relations entre religion et politique comme entre les hommes et les femmes.

La nation s'est lancé un défi sans précédent : continuer à transformer en Français des individus qui, culturellement, sont de plus en plus étrangers à ses valeurs et à ses mœurs. Il est donc urgent de renforcer les deux principaux mécanismes de l'intégration, l'école et l'entreprise.

TEST PSYCHOTECHNIQUE

1. Réponse A. **2.** Réponse A.
3. Réponse B. **4.** Réponse C.
5. Réponse E. **6.** Réponse D.

J-15 BIOLOGIE
Substances alimentaires (I)

I. ALIMENTS ET NUTRIMENTS

Les aliments sont composés de substances alimentaires présentes en quantité variable : les glucides, les lipides, les protides, les minéraux, les vitamines, les fibres et l'eau.

La digestion permet de transformer ces substances **en nutriments** capables de passer dans le sang qui les véhicule et les distribue aux cellules de l'organisme pour les utiliser. Les nutriments sont :

- le **glucose**, résultat de la digestion des glucides ;
- les **acides gras** et le **glycérol**, résultat de la digestion des lipides ;
- les **acides aminés** résultat de la digestion des protides ;
- les **minéraux** ;
- les **vitamines** ;
- l'**eau**.

Les réactions chimiques (hydrolyse) permettant la dégradation des substances alimentaires complexes, dégagent de l'énergie, exprimée en kilojoules ou kilocalories (**1 kcal = 4,18 kJ**) :

- la dégradation d'1 g de glucide dégage 17 kilojoules ou 4 kilocalories ;
- la dégradation d'1 g de lipides dégage 38 kilojoules ou 9 kilocalories ;
- la dégradation d'1 g de protides dégage 17 kilojoules ou 4 kilocalories.

Les vitamines, **les minéraux**, **les fibres et l'eau** n'apportent pas d'énergie car elles ne subissent pas de dégradation lors de la digestion ; leur structure moléculaire est suffisamment petite pour pénétrer telle quelle dans les cellules.

II. LES SUBSTANCES ÉNERGÉTIQUES

A. Les glucides

Les glucides apportent de l'énergie à l'organisme. Ils permettent de fournir un effort musculaire et intellectuel.

- **Les sucres simples** appelés les **oses** ou monosaccharides sont formés d'une seule molécule. Ce sont : le glucose, le lévulose, le fructose, le galactose. Le glucose est l'aliment de la cellule nerveuse.
- **Les sucres composés**, appelés **diholosides** sont le résultat de l'association de deux molécules d'oses. On peut citer le saccharose, sucre du commerce ou le lactose, sucre du lait.

Les sucres simples et les sucres sont appelés aussi « sucres rapides », car leur structure chimique simple leur permet d'être rapidement assimilables. Les fruits et les produits sucrés sont riches en sucres rapides.

- **Les sucres complexes** ou polyholosides sont fournis par la condensation de plusieurs sucres composés, comme les amidons. On en trouve dans les pâtes, le riz, les féculents.

B. Les lipides

Les lipides sont des substances hautement énergétiques.

Les lipides simples sont composés d'une molécule de glycérol associée à des molécules d'acides gras différents :

- **les acides gras saturés** ne comportent que des liaisons simples. Ils sont plus difficilement assimilables par l'organisme et présentent des facteurs de risques de maladies cardio-vasculaires. On les trouve principalement dans les graisses animales (beurre, viandes) ;
- **les acides gras insaturés** possèdent des doubles liaisons, car leur chaîne est « cassée ». Ils sont moins nocifs pour l'organisme. On les trouve dans les graisses végétales (huiles végétales).

Les acides gras essentiels ne peuvent être fabriqués par l'organisme : ils doivent donc être apportés par l'alimentation.

Les lipides assurent **la thermorégulation** et servent de **véhicule** aux vitamines liposolubles.

C. Les protides

Les protides sont des substances plastiques, formées de longues chaînes d'acides aminés, fournisseurs d'azote, indispensable à la vie.

Il existe une trentaine d'acides aminés différents dont 8 sont appelés **indispensables (AAI)** car l'organisme est incapable de les fabriquer, ils ne sont apportés que par l'alimentation. Les protéines d'origine animales sont plus riches en AAI que les protéines d'origine végétales. Elles sont donc de meilleure qualité. Les viandes, poissons, œufs sont riches en protéines.

Chaque aliment contient des protéines spécifiques, de plus un seul aliment peut contenir plusieurs variétés de protéines (exemple, le lait renferme deux protéines : lactalbumine et caséine).

EXERCICE

1. Citer les nutriments.
2. Nommer les substances énergétiques.
3. Répondre par vrai ou faux.

	vrai	faux
Le lactose est un sucre simple	☐	☐
Les lipides assurent la thermorégulation	☐	☐
Le glucose est le résultat de la digestion des lipides	☐	☐
Les amidons sont des sucres simples	☐	☐
Les acides aminés sont les constituants des protides.	☐	☐

MATHÉMATIQUES
Les intérêts

I. DÉFINITIONS

Le **capital** est la somme prêtée ou placée.

L'**intérêt** est le revenu de la somme prêtée ou placée.

Le **taux** est l'intérêt d'un capital de 100 € prêté ou placé pendant 1 an.

Le **temps de placement** est la durée comprise entre la date du prêt ou du placement et la date de remboursement. Le temps dans les calculs d'intérêts simples est donné en années.

Tous les mois de l'année commerciale ont 30 jours et donc une année comporte 12 × 30 = 360 jours, ce qui signifie que si 1 an = 12 mois alors 1 mois = $\frac{1}{12}$ an. Si 1 mois = 30 jours alors 1 jour = $\frac{1}{30}$ mois. Si 1 an = 360 jours alors 1 jour = $\frac{1}{360}$ an.

Les questions relatives à l'intérêt ont pour objet la recherche de **l'intérêt**, la recherche du **temps de placement**, la recherche du **taux annuel**, et la recherche du **capital**.

L'intérêt est proportionnel au capital d'une part et à la durée de placement d'autre part. Toutes ces questions se résolvent donc par la règle de trois (ou tableau de proportionnalité) ; cependant nous donnerons ici, une formule qui pourrait aider certains lecteurs.

II. CALCUL DE L'INTÉRÊT

Une somme de 5 800 € est placée à 5 % pendant 2 ans 7 mois. Quel intérêt rapportera-t-elle ?

Somme	100	5 800
Intérêt	5	?

Pour 1 an 5 800 euros placés à 5 % rapportent :

(5 800 × 5) ÷ 100 = 240 euros

Pour 7 mois 240 ÷ 12 × 7 = 140 donc pour 2 ans et 7 mois :

240 × 2 + 140 = 480 + 140 = 620 euros.

III. CALCUL DU CAPITAL

Quel est le capital qui, placé au taux annuel de 4 %, rapporte 50 € après 15 mois ?

Si l'intérêt est de 50 euros en 15 mois en 1 an soit 12 mois il sera : 50 ÷ 15 × 12 = 40 euros

Somme	100	?
Intérêt	4	40

Somme placée = 100 × 40 ÷ 4 = 1 000 euros

IV. CALCUL DE TEMPS

Pendant combien de temps faut-il placer 4 500 € à 5 % pour avoir 240 € d'intérêt ?

Somme placée pour 1 an	100	4 500
Intérêt	5	?

Pour 1 an, 4 500 euros rapportent : (4 500 × 5) ÷ 100 = 225 euros

Temps de placement	12 mois	?
Intérêt	225 €	240 €

Temps de placement pour obtenir 240 euros d'intérêt :
12 × 240 ÷ 225 = 12,8 mois soit 12 mois et 0,8 mois
Si 1 mois = 30 jours alors 0,8 mois = 30 × 0,8 = 24 jours
Temps de placement : 1 an et 24 jours

V. CALCUL DU TAUX (L'INTÉRÊT OBTENU AU BOUT DE 1 AN, SI L'ON PLACE 100 € ?)

Une somme de 6 400 € a rapporté 320 € en 1 an et 3 mois. À quel taux était-elle placée ?

Calcul de l'intérêt annuel de 6 400 €
1 an 3 mois = 12 + 3 = 15 mois
En 15 mois, l'intérêt est de 320 €
En 12 mois il sera de 320 ÷ 15 × 12 = 256 €

Somme placée	6 400	100
Intérêt	256	?

Les 6 400 euros ont été placés à 4 %.

EXERCICE

4. Une somme de 5 000 euros est prêtée à 4 % du 1er janvier au 1er juillet. Quel intérêt rapportera-t-il ?

5. Un capital de 1 000 euros placé à 4 % a rapporté 120 euros. Pendant combien de temps a-t-il été placé ?

J-15 CORRIGÉ

BIOLOGIE

1. Glucose – acides gras et glycérol – acides aminés – minéraux – vitamines – eau.
2. Glucides – lipides – protides
3.

	vrai	faux
Le lactose est un sucre simple	☐	☑
Les lipides assurent la thermorégulation	☐	☑
Le glucose est le résultat de la digestion des lipides	☐	☑
Les amidons sont des sucres simples	☐	☑
Les acides aminés sont les constituants des protides.	☑	☐

MATHÉMATIQUES

1. Du 1er janvier au 1er juillet, il y a 6 mois. Pour 100 € de capital, au bout de 12 mois, on a 4 € d'intérêts.

Capital	100	5 000
Intérêt annuel	4	?

$4 \times 5\,000 \div 100 = 200$ €
Donc pour 6 mois : $200 \div 2 = 100$ €

2. Avec 100 € de capital, l'intérêt $I = 4$ €.
Avec 1 000 € de capital, l'intérêt $I = 40$ €.
Calcul du temps :
Lorsque l'intérêt est de 40 €, la durée est 1 an ; lorsque l'intérêt annuel est de 120 €, la durée sera de $120 \div 40 = 3$ ans.

J-14 CULTURE GÉNÉRALE
Méthodologie de l'oral (III)

Les échanges avec les examinateurs concernent les deux phases de l'épreuve orale. D'une part, l'exposé est suivi de réponses à des questions relatives au sujet traité ou à des thèmes sanitaires et sociaux. D'autre part, la connaissance et l'intérêt du candidat pour la profession d'aide-soignant ou d'auxiliaire de puériculture, ainsi que sa motivation sont évalués dans le cadre d'une discussion avec le jury.

I. LES QUESTIONS DES EXAMINATEURS

Cette discussion se structure autour de **deux types de questions** :

- questions relatives à la profession d'aide-soignant ou d'auxiliaire de puériculture, aux missions, aux droits, aux obligations, etc. ;
- questions relatives à la personne du candidat (ses études, ses loisirs, son expérience professionnelle, ses projets...).

Le candidat doit d'abord posséder des **notions générales sur le métier** d'aide-soignant ou d'auxiliaire de puériculture. Vous trouverez des éléments d'information sur le site Internet *www.aide-soignant.com* et surtout dans les revues professionnelles : *L'Aide-soignante*, *Cahiers de la puéricultrice*, *Métiers de la petite enfance*...

Le candidat doit également s'attendre à des **questions personnelles** relevant d'un entretien d'embauche classique, comme il en existe dans le secteur privé.

Voici quelques exemples de questions « personnelles » susceptibles d'être posées dans la discussion avec le jury :

- *Quelles études avez-vous faites ?*
- *Quelle est votre expérience professionnelle ?*
- *Travaillez-vous actuellement ? Si oui, quelles fonctions exercez-vous ?*
- *Depuis quand voulez-vous exercer ce métier ?*
- *Pourquoi vouloir devenir aide-soignant ? auxiliaire de puériculture ? fonctionnaire hospitalier ?*
- *Avez-vous envisagé de faire d'autres métiers ?*
- *Pourquoi ne passez-vous pas le concours d'entrée en IFSI ?*
- *En cas d'échec au concours, que ferez-vous ?*
- *Quelle est la dernière initiative importante que vous ayez prise, en dehors de l'inscription à ce concours ?*
- *Quel est votre principal défaut ?*
- *Quelle est votre principale qualité ?*
- *Comment vous imaginez-vous dans dix, vingt ou trente ans ?*
- *Que faites-vous de votre temps libre ?*

Ces questions ne demandent évidemment aucune révision particulière. Toutefois, dans les jours précédant l'entretien, le candidat prépare une liste détaillée des points forts de son *curriculum* ainsi que des motivations à mettre en valeur. Il élabore également le plan d'une présentation de son parcours personnel pour n'être pas pris de court si le jury lui demande de se présenter en deux ou trois minutes (voir J-13).

En revanche, les **sujets d'ordre politique**, **religieux**, **syndical ou sexuel** ne doivent pas être abordés.

Même s'ils peuvent disposer d'une grille d'entretien, c'est-à-dire d'une liste de rubriques et de questions, de manière à favoriser un traitement égal des candidats, les examinateurs possèdent une grande **liberté** dans le choix des questions, qui dépendent notamment de la personnalité des candidats et des examinateurs.

Du moins le candidat doit-il prendre conscience qu'en évoquant un point dans son exposé ou dans une réponse, il suscite les questions. Il s'abstient donc d'évoquer un thème secondaire qu'il sait mal maîtriser.

II. LES RÉPONSES DU CANDIDAT

Pendant toute la durée de l'épreuve, le candidat doit se montrer **attentif** aux questions des examinateurs et s'efforcer d'en appréhender la teneur exacte, l'intention ou la complexité éventuelle. Trop de candidats tendent à réduire chaque question à un mot-clé correspondant à une idée reçue ou à une partie de cours qu'il suffirait de réciter.

Pendant que l'examinateur pose sa question, le candidat peut noter les premiers éléments de réponse sur une feuille de brouillon. S'il n'a pas compris la portée exacte de la question, il peut, à une ou deux reprises au cours de l'épreuve, prier son auteur de la préciser.

Le style des questions dépend bien sûr de la personnalité des examinateurs. Mais les candidats doivent se persuader que rares sont les pièges tendus (et ils sont tendus aux meilleurs d'entre eux pour les pousser dans leurs derniers retranchements). Les questions peuvent aussi constituer des invitations ou des incitations à se corriger, à se compléter, à se reprendre.

Un candidat ne doit surtout pas se montrer déstabilisé parce qu'il ignore la réponse à une question, de culture sanitaire et sociale notamment. D'une part, il doit toujours s'efforcer de « **rebondir** » sur un thème voisin, le jury n'attendant pas qu'il sache tout.

D'autre part, plus qu'un contrôle de connaissances, l'épreuve constitue un entretien de personnalité. Il est vrai que l'absence d'un minimum de culture sanitaire et sociale peut apparaître comme un manque de motivation.

S'il ignore vraiment la réponse à une question, le candidat le reconnaît simplement, mais en mettant le plus d'habileté possible dans cet aveu. Il s'interdit les « j'ignore tout à fait », « j'sais pas », etc. (les examinateurs ne pouvant sans doute s'empêcher de penser qu'il n'a jamais su).

En revanche, il peut commencer par admettre qu'il ne se souvient plus exactement de l'information demandée (sous-entendant donc qu'il l'a connue), pour enchaîner sur des connaissances voisines et pertinentes. Cet art de « rebondir » constitue un ingrédient important de la réussite à l'oral.

EXEMPLE : un examinateur demande à un candidat le nombre de personnes de 60 ans et plus aujourd'hui en France. Si le candidat ignore ce nombre (12,5 millions en 2000), il pourra néanmoins satisfaire le jury par cette réponse : « Je ne me souviens plus du nombre de personnes de soixante ans et plus. Mais ce nombre ne cesse d'augmenter, en raison notamment de l'allongement de l'espérance de vie. Si elles représentent environ le cinquième de la population française actuelle, ces personnes devraient en constituer près du tiers en 2040. Cette augmentation contribue à expliquer que les soins et les services qui leur sont destinés se trouvent confrontés à une forte pénurie de personnels, particulièrement d'aides-soignants. »

Il faut bien sûr éviter de recourir systématiquement à la première partie du procédé : un jury ne saurait prendre au sérieux un candidat qui, pour la dixième fois, lui assurerait ne plus se souvenir !

Au demeurant, la variété des questions ne signifie pas qu'une érudition tous azimuts et sans failles soit attendue du candidat. Elle vise à évaluer sa capacité à comprendre des questions diverses, à les aborder méthodiquement (par exemple en ayant toujours le réflexe de définir les termes difficiles), à élaborer des éléments de réflexion, à gérer un débat contradictoire, à s'adapter à des demandes inattendues...

En ce qui concerne la **durée**, le candidat doit trouver un juste milieu entre la réponse monosyllabique (« oui », « non », « 12 », etc.) et un nouvel exposé de deux minutes.

Que la question paraisse largement ouverte (« Pensez-vous qu'il faut favoriser l'allaitement maternel ? ») ou relativement fermée (« Combien existe-t-il d'aides-soignants en France aujourd'hui ? »), il lui faut étoffer, développer, expliquer, préciser, nuancer, illustrer. Une réponse peut prendre une trentaine de secondes.

Au demeurant, l'examinateur posant la question peut préciser la durée souhaitée de la réponse : « Pouvez-vous, en trente secondes, nous rappeler les principales fonctions des auxiliaires de puériculture ? »

Si la question consiste à donner une **opinion**, le candidat peut s'exprimer librement et sincèrement. Les examinateurs n'attendent pas ces réponses stéréotypées dans lesquelles se réfugient des candidats trop prudents, bien que cela ne corresponde pas vraiment à leur opinion.

Quel que soit le point de vue soutenu par le candidat, s'il n'est pas outrancier ni fantaisiste, ils apprécieront les qualités de raisonnement. Il convient donc avant tout d'étayer sa démonstration, de démontrer que son jugement s'appuie sur des arguments solides et non sur des idées reçues.

Dans ses réponses, le candidat se tient donc éloigné de l'humilité et de l'arrogance. Lorsqu'un jugement personnel lui est demandé (« Que pensez-vous du faible nombre d'hommes parmi les aides-soignants ou les auxiliaires de puériculture ? »), il prend ses responsabilités, comme il aurait à le faire dans ses futures fonctions.

Si la réponse doit être claire, elle peut aussi être nuancée. Elle doit en effet reposer sur des arguments rationnels et des informations exactes qui montrent une capacité à appréhender un problème dans toute sa complexité.

Bref, un jury ne saurait se satisfaire ni d'opinions arbitraires, ni d'une prudente abstention. En cas de contradiction avec un examinateur, le candidat peut maintenir sa position initiale, après l'avoir reconsidérée et étayée.

Il ne faut surtout pas baisser les bras en cours d'épreuve, parce qu'on a le sentiment de ne pas réussir sa prestation. De même, évitez d'exprimer vos états d'âme et de vous livrer à l'autocritique devant vos examinateurs.

Il faut **croire à ses chances** jusqu'au bout. En effet, toute notation est comparaison, et le candidat ignore tout des prestations de ses concurrents. Par ailleurs, les examinateurs les plus sévères dans le questionnement ne sont pas nécessairement les moins généreux dans la notation.

Enfin, il ne faut pas oublier de **saluer** les examinateurs à la fin de l'épreuve, même s'ils se sont montrés moins attentifs ou bienveillants que vous ne l'espériez !

EXERCICE

« Personne ne savait, personne n'avait vu : mercredi soir, une lycéenne de 17 ans a accouché clandestinement dans les toilettes de son lycée à Angoulême (Charente). Le lendemain, le jardinier a retrouvé le corps du nouveau-né dans une poubelle de l'établissement. Hospitalisée, la jeune fille, interne au lycée professionnel Jean Rostand, a été entendue par la police [...]. »

(*Libération*)

➤ Quelles réflexions vous inspire ce texte ? Argumentez votre réponse.

Lycée Jacques Monod (Paris)

J-14 CORRIGÉ

CULTURE GÉNÉRALE

Si la France se distingue de ses voisins européens par une forte natalité, l'âge moyen de la première maternité ne cesse de s'élever (29,7 ans en 2005). C'est que le développement de la contraception permet de maîtriser cet heureux événement. Dans ce contexte, on ne peut qu'être surpris par la grossesse non désirée d'une lycéenne de 17 ans et choqué l'infanticide qu'elle commet. En tout état de cause, l'affaire relatée par *Libération* permet de prendre conscience du problème de santé publique que constitue la grossesse des adolescentes et de réfléchir aux moyens de le prévenir.

La grossesse chez les adolescentes présente trois principales caractéristiques. D'abord, les grossesses des adolescentes se caractérisent par un double retard : retard dans la découverte, par ignorance, surtout lorsqu'elles sont jeunes ; retard ensuite dans la déclaration, par peur des réactions, des conséquences ou tout simplement de la réalité.

Ensuite, les adolescentes constituent généralement des victimes qui subissent leurs grossesses comme résultats de situations d'échec voire, de plus en plus souvent, d'actes de violence sexuelle. À propos de l'affaire relatée par *Libération*, les policiers devront rechercher si un tel acte se trouve à l'origine de la grossesse de la lycéenne et de son crime.

Enfin, le nombre élevé de ces grossesses se montre préoccupant du point de vue de la santé publique. À 15 ans, 60 % des grossesses se terminent par un avortement. Le nombre total des avortements impliquant des mineures est d'ailleurs en augmentation. De 9 600 IVG en 1998 et 10 200 en 2001, il est de 12 600 en 2005. Or un avortement est toujours un traumatisme.

La meilleure prévention du risque de grossesse doit consister dans une meilleure information et formation des adolescentes, mais aussi des adolescents. Dès l'école primaire, les élèves devraient recevoir une véritable éducation à la sexualité qui aborderait les relations sexuelles et psychologiques entre les filles et les garçons, mais aussi les différents modes de contraception, l'interruption volontaire de grossesse, les institutions et les associations à contacter en cas de grossesse non désirée ou de crainte à ce sujet.

Pour que ces informations soient plus efficacement transmises, l'Éducation nationale pourrait faire appel à des professionnels de la santé ou à des responsables d'associations de soutien aux jeunes filles mères. Certaines de ces dernières pourraient venir apporter leur témoignage.

De manière plus générale, le recul de certains préjugés relatifs au masculin et au féminin et des progrès dans l'égalité entre les sexes entraîneraient sans nul doute une diminution des grossesses chez les adolescentes. Dès leur plus jeune âge, les femmes doivent prendre conscience de leur droit fondamental de décider de toute leur vie personnelle, intime, sexuelle.

J-13 BIOLOGIE
Substances alimentaires [II]

I. LES VITAMINES

Les vitamines sont des substances organiques sans valeur énergétique, mais indispensables à l'organisme et à la croissance, que l'organisme est incapable d'élaborer lui-même, à l'exception de la vitamine D fabriquée au niveau de la peau grâce aux rayons solaires. Elles agissant à petite dose.

- Les vitamines **hydrosolubles sont** solubles dans l'eau. Ce sont les vitamines B, C et PP.
- Les vitamines **liposolubles** sont solubles dans les graisses. Ce sont les vitamines A, D, E, K.

Chaque vitamine a un rôle spécifique principal non interchangeable. Leur manque provoque des troubles et des maladies caractéristiques.

- La **vitamine D** aide le calcium à se fixer sur les os. Sa carence provoque le rachitisme chez les enfants et l'ostéoporose chez les personnes âgées.
- **La vitamine C** aide à lutter contre les infections.
- La **vitamine A** favorise la vision.
- La **vitamine B** aide au métabolisme des glucides.
- La **vitamine E** retarde le processus de vieillissement.

Les vitamines sont des éléments très fragiles. Elles sont détruites notamment à la chaleur, à la lumière, par diffusion dans l'eau, avec le temps.

II. LES MINÉRAUX

Les minéraux sont des nutriments non énergétiques, présents dans l'organisme en quantité variable.

- **Les macroéléments** sont présents dans l'organisme en quantité importante comme le calcium (Ca), le sodium (Na), le chlore (Cl), le potassium (K), le magnésium (Mg), le phosphore (Ph), le fer (Fe).
- **les microéléments ou oligo-éléments** sont présents à l'état de traces. comme l'iode (I), le zinc (Zn), le cuivre (Cu), le fluor (F).
- **Le calcium et le phosphore** ont un rôle principalement architectural : le calcium et le phosphore (associés à la vitamine D) servent à durcir et à solidifier les os. Le calcium sert également à la coagulation du sang et à l'excitabilité des muscles et des nerfs.
- **Le sodium** (Na) le **chlore** (Cl) et **le potassium** (K) participent à la régularisation de la pression constante de l'organisme, à l'équilibre acide/base (pH) de notre corps, ainsi que les mouvements de l'eau.
- **Le magnésium** intervient dans l'excitabilité des muscles et des nerfs.
- **Le fer** est chargé de capter l'oxygène pour le transporter des poumons vers toutes les cellules et vers les muscles. Il est associé à l'hémoglobine.

- L'**iode** entre dans la constitution de l'hormone thyroïdienne. Il joue un rôle important au cours de la croissance, ainsi que dans la régulation des dépenses énergétiques.

III. LES FIBRES

Les fibres sont des substances, assurant essentiellement un rôle mécanique. Elles permettent un bon transit intestinal. Elles ne sont pas attaquées par les sécrétions du tube digestif, et n'apportant pas d'énergie. On peut citer **la cellulose**, **les hémicelluloses**, **les pectines et la lignine**.

Ce sont des constituants des végétaux.

Une consommation excessive de fibres peut irriter la paroi des intestins. À la cuisson, les fibres ramollissent, se cassent et deviennent moins irritantes

IV. L'EAU

L'eau est le principal constituant de l'organisme humain. Elle représente 60 à 85 % du poids du corps.

L'eau se trouve à l'extérieur des cellules (l'eau qui entre dans la composition du sang et de la lymphe), et à l'intérieur des cellules.

L'eau joue un rôle **plastique**, elle entre dans la constitution des cellules, et un rôle **fonctionnel**, dont le principal est de **transporter** de nombreux matériaux (protides, glucides, minéraux, vitamines, certains gaz), par l'intermédiaire des vaisseaux sanguins et lymphatiques.

Les pertes quotidiennes en eau sont :

- **les pertes par transpiration** ;
- **les pertes urinaires** ;
- **les pertes fécales** ;
- **les pertes nécessaires à la respiration**.

Dans certains cas, les pertes en eau sont plus importantes : fièvre, diarrhée, canicule. Pour éviter une **déshydratation**, les apports hydriques doivent compenser toutes les pertes.

EXERCICE

1. Nommer 2 maladies développées par une carence en vitamine D.
2. Indiquer les rôles des fibres, de la vitamine D, du calcium et de l'eau.
3. Les vitamines sont fragiles. Citer les facteurs qui contribuent à leur destruction.

MATHÉMATIQUES
Les calculs économiques

I. DÉFINITION

Le **prix** d'achat + tous les **frais = prix de revient**.

On appelle **bénéfice** la différence entre le prix de vente réel et le prix de revient correspondant.

Les taxes (taxe à la valeur ajoutée – TVA – par exemple) s'ajoutent au prix de vente hors taxes pour donner le prix de vente toutes taxes comprises (TTC).

La **TVA s'applique toujours au prix hors taxe**. C'est-à-dire qu'une TVA de 19,6 % signifie que pour un prix hors taxes de 100 € la taxe sera de 19,60 € ce qui donnera un prix TTC de 100 + 19,60 = 119,60 €. On a donc : Prix hors taxes + TVA = prix TTC.

Il y a donc proportionnalité entre le prix hors taxe et le prix toutes taxes comprises.

La difficulté des problèmes consiste surtout à déterminer par rapport à quelle grandeur un pourcentage donné est exprimé.

II. APPLICATIONS

A. Exemple n° 1

Un commerçant met en vente une marchandise qui lui revient à 2 700 €. Il veut la revendre en réalisant un bénéfice de 22 % sur le prix de revient. Quel devra être le prix de vente hors taxes de cette marchandise ?

Dire que le bénéfice représente 22 % du prix de revient signifie que pour un prix de revient de 100 €, le bénéfice est de 22 €. Le prix de vente hors taxes de cette marchandise sera donc de 100 + 22 = 122 €.

prix de revient	100	2 700
prix de vente HT	122	?

(122 × 2 700) ÷ 122 = 3 294 €

B. Exemple n° 2

Une marchandise dont le prix d'achat était de 20 900 € a entraîné des frais d'achat s'élevant à 10 % du prix d'achat. Le commerçant acheteur veut revendre cette marchandise en réalisant un bénéfice de 20 % sur le prix de revient tout en accordant une remise de 5 % à son acheteur.

Quel devra être le prix de vente marqué de cette marchandise (c'est-à-dire le prix de vente avant remise) ?

Les frais d'achats s'élèvent à 10 % soit (20 900 × 10) ÷ 100 = 2 090 €.

Le prix de revient est donc : 20 900 € + 2 090 € = 22 990 €.

Le bénéfice représente 20 % du prix de revient soit (22 990 × 20) ÷ 100 = 4 598 €.

Le prix de vente réel est donc : 22 990 + 4 598 = 27 588 €.

27 588 € représente les 95 % du prix marqué puisqu'il a fait une réduction de 5 %.

Prix de vente réel	95	27588
Prix de vente marqué	100	?

Prix marqué (100 × 27 588) : 95 = 29 040 €.

EXERCICE

Dans un magasin, on baisse de 20 % le prix indiqué sur chaque article. Une carte de fidélité donne droit à 5 % de remise supplémentaire sur le prix baissé. Françoise achète une télévision au prix de 1 100 €. Elle possède la carte de fidélité.

1. Combien paiera-t-elle son achat ?

2. Quel est le pourcentage de remise totale dont elle a bénéficié ?

J-13 CORRIGÉ

BIOLOGIE

1. Rachitisme chez les enfants. Ostéoporose chez les personnes âgées.
2. Les fibres aident au transit intestinal.
   La vitamine D aide à la fixation du calcium sur les os.
   Le calcium entre dans la constitution des os.
3. Chaleur, lumière, diffusion dans l'eau, le temps.

MATHÉMATIQUES

1. La remise accordée à tous les clients est de 20 % ; soit 1 100 × 20 % = 220 €.
   Prix payé sans la remise supplémentaire : 1 100 – 220 = 880 €.
   Remise supplémentaire avec la carte de fidélité 5 % soit 880 × 5 % = 44 €.
   Prix payé par Françoise : 880 – 44 = 836 €. Elle a donc bénéficié d'une remise de 1 100 € – 836 € = 264 €.
2.

Prix initial	1 100	100
Remise	264	?

264 × 100 ÷ 1 100 = 24
Le pourcentage total de la remise est 24 %.

J-12 CULTURE GÉNÉRALE
Le vieillissement

En raison de l'allongement de la durée de vie des individus (84,3 ans pour les femmes et 77,5 ans pour les hommes en 2008) et de la baisse de la fécondité, la France, comme les autres pays développés, fit face à un **vieillissement** croissant de sa population. Les personnes de 60 ans et plus, qui étaient 12,5 millions en 2000 (soit 22 % de la population), seront 17 millions en 2020 et plus de 21 millions en 2040, ce qui représentera près du tiers de la population totale.

Selon les scénarios, le poids des **dépenses publiques de santé** liées au vieillissement pourrait augmenter de +0,4 % à +0,8 % d'ici 2020. En effet, les personnes âgées souffrent davantage de la maladie et du handicap que les individus plus jeunes. Le nombre des **personnes âgées dépendantes** (800 000 en 2000, 50 % en plus d'ici 2040) et leur part dans la population totale vont s'accroître. En 2025-2030, avec la dépendance des générations du baby-boom, le financement de la dépendance deviendra un enjeu majeur.

Le renversement de la pyramide des âges menace à terme le financement notre **système des retraites** fondé sur la répartition. Dans ce système adopté par la France de l'après-guerre, les personnes actives cotisent pour assurer le versement des pensions aux travailleurs retraités. Leurs pensions des générations du baby-boom, dont l'espérance de vie s'allonge de trois mois chaque année, devront être financées par des générations peu nombreuses. En France, la difficulté est aggravée par le faible taux d'emploi des seniors (âge légal de départ à la retraite abaissé en 2003 de 65 à 60 ans, multiples dispositifs de préretraites, chômage) et des jeunes, qui limite le nombre d'actifs finançant les dépenses de retraites et de santé.

Les **dépenses de retraite** représentent en France plus de 13 % du PIB, contre 7 % en moyenne dans les pays occidentaux. À réglementation inchangée, le total des cotisations perçues par rapport aux prestations versées ferait apparaître un besoin de financement de 24,8 milliards d'euros en 2020 et de 68,8 milliards d'euros en 2050. Pour garantir le financement des retraites, les pouvoirs publics disposent de **trois leviers d'action** : le niveau des prélèvements pour la retraite, l'âge moyen de départ en retraite et le niveau des pensions.

EXERCICE

➤ « Aller dans une maison de retraite ? Il n'en est pas question, ce sont toutes des mouroirs. Je resterai chez moi jusqu'au bout », vous dit cette dame de 83 ans, alerte, dynamique, mais célibataire et sans famille. Que lui répondez-vous ?

IFSI Fort-de-France

TEST PSYCHOTECHNIQUE
Aptitude visuelle

Dans ces exercices des tableaux d'icônes vous sont proposés. Toutes les icônes se ressemblent. On vous demande de trouver le nombre d'icônes sur une ligne, une colonne. Respectez bien la consigne de départ et procédez avec méthode en parcourant le tableau par colonnes ou par lignes. N'hésitez pas à écrire vos solutions intermédiaires au brouillon afin de consacrer la totalité de votre énergie à la recherche des icônes demandées.

1. Observez le tableau ci-après.

♣	♥	♥	♦	♣	♥	♦	♥	♥	♥	♦	♥
♦	♠	♣	♠	♥	♠	♥	♠	♦	♦	♥	♥
♥	♦	♥	♦	♣	♦	♥	♠	♣	♠	♣	♦
♦	♦	♣	♥	♦	♥	♦	♥	♦	♠	♠	♥
♣	♥	♦	♠	♥	♠	♥	♦	♥	♦	♥	♠
♠	♣	♠	♥	♦	♥	♦	♥	♦	♥	♦	♠
♦	♠	♦	♥	♦	♣	♥	♦	♠	♣	♠	♥
♦	♥	♣	♣	♥	♦	♠	♥	♥	♦	♠	♦
♠	♠	♦	♥	♦	♠	♥	♣	♠	♦	♥	♥
♣	♦	♣	♠	♥	♦	♠	♥	♠	♦	♣	♦

1. Combien de cœurs sur la ligne 2 ?
2. Combien de carreaux sur la colonne 3 ?
3. Combien de trèfles sur la ligne 10 ?
4. Combien de cœurs sur la colonne 8 ?
5. Combien de cœurs sur les colonnes paires ?
6. Combien de cœurs sur les colonnes impaires ?
7. Combien de cœurs dans ce tableau ?
8. Quel(s) est(sont) le(s) numéro(s) de la (des) ligne(s) comportant le plus de trèfles ?
9. Quel est le numéro de la colonne comportant le plus de carreaux ?

2. Observez le tableau de 12 colonnes ci-après.

↙	↘	↗	↘	↑	↗	↙	←	↙	↑	↗	↗
←	↑	↓	←	↘	←	↓	↘	↑	↗	←	→
→	←	↗	←	↓	↘	→	←	↗	←	↙	↑
↑	↙	→	↘	→	←	↘	↙	↑	↙	→	↓
←	←	↓	↑	↙	↙	←	↑	→	↗	↙	←
↓	↓	↑	→	↗	↓	↘	↗	↘	→	←	↗
→	↗	→	←	→	→	↑	←	↓	↙	↓	→
↑	←	↙	←	↑	↙	↓	↑	↗	←	↑	↘
←	↓	→	→	↓	←	↑	↙	→	↗	↘	↗
↗	↑	↙	←	↗	↘	→	←	↙	↑	→	←

1. Combien de ↙sur la colonne 7 ?
2. Combien de → sur la ligne 3 ?
3. Combien de ↙ dans la dernière ligne de numéro pair ?
4. Quel sont les numéros des lignes ne comportant aucun ↙?
5. Combien de ↓ sur la colonne 3 ?
6. Combien de ↑ sur la ligne 9?
7. Combien de ↓ sur la colonne 6?
8. Combien de ↗ ou de ↙ sur la ligne 9?
9. Combien de → sur la dernière colonne de numéro impair ?
10. Combien de → sur la ligne 1 ?
11. Combien de → sur la dernière colonne de numéro pair ?
12. Combien de → ou de ↓ sur la colonne 4?

3. Observez le tableau ci-après.

◈	◇	🞜	◇	🞜	◈	◈	◈	◇	◇
◇	🞜	◇	◇	◇	⟐	⟐	🞜	◈	◇
◈	◈	🞜	◇	⟐	◇	◈	🞜	⟐	🞜
◇	◈	◇	🞜	🞜	🞜	◈	🞜	🞜	🞜
◇	🞜	⟐	◈	◈	◈	◈	🞜	⟐	◇
⟐	⟐	🞜	⟐	⟐	◇	◈	🞜	⟐	⟐

1. Combien de 🞜 sur les colonnes paires ?
2. Combien de 🞜 sur les lignes impaires ?
3. Combien de 🞜dans ce tableau ?
4. Quel est le numéro de la ligne comportant le plus de 🞜?
5. Combien de 🞜 sur les deux premières colonnes ?
6. Combien de 🞜 sur la colonne 7 ?
7. Combien de 🞜 sur la ligne 5 ?
8. Combien de 🞜 sur la colonne 6 ?
9. Combien de 🞜 sur la dernière colonne ?
10. Quel est le numéro de la colonne comportant le plus de 🞜 ?

J-12 CORRIGÉ

CULTURE GÉNÉRALE

Le souhait des personnes âgées de vivre le plus longtemps possible chez elles, dans un environnement familier auquel elles sont attachées, est légitime. Je commencerai par montrer à cette dame de 83 ans que l'actuel contexte sanitaire, social et politique favorise le maintien à domicile, que l'on soit encore alerte et dynamique ou au contraire victime d'une dépendance.

S'il est bon de rester chez soi « jusqu'au bout », il faut aussi savoir en sortir, particulièrement si l'on est célibataire et sans famille. C'est pourquoi, dans un premier temps, je recommanderai à cette dame de 83 ans de prendre contact avec le centre communal d'action sociale. En effet, de nombreux CCAS organisent, favorisent ou facilitent les activités, les plaisirs, la vie quotidienne des personnes âgées, notamment en proposant des services comme le portage de repas à domicile, des activités sportives, des sorties culturelles... La pratique de telles activités contribue à lutter contre l'isolement et la sédentarité de certains seniors en renforçant les liens sociaux.

Les problèmes médicaux deviennent plus fréquents à partir de 80 ans : cancers, handicaps physiques, déficience mentale... C'est pourquoi, dans un second temps, j'encouragerai cette dame de 83 ans à envisager de façon aussi sereine que possible la survenue d'une dépendance. Ce terme de dépendance renvoie à des personnes qui ont besoin d'une aide pour l'accomplissement des actes essentiels de la vie ou dont l'état nécessite une surveillance régulière.

La création de l'allocation personnalisée d'autonomie (APA) en 2001 a permis de mieux solvabiliser l'ensemble des personnes âgées dépendantes. Car la perte d'autonomie se traduit par la nécessité de recourir à des intervenants pour être aidé dans les tâches domestiques telles que le ménage, les courses ou l'entretien du linge et éventuellement assisté dans la vie quotidienne (lever et coucher, toilette, habillage, alimentation). Les aides techniques (les dispositifs de télésurveillance par exemple) et l'appui à l'amélioration de l'habitat contribuent également au maintien à domicile d'une personne âgée dépendante dans des conditions satisfaisantes de confort et de sécurité.

En définitive, j'encouragerai cette dame de 83 ans à dédramatiser la perspective d'un départ en maison de retraite. Elle doit en effet prendre conscience que, grâce à la politique d'humanisation engagée depuis 1975, les établissements d'hébergement ne sont plus les mouroirs des siècles passés, mais des centres de soin et des lieux de vie, d'activités et de plaisirs pour les personnes qui ne peuvent plus rester chez elles.

TEST PSYCHOTECHNIQUE

Dans ces exercices des tableaux d'icônes vous sont proposés. Toutes les icônes se ressemblent. On vous demande de trouver le nombre d'icônes sur une ligne, une colonne. Respectez bien la consigne de départ et procédez avec méthode en parcourant le tableau par colonnes ou par lignes. N'hésitez pas à écrire vos solutions intermédiaires au brouillon afin de consacrer la totalité de votre énergie à la recherche des icônes demandées.

1. 1. 4 cœurs sur la ligne 2
2. 3 carreaux sur la colonne 3
3. 3 trèfles sur la ligne 10
4. 5 cœurs sur la colonne 8
5. 22 cœurs sur les colonnes paires : (3+4+3+5+2+5)
6. 18 cœurs sur les colonnes impaires : (1+2+4+5+3+3)
7. 40 cœurs dans ce tableau ?
8. Lignes 3 et 10 comportant le plus de trèfles (3 trèfles)
9. Colonne 10 comportant le plus de carreaux (5 carreaux)

2. 1. 1 ↙sur la colonne 7
2. 2 → sur la ligne 3
3. 2 ↙ dans la dernière ligne de numéro pair (ligne 10)
4. Les lignes 2 et 6 ne comportent aucun ↙
5. 2 ↓ sur la colonne 3
6. 1 ↑ sur la ligne 9
7. 1 ↓ sur la colonne 6
8. 3 ↗ ou de ↙ sur la ligne 9
9. 2 → sur la dernière colonne de numéro impair (colonne 12)
10. Aucun → sur la ligne 1
11. 2 → sur la dernière colonne de numéro pair (colonne 12)
12. 2 → ou de ↓ sur la colonne 4

3. 1. 11 ◈ sur les colonnes paires : (2+1+1+5+2)
2. 7 ◈ sur les lignes impaires : (2+3+2)
3. 17 ◈dans ce tableau
4. La ligne 4 comporte le plus de ◈
5. 2 ◈ sur les deux premières colonnes
6. 0 ◈ sur la colonne 7
7. 2 ◈ sur la ligne 5
8. 1 ◈ sur la colonne 6
9. 2 ◈ sur la dernière colonne
10. La colonne 8 comporte le plus de ◈

J-11 BIOLOGIE
Les besoins alimentaires

I. LE BESOIN ÉNERGÉTIQUE

A. Les dépenses énergétiques

L'apport énergétique journalier doit compenser toutes les pertes subies par l'organisme nécessaires à son fonctionnement ou à son entretien :

- fonctionnement de base pour assurer le fonctionnement des organes, même au repos. C'est le **métabolisme basal** (M.B.) ;
- pertes quotidiennement de cellules (peau, cheveux...) ;
- énergie dépensée lors des activités musculaires et intellectuelles ;
- énergie nécessaire à digestion : l'estomac, l'intestin se contractent, les glandes digestives fabriquent les sucs digestifs ;
- énergie dépensée pour lutter contre le chaud ou le froid, et maintenir son corps à 37 °C.

B. La variation des besoins énergétiques

Les besoins varient selon plusieurs critères : le sexe, l'âge, l'activité physique et le climat.

Dans certains cas, l'organisme connaît des périodes de besoin énergétique accru :

- pour lutter contre la maladie ;
- pour fabriquer des cellules (ex : cicatrisation) ;
- pour assurer la croissance du fœtus.

C. La couverture des besoins

L'organisme acquiert de l'énergie grâce aux réactions de dégradation (hydrolyse) des biomolécules lors de la digestion :

- 1 gramme de glucides ingérés dégage 4 kilocalories ou 17 kilojoules ;
- 1 gramme de lipides ingérés dégage 9 kilocalories ou 38 kilojoules ;
- 1 gramme de protides ingérés dégage 4 kilocalories ou 17 kilojoules.

II. LE BESOIN QUALITATIF

Afin de nous aider à équilibrer notre alimentation, les nutritionnistes ont classé les aliments en 6 groupes.

Les aliments sont associés en fonction de leur intérêt nutritionnel principal prédominant. Ainsi chacun des groupes nous fournit les substances alimentaires indispensables à l'organisme. En mangeant chaque jour des aliments de chaque groupe, notre organisme reçoit inévitablement toutes les substances alimentaires qui lui sont indispensables.

Groupe d'aliments	Apport principal	Apports secondaires
lait produits laitiers	calcium	protéines d'origine animale lipides
viandes poissons, œufs	protides d'origine animale	lipides vitamines
Fruits légumes	glucides rapides vitamines hydrosolubles	fibres minéraux
céréales pommes de terre légumes secs	glucides lents (amidon)	fibres protéines d'origine végétales
matières grasses	lipides	vitamines liposolubles
boissons	eau	minéraux

Les **équivalences alimentaires** permettent de remplacer les aliments entre eux **à** l'intérieur de chaque groupe, tout en gardant une alimentation équilibrée. En outre, grâce à elles il est possible de :

- respecter les goûts de chacun, tout en gardant un bon équilibre alimentaire ;
- établir des rations alimentaires équilibrées, même en cas d'allergie, ou par conviction religieuse par exemple ;
- gérer le budget alimentaire. Il est possible de choisir des produits moins chers que d'autres à l'intérieur d'un groupe d'aliment.

Au sein du groupe des produits laitiers, il est possible de réaliser une équivalence **calcique** : 300 mg de calcium sont apportés par 2 yaourts ou $\frac{1}{4}$ de litre de lait ou 30 g de gruyère ou 80 g de camembert

Au sein du groupe des céréales, il est possible de réaliser une équivalence **glucidique**

Au sein du groupe des viandes, poissons œufs, il est possible de réaliser une équivalence **protéique** : 100 g de viande = 100 g de poisson = 2 œufs.

EXERCICE

1. Nommer 3 raisons de faire des équivalences alimentaires.
2. Citer 4 facteurs de variation du besoin énergétique.
3. Si un enfant ne veut pas boire son bol de lait, que lui proposez-vous pour remplacer cet aliment ?
4. Si un enfant est allergique aux œufs, que lui proposez-vous à la place d'une omelette ?

MATHÉMATIQUES
La masse volumique

I. DÉFINITION

On appelle masse volumique d'un corps, la masse de l'unité de volume de ce corps. Ainsi 1 dm^3 de fer pur pèse 7,9 kg, on dit que la masse volumique du fer est de 7,9 kg/dm^3.

Relation : masse volumique (kg/dm^3) = masse du corps (kg) ÷ volume de ce corps (dm^3).

II. APPLICATIONS

La masse volumique d'un corps va permettre de calculer la masse de ce corps connaissant son volume ou calculer son volume connaissant sa masse.

EXEMPLE N° 1 : La masse volumique du mercure est de 13,6 g/cm^3. Quelle est la masse de 8 litres de mercure ?

Transformons le volume en cm^3 : 8 l = 8 000 cm^3.

Volume (cm^3)	Masse (g)
1 8 000	13,6 m = ?

$m = 13,6 \times 8\,000 = 108\,800$ g
m = 108,8 kg
(à titre de comparaison 8 l d'eau pèsent 8 kg !)

EXEMPLE N° 2 : 20 cm^3 d'or pur pèsent 0,386 kg. Quelle est la masse volumique de l'or pur ?
Attention aux unités ! La masse volumique est en g/cm^3 ou kg/dm^3 ou en t/m^3. Le volume étant donné en cm^3, transformons la masse en grammes.
m = 0,386 kg = 386 g.
Calculer la masse volumique de l'or revient à calculer la masse de 1 cm^3 d'or.

Volume (cm^3)	Masse (g)
20 1	386 m = ?

$386 \div 20 = 19,3$
La masse volumique de l'or est de 19,3 g/cm^3.

EXERCICE

1. Un tonneau empli de vin au $\frac{3}{4}$ contient 10,8 dal.
   Combien pèse le vin de ce tonneau quand il est plein, sachant que la masse volumique du vin est de 0,98 g/cm^3 ?
2. La masse volumique de l'aluminium est de 2,7 g/cm^3
   Quel est le volume d'une règle en aluminium dont la masse est de 270 g ?
3. Un bracelet en argent pèse 27,5 g et occupe un volume de 2,62 cm^3.
   Quelle est la masse volumique de l'argent ?
4. Un lingot de cuivre a la forme d'un parallélépipède rectangle de 32 cm de long, 13 cm de large et 7 cm de hauteur.
   Sachant que sa masse est 26,062 kg, quelle est la masse volumique du cuivre ?

J-11 CORRIGÉ

BIOLOGIE

1. Respecter les régimes alimentaires – varier les menus, – gérer son budget.
2. Âge – sexe – activité physique – climat.
3. Pour avoir un apport calcique équivalent, l'enfant peut consommer 2 yaourts, 30 g de gruyère ou 80 g de camembert à la place d'un bol de lait ($\frac{1}{4}$ de litre). Si un enfant est allergique aux œufs, il est possible de lui proposer de la viande, du jambon ou du poisson à la place de l'omelette.

MATHÉMATIQUES

1. V = 10,8 dal = 108 litres
   108 l représentent les $\frac{3}{4}$ de la capacité du tonneau
   Capacité totale du tonneau : $108 \div 3 \times 4 = 144$ litres
   La masse volumique du vin est de 0,98 g/cm^3 donc de 0,98 kg/dm^3

Volume (l)	Masse (kg)
1	0,98
144	m = ?

   $m = 144 \times 0,98 = 141,12$ kg
   Masse du vin 141,12 kg

2.

Masse (g)	Volume (cm^3)
2,7	1
270	V = ?

   $270 \times 1 \div 2,7 = 100$ cm^3
   Volume de la règle = 100 cm^3

3. $MV = 27,5 \div 2,62 = 10,5$ g/cm^3
4. $V = 32 \times 13 \times 7 = 2\,912$ cm^3 = 0,002912 m^3
   $MV = 26,062 \div 0,002912 = 8\,950$ kg/m^3 = 8,95 g/cm^3

J-10 CULTURE GÉNÉRALE
Internet

Issu du réseau militaire américain Arpanet (1969), Internet désigne un réseau télématique international résultant de l'interconnexion de milliers de réseaux. En 1991, la mise au point d'un protocole de communication commun – le *World Wide Web*, la « **Toile d'araignée mondiale** », *WWW*, *W3*, le *Web*, la « Toile » – facilite son utilisation et permet son ouverture au grand public.

Grâce aux progrès accomplis en matière de compression, l'internaute peut aujourd'hui consulter et transmettre, de plus en plus rapidement, des données très diverses, notamment des textes, des images, des sons et des vidéos. Si la navigation ou le surf exigeaient à l'origine la disposition d'un ordinateur, elle peut maintenant se faire à partir d'autres équipements comme un téléviseur ou un téléphone mobile.

I. LE NOUVEL ORDRE NUMÉRIQUE

A. Une toile mondiale

En mars 2008, il existe 1,4 milliard d'internautes, soit **21,1 % de la population mondiale** (+ 290 % par rapport à 2000). L'Asie comprend le plus grand nombre d'internautes (37,6 % du total, + 348 % par rapport à 2000), suivie de l'Amérique (17,5 %, + 125 % pour l'Amérique du Nord et 9,8 %, + 603 % pour l'Amérique latine) et de l'Europe (27,1 %, + 256 %).

B. La situation de la France

Malgré les progrès de la téléphonie mobile, la navigation sur la Toile se fait surtout au moyen d'un **ordinateur**. Or, en dépit de sa forte croissance depuis le début des années 1990, le taux d'équipement des Français continue d'être nettement inférieur à celui de certains pays développés comme ceux de l'Europe du Nord (environ 80 % aux Pays-Bas, au Danemark et en Suède par exemple). Début 2006, 52 % des ménages français possèdent un ordinateur, contre 31 % début 2001 et 10 % début 1991. En 2005, ils ont acheté 3,7 millions d'ordinateurs, soit presque 9,5 % de plus qu'en 2004. Dans le paysage de l'informatique domestique, les phénomènes nouveaux sont le multi-équipement et, depuis 2000, l'engouement pour les micro-ordinateurs portables (plus de la moitié des ordinateurs achetés en 2005).

L'achat d'ordinateurs domestiques est notamment motivé par la volonté de se connecter à la Toile. La diffusion de l'accès à Internet a été très soutenue au cours des sept dernières années : 49 % des ménages en bénéficient en 2007, contre 40 % début 2006 et 24 % en 2002. Mais la France continue d'être distancée par rapport aux États-Unis ainsi qu'à d'autres pays développés d'Europe du Nord et d'Asie où le taux de **connexion à domicile** dépasse les 60 %. Elle n'arrive qu'au 14e rang des pays de l'Union européenne (54 % en moyenne). Par ailleurs, plus du tiers des actifs peuvent accéder à Internet sur leur lieu de travail.

Avec ses 34,9 millions d'internautes, la France occupe la troisième position en Europe, après l'Allemagne et le Royaume-Uni. Mais leur pourcentage par rapport à la population du pays, appelé **taux de pénétration**, n'est que de 54,7 %, contre 64,6 % en Allemagne, 66,4 % au Royaume-Uni et 77,3 % en Suède. En revanche, la France est bien placée dans l'accès au haut débit : avec 13,67 millions d'internautes, soit 22,3 % de la population, elle arrive au septième rang dans le monde.

II. LES EFFETS AMBIVALENTS D'INTERNET

Les techniques et les pratiques d'Internet ont d'ores et déjà révolutionné de nombreux aspects de la vie politique, économique, sociale, culturelle, quotidienne... Les regards portés sur ce *Nouvel Ordre numérique* analysé en 1999 par l'avocat international Laurent Cohen-Tanugi se révèlent volontiers contradictoires, comme les possibilités et les perspectives ouvertes par cette nouvelle technologie.

A. Les incontestables apports d'Internet

Le premier sentiment ressenti, lorsqu'on découvre Internet, est la **liberté**. L'internaute peut en effet avoir accès à des données que ne propose aucun autre lieu ou moyen de communication. La facilité et la rapidité de la navigation, grâce à l'interactivité, à l'hypertexte et à l'hypermédia, accentuent la griserie. Quelques clics suffisent pour changer de pays, entrer dans un musée virtuel, écouter une radio brésilienne, lire un ouvrage épuisé, admirer une enluminure, regarder une émission de télévision américaine, parcourir la presse du jour, découvrir un parc naturel...

Ainsi, en attendant la mise en place de la bibliothèque virtuelle annoncée par Google (plus d'un million d'ouvrages de 27 bibliothèques scannés en octobre 2007) ou de la bibliothèque numérique européenne, l'internaute peut accéder gratuitement, sur le site Gallica de la Bibliothèque nationale de France (*http://gallica.bnf.fr*), à 90 000 ouvrages numérisés, à plus de 80 000 images et à plusieurs dizaines d'heures de ressources sonores. En cas de fatigue, il peut partir à la découverte de notre patrimoine culturel (musées, monuments, archives, photographies, etc.), grâce à la vingtaine de bases de données consultables gratuitement sur le serveur Internet du ministère de la Culture (*www.culture.gouv.fr*), ou des quelque 100 000 vidéos d'archives de la télévision française mises en ligne en 2006 sur le site de l'Institut national de l'audiovisuel (*www.ina.fr*).

Le **courrier électronique** et la **messagerie instantanée** permettent d'échanger des textes, mais aussi des images ou des sons, de manière gratuite, différée ou immédiate, avec des amis réels ou virtuels situés à l'autre bout de la planète.

Dans le fond, en abolissant les distances et en raccourcissant le temps, Internet permet de satisfaire quelques-uns des plus vieux rêves de l'humanité.

Dans *La Révolte du pronétariat* (2006), Joël de Rosnay montre comment on est en train de passer « des *mass media* aux **médias des masses** ». En s'appuyant sur le développement des blogs, des wikis, des échanges de fichiers ou encore des journaux citoyens, il montre que face aux médias dominés par les « infocapitalistes » se développe un « pronétariat », c'est-à-dire une classe d'usagers capables de produire, de diffuser et de vendre des contenus non-propriétaires, mais aussi de permettre un accès largement gratuit à l'information. La Toile met ainsi en question les relations de pouvoir verticales qui régissent aujourd'hui les sphères de l'économique et du politique : le citoyen internaute n'est plus relégué au simple rang de consommateur, il prend le pouvoir, bouscule les marques, les entreprises et les gouvernements. Même s'il est conscient des dangers d'une communication sans contrôle, Joël de Rosnay voit dans le Net un outil puissant entre les mains des citoyens pour faire naître une économie et une démocratie nouvelles.

B. Les inévitables dangers d'Internet

L'impression d'anonymat que l'on éprouve en surfant est illusoire. Les *cookies* et les *spywares* constituent ainsi des mouchards bien connus pour pister et identifier les internautes. Pour un pouvoir totalitaire, Internet pourrait constituer un **mécanisme de surveillance** à l'efficacité sans précédent dans l'histoire universelle. Il faut relire le roman d'anticipation politique publié en 1949 par l'écrivain britannique George Orwell, *1984*, pour s'en faire une idée : « Big Brother vous regarde ».

La diffusion d'Internet est étroitement conditionnée par le développement économique et social des pays. Un **« gouffre numérique »** sépare les pays développés et les pays en développement. Dans les premiers, le taux de pénétration d'Internet s'élève à 58,2 %, dans les seconds à 9,7 %. C'est ainsi que l'Amérique du Nord représente 5,1 % de la population mondiale et 17,5 % des internautes, tandis que l'Afrique regroupe 14,3 % des Terriens mais seulement 5,6 % des internautes. Au sein même de l'Union européenne, il existe un **« fossé numérique »** entre le Nord et le Sud comme entre l'Europe occidentale et l'Europe centrale ou orientale, même s'il existe des exceptions.

Enfin, une **« fracture numérique »** traverse tous les pays développés. En France, les ménages les plus aisés, les plus diplômés et surtout les couples ayant des enfants sont aujourd'hui les mieux équipés. En revanche, les ménages âgés, peu diplômés, les ouvriers et les personnes seules le sont moins. Ainsi, seulement 7 % des ménages de plus de 70 ans disposent d'Internet à leur domicile.

L'accès demeure encore très inégal selon le revenu du ménage. Le quart le plus modeste des ménages reste trois fois moins connecté à la Toile que le quart le plus riche. Les ménages sans diplôme sont six fois moins nombreux à avoir accès à Internet que les diplômés de l'enseignement supérieur. Les ménages ouvriers sont trois fois moins connectés à Internet (24 % contre 75 %) que les cadres. Enfin, la présence d'enfants, et notamment d'enfants scolarisés, constitue un facteur déterminant : 16 % des personnes seules sont connectées, 25 % des couples sans enfant et 50 % des couples avec enfants.

Par ailleurs, l'accès au **haut débit** constitue une condition indispensable pour jouir pleinement et efficacement des possibilités croissantes d'Internet. La France a aujourd'hui les tarifs d'accès les plus bas et la croissance la plus forte du haut débit en Europe : en juin 2007, 94 % de ceux qui se connectent à domicile en bénéficient, soit plus de 23 millions de personnes (+ 30 % par rapport à juin 2006). Cette véritable « explosion » du haut débit ne doit cependant pas faire oublier les disparités territoriales qui subsistent. De larges zones géographiques ne bénéficient pas de l'ADSL (2 à 3 % de la population répartis sur plus de 20 % du territoire). C'est pourquoi le Gouvernement a adopté en juillet 2006 un « Plan de couverture en haut débit pour les zones rurales ». Mais le chantier du **très haut débit**, avec pour objectif gouvernemental 4 millions d'abonnés à la fibre optique en 2012, risque de provoquer une nouvelle fracture numérique.

Enfin, Internet constitue un formidable terrain d'action pour les **délinquants**. Le caractère national des droits et des polices, les lacunes juridiques, les failles techniques comme la lenteur des procédures judiciaires permettent aux hackers et aux cybercriminels — et peut-être demain aux cyberterroristes — de prospérer en agissant rapidement sur la Toile d'araignée mondiale. Par ailleurs, l'absence ou la méconnaissance des sanctions liées aux manipulations illégales d'Internet, la rareté de leur application effective, enfin un sentiment — illusoire — d'anonymat favorisent les comportements délictueux, comme le piratage de musiques, de films, de jeux, de logiciels ou le téléchargement d'images pédophiles.

EXERCICE

➤ « Le monde est devenu un village dont les habitants naviguent sur les autoroutes de l'information. Internet sert aujourd'hui 24 heures sur 24 à des échanges civils. Plusieurs millions d'utilisateurs « surfent » sur cet appareil où les informations circulent en toute liberté. N'importe qui peut accéder à des banques de données, expédier des messages (d'amour ou professionnels) dans le monde entier ! » Que pensez-vous de ce média comme moyen d'éducation et d'information ?

LEP Neuilly-sur-Seine

J-10 CORRIGÉ

CULTURE GÉNÉRALE

Comme l'imprimerie dans le passé, les techniques et pratiques d'Internet sont en train de révolutionner la vie de l'humanité, dans sa manière de produire, de travailler, de s'amuser, de s'organiser, de s'enrichir, de communiquer, de s'informer, de s'éduquer, de se cultiver... Internet apparaît même comme le plus prodigieux moyen d'information et d'éducation jamais inventé, car il apporte une liberté et une égalité inégalées.

En plus de la faculté de dialoguer avec des individus situés à l'autre bout de la planète, l'internaute peut avoir accès à des données culturelles que ne propose aucun autre lieu ou moyen de communication. La facilité et la rapidité de la navigation, grâce à l'interactivité, à l'hypertexte et à l'hypermédia, accentuent la griserie. Quelques clics suffisent pour changer de pays, entrer dans un musée virtuel, assister à un concert, écouter une radio brésilienne ou de la musique indienne, lire un ouvrage épuisé, admirer une enluminure, regarder une émission de télévision américaine ou japonaise, parcourir la presse du jour ou du siècle dernier, découvrir un site archéologique... L'internaute peut, à tout moment, accéder aux données culturelles dont il a envie ou besoin.

Si Internet procure plus de liberté, il introduit également davantage d'égalité dans un monde culturel traditionnellement hiérarchique. Dans *La Révolte du pronétariat* (2006), Joël de Rosnay montre comment on est en train de passer « des *mass media* aux médias des masses ». Internet a tout de suite fait l'objet d'une appropriation citoyenne, par des créateurs peinant ou non à diffuser leurs œuvres dans le système classique ou tout simplement par des auditeurs, spectateurs, etc., désireux de faire partager au monde entier leurs passions musicales, picturales, sculpturales... Avec Internet, l'uniformisation se montre impossible : en raison de sa facilité d'accès, ce moyen de diffusion s'établit nécessairement dans la diversité. Quoi de plus facile en effet que de publier son roman refusé par les éditeurs sur le Net ? La diffusion peut d'ailleurs se mêler à la création lorsque les internautes sont invités à participer à la rédaction du livre.

Il n'y a donc rien de surprenant à ce qu'Internet soit le moyen de diffusion privilégié de toutes les contre-cultures. De plus, il permet de composer plus habilement avec toutes les censures du monde.

La principale imperfection d'Internet tient sans doute à son caractère formidablement inégalitaire. La diffusion d'Internet est étroitement conditionnée par le développement économique et social des pays. Un « gouffre numérique » sépare les pays développés, où vivent 88 % des internautes, et les pays en développement. De plus, une « fracture numérique » traverse tous les pays développés. En France, les ménages les plus aisés, les plus diplômés et surtout les couples ayant des enfants sont aujourd'hui les mieux équipés. Il faut cependant garder en mémoire que les pratiques culturelles classiques se caractérisent elles-mêmes par de grandes inégalités.

J-09 BIOLOGIE Les rations alimentaires

I. L'ALIMENTATION DE LA NAISSANCE À 5 MOIS

Le lait permet de couvrir les besoins de l'enfant pendant les premiers mois de la vie. Il contient des glucides (**lactose**), des lipides (crème), des protides (**caséine**), des minéraux dont le calcium et le fer, des vitamines (A, D, E) et de l'eau. Le lait de sa mère est l'aliment le mieux adapté. Il apporte les anticorps de la mère protégeant l'enfant contre certaines maladies.

Le lait de vache peut développer certaines intolérances. Les laits pour nourrissons sont fabriqués de façon à réduire ces inconvénients. Certaines préparations pour nourrissons permettent de corriger un déficit ou une difficulté à s'alimenter :

- les laits acidifiés fermentés qui facilitent la digestion des protéines et du lactose ;
- les laits hypoallergéniques, sans lactose en cas de diarrhée ;
- les laits enrichis en acides aminés, en nucléotides, présents dans le lait de femme et pas dans le lait de vache ;
- les laits plus énergétiques pour prématurés.

Les nouveau-nés prennent 6 à 7 petits repas, puis 4 repas.

Pour calculer la ration de lait en millilitres, pour 24 heures, on utilise la règle d'Appert, jusqu'à ce que l'enfant atteigne 6 kg.

$$\frac{\textbf{Poids de l'enfant en gramme}}{\textbf{10}} + \textbf{250}$$

II. L'ALIMENTATION DE 5 À 12 MOIS

À partir de 5 mois, les biberons sont préparés avec des laits 2e âge, ou laits de suite.

À partir de 6 mois, en complément du lait, on introduit progressivement des **farines diastasées (pré-digérées) sans gluten**, des compotes de **fruit** et des purées de **légumes**.

Le gluten, protéine du blé, de l'orge et de l'avoine, peut provoquer des intolérances alimentaires se manifestant par des diarrhées. Les farines pour enfant sont à base de riz, de maïs ou de tapioca.

Vers 6 mois, d'autres aliments sont introduits, petit à petit :

- les produits laitiers qui permettent un apport supplémentaire en calcium ;
- les viandes hachées, les poissons, les œufs, en petite quantité ;

- les corps gras qui fournissent des acides gras essentiels et des vitamines liposolubles qui aident au développement du système nerveux.

III. ALIMENTATION DE 1 AN A 3 ANS

Petit à petit, la ration alimentaire devient complètement diversifiée. La dentition permet de mâcher des substances de consistance ferme. 4 repas sont nécessaires :

- **Le petit-déjeuner** composé de céréales, d'un fruit ou un jus de fruits apportent des vitamines (vitamine C) indispensables.
- **Le déjeuner** composé d'un plat protidique accompagné de légumes ou de céréales en alternance avec le dîner, dune part de fromage et d'un fruit cuit ou cru ou une pâtisserie (1 à 2 fois par semaine).
- **Le goûter** composé d'un bol de lait ou un jus de fruits en alternance, avec du pain ou des céréales.
- **Le dîner** comparable au déjeuner.

IV. ALIMENTATION DES ADULTES

La ration alimentaire des adultes répond à l'équilibre alimentaire.

La personne âgée doit consommer moins d'énergie, du fait de la diminution du métabolisme basal et du déclin de l'activité physique.

La personne âgée ne doit pas négliger la consommation des **protides** pour éviter une dénutrition ou une anémie.

Le risque d'ostéoporose est important. Les fractures sont fréquentes. Un apport **calcique** supplémentaire est nécessaire.

La personne âgée se déshydrate rapidement car la sensation de soif diminue. Les apports en **eau** doivent être suffisants.

EXERCICE

1. Nommer la protéine responsable parfois d'intolérances chez les enfants. Dans le cas d'intolérance, quels sont les aliments à supprimer ?
2. À quel âge peut-on diversifier l'alimentation de l'enfant ?
3. Citer deux substances alimentaires indispensables pour les personnes âgées.

MATHÉMATIQUES
La densité

I. DÉFINITION

La densité d'un solide ou d'un liquide est le quotient de sa masse par la masse d'un volume égal d'eau pure à 4 °C.

C'est un nombre abstrait indépendant des unités de masse et de volume.

Dire que la densité de l'étain est de 7,3 revient à dire qu'à volume égal, l'étain pèse 7,3 fois plus que l'eau.

Or on sait que 1 litre d'eau pure pèse 1 kg, la densité d'un solide ou d'un liquide est numériquement égale à sa masse volumique en kg par m^3 (ou en g par cm^3).

II. APPLICATIONS

Calculer le volume d'un bloc de fer de 343,65 kg sachant que la densité du fer est de 7,9.

Dire que la densité du fer est de 7,9 cela revient à dire que 1 dm^3 de fer pèse 7,9 kg.

Masse (kg)	Volume (dm^3)
7,9	1
343,65	V = ?

$343{,}65 \div 7{,}9 = 43{,}5$

Le volume du bloc de fer est 43,5 dm^3.

EXERCICE

1. Sachant que l'aluminium a une densité de 2,7, quelle est la masse de 52,3 dm^3 ?
2. Sachant que 15,9 kg de sucre représentent un volume de 10 dm^3, calculer la densité du sucre.
3. La densité de la glace est 0,918. Quel est le volume occupé par un bloc provenant de la congélation de 10 litres d'eau ?
4. La densité de l'or est égale à 19,3. Quel est le volume d'un lingot dont la masse est 3,86 kg ?
5. On fabrique un alliage de 2 métaux. On met 150 cm^3 du 1er et 120 cm^3 du second. Le tout pèse 675 g. Quelle est la densité de ce mélange ?
6. La densité de l'argent est 10,5. Quel volume occupe une pièce d'argent qui pèse 13,75 g ?

J-09 CORRIGÉ

BIOLOGIE

1. Le gluten. Aliments à supprimer : blé, orge, avoine
2. 6 mois
3. Protéines et calcium

MATHÉMATIQUES

1. Masse $= D \times V = 2,7 \times 52,3 = 141,21$ kg
2. Densité $= M \div V = 15,9 \div 10 = 1,59$
3. $V = M \div D$ donc $10 \div 0,918 = 10,893$ dm^3
   10 litres d'eau correspondent à 10,893 l de glace
4. Volume du lingot d'or $= 3,86 \div 19,3 = 0,2$ dm^3
5. Volume du mélange : $150+120 = 270$ cm^3
   Densité $= 675 \div 270 = 2,5$
6. $M \div D = V$
   $13,75 \div 10,5 = 1,3$ cm^3

J-08 CULTURE GÉNÉRALE
Le tabac

Selon *L'état de santé de la population en France* (rapport 2007), le tabagisme, même passif, est l'un des problèmes de santé publique les plus importants par ses **répercussions sur la mortalité et la morbidité**. Il est responsable d'un nombre très élevé de cancers, notamment dans leurs localisations pulmonaires et des voies aérodigestives supérieures. Ces deux cancers induisent plus de 30 % de la mortalité avant 65 ans (52 % chez les hommes). Le développement du tabagisme féminin au cours des quarante dernières années se traduit par un accroissement du taux de décès par cancer du poumon en particulier chez les femmes de moins de 65 ans (+100 % entre 1990 et 2004). Le tabac est également à l'origine de maladies respiratoires chroniques et de maladies cardiovasculaires (maladies coronariennes, athérosclérose, artérites...) dont l'impact est considérable, tant pour la qualité de vie des personnes qu'en termes de coût économique.

En 2005, l'usage quotidien de tabac concerne 23 % des femmes et 30,5 % des hommes de 15-75 ans : il est globalement en baisse depuis quelques années, mais présente une relative stabilité chez les femmes depuis les années 1980. L'arrêt du tabagisme apparaît plus fréquent chez les fumeurs consommant de petites quantités de cigarettes car ils sont aussi les moins dépendants. À l'adolescence, les **habitudes de consommation** des filles et des garçons sont désormais peu différenciées.

EXERCICE

Un document illustré est remis au candidat. Il représente le tabac à l'état brut et sous forme de cigarettes roulées avec filtres.

Un slogan signale que : « Le tabac est un produit licite. La production la vente et l'usage sont réglementés. »

Au-dessus de ce slogan, on peut lire le texte suivant :

« De plus en plus répandu,
Brun ou blond, light ou super light,
Roulé, en cigare ou en pipe,
Le tabac nuit tellement à la santé
Qu'il est la cause
De 60 000 décès par an. »

1. Qu'est-ce qu'un produit licite ?
2. La vente du tabac et son usage sont réglementés par une loi, que prévoit-elle ?

ÉAS centre hospitalier de Mortagne-au-Perche

TEST PSYCHOTECHNIQUE
Aptitude logique

Dans ces exercices quatre amas ou séries de sphères noires ou blanches sont donnés. Il faut trouver un amas de sphères qui respecte un point commun avec les quatre précédents. Pensez à rechercher le nombre de sphères blanches, noires, ou total ; si le nombre de sphères blanches ou noires est toujours pair ou impair, plus grand ou plus petit…

Dans cette série, pour chaque question quatre amas de sphères vous sont proposés. Il faut trouver l'amas de sphère suivant qui répond à une certaine logique à découvrir (point commun aux quatre premiers amas de sphères).

1. Voici quatre amas de sphères :

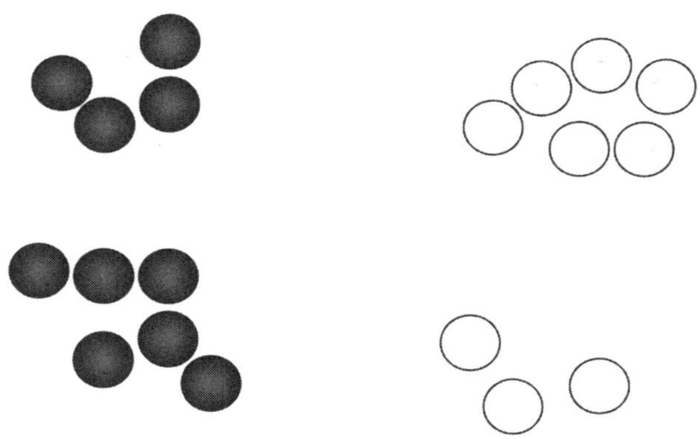

L'amas suivant est :

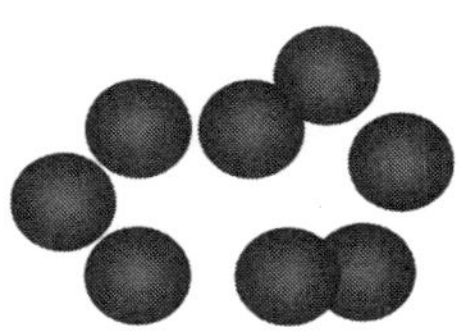

☐ A

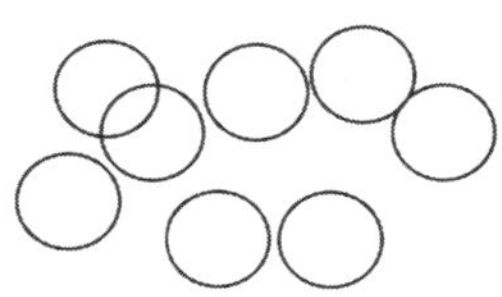

☐ B

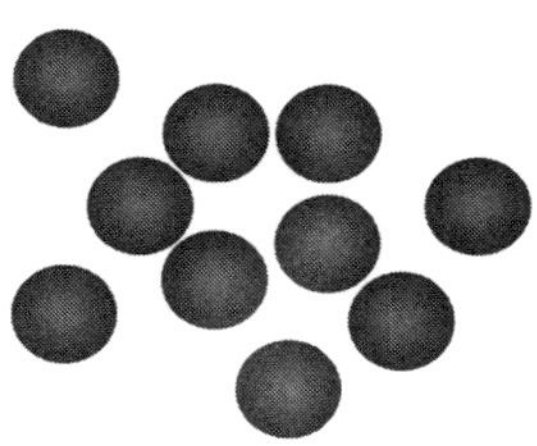

☐ C

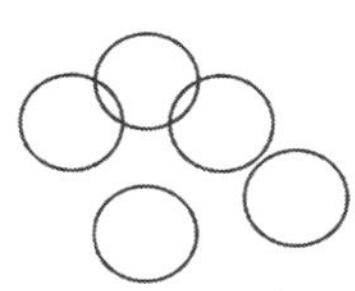

☐ D

2. Voici quatre amas de sphères :

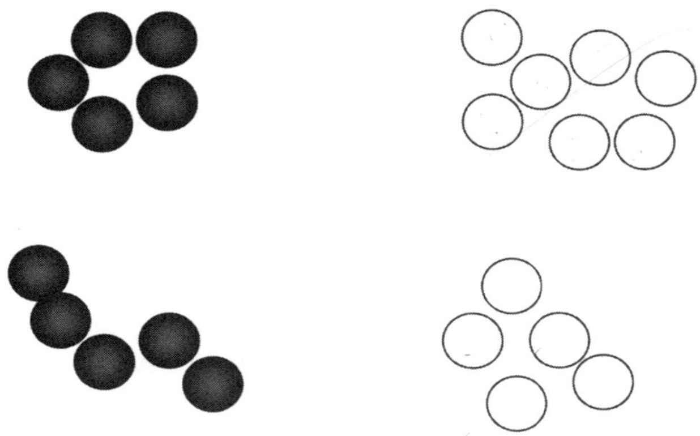

L'amas suivant est :

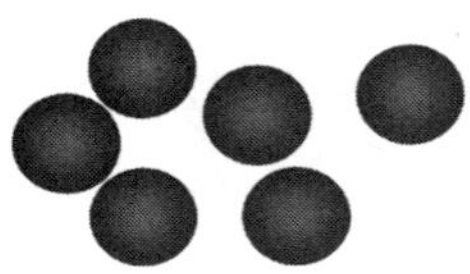

☐ A

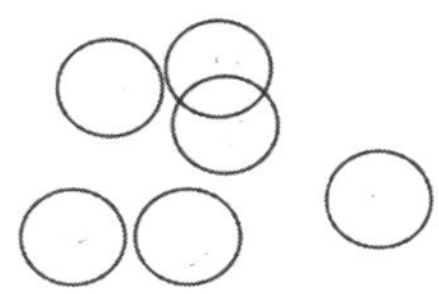

☐ B

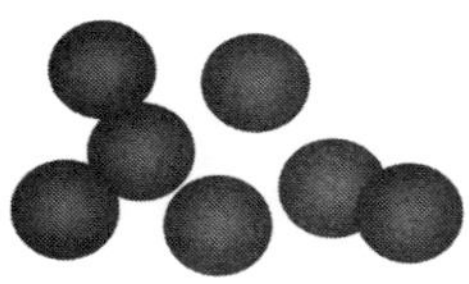

☐ C

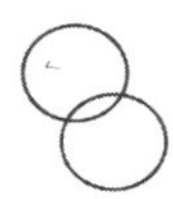

☐ D

3. Voici quatre amas de sphères :

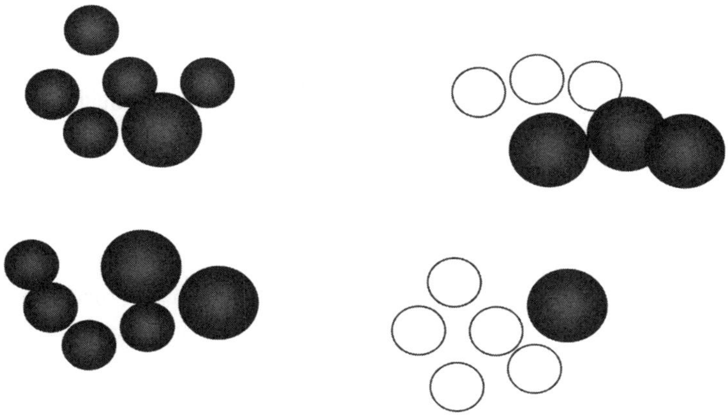

L'amas suivant est :

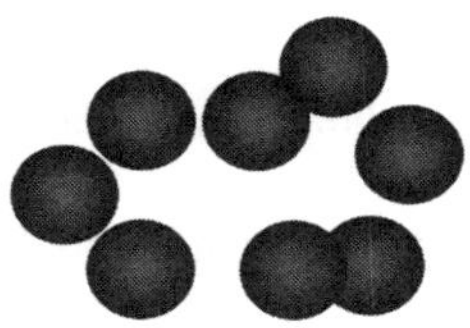

☐ A

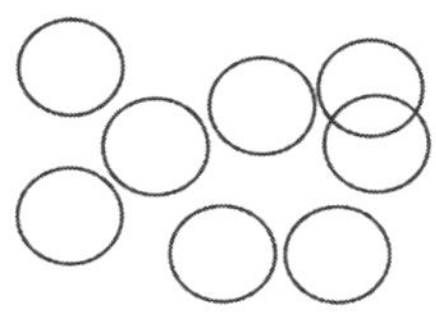

☐ B

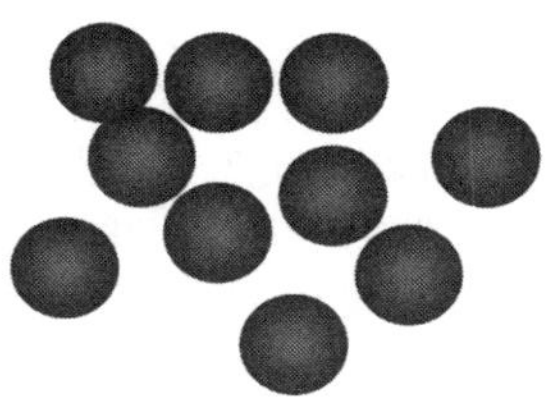

☐ C

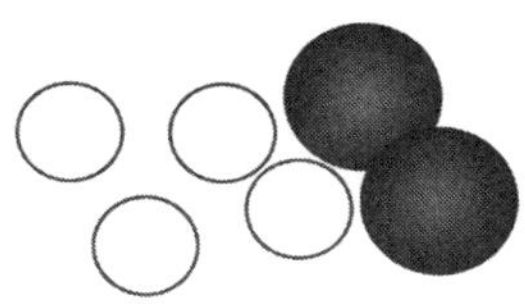

☐ D

J-08 CORRIGÉ

CULTURE GÉNÉRALE

1. Importé d'Amérique au XVIe siècle, l'usage du tabac se propage rapidement dans toute l'Europe. Il est aujourd'hui, avec l'alcool, la substance psychoactive la plus consommée en France (26,7 % de fumeurs quotidiens en 2005). Pourtant, le tabagisme constitue un facteur de risque majeur de morbidité et de mortalité. Il est ainsi responsable d'un nombre très élevé de cancers pulmonaires et des voies aérodigestives supérieures qui induisent plus de 30 % de la mortalité avant 65 ans (52 % chez les hommes).

   Bien que le tabac nuise gravement à la santé, comme l'indique une mention figurant obligatoirement sur les emballages de tous les produits du tabac, sa consommation n'est pas interdite par la loi : elle est licite, légale, contrairement à l'usage du cannabis par exemple. Toutefois, la promotion, la vente et la consommation du tabac font toutefois l'objet d'une réglementation visant à réduire le tabagisme.

2. En raison des risques majeurs qu'il présente pour la santé, la promotion, la vente et la consommation de tabac sont réglementées en France depuis une trentaine d'années. La réglementation en vigueur, qui est surtout issue de la loi Évin du 10 janvier 1991 renforcée par la loi du 31 juillet 2003 et par le décret du 15 novembre 2006, concerne l'usage aussi bien que la vente du tabac.

   Le décret du 15 novembre 2006 renforce la réglementation en matière de lutte contre le tabac avec une interdiction totale de fumer dans les établissements d'enseignement et de santé. La mise à disposition d'emplacements « fumeurs » est autorisée dans les autres lieux à usage collectif, mais les conditions physiques et de gestion de ces « fumoirs » sont très contraignantes. Cette nouvelle réglementation s'applique depuis le 1er février 2007, à l'exception des bars tabac, casinos, discothèques, hôtels et restaurants, pour lesquels ces dispositions sont entrées en vigueur le 1er janvier 2008.

   En ce qui concerne la vente, la législation impose l'affichage, sous la mention « Nuit gravement à la santé », d'un avertissement sanitaire sur les emballages des paquets de cigarettes comme sur les paquets eux-mêmes. Celui-ci indique la composition et la teneur moyenne en goudron, en nicotine et en monoxyde de carbone. Fixée à 15 milligrammes en 1991, la teneur maximale en goudron n'a depuis cessé de diminuer (12 milligrammes en 2003). Par ailleurs, la loi du 31 juillet 2003 interdit la vente de tabac à des mineurs de moins de 16 ans, de même que celles de paquets de moins de 20 cigarettes, sous peine d'amendes.

   Enfin, la loi Évin vise à combattre plus efficacement les pratiques de promotion indirecte. Ainsi, elle avait interdit toute propagande ou publicité, directe ou indirecte ainsi que la distribution gratuite de tabac. Cependant, des dérogations ont été introduites ultérieurement.

TEST PSYCHOTECHNIQUE

1. Réponse C. Aucune boule ne se touche, comme dans l'énoncé.
2. Réponse C. Dans l'énoncé, tous les amas ont un nombre impair de boules donc la seule réponse correcte est C.
3. Réponse D. Dans l'énoncé, les quatre amas ont chacun 6 boules. La seule réponse correcte est D.

J-07 BIOLOGIE
Les régimes alimentaires

Le régime alimentaire est une adaptation de la prise des aliments en fonction d'une pathologie.

I. RÉGIME HYPO ÉNERGÉTIQUE

Ce régime vise à diminuer l'apport énergétique total. Il est prescrit en cas de surcharge pondérale, quelle qu'en soit la cause.

Une diminution d'apport énergétique (glucides, lipides) contraint l'organisme à puiser dans ses réserves adipeuses, ce qui provoque une perte de poids. Cependant, il faut éviter la fonte musculaire et une fatigue de l'organisme en préservant l'apport en protides.

Les aliments à éviter sont les sucres rapides, les graisses.

II. RÉGIME DU DIABÉTIQUE

Le diabète est une maladie due au manque partiel ou total d'une hormone pancréatique, l'insuline, indispensable au passage du glucose sanguin dans les cellules et qui se traduit principalement par une hyperglycémie.

Le régime alimentaire est l'élément primordial pour le traitement :

- suppression totale des sucres rapides consommés seuls, pour éviter un pic glycémique. Le régime du diabétique peut comporter certains aliments glucidiques, mais en quantités limitées (calculée en fonction du traitement, des doses d'insuline injectées) ;
- répartition des repas en plusieurs prises tout au long de la journée pour régulariser l'afflux de glucose dans le sang.

III. RÉGIMES PAUVRES EN SEL OU HYPOSODÉS

Les aliments d'une ration alimentaire normale apportent environ 3 à 5 g de sel (chlorure de sodium) couvrant largement le besoin de l'organisme.

Le régime hyposodé est prescrit pour certaines maladies rénales, cardiovasculaires, en cas d'œdèmes et au cours de certains traitements médicamenteux.

Il consiste en la suppression du sel de cuisine, des aliments très salés comme les charcuteries et les fromages fermentés, des aliments additionnés de sel, du pain, selon la sévérité.

IV. RÉGIMES DES MALADIES CARDIO-VASCULAIRES (MCV)

Le régime alimentaire des MCV vise à contrôler les apports en graisses et en sucres, de façon à ce qu'ils entrent dans le cadre d'un bon équilibre alimentaire. En cas d'hypercholestérolémie les aliments particulièrement riches en cholestérol (œufs, abats, beurre) sont limités.

V. RÉGIMES D'ÉPARGNE DU TUBE DIGESTIF

En cas d'atteinte gastrique (ulcère), supprimer les aliments qui stimulent la muqueuse de l'estomac. Ce sont : le poivre, les épices, les aliments acides, ainsi que l'alcool.

Appelés également « régimes pauvres en résidus », ces régimes visent à limiter au maximum les selles.

Dans le cas d'un régime sans résidus strict, les seuls aliments permis sont : pâtes, riz, semoule, viande sans graisses, poissons pochés, gelée de fruits, pâtes de fruits, biscottes.

VI. RÉGIME DES GASTRO-ENTÉRITES

Certaines gastro-entérites peuvent être dues à des bactéries pathogènes :

- les **salmonelloses** ;
- le **staphylocoque doré** ;
- le **clostridium perfringens** ;
- le **botulisme** ;
- la **listeria** ;
- les **fièvres typhoïdes et paratyphoïdes** ;
- **l'hépatite A**.

En cas de vomissements, la diète hydrique est le seul traitement.

En cas de diarrhée, veiller à une réhydratation efficace, et arrêter la diarrhée en consommant du riz, de la carotte, du coing, de la pomme râpée.

En cas de constipation, contrôler le transit intestinal en veillant à un apport de fibres modéré.

EXERCICE

1. Nommer trois aliments à consommer en cas de diarrhée.
2. Quelles sont les substances alimentaires à éviter en cas de régime hypoénergétiqe ?
3. Nommer 3 aliments particulièrement riches en cholestérol.

MATHÉMATIQUES
Le débit

I. DÉFINITION

Le débit est le rapport entre deux grandeurs : le volume et le temps.

EXEMPLE : Un robinet débite 25 litres d'eau par minute, son débit est de 25 l/min. Il y a donc, ici aussi, proportionnalité entre les unités de **capacités** et les unités **de temps**.

II. APPLICATIONS

EXEMPLE N° 1 : Une pompe a rempli un réservoir de 700 l en 3 min 20 s. Quel est, en litres par seconde (l/s), le débit de cette pompe ?

Chercher le débit revient à chercher la quantité de liquide débité en 1 s.
Transformons les unités de temps en secondes :
3 min 20 s = 3 × 60 + 20 = 200 s.

Temps (s)	Volume (l)
200	700
1	V = ?

$700 \div 200 = 3{,}5$

Débit de la pompe : 3,5 l/s.

EXEMPLE N° 2 : Un robinet débite 90 l/min et met 1 h 6 min 4 s pour remplir un bassin. Quel est le volume de ce bassin en m^3 ?

Temps en secondes : 1 h 6 min 4 s = (1 × 3 600) + (6 × 60) + 4 = 3 964 s

Si le débit est de 90 l/min alors le robinet débite 90 litres en 60 secondes.

Temps (s)	Volume (l)
60	90
3 964	V = ?

$V = 3\,964 \times 90 \div 60 = 5\,946$

Volume du bassin = 5 946 l = 5,946 m^3

EXEMPLE N° 3 : Une pompe a un débit de 3,5 l/s. Quel temps mettra-t-elle pour emplir un réservoir de 490 litres ?

Volume (l)	Temps (s)
3,5	1
490	t = ?

$490 \div 3{,}5 = 140$ s

Temps mis pour remplir le réservoir : 140 s, soit 2 min 20 s

EXERCICE

1. Un jardinier arrose son jardin avec une lance d'arrosage, durant 1 h 30 min. Au début de l'arrosage le compteur marquait 342,448 m^3 et à la fin 343,900 m^3. Quel est le débit en litres par heure de la lance d'arrosage ?
2. Un bassin, pouvant contenir 1,62 m^3 est empli d'eau jusqu'aux $\frac{3}{5}$ de sa capacité totale. Pour finir de l'emplir on ouvre à 9 h 50 min un robinet qui débite 36 litres d'eau par minute. À quelle heure le bassin sera-t-il rempli totalement ?
3. Une pompe alimentant un bassin en eau a un débit de 0,6 litre par seconde. Pendant combien de temps la pompe doit-elle fonctionner pour fournir 21 m^3 d'eau (réponse en heures, minutes et secondes) ?

J-07 CORRIGÉ

BIOLOGIE

1. Riz, carottes, pomme râpée
2. Lipides et glucides
3. Œufs, abats, beurre

MATHÉMATIQUES

1. Volume d'eau utilisé : 343,900 – 342,448 = 1,452 m^3 = 1 452 l
   Temps du débit : 1 h 30 min = 1,5 h
   Débit de la lance d'arrosage : 1 452 ÷ 1,5 = 968 l/h
2. Capacité totale du bassin : 1,62 m^3 = 1 620 litres
   Volume d'eau : 1 620 × $\frac{3}{5}$ = 972 l
   Volume restant : 1 620 – 972 = 648 litres
   Temps de remplissage : 648 ÷ 36 = 18 min
   Le bassin sera empli à 9 h 50 min + 18 min = 9 h 68 min, soit 10 h 08 min
3. 21 m^3 = 21 000 litres
   21 000 ÷ 0,6 = 35 000 s = 9 h 43 min 20 s

J-06 CULTURE GÉNÉRALE
Le sport

Selon l'article 1er de la loi du 16 juillet 1984, les activités physiques et sportives (APS) constituent « un élément important de l'éducation, de la culture, de l'intégration et de la vie sociale » des Français. Elles contribuent également à la santé. C'est pourquoi le législateur déclare leur promotion et leur développement d'intérêt général.

I. LA MASSIFICATION DES ACTIVITÉS PHYSIQUES ET SPORTIVES

Les organismes spécialisés qui évaluent régulièrement la proportion des Français faisant du sport produisent des statistiques contradictoires, en raison des débats relatifs à la **notion de pratique sportive**. Dans *Le Sport, moyen de culture* (1950), Joffre Dumazedier en fait « la manifestation d'une activité physique exercée par l'homme pour jouir des qualités de son corps, les développer ou les conserver, les mesurer ou les comparer ». En tout état de cause, nul ne conteste que, longtemps réservé à une minorité sociale (élites) et démographique (jeunesse), sa pratique concerne aujourd'hui un grand nombre, voire une majorité de Français.

Selon l'INSEE, 74 % des Français de 15 ans et plus auraient pratiqué régulièrement ou occasionnellement au moins une activité physique et sportive en 2004. Entre 1950 et 2006, le nombre de licences délivrées par les **fédérations sportives** est passé de 2,1 à 15,9 millions. Les sports collectifs sont de loin ceux qui regroupent le plus grand nombre de licences (plus de 5 millions), 47 % d'entre elles concernant la pratique du football.

Mais les APS débordent largement le terrain du sport fédéral et compétitif. Les « **inorganisés** » sont de plus en plus nombreux. Par « inorganisé », on entend tout individu qui pratique, de façon permanente ou ponctuelle, une ou plusieurs activités sportives, en adaptant ou en créant ses propres règles, en dehors de tout cadre associatif, éducatif ou réglementaire. Ces inorganisés se rencontrent aussi bien dans les milieux socialement favorisés (ski, planche à voile) que dans les milieux défavorisés (jeunes en difficulté). Sports les plus répandus chez les personnes de 15 ans ou plus, le vélo, la natation et la marche se pratiquent selon des modalités adaptées aux possibilités de chacun.

II. LA DIVERSIFICATION DES ACTIVITÉS PHYSIQUES ET SPORTIVES

En même temps qu'elle s'est massifiée, la pratique sportive s'est diversifiée. Dans la France d'après Mai 1968, de nombreuses activités se sont développées hors des sentiers battus et réglementés du sport fédéral et compétitif. Aujourd'hui, *Le Système des sports* analysé en 1998 par le sociologue Paul

Yonnet est multipolaire, avec notamment le sport de haut niveau, le sport de masse et, d'expansion plus récente, le sport-loisir.

Les **nouvelles pratiques sportives** peuvent consister en des sports réellement nouveaux, souvent liés à des innovations technologiques, comme la planche à voile ou le vol libre. Mais il peut aussi s'agir de combinaison ou de transformation d'anciennes pratiques (triathlon, monoski, *beach-volley*...), pratiquées pour le *fun* ou dans des conditions extrêmes (escalade, ski extrême...).

Les **lieux** des pratiques sportives se sont eux-mêmes diversifiés. De plus en plus, ces activités se déploient dans des espaces naturels, peu ou pas aménagés, sur les routes ou dans la rue : ski, randonnées diverses, cyclotourisme, etc. À l'inverse, les APS se déroulent aussi de plus en plus dans l'espace privé du domicile (musculation, gymnastique d'entretien, vélo d'appartement...).

Les activités sportives s'ouvrent à des **publics** diversifiés : très jeunes enfants (bébés nageurs), personnes du troisième âge, handicapés... Le programme national de développement du sport 2006-2008 vise prioritairement trois catégories de publics : les jeunes filles et les femmes, les personnes handicapées et les jeunes habitants des quartiers urbains sensibles.

Même si l'écart entre les **sexes** tend à se réduire, les femmes sont encore 15 % de moins que les hommes à déclarer une pratique sportive même occasionnelle (marche, natation, gymnastique, danse...).

Le mouvement de démocratisation du sport est incontestable. Toutes les enquêtes établissent pourtant qu'il existe une inégalité d'accès au sport selon le niveau d'études et la **catégorie socioprofessionnelle**, ces deux éléments étant liés. Plus on dispose de diplômes et de revenus élevés, plus on fait de sport, même si les écarts entre les taux de pratique des différentes catégories socioprofessionnelles se sont resserrés. Les moins sportifs ne sont pas les ouvriers, mais les agriculteurs. En plus des considérations financières et des habitudes acquises tout au long des études, il peut apparaître logique que les personnes exerçant un métier manuel éprouvant ressentent moins le besoin ou l'envie d'une activité physique durant leur temps de loisirs.

L'**âge** continue sans conteste d'être le facteur différentiel le plus important de la pratique sportive. Ainsi, le taux de pratique sportive des femmes et des hommes de 64-75 ans est d'environ 20 % inférieur à celui de leurs homologues de 15-24 ans. De nombreuses raisons, notamment l'état du corps et un phénomène de génération, expliquent ces différences, qui devraient toutefois se réduire.

III. LES EFFETS D'ORDRE PHYSIQUE

Mens sana in corpore sano, « Une âme saine dans un corps sain » : les vers du poète latin Juvénal sont souvent détournés de leur sens véritable pour exprimer que la santé du corps est une condition importante de la santé de l'esprit et de l'équilibre individuel. D'une façon générale, les nouveaux modes de vie – habitat urbain, circulation automobile, travail tertiaire – entraînent un besoin d'activités physiques dans le temps de loisir.

Le **sport-santé** nous concerne tous et à tous les âges de la vie. Ainsi, les APS jouent un rôle important dans le développement psychomoteur de l'enfant. Le sport-santé ne cesse de se développer également auprès des **personnes âgées**. Celles-ci prennent plus tôt leur retraite, avec un corps mieux conservé grâce aux progrès de la médecine et aussi un désir plus affirmé de « rester jeunes ». De plus en plus, les nouveaux retraités ont pratiqué du sport dans leur jeunesse. C'est pourquoi des sociologues annoncent un « papy-boom sportif ».

Mais le sport provoque aussi de **nombreux traumatismes**, blessures, etc., comme le rappelle chaque saison de sports d'hiver. Chaque année, il serait ainsi à l'origine d'environ 4 000 décès et un million d'accidents donnant lieu à consultation médicale ou hospitalisation (près de 400 000 accidents concernant les jeunes de 10 à 24 ans, en majorité de sexe masculin).

Le culte de la performance conduit par ailleurs de nombreux sportifs à des **pratiques dopantes** parfois très dangereuses pour leur santé. Depuis l'affaire Festina éclatant à la veille du tour de France 1998, les affaires de dopage paraissent se multiplier dans les médias comme dans les prétoires. De nombreux champions de l'athlétisme, comme Marion Jones, du cyclisme, tels Marco Pantani tristement disparu, qui réussit le doublé Tour de France-Giro en 1998, ou du football sont victimes de sanctions sportives ou parfois de rumeurs comme Lance Amstrong, septuple vainqueur du Tour de France. Mais des pratiquants de disciplines beaucoup moins médiatisées comme le biathlon et de nombreux sportifs amateurs (simplement pour finir un semi-marathon ou une ascension de col) ou handicapés recourent aux substances dopantes.

IV. LES EFFETS D'ORDRE PSYCHOSOCIAL

La pratique du sport contribue à la **socialisation des enfants**. En effet, elle leur apprend à découvrir et à respecter les autres, à communiquer avec eux, à tenir divers rôles dans une équipe, bref à s'intégrer dans un groupe. Tout en jouant, ils découvrent l'importance de la ponctualité et de la régularité, de l'effort et de la discipline.

L'affirmation de la **fonction sociale** du sport dans les années 1990 se montre particulièrement remarquable. Dans un contexte de crise de société, manifestée par une perte de repères et un affaissement des valeurs, le sport a acquis une dimension citoyenne affirmée avec force par la loi Buffet du 6 juillet 2000. Il apparaît comme un instrument de lutte contre les exclusions et comme un outil de cohésion sociale.

Le sport serait également l'occasion, pour les pratiquants comme pour les spectateurs au demeurant, de libérer une agressivité sous-jacente et de dépenser un trop-plein d'énergie qui, sinon, pourraient inspirer des actes de violence dans la vie quotidienne. Cette fonction de **dérivation de l'agressivité** et de réduction des tensions sociales prêtée au sport fait parfois l'objet de contestations. Nouvel « opium du peuple », le sport détournerait les travailleurs des véritables luttes.

À l'inverse, on peut parfois douter que le sport adoucisse les mœurs. Depuis une vingtaine d'années, le **hooliganisme** s'est développé en France. C'est pourquoi les lois du 23 janvier et surtout du 5 juillet 2006 renforcent la prévention et la répression des violences lors des manifestations sportives, en instaurant par exemple une procédure d'interdiction administrative de stade doublée, le cas échéant, d'une obligation de pointage.

Enfin, il n'est pas contestable que, dans le sport professionnel, l'énormité des enjeux notamment financiers peut favoriser des pratiques de **tricherie**, de tromperie voire de corruption. Mais le culte de la performance et la soif de victoire pour soi ou pour son équipe conduisent aussi de nombreux pratiquants, malgré l'absence d'enjeux financiers, à tricher. Pour eux l'essentiel n'est plus de participer, mais de gagner.

« La Commission européenne a reconnu au sport ***cinq fonctions*** *constituant sa spécificité :*

- *une fonction* ***éducative :*** *l'activité physique constitue un excellent instrument pour équilibrer la formation et le développement humain de la personne à tout âge ;*
- *une fonction de* ***santé publique :*** *l'activité physique offre l'occasion d'améliorer la santé des citoyens et de lutter de manière efficace contre certaines maladies ;*
- *une fonction* ***sociale*** *: le sport représente un outil approprié pour promouvoir une société mieux intégrée, pour lutter contre l'intolérance et le racisme, la violence, l'abus d'alcool ou l'usage de stupéfiants. Il peut contribuer à l'intégration des personnes exclues du marché du travail, des personnes handicapées et à la scolarisation des jeunes ;*
- *une fonction* ***culturelle :*** *la pratique sportive permet au citoyen de mieux s'enraciner dans un territoire, de mieux le connaître et de mieux s'intégrer, et pour ce qui concerne l'environnement, de mieux le protéger ;*
- *une fonction* ***ludique :*** *la pratique sportive représente une composante importante du temps libre et du divertissement individuel et collectif. »*

États généraux du sport, « La fonction éducative et sociale du sport », 2002.

EXERCICE

➤ « Le dopage ne concerne pas seulement les as du sport de haut niveau, il s'étend et se banalise auprès de sportifs de plus en plus jeunes et peu encadrés. Cela commence par des vitamines, se poursuit par des boissons énergétiques, et c'est la porte ouverte au dopage. » Commentez.

EAS de Mulhouse

J-06 CORRIGÉ

CULTURE GÉNÉRALE

Le code de la santé publique définit le dopage comme l'utilisation de substances ou de procédés, définis chaque année par arrêté conjoint des ministres chargés des sports et de la santé, de nature à modifier artificiellement les capacités d'un sportif. Après avoir fait le point sur l'ampleur du dopage en France, je soulignerai que les pratiques dopantes constituent un problème de santé publique et doivent être combattues.

Depuis l'affaire Festina éclatant à la veille du tour de France 1998, les affaires de dopage paraissent se multiplier dans les médias comme dans les prétoires (Marion Jones, Marco Pantani, Lance Amstrong...). Des sports bien moins médiatisés comme le biathlon et des sportifs amateurs ou handicapés sont concernés par la tricherie. En réalité, malgré l'augmentation du nombre de contrôles, on constate une relative stabilité du pourcentage de cas positifs qui se situe, tous sports confondus, aux alentours de 3,5 %, mais sous-estime probablement la consommation réelle.

Le dopage concerne toutes les fédérations, tous les niveaux de compétition et tous les âges. En l'absence de tout enjeu financier ou même compétitif, le goût de la performance et la volonté de repousser ses limites naturelles peuvent conduire le sportif du dimanche à se doper pour réussir à grimper un col ou achever un semi-marathon.

Le dopage constitue bien sûr un manquement à l'éthique sportive, mais il menace aussi la santé des sportifs. C'est pourquoi les pouvoirs publics ont, depuis les vingt dernières années, renforcé les moyens de lutter contre le dopage. Dans un objectif de prévention, la loi Buffet du 23 mars 1999 crée, à raison d'une au moins par région, des antennes médicales de prévention et de lutte contre le dopage (AMPLD) vers lesquelles les sportifs peuvent être orientés après avoir appelé le numéro vert gratuit et anonyme « Écoute dopage » (0 800 15 2000).

Qu'il soit licencié ou non, tout sportif participant à une compétition agréée par une fédération ou à un entraînement peut être contrôlé. En cas de résultat positif, l'organe disciplinaire fédéral prononce les sanctions sportives et disciplinaires prévues. En 2005, sur les 9 000 contrôles environ programmés, 65 % ont été inopinés et 4 % positifs.

En 2007, l'État a décidé de consacrer 21 millions d'euros à la lutte contre le dopage. Si le dopage ne constitue pas une infraction, le fait de donner ou de vendre des produits dopants est pénalement sanctionné et la lutte contre les pourvoyeurs est actuellement intensifiée. La loi du 3 juillet 2008 vise à rendre plus efficace la répression du trafic ou simplement de la détention de substances dopantes.

Enfin, la lutte contre le dopage doit aujourd'hui être européenne et internationale. Depuis 1999, il existe ainsi à Montréal une Agence mondiale antidopage (AMA) qui a adopté un code mondial antidopage soutenu par 163 Gouvernements.

J-05 BIOLOGIE
Les conduites alimentaires

I. L'APPÉTIT

L'appétit est le résultat de différentes stimulations, contrôlables ou non, perçues par l'organisme : **stimulations métaboliques**, **socioculturelles**, **psycho-sensorielles** ou **organoleptiques** assurées par différents sens : le goût perçu par la langue, l'odorat senti par le nez, la vision perçue par l'œil, le toucher saisi par la peau, l'ouï perçue par l'oreille.

Le goût est une sensibilité chimique, due à des molécules présentes dans les aliments qui permet de reconnaître 4 saveurs fondamentales : salé, sucré, acide, amer et d'autres perceptions : le piquant, l'astringent, le « brûlant » sans chaleur comme l'alcool fort. L'association de la saveur et de l'odeur d'un aliment s'appelle la **flaveur**.

Les différents goûts sont perçus grâce aux papilles gustatives localisées sur la face supérieure et les bords de la langue, et contenant des cellules (papilles) gustatives.

Le bout de la langue (4) perçoit le sucré, les bords (2,3) perçoivent l'acide et le salé, le fond perçoit l'amer (1).

Les papilles gustatives percevant le goût sucré sont développées dès le plus jeune âge. Les papilles gustatives percevant le goût salé s'atrophient avec l'âge.

Certaines situations entravent la sensibilité gustative : l'alcool, la fumée du tabac, la prise de certains médicaments, certaines maladies (rhume).

La sensibilité gustative s'éduque au moment de la diversification alimentaire

LOCALISATION DES PERCEPTIONS

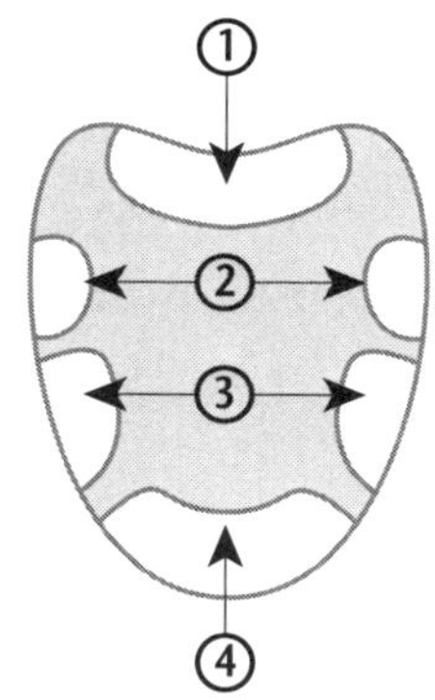

II. LA BOULIMIE

C'est un état pendant lequel un individu mange exagérément : n'importe quoi, en très grande quantité, à n'importe quel moment de la journée, sans faim. Ces pulsions alimentaires sont souvent dues à des problèmes psychologiques, La boulimie entraîne des complications telles que :

- carence en nutriments et principalement en potassium, si la personne vomit ;
- rupture de l'œsophage, agressé par les vomissements provoqués ;
- obésité, maladies cardio-vasculaires ;
- diabète si la personne consomme essentiellement des glucides.

III. L'ANOREXIE

C'est un état pendant lequel une personne se trouve dans l'incapacité physique et mentale d'avaler quoique ce soit En plus de l'amaigrissement logique constaté, la personne anorexique souffre de carences multiples. Cet état de manque conduit à une dénutrition, très grave, appelée **cachexie**, et mener même à la mort.

Ce syndrome névrotique apparaît surtout chez les jeunes filles, anxieuses et brillantes. Il est lié généralement à un conflit ou à un choc affectif.

IV. L'ALCOOLISME

L'alcoolémie est le taux d'alcool dans le sang. Le foie se charge d'éliminer la majorité de l'alcool ingéré, cependant 5 % de l'alcool ingéré sont éliminés dans les urines. La peau et les poumons éliminent également une faible partie de l'alcool ingérée.

Le surplus d'alcool non éliminé reste dans l'organisme où il provoque des dégâts, au niveau du système nerveux, du système circulatoire et du système digestif. À long terme, une cirrhose du foie peut s'installer. Des cancers peuvent se développer (bouche, l'œsophage, l'estomac).

L'alcoolisme aigu ou ivresse est un état correspond à apport d'alcool inhabituel mais important. À partir de 0,5 g d'alcool par litre de sang, peuvent apparaître des troubles de l'équilibre, une diminution des réflexes et du champ de vision, des maux de tête, des nausées, et des vomissements.

EXERCICE

1. Sur le schéma, situer les zones de perception des saveurs.

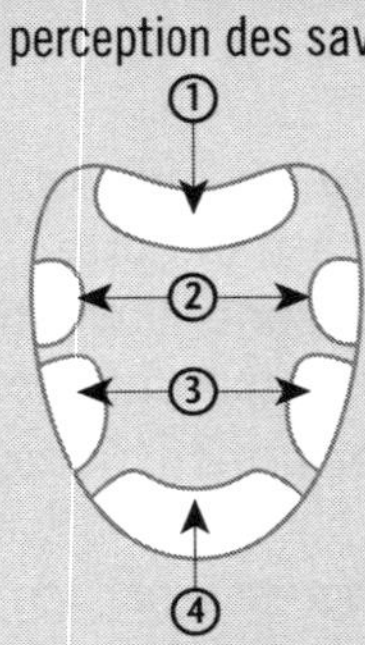

2. Définir anorexie et boulimie.
3. Décrire les effets de l'alcoolisme aigu sur l'organisme.

MATHÉMATIQUES
Problème résolu

Sachant que :

- 1 gramme de lipides = 9 kilocalories
- 1 gramme de glucides = 4 kilocalories
- 1 gramme de protides = 4 kilocalories

et que 100 ml de lait contiennent : 3,5 g de protides ; 5 g de glucides ; 4 g de lipides, calculer la valeur énergétique de 100 ml de lait entier en kcal.

lipides	1 g	9 kcal	Dans 4 g, il y a donc $9 \times 4 = 36$ kcal
glucides	1 g	4 kcal	Dans 5 g, il y a donc $4 \times 5 = 20$ kcal
protides	1 g	4 kcal	Dans 3,5 g, il y a donc $4 \times 3,5 = 14$ kcal

Soit au total 14+36+20 = 70 kilocalories dans 100 ml de lait.

EXERCICE

1. Sachant que :
   - 1 gramme de lipides = 9 kilocalories
   - 1 gramme de glucides = 4 kilocalories
   - 1 gramme de protides = 4 kilocalories

   et que 100 g de cracottes contiennent : 11 g de protides, 79 g de glucides,3,5 g de lipides, calculer la valeur énergétique de 100 g de cracottes en kcal.
2. Calculer la valeur énergétique en kilocalorie du camembert, sachant que 100 g de camembert sont composés de : 1 g de glucides, 24 g de lipides, 22 g de protides, et que :
   - 1 gramme de lipides = 9 kilocalories
   - 1 gramme de glucides = 4 kilocalories
   - 1 gramme de protides = 4 kilocalories
3. Sachant que :
   - 100 g de pain apportent : 55 g de glucides ; 0,80 g de lipides ; 7 g de protides
   - 100 g de chocolat apportent : 64 g de glucides, 24 g de lipides, 7 g de protides
   - 100 g de lait entier (une tasse) apportent : 4,6 g de glucides, 3,9 g de lipides, 3,5 g de protides

   calculer la valeur énergétique du goûter d'un adolescent composé de 200 g de pain, 50 g de chocolat et d'une tasse de lait entier.

J-05 CORRIGÉ

BIOLOGIE

1. 1 : amer ; 2 : acide ; 3 : salé ; 4 : sucré

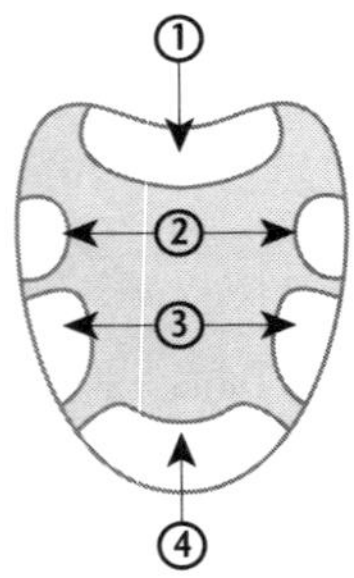

2. L'anorexie correspond à l'incapacité de se nourrir. La boulimie est l'absorption exagérée d'une quantité importante d'aliments.
3. Troubles de l'équilibre, diminution des réflexes et du champ de vision, maux de tête, nausées, vomissements.

MATHÉMATIQUES

1.

lipides	1 g	9 kcal	Dans 3,5 g, il y a donc $9 \times 3{,}5 = 31{,}5$ kcal
glucides	1 g	4 kcal	Dans 79 g, il y a donc $4 \times 79 = 316$ kcal
protides	1 g	4 kcal	Dans 11 g, il y a donc $4 \times 11 = 44$ kcal

Soit dans 100 g : $31{,}5 + 316 + 44 = 391{,}5$ kcal.

2. Glucides $= 4 \times 1 = 4$ kcal ; Lipides $9 \times 24 = 216$ kcal ; protides $= 4 \times 22 = 88$ kcal.
Valeur énergétique de 100 g de camembert $= 4 + 216 + 88 = 308$ Kcal.
3. 200 g de pain contiennent : $2 \times 55 = 110$ g de glucides, $2 \times 0{,}8 = 1{,}6$ g de lipides, $2 \times 7 = 14$ g de protides.
50 g de chocolat contiennent : $64 \div 2 = 32$ g de glucides, $24 \div 2 = 12$ g de lipides, $7 \div 2 = 3{,}5$ g de protides.
Une tasse de lait entier, soit 100 g, contient : 4,6 g de glucides, 3,9 g de lipides, 3,5 g de protides.
Le goûter contient donc : $110 + 32 + 4{,}6 = 146{,}6$ g de glucides, $1{,}6 + 12 + 3{,}9 = 17{,}5$ g de lipides, $14 + 3{,}5 + 3{,}5 = 21$ g de protides.
Valeur énergétique : $146{,}6 \times 4 + 17{,}5 \times 9 + 21 \times 4 = 586{,}40 + 157{,}50 + 84 = 827{,}90$ kilocalories.

J-04 CULTURE GÉNÉRALE
La déontologie

Les aides-soignants et les auxiliaires de puériculture font chaque jour l'expérience de l'**importance de l'éthique et de la déontologie**. Si la première est personnelle et renvoie au questionnement d'un individu sur sa pratique, la seconde consiste dans la science des devoirs professionnels tels qu'ils sont collectivement institués.

Malgré la montée en puissance, depuis le milieu des années 1990 particulièrement, des interrogations des professionnels, il n'existe **aucun code de déontologie** applicable aux aides-soignants et les auxiliaires de puériculture, comme il en existe un pour les médecins et, prochainement, pour les infirmières. Il reste bien sûr que les lois et les règlements imposent des **devoirs professionnels** tels que le respect des usagers, dont la législation récente fait une priorité, et le secret professionnel, dont l'article 226-13 du nouveau code pénal sanctionne la violation et dont les limites sont périodiquement remises en question (reconnaissance limitée de la notion de secret partagé par deux lois du 5 mars 2007, l'une relative à la prévention de la délinquance, l'autre réformant la protection de l'enfance).

En commettant une faute, l'aide-soignant ou l'auxiliaire de puériculture peut s'exposer à trois types de responsabilité. En cas de faute professionnelle, l'employeur peut lui infliger une sanction **disciplinaire** (de l'avertissement au licenciement ou à la révocation) en respectant les règles de procédure imposées par le code du travail ou le statut général de la fonction publique.

L'infraction est une violation de la loi **pénale** sanctionnée, à titre principal, par des peines d'amende et/ou d'emprisonnement. Les quelque 15 000 infractions sont réparties en trois catégories selon la gravité des peines correspondantes : les contraventions, les délits et les crimes. Tout aide-soignant ou auxiliaire de puériculture peut être poursuivi et puni pour une infraction commise comme auteur ou complice.

Enfin, sur le terrain **civil**, l'aide-soignant ou l'auxiliaire de puériculture peut avoir à indemniser sur son propre patrimoine le préjudice créé par une faute personnelle.

EXERCICE

Les personnes travaillant en milieu hospitalier sont soumises au secret professionnel.

1. Justifiez l'intérêt du secret professionnel.
2. Indiquez les risques encourus en cas de manquement.

ÉAP Hôtel-Dieu (Marseille)

TEST PSYCHOTECHNIQUE
Aptitude logique

Dans ces exercices il faut trouver un mot constitué de 4 lettres (le mot n'a pas de sens). On vous propose quatre mots et, pour chacun, on vous indique le nombre de lettres bien ou mal placées. Une bonne méthode consiste à regarder les mots avec un maximum de lettres bien placées et de procéder à des hypothèses qu'il faut ensuite vérifier. Vous pouvez partir des solutions et vérifier si elles répondent aux contraintes de l'énoncé.

1. Trouvez un mot de quatre lettres sachant que :

- POLA a trois lettres communes mal placées
- LEBP a trois lettres communes bien placées
- LEAB a deux lettres communes bien placées
- APBL a deux lettres communes mal placées

☐ A LAOB ☐ B LOBP ☐ C LEBO
☐ D LEOP ☐ E LOAP

2. Trouvez un mot de quatre lettres sachant que :

- DOAB a une lettre bien placée
- NEBF a trois lettres communes bien placées
- NEAB a trois lettres communes bien placées
- AEFN a trois lettres communes mal placées

☐ A NAOB ☐ B NOBF ☐ C NEFA
☐ D NEAF ☐ E NOAF

3. Trouvez un mot de quatre lettres sachant que :

- FBCT
- BTFC
- CFTB

ont chacun 4 lettres communes mal placées

☐ A BTCF ☐ B TCBF ☐ C FCBT
☐ D CFTB ☐ E TBFC

4. Trouvez un mot de quatre lettres sachant que :

- KEBJ a trois lettres communes bien placées
- AJBK a deux lettres communes mal placées
- JFKA a trois lettres communes mal placées
- KEAB a deux lettres communes bien placées

☐ A KAFB ☐ B KFBJ ☐ C KEBF
☐ D KEFJ ☐ E KFAJ

5. Trouvez un mot de quatre lettres sachant que :

- YIBH a trois lettres communes bien placées
- BATO a zéro lettre bien placée ou mal placée
- CIBH a deux lettres communes bien placées
- BAXB a une lettre commune bien placée

☐ A YICH ☐ B COBX ☐ C YICH
☐ D YICX ☐ E YIXH

6. Trouvez un mot de quatre lettres sachant que :

- SOLA a trois lettres communes bien placées
- OSLX a trois lettres communes mal placées
- QOLB a deux lettres communes bien placées
- SABZ a deux lettres communes mal placées

☐ A SOLZ ☐ B ZALO ☐ C OLAZ
☐ D QOLE ☐ E LOSS

7. Trouvez un mot de quatre lettres sachant que :

- TCAQ
- AMBF
- TRGF
- ZCBY

ont chacun 2 lettres communes bien placées

☐ A BTCF ☐ B TCBF ☐ C FCBT
☐ D CFTB ☐ E TBFC

J-04 CORRIGÉ

CULTURE GÉNÉRALE

1. Le secret professionnel a pour objectif premier de protéger les intérêts du patient, de l'usager, du client... En effet, le droit pour l'individu d'être préservé de toute intrusion abusive dans l'intimité de sa vie privée fait partie des prérogatives essentielles de la personne humaine. En vertu de la Convention européenne des droits de l'homme et des libertés fondamentales, il bénéficie non seulement aux adultes mais également aux enfants.

   Mais le secret professionnel se montre aussi nécessaire à la protection de l'ordre social et à l'efficacité de l'activité professionnelle. En effet, pour que les patients, usagers et autres clients donnent à un professionnel le plus souvent inconnu les informations et les confidences nécessaires au bon déroulement de sa mission, il faut qu'ils aient confiance dans la discrétion de ce professionnel ou tout simplement dans sa peur des peines sanctionnant toute violation illégale.

   Les arguments en faveur du secret professionnel expliquent aussi ses limites. Notamment, différents textes autorisent des professionnels à révéler un secret dans le but de prévenir des dangers graves en matière de santé publique ou d'atteintes aux personnes. Notamment, l'article 226-14 du code pénal dispose que n'est pas punissable la révélation aux autorités judiciaires, médicales ou administratives de privations ou de sévices (y compris lorsqu'il s'agit d'atteintes ou, depuis la loi du 4 avril 2006, de mutilations sexuelles) infligés à un mineur ou à une personne incapable de se protéger en raison de son âge ou de son état physique ou psychique.

   Enfin, en cas de non-assistance à personne en danger, les personnes assujetties au secret professionnel risquent une peine d'emprisonnement de cinq ans.

2. En cas de violation illégale du secret professionnel, le travailleur paramédical fautif encourt deux types de sanctions. D'une part, cette faute professionnelle peut justifier une sanction disciplinaire allant de l'avertissement au licenciement ou, s'il est fonctionnaire, à la révocation.

   D'autre part, il encourt une peine d'un an d'emprisonnement, une peine d'amende de 15 000 euros au plus et une peine complémentaire telle que l'interdiction des droits civiques, civils et de famille. Le juge judiciaire peut individualiser les peines en fonction des circonstances de l'infraction.

   Par ailleurs, sur le terrain de la responsabilité civile, le travailleur paramédical peut avoir à réparer sur son propre patrimoine le préjudice qu'il a causé en violant l'obligation de secret professionnel.

TEST PSYCHOTECHNIQUE

1. Réponse D.
En regardant les affirmations 2 et 3 de l'énoncé les lettres L et E semblent devoir occuper les positions 1 et 2 du mot solution. Dans ce cas, la lettre B ne peut pas être en position 3 car l'affirmation 3 de l'énoncé ne serait pas vérifiée (une lettre serait aussi mal placée). Donc, d'après l'affirmation 2 de l'énoncé et pour avoir trois lettres bien placées P sera en position 4. Seule la réponse D reste valable dans ce cas. Il faut maintenant vérifier si la solution LEOP vérifie toutes les affirmations de l'énoncé. C'est le cas.

2. Réponse D.
En regardant les affirmations 2 et 3 de l'énoncé les lettres N et E semblent devoir occuper les positions 1 et 2 du mot solution. Dans ce cas, la lettre B ne peut pas être en position 3 car l'affirmation 3 de l'énoncé ne serait pas vérifiée (une lettre serait aussi mal placée). Donc, d'après les affirmations 2 et 3 de l'énoncé et pour avoir trois lettres bien placées F sera en position 4 et A en position 3. Seule la réponse D reste valable dans ce cas. Il faut maintenant vérifier si la solution NEAF vérifie toutes les affirmations de l'énoncé. C'est le cas.

3. Réponse B.
Le mot solution doit donc contenir les quatre lettres B, C, T, F bien placées. On procédera par élimination des réponses proposées. Par exemple, on nous dit que la lettre T est mal placée dans le premier mot (FBCT) et mal placée dans BTFC et mal placée dans CFTB. Donc, dans la solution la lettre T ne pourra pas occuper les places 2, 3, 4 elle sera donc obligatoirement placée en première position. Seules les solutions B et E conviennent encore. De proche en proche on construit la solution ou on procède par élimination pour trouver B comme bonne réponse.

4. Réponse D.
KEBJ a trois lettres communes bien placées et KEAB a deux lettres communes bien placées. Supposons que K et E soient bien placées aux deux premières places du mot solution. Il ne nous resterait que les solutions proposées en C et D. Emettons une seconde hypothèse : J est en quatrième position. Dans ce cas, la première proposition de l'énoncé est vérifiée (3 lettres bien placées) et les trois autres également. Donc KEFJ est le mot solution.

5. Réponse E.
En regardant l'affirmation 2 il n'y a pas les lettres B, A, T et O dans la solution. D'après l'affirmation 1 Y est donc en position 1, I en 2, H en 4. D'après l'affirmation 4, X est en position 3. La solution YIXH vérifie toutes les affirmations de l'énoncé.

6. Réponse A.
En regardant l'affirmation 1 on peut émettre l'hypothèse que S, O et L occupent les trois premières places. L'affirmation 3 signifie que B n'est pas présent dans la solution (O et L déjà bien placées). L'affirmation 4 donne donc Z en position 4 (A ne peut pas être dans la solution). Il faut maintenant vérifier si la solution SOLZ vérifie toutes les affirmations de l'énoncé. C'est le cas.

7. Réponse B.
Seule la solution B avec les lettres T, C, B et F placées dans cet ordre répond aux contraintes de l'énoncé.

J-03 BIOLOGIE
Les infections alimentaires

On distingue 2 types d'intoxications alimentaires : les **TIA** (toxi-infection alimentaire) et les **MIA** (maladie infectieuse alimentaire). En collectivité, si la maladie touche plusieurs personnes on parle de **TIAC** (toxi-infection alimentaire collective).

I. LES TOXI-INFECTIONS ALIMENTAIRES

Ce sont des maladies dues à l'action toxique des toxines libérées par une bactérie présente accidentellement dans un aliment. On dénombre 4 principales toxi-infections alimentaires.

- Les **salmonelloses** sont provoquées par les salmonelles qui logent dans le tube digestif des hommes et des animaux. Les salmonelles se développent rapidement en présence de nourriture, d'eau, d'oxygène de l'air (bactérie aérobie), sous des températures comprises entre 15 et 47 °C, sous un pH neutre. Elles libèrent des entérotoxines qui provoquent des gastro-entérites.
  Les œufs sont les principaux aliments responsables de salmonelloses.
- Le **staphylocoque doré** vit au fond des glandes sudoripares et des glandes sébacées. Quand il se multiplie, il sort par les pores de la peau et provoque des infections cutanées (furoncles, panaris). Il sévit également dans la sphère ORL (nez, gorge). Le staphylocoque est détruit par chauffage à 70 °C, mais sa toxine résiste à une température de 100 °C durant 30 min.
  Ces bactéries libèrent des entérotoxines et provoquent de fortes nausées avec des vomissements en jet, des diarrhées, des crampes abdominales avec spasmes, des maux de tête.
  Le staphylocoque se développe sont essentiellement dans les produits à base de protéines (viande, poissons, charcuteries), les plats cuisinés à l'avance à base d'œufs, les crèmes salées ou sucrées.
- Le **clostridium perfringens** est un germe anaérobie qui réside dans le gros intestin et qui se développe entre 30 °C et 47 °C Il est rejeté par les selles. Il rejette une entérotoxine qui provoque de fortes douleurs abdominales spasmodiques, des diarrhées abondantes avec ou sans fièvre.
  Les aliments incriminés sont les plats en sauce, cuits en bouillon, les préparations froides réalisées la veille et les restes de plats cuisinés.
- Le **botulisme** est une intoxication due à l'ingestion de la toxine botulinique qui rejette dans l'aliment une neurotoxine très toxique, parfois mortelle. La neurotoxine passe dans le sang et se fixe au niveau des extrémités des nerfs sur la plaque motrice, ce qui empêche le passage de l'influx nerveux et entraîne des troubles neurologiques. Les muscles manquent de tonus et deviennent paralysés.

Le bacille du botulisme se développe sans oxygène, sous un pH supérieur à 4,5 sous une température comprise entre + 10 °C et + 48 °C. La toxine botulinique est détruite à la chaleur.
Il provoque, selon les cas, des nausées, des vomissements, des crampes d'estomac, une diminution de la sécheresse de la bouche et une soif intense, des manifestations nerveuses, des troubles de la vue, une paralysie des muscles bucco-pharyngés, des membres inférieurs, des muscles respiratoires, pouvant entraîner la mort.
Les aliments incriminés sont essentiellement les conserves mal stérilisées

II. LES MALADIES INFECTIEUSES ALIMENTAIRES

MIA sont responsables de gastro-entérites, provoquant des diarrhées et des vomissements. Les bactéries responsables des MIA sont facilement détruites par la chaleur. On distingue :

- les **listérioses**, maladies provoquées par la listeria ;
- les **fièvres typhoïdes** et **paratyphoïdes** ;
- l'**Escherichia Coli**, à transmission rapide dans les collectivités d'enfants ;
- d'autres sortes de **salmonelles** qui atteignent les nourrissons et les jeunes enfants ;
- les **shigelles**, qui déclenchent des diarrhées brutales ;
- les **yersinia** qui provoquent chez l'enfant une gastro-entérite aiguë.

III. INTOXICATION ALIMENTAIRE DUE À L'HÉPATITE A

Le virus de l'hépatite A est véhiculé par les aliments. Une fois ingéré, il rejoint le foie et s'y multiplie en détruisant les cellules hépatiques. Le malade porteur du virus rejette en grande quantité le VHA dans ses selles.

La contamination se fait par l'intermédiaire de l'eau et des aliments contaminés, par une personne porteuse ou encore par les coquillages, élevés dans les eaux souillées.

La maladie provoque une grande fatigue avec coloration jaune des muqueuses, des nausées, et des vomissements.

EXERCICE

1. Nommer les principaux aliments porteurs de salmonelles.
2. Comment se propage le staphylocoque ?
3. Définir neurotoxine, entérotoxine, MIA, TIA et TIAC.

MATHÉMATIQUES
Révisions générales

Ces différents exercices vous aideront à réviser une grande partie du programme.

1. Une voiture a parcouru 189 km en 2 h 15 min.
   Quelle est sa vitesse ?

2. Une perfusion passe en 2 h 30 min avec un débit de 5 ml/min.
   Quelle quantité de liquide a-t-on perfusé ?

3. Dans 350 g d'épinards, il y a 4 mg de fer.
   Quel est le pourcentage de fer dans les épinards ?

4. Un voyageur bénéficie d'une réduction de 25 %.
   Combien devra-t-il payer si le billet coûte 56 € au tarif normal ?

5. Une personne part de chez elle le matin à 7 h 10 min. Elle marche pendant ¾ h et s'arrête 20 min pour boire un café, puis remarche ¼ h avant d'arriver au bureau.
   À quelle heure y arrive-t-elle ?

6. Une personne boit dans la journée :
   – 1 bol de thé de 320 ml
   – 1 bouteille d'eau d'1,25 l
   – 1 bol de soupe de 250 ml
   – 1 tisane de 200 ml
   Elle a uriné 1,6 l.
   Quel est le pourcentage de liquide éliminé chaque jour ?

7. Un sportif a besoin quotidiennement d'un apport énergétique de 3 600 Kcal ; 55 % de celles-ci lui sont fournies par les pâtes alimentaires.
   Quelle quantité énergétique lui apportent les pâtes ?

8. Vous relevez à votre compteur d'eau, une consommation de 55,3 m^3.
   Combien avez-vous utilisé d'eau en litres et en décimètres cubes ?

9. Jules prend un train à 8 h 27 min. Il arrive à destination à 15 h 31 min.
   Combien de temps a duré le voyage ?

10. Raymond part faire son jogging. Il a l'intention de parcourir 6 km à la vitesse moyenne de 12 km à l'heure.
Avant de partir, il se fait couler un bain pour le retour. Il règle les robinets à faible débit (0,10 dm^3 à la seconde). La contenance de sa baignoire est de 240 litres.
Quand il reviendra, combien manquera-t-il d'eau pour que la baignoire soit pleine ?

11. Un collège compte 418 garçons et 357 filles.
Chaque élève se lave en moyenne les mains 3 fois par jour et utilise 2,5 litres d'eau à chaque lavage.
Calculer le nombre de litres d'eau utilisée par jour pour se laver les mains.

J-03 CORRIGÉ

BIOLOGIE

1. Les œufs.
2. Le staphylocoque provient des glandes sudoripares et des glandes sébacées. Il prolifère dans les plaies infectées.
3. La neurotoxine est une toxine qui attaque le système nerveux.
   Une entérotoxine, est une toxine qui attaque les intestins et provoque des gastro-entérites.
   MIA veut dire maladie infectieuse alimentaire.
   TIA veut dire toxi-infection alimentaire.
   TIAC veut dire toxi-infection alimentaire collective.

MATHÉMATIQUES

1. 2 h 15 min = 135 min

Distance	189 km	135 min
temps	$(189 \times 60) \div 135 = 84$ km	60 min

   Vitesse = 84 km/h
2. 2 h 30 = 150 min ; 5 ml × 150 = 750 ml
3.

épinards	350 g	100 g
fer	4 mg = 0,004 g	$(0{,}004 \times 100) \div 350 = 0{,}0011\%$

4. Réduction : $56 \times 25 \div 100 = 14$; prix du billet $56 - 14 = 42$ €
5. Heure d'arrivée : 7 h 10 + 45 min + 20 min + 15 min = 8 h 30 min
6. Liquide absorbé = 0,32 l + 1,25 l + 0,25 l + 0,20 l = 2,02 l
   Liquide éliminé (%) = $(1{,}6 \times 100) \div 2{,}02 = 79{,}2\%$
7. Quantité d'énergie apportée par les pâtes : $(3\,600 \times 55) \div 100 = 1\,980$ kcal
8. 55,3 m^3 = 55 300 l = 55 300 dm^3
9. 15 h 31 – 8 h 27 = 7 h 04 min
10. Temps mis par Raymond pour faire son jogging : $6 \div 12 \times 60 = 30$ minutes, soit 1 800 secondes
    Pendant ce temps, le robinet aura déversé $0{,}10 \times 1\,800 = 180$ dm^3 soit 180 litres
    Il manquera donc $240 - 180 = 60$ litres pour que la baignoire soit pleine
11. Effectif du collège : 418 + 357 = 775 élèves. Chaque élève utilisant $2{,}5 \times 3 = 7{,}5$ litres par jour, la quantité totale d'eau utilisée sera $7{,}5 \times 775 = 5\,812{,}5$ litres

J-02 SUJET DE CONCOURS N° 1
DDASS Val-de-Marne, AS/AP 2008

CONSIGNES

- *Seules les encres noires ou bleues sont autorisées.*
- *Tout signe distinctif entraîne la note zéro à l'ensemble de la copie.*
- *Les feuilles de brouillon ne sont pas prises en compte.*
- *L'usage de la calculette n'est pas autorisé.*

I. TEXTE DE CULTURE GÉNÉRALE (12 POINTS)

Le cheval, surprenant médiateur

Bottes aux pieds et bombe sous le bras, Bertrand, Marion et Jérémie, trois patients psychotiques hospitalisés à Sainte-Anne à Paris s'engouffrent dans un mini-van, comme tous les lundis. « J'attends ce jour toute la semaine, car on peut enfin voir du monde et l'effervescence de la rue », s'enthousiasme Jérémie. Lui et ses compagnons comme plus de 5 000 handicapés mentaux et moteurs en France fréquentent régulièrement les clubs ou les centres équestres pour des raisons médicales. Ils pratiquent l'équithérapie.

L'équithérapie apporte de multiples bienfaits

Plusieurs raisons font du cheval un « aide-soignant » efficace. Souvent assistés dans le cadre d'une hospitalisation, les patients retrouvent grâce à lui un peu de leur autonomie À cheval, ils doivent s'activer pour faire avancer l'animal. Car sans stimulation, l'équidé ne suit que son instinct... Et la sanction peut-être immédiate. Le cheval fait aussi office de « miroir ».

Des psychotiques qui refusent de se laver, par exemple, réalisent, en curant ses sabots et en le brossant à chaque séance, l'importance d'entretenir leur propre corps. La rééducation par le cheval des patients alcooliques ou toxicomanes les oblige à contrôler leurs crises de manque et leurs angoisses, l'animal ne tolérant pas l'agitation. Les malades mentaux, une fois cavaliers, doivent pour leur part essayer de réagir en respectant les règles de l'équitation. Un exercice qui exige concentration, écoute, gestion du corps et de l'espace. Grâce à des gestes simples mais essentiels pour guider un cheval, ils parviennent aussi à prendre un peu plus conscience d'eux-mêmes et de ceux qui les entourent. « Depuis que je monte à cheval, j'ai l'impression d'être plus à ce que je fais. Je sors de mes pensées et je me concentre sur le cheval. Je ressens du plaisir, je me sens plus libéré, moins anxieux », explique Jérémie.

Les patients apprennent à dompter leurs peurs

Durant les séances, les rééducateurs spécialisés entourent les patients. Les exercices varient suivant la pathologie et le niveau du cavalier. Une équipe médicale les observe. Après chaque séance l'équipe fait le point avec les psychiatres. Le Dr Bertrand Garnier, chef de service à l'hôpital Sainte-Anne, explique que certains patients se libèrent alors qu'habituellement ils ne parlent pas. La balade, le saut d'obstacle, le galop est une occasion de valoriser le malade et de lui montrer qu'il a su dompter ses peurs. L'équitation aide aussi les dépressifs à chasser leurs pensées négatives. Elle les oblige à aller de l'avant.

Les autistes s'en trouvent parfois transformés

Les personnes autistes ne perçoivent pas les sentiments des autres. Ils ne connaissent pas non plus la honte, l'amitié, la générosité ou la compassion. Grâce au cheval, l'autiste se sent investi d'une mission, il prend soin de l'animal. Le rapport privilégié qu'entretiennent les autistes avec les chevaux tient au fait qu'il s'agit d'une communication essentiellement gestuelle. Le cheval constitue en quelque sorte un médiateur entre leur monde et le monde réel.

Gonzague Rambaud, *Valeurs mutualistes*, n° 243, mai-juin 2006

Question n° 1 (7 points)

Dégagez les idées principales du texte en rédigeant un texte de 10 lignes maximum.

5 points pour la pertinence des idées ; 1 point pour la présentation ; 1 point pour la forme grammaticale.

Question n° 2 (3 points = 6 × 0,5 point)

Dans ce texte retrouvez les différentes personnes concernées par l'équithérapie.

6 réponses attendues.

Question n° 3 (2 points = 2 × 1 point)

Avez-vous connaissances d'autres pratiques ou activités ayant un rôle bénéfique sur la santé des patients au sein des établissements hospitaliers, dans les services d'enfants, les résidences pour personnes âgées ou personnes handicapées.

2 réponses attendues.

II. BIOLOGIE HUMAINE (4 POINTS)

Question n° 1 (0,25 × 4 = 1 point)

1. Comment appelle-t-on l'unité fonctionnelle du rein.
2. Citez dans l'ordre, les voies urinaires qui permettent l'évacuation des urines, de la sortie du rein à l'extérieur de l'organisme.

Question n° 2 (0,25 × 4 = 1 point)

Parmi les éléments figurés composants du sang, citez-en deux en précisant leur rôle.

Question n° 3 (1 point)

1. Donnez une définition de la contraception. (0,50 point)
2. Citez 2 méthodes de contraception. (0,25 point × 2)

Question n° 4 (1 point)

1. Citez les os qui composent l'articulation de la hanche. (0,25 point × 2)
2. Donnez 2 propriétés des muscles. (0,25 point × 2)

III. APTITUDES NUMÉRIQUES (4 POINTS)

Problème n° 1 (1,5 point)

Monsieur Dupont se rend chez le pharmacien avec une ordonnance de 1 comprimé à prendre 3 fois par jour, pendant les repas, durant 8 jours.

1. Sachant que chaque boîte contient 6 comprimés, combien de boîtes faudra-t-il ?
2. Le pharmacien ne peut délivrer que 2 boîtes et M. Dupont débute son traitement lundi soir.
   Jusqu'à quel jour et quel repas a-t-il suffisamment de médicaments ?
3. Chaque boîte coûte 2 € et est remboursée à 65 % par la sécurité sociale.
   Quelle somme reste à la charge de M. Dupont ?

Problème n° 2 (1 point)

Vous travaillez à mi-temps 3 h 24 min par jour.

1. Combien d'heures travaillez-vous dans une semaine, du lundi au vendredi inclus ?
2. Combien d'heures travaillez-vous au mois de février qui comporte 28 jours et qui débute un lundi et se termine un dimanche, sachant que vous ne travaillez ni le samedi ni le dimanche.

Problème n° 3 (1,5 point)

1. 2,5 kg + 260 g = kg
2. 800 cl + 6,2 l = l
3. 2 630 m + 4,8 km = km
4. ¾ litre + $\frac{2}{5}$ litre = l
5. Recopiez les nombres suivants par ordre décroissant :
   1 004 – 1 420 – 1 050 – 1 560 – 1 030 – 10,04 – 156,2

J-02 CORRIGÉ

I. TEXTE DE CULTURE GÉNÉRALE

Question n° 1

L'équithérapie contribue à soigner des patients souffrant de maladies variées. Grâce à elle, les malades mentaux tels que les psychotiques sont amenés à développer leur sens de l'écoute, d'eux-mêmes comme du cheval, et leur autonomie. Pour les autistes enfermés dans leur monde, le cheval représente une excellente médiation avec la réalité extérieure.

Les addicts à un produit sont également intéressés, car le cheval les oblige à se calmer malgré le stress résultant du manque. Au contraire, ce surprenant médiateur aura pour effet de dynamiser et de motiver les dépressifs.

Bien évidemment, les effets positifs de l'équithérapie impliquent l'intervention de rééducateurs spécialisés, sous la surveillance d'une équipe médicale et de psychiatres.

Question n° 2

Gonzague Rambaud évoque plusieurs catégories de patients concernés par l'équithérapie :

– les malades mentaux tels que les psychotiques et les autistes ;
– les handicapés moteurs ;
– les alcooliques ou toxicomanes ;
– les dépressifs ;
– les autistes.

Par ailleurs, cette thérapie fait intervenir des rééducateurs spécialisés, des équipes médicales et des psychiatres.

Question n° 3

Pour beaucoup de personnes, l'admission dans un établissement d'hébergement pour personnes âges dépendantes (ÉHPAD) est vécue comme un premier pas vers la mort et en tout cas comme la fin d'une longue vie faite de relations verbales, affectives, tactiles. Ces personnes âgées souffrent non seulement de solitude, mais aussi de carence au niveau de la relation des corps. De plus, elles ont conscience du dégoût ou de la peur que peut inspirer leur corps diminués, déformés, raides, douloureux, abîmés. Elles-mêmes ne se regardent plus.

C'est la raison pour laquelle des ÉHPAD ont mis en place des activités de mise en beauté et de soins esthétiques pour les résidents. Dans un lieu agréable, ces derniers peuvent recevoir des massages relaxants, notamment des pieds, des mains et du visage, ou des soins de mise en beauté de ces mêmes zones corporelles. Ces activités ont pour effet de détendre les patients, d'amenuiser leurs douleurs, de libérer leurs émotions éventuellement. En leur redonnant un contact corporel dont ils sont privés, elles réchauffent toute leur âme.

L'art-thérapie, qui consiste à utiliser le potentiel artistique de chacun dans un but thérapeutique, peut également contribuer à améliorer la qualité de vie des personnes âgées. Celles-ci, qui souvent se considèrent comme inutiles voire indignes depuis leur entrée en institution, peuvent prendre conscience de leurs possibilités et de leur valeur. Au lieu d'être enfermés dans l'ennui et la routine, elles découvrent de nouvelles formes d'activités adaptées à leur condition (musique, écriture, improvisation théâtrale, peinture...) et renouvellent leur expérience du plaisir esthétique. L'écoute, l'attention, l'accompagnement de l'art-thérapeute sont également sources de richesses relationnelles et de bienfaits spirituels.

II. BIOLOGIE HUMAINE

Question n° 1

1. L'unité fonctionnelle du rein s'appelle le néphron.
2. Les urines passent par les **uretères** dans la vessie, puis dans l'**urètre** pour être évacuée.

Question n° 2

Le sang se compose entre autres :
– d'**hématies** ou globules rouges qui transportent les gaz respiratoires ;
– de **leucocytes** ou globules blancs qui interviennent dans le processus de défense de l'organisme.

Question n° 3

1. La contraception est l'ensemble des pratiques mises en œuvre pour éviter que les rapports sexuels mènent à une grossesse.
2. Deux méthodes de contraception : la pilule et le stérilet.

Question n° 4

1. Les os qui constituent l'articulation de la hanche sont l'os iliaque, le sacrum et le coccyx.
2. Deux propriétés des muscles : élasticité et excitabilité.

III. APTITUDES NUMÉRIQUES

Problème n° 1

1. M. Durand prend 3 comprimés par jour, donc pour 8 jours il lui faudra :
   $3 \times 8 = 24$ comprimés
   Si 1 boîte contient 6 comprimés il doit acheter :
   $24 \div 6 =$ **4 boîtes**
2. Avec 2 boîtes, il aura 12 comprimés. Il débute son traitement lundi soir donc :
   – lundi, il prend **1** comprimé ;
   – mardi, il en prend **3** ;
   – mercredi, il en prend **3** ;
   – jeudi, il en prend **3** ;
   – vendredi, il en prend **2**.
   Il a suffisamment de médicaments jusqu'au **déjeuner du vendredi inclus.**
3. Chaque boîte coûte 2 €, il dépense donc 2 € $\times$ 4 = **8 €**.
   La sécurité sociale lui rembourse : $8 \times 65 \div 100 =$ **5,20 €**.
   Il reste à sa charge : 8 € – 5,20 € = **2,80 €.**

Problème n° 2

1. Du lundi au vendredi il y a 5 jours, si je travaille 3 h 24 min/jour, en une semaine je travaille :
   3 h 24 × 5 = 15 h 120 min = **17 h.**
2. Le mois de février compte 28 jours et commence un lundi, il a donc : semaine du 1er, semaine du 8, semaine du 15, semaine du 22, soit 4 semaines.
   Au mois de février, je travaille donc 17 h × 4 = **68 h.**

Problème n° 3

1. 2,5 kg + 260 g = 2,5 kg + 0,26 kg = **2,76 kg**
2. 800 cl + 6,2 l = 8 l + 6,2 l = **14,2 l**
3. 2 630 m + 4,8 km = 2,63 km + 4,8 km = **7,43 km**
4. $\frac{3}{4}$ litre + $\frac{2}{5}$ litre = $\frac{3}{4} + \frac{2}{5} = \frac{15 + 8}{20} = \frac{23}{20}$ = **1,15 l**
5. 1 560 – 1 420 – 1 050 – 1 030 – 1 004 – 156,2 – 10,04

J-01 SUJET DE CONCOURS N° 2
IFSI des Diaconesses, AS 2008

CONSIGNES À RESPECTER

1. *Les copies doivent être anonymes. Les noms (de jeune fille et marital), prénom et numéro de convocation doivent être inscrits dans la case prévue à cet effet. La partie gommée doit être repliée et collée.*
2. *Chaque copie doit être numérotée en haut de la feuille à droite dans l'ordre d'utilisation.*
3. *Il est inutile de recopier le texte des questions. Les candidats peuvent répondre aux questions dans l'ordre de leur choix, à condition de préciser obligatoirement le numéro de la question correspondante devant chaque réponse. Toutes les réponses doivent être rédigées sur la copie. Toute question non traitée doit être signalée.*
4. *Les modes de calcul et les opérations devront être reportés sur la copie au centième près (deux chiffres après la virgule). L'utilisation de la* ***calculette*** *est* ***interdite.***
5. *Seule l'utilisation d'une encre noire ou bleue est autorisée. Aucun* ***signe distinctif*** *ne doit apparaître sur la copie.*
6. *Tout acte frauduleux sera sanctionné d'un 0 à la copie.*

Le non-respect de ces consignes peut entraîner l'annulation de la copie.

I. TEXTE DE CULTURE GÉNÉRALE (12 POINTS)

Addiction[1] : tous accros ?

Thomas, 19 ans, ne sort plus de chez lui, passant ses nuits et ses jours à jouer sur Internet.

Alice, 45 ans, est alcoolique, son mari l'a quittée, elle ne voit plus ses enfants mais continue à boire.

Lynda, 30 ans, héroïnomane, passe son temps à rechercher de l'argent pour se payer sa dose, se l'injecter et s'effondrer enfin sereine.

Leur point commun ? Tous trois sont des addicts : leur vie tourne autour de leur drogue, que celle-ci soit une substance ou... toute autre chose. L'addiction ne se résume pas à l'utilisation des produits psycho-actifs que sont la cocaïne, le cannabis, l'alcool ou le tabac (toxicomanie). Bien au contraire, elle englobe aussi diverses dépendances sans substance (au travail, au jeu et même au sexe...).

Pour les psychiatres, l'addiction implique un comportement répétitif, impératif et contraignant que l'on ne peut faire cesser malgré des tentatives répétées. Il y a bien dans l'addiction une perte de liberté, voire d'esclavage. Loisirs ou activités sociales, plus rien d'autre n'est important que l'objet de l'addiction, qu'il soit un produit, une personne ou un comportement. Elle entraîne un manque lorsque l'on ne peut s'y adonner. L'addiction est donc par nature handicapante et envahissante, avec des conséquences sociales et sanitaires souvent importantes.

Le scénario de l'addiction se joue généralement en trois étapes. D'abord, il y a l'usage simple et curieux, la quête d'une expérience nouvelle et agréable, la recherche du plaisir ou la transgression d'un interdit. À ce stade, les effets négatifs ne se révèlent pas encore : c'est la période du plaisir. Puis viennent l'abus et l'usage nocif, par lesquels on jouit encore des effets positifs (plaisir, stimulation), malgré les premiers méfaits qui apparaissent : c'est l'étape du désir. Enfin au-delà du désir, apparaît la dépendance : c'est le stade du besoin. Brutale ou progressive, elle est installée lorsqu'on ne peut plus se passer de « consommer » (ou de pratiquer !), sous peine de souffrances physiques et/ou psychiques.

Lorsque nous nous adonnons à une activité agréable, nous enclenchons les circuits cérébraux de la récompense : l'état de notre cerveau est modifié. Lorsque le plaisir disparaît, notre cerveau revient sans problème à l'état initial. Ce mécanisme d'équilibre est déréglé par les drogues (alcool, cocaïne, héroïne...) qui modifient notre équilibre cérébral. Lorsqu'elles ne sont plus présentes, elles manquent et l'état pendant lequel la drogue agit devient l'état normal.

Qu'en est-il des addictions sans drogue ? Elles aussi semblent dérégler notre système de récompense. C'est le cas, par exemple, du jeu pathologique[2].

Renaud PERSIAUX, *Sciences humaines*, août-septembre 2007

1. *Relation de dépendance à une substance, une activité qui a de graves conséquences sur la santé (Le Nouveau Robert, 2003).*
2. *Qui engendre un problème de santé.*

Deux points pour la présentation, l'orthographe et la syntaxe.

Question n° 1

Dégagez les idées principales du texte.

Question n° 2

Relevez dans le texte les mots qui expliquent les différentes étapes conduisant à la dépendance.

Trois mots au moins sont attendus.

Question n° 3

En fin de texte, l'auteur parle « de jeu pathologique ». Donnez deux exemples et expliquez en quelques lignes en quoi ces jeux sont dangereux.

II. BIOLOGIE (4 POINTS)

Question n° 1

Citez les deux os formant l'avant-bras.

Question n° 2

Quels sont les deux phénomènes de la digestion ?

Citez les deux types de phénomènes intervenant au cours de la digestion des aliments.

Question n° 3

Quels noms donne-t-on aux vaisseaux qui partent des poumons et reviennent vers le cœur avec du sang oxygéné ?

Question n° 4

La dentition d'un adulte comprend 32 dents. Donnez dans le détail les différentes catégories de dents (noms et nombre).

Question n° 5

Recopiez et complétez le texte suivant :

Les deux ...... conduisent ...... des reins vers un organe réservoir nommé ....

Le liquide contenu dans ce réservoir s'évacue ensuite par ....

III. OPÉRATIONS NUMÉRIQUES ET DE CONVERSION (4 POINTS)

Question n° 1

Dans la journée, M. Dupont a bu :

- 1 bol de café soit 280 ml ;
- 1 litre d'eau ;
- 1 assiette de soupe soit 250 ml ;
- 1 tisane soit 150 ml.

Sachant qu'il a uriné 1,4 litre, quel est le pourcentage de liquide éliminé par rapport aux liquides absorbés ?

La totalité des opérations doit apparaître sur votre copie.

Question n° 2

Un adulte fait 15 mouvements respiratoires par minute et il inspire 0,45 l d'air à chaque mouvement. Quel volume d'air en litre inspire-t-il en 1 heure ?

Question n° 3

Dans une tranche de viande, il y a 17 % de lipides et 32 % de protides. Donnez en grammes les quantités de lipides et de protides présents dans une tranche de viande de 185 g ?

Question n° 4

Convertissez en secondes 6 heures et 38 minutes.

Question n° 5

Convertissez en mètres cubes 938 litres.

TEST PSYCHOTECHNIQUE

PARTIE 1 – APTITUDE LOGIQUE (45 MINUTES)

Exercice 1

Question 1

Quel nombre remplace le point d'interrogation ?

12	6	6	17
8	5	5	15
3	2	?	5
6	4	4	3

- ☐ A 2
- ☐ B 5
- ☐ C 10
- ☐ D 8

Question 2

Quel nombre remplace le point d'interrogation ?

1	6	9	12
14	41	53	68
102	142	153	128
1 020	?	1 204	1 999

- ☐ A 902
- ☐ B 4 004
- ☐ C 5 250
- ☐ D 1 080

Question 3

Quel nombre remplace le point d'interrogation ?

202	622	64	68
28	?	504	462
60	26	47	86
784	142	344	88

- ☐ A 177
- ☐ B 19
- ☐ C 39
- ☐ D 128

Question 4

Quel nombre remplace le point d'interrogation ?

☐ A 18
☐ B 7
☐ C 38
☐ D 158

16	62	964	7
528	?	351	352
60	62	43	25
173	42	384	25

Question 5

Quelle est la valeur manquante ?

519 – 521 – 523– 525 – ?

☐ A 27
☐ B 1 535
☐ C 526
☐ D 52

Question 6

Quel nombre remplace le point d'interrogation ?

☐ A 87
☐ B 83
☐ C 89
☐ D 88

188	22	64	980
208	?	4	50
920	66	880	2
34	92	104	26

Question 7

Quel nombre remplace le point d'interrogation ?

☐ A 2
☐ B 11
☐ C 3
☐ D 8

5	6	3	11
6	2	2	1
4	8	?	6
6	5	5	3

Question 8

Quel nombre remplace le point d'interrogation ?

☐ A 9
☐ B 4
☐ C 5
☐ D 8

8	1	3	?
5	3	5	2
7	6	4	6
8	5	3	8

Question 9

Quel nombre remplace le point d'interrogation ?

☐ A 473
☐ B 1
☐ C 489
☐ D 1022

202	256	214	292
448	?	404	450
660	660	675	652
882	842	804	841

Question 10

Quel nombre remplace le point d'interrogation ?

- ☐ A 8
- ☐ B 47
- ☐ C 28
- ☐ D 2 555

499	633	1644	?
188	1055	3544	255
366	66	233	122
111	2 077	388	266

Question 11

Quelle est la valeur qui complète la série suivante ?

439 – 1 255 – 1 479 – 93 – 413 – **?**

- ☐ A 4 743
- ☐ B 1 235
- ☐ C 270
- ☐ D 779

Question 12

Quelle est la valeur qui complète la série suivante ?

7 138 – 8 693 – 108 – 722 – 2 217 – **?**

- ☐ A 149
- ☐ B 839
- ☐ C 138
- ☐ D 409

Question 13

Quelle est la valeur manquante ?

602 – 53 – 107 – 440 – ?

- ☐ A 55
- ☐ B 18
- ☐ C 21 401
- ☐ D 72

Question 14

Quelle est la valeur manquante ?

30 – 31 – 230 – 1 023 – ?

- ☐ A 34
- ☐ B 28
- ☐ C 77
- ☐ D 73

Question 15

Quelle est la valeur manquante ?

13 – 14 – 41 – 31 – **?**

- ☐ A 32
- ☐ B 4131
- ☐ C 1331
- ☐ D 1141

Exercice 2

Question 1

Trouvez le mot constitué de quatre lettres ou chiffres sachant que :

– 3BCT

– BT3C

– C3TB

ont chacun 4 lettres ou chiffres communs mal placés

- ☐ A BTC3
- ☐ B TCB3
- ☐ C 3CBT
- ☐ D C3TB
- ☐ E TB3C

Question 2

Trouvez le mot constitué de quatre lettres ou chiffres sachant que :

– 7EB9 a trois lettres ou chiffres communs bien placés

– A9B7 a deux lettres ou chiffres communs bien placés

– 9F7A a trois lettres ou chiffres communs bien placés

– 7EAB a deux lettres ou chiffres communs bien placés

- ☐ A 7AFB
- ☐ B 7FB9
- ☐ C 7EBF
- ☐ D 7EF9
- ☐ E 7FA9

Question 3

Trouvez le mot constitué de quatre lettres ou chiffres sachant que :
- 2OCA a trois lettres ou chiffres communs bien placés
- CEB2 a trois lettres ou chiffres communs bien placés
- CEAB a deux lettres ou chiffres communs bien placés
- A2BC a deux lettres ou chiffres communs bien placés

☐ A CAOB
☐ B COB2
☐ C CEBO
☐ D CE02
☐ E COA2

Question 4

Trouvez le mot constitué de quatre lettres ou chiffres sachant que :
- 5O8A a trois lettres ou chiffres communs bien placés
- 8EB5 a trois lettres ou chiffres communs bien placés
- 8EAB a deux lettres ou chiffres communs bien placés
- A5B8 a deux lettres ou chiffres communs bien placés

☐ A 8AOB
☐ B 8OB5
☐ C 8EBO
☐ D 8EO5
☐ E 8OAX

Question 5

Trouvez le mot constitué de quatre lettres ou chiffres sachant que :
- XO4A a trois lettres ou chiffres communs bien placés
- 40BX a trois lettres ou chiffres communs bien placés
- 40AB a deux lettres ou chiffres communs bien placés
- AXB4 a deux lettres ou chiffres communs bien placés

Attention ! Ne pas confondre les lettres O *et les chiffres* 0.

☐ A 4AOB
☐ B 40BX
☐ C 40BO
☐ D 400X
☐ E 4OAX

Question 6

Trouvez la suite de deux chiffres sachant que :

3 5 cette ligne a un chiffre mal placé,

1 3 cette ligne a un chiffre mal placé.

- ☐ A 1 5
- ☐ B 2 3
- ☐ C 5 1
- ☐ D 5 5
- ☐ E 3 3

Question 7

Trouvez la suite de deux chiffres sachant que :

2 1 cette ligne a un chiffre mal placé

9 2 cette ligne a un chiffre mal placé

- ☐ A 2 1
- ☐ B 2 9
- ☐ C 1 2
- ☐ D 1 9
- ☐ E 9 1
- ☐ F Aucune des autres réponses n'est exacte

Question 8

Trouvez la suite de deux chiffres sachant que :

4 9 cette ligne a un chiffre bien placé

0 7 cette ligne a un chiffre mal placé

- ☐ A 0 7
- ☐ B 4 0
- ☐ C 0 9
- ☐ D 7 7
- ☐ E 4 9

Question 9

Trouvez la suite de deux chiffres sachant que :

9 0 cette ligne a un chiffre mal placé

1 7 cette ligne a un chiffre bien placé

- ☐ A 7 7
- ☐ B 9 7
- ☐ C 0 0
- ☐ D 0 9
- ☐ E 0 7

Question 10

Trouvez la suite de deux lettres sachant que :

3 0 cette ligne a un chiffre mal placé

1 7 cette ligne a un chiffre bien placé

☐ A 7 7
☐ B 3 7
☐ C 0 0
☐ D 0 3
☐ E 0 7

Exercice 3

Question 1

Trouvez le nombre manquant.

☐ A 923
☐ B 7592
☐ C 145
☐ D 810
☐ E 805

		413				
312			714		119	112
	4 412			?		
						611

Question 2

Trouvez le nombre manquant.

☐ A 73
☐ B 1 345
☐ C 200
☐ D 81
☐ E 95

		403				
802			704		509	802
	222			?		
						302

Question 3

Trouvez le nombre manquant.

☐ A 38
☐ B 426
☐ C 45
☐ D 10
☐ E 7 051

		245				
308			704		119	182
	4 502			?		
						722

Question 4

Trouvez le nombre manquant.

- ☐ A 13
- ☐ B 4 222
- ☐ C 145
- ☐ D 41
- ☐ E 75

		4103				
8302			7504		4909	6902
	2422			?		
						2302

Question 5

Trouvez le nombre manquant.

- ☐ A 459
- ☐ B 512
- ☐ C 145
- ☐ D 31150
- ☐ E 701

		415				
305			705		62 115	885
	405			?		
						625

Exercice 4

Pour les exercices de cette série, vous devez trouver les nombres manquants dans les cercles vides par des déductions logiques successives. Les nombres manquants sont inscrits sur la partie gauche de la console. La somme des nombres sur une ligne doit être égale au nombre présent dans le disque grisé à droite sur la même ligne. La somme des nombres dans une colonne doit être égale au nombre dans le disque grisé en bas de la même colonne.

Question 1

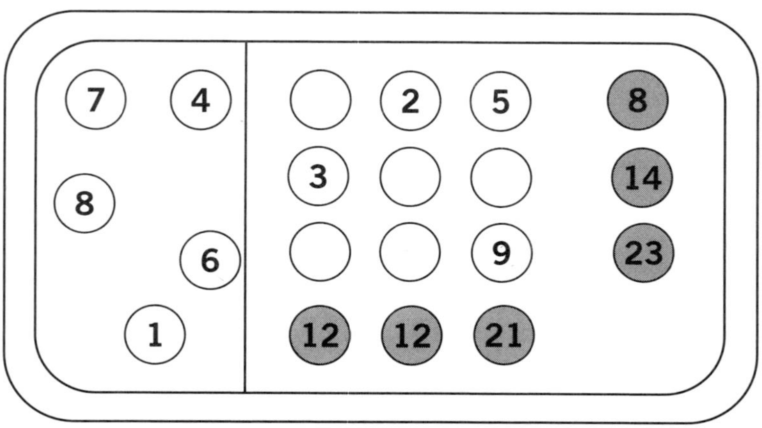

Question 2

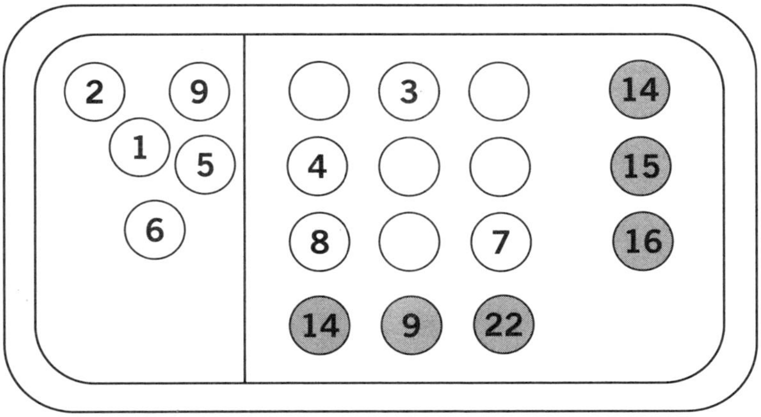

Question 3

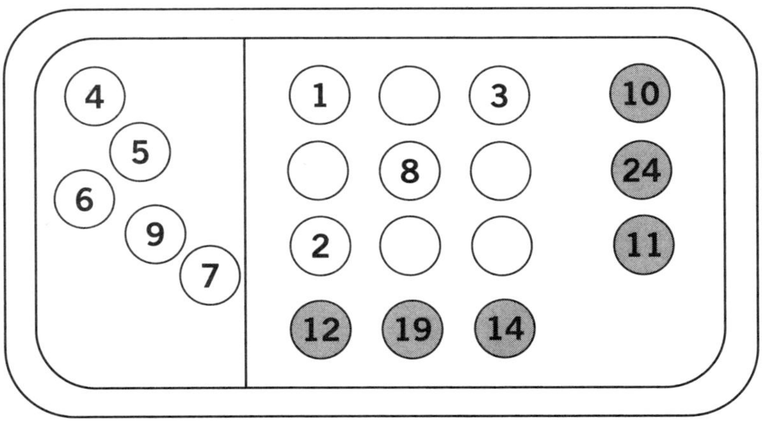

Question 4

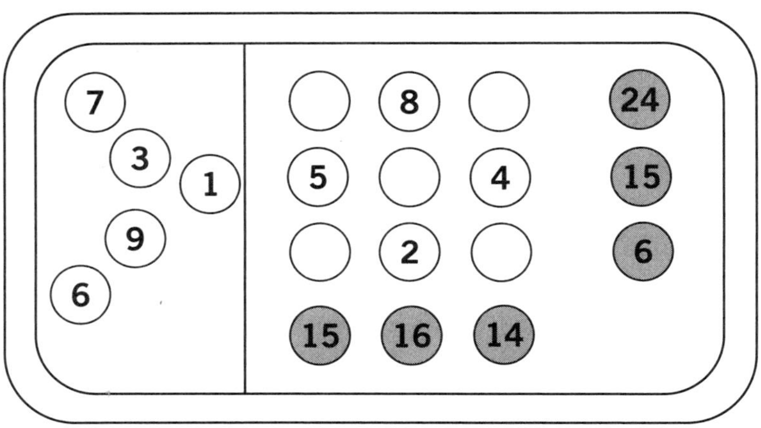

Question 5

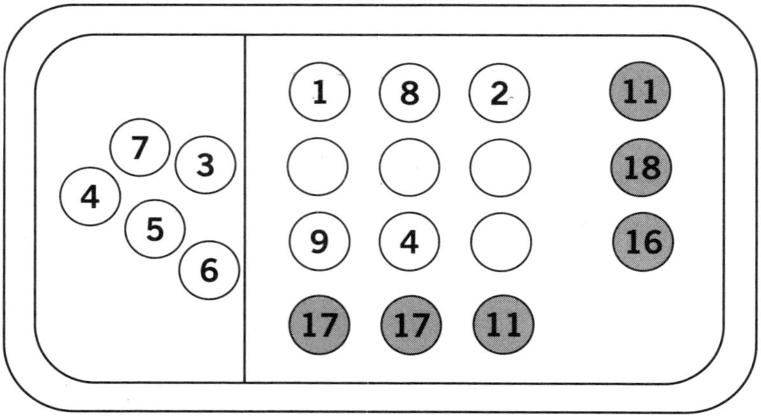

EXERCICE 5

Question 1

Trouvez le damier suivant les quatre premiers.

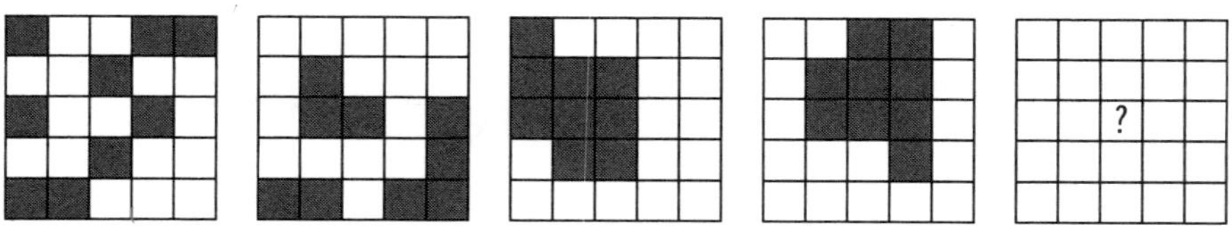

La bonne réponse est :

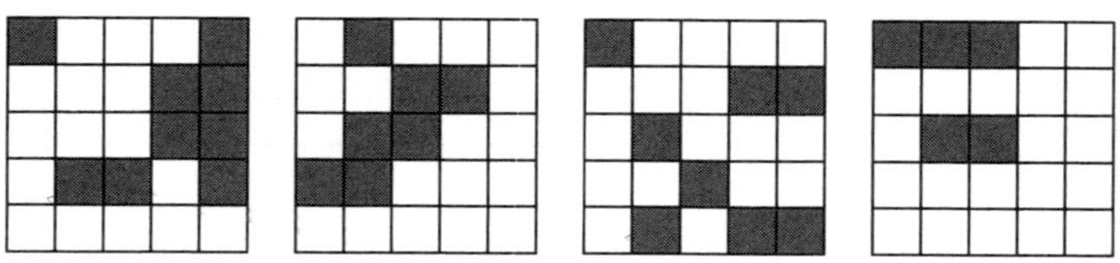

☐ A ☐ B ☐ C ☐ D

Question 2

Trouvez le damier suivant les quatre premiers.

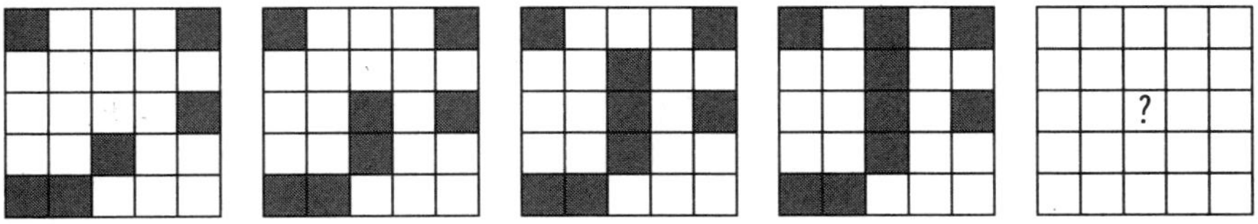

La bonne réponse est :

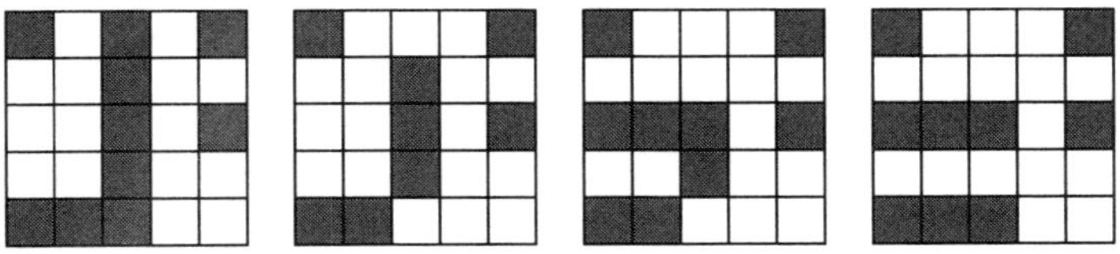

☐ A ☐ B ☐ C ☐ D

Question 3

Trouvez le damier suivant les quatre premiers.

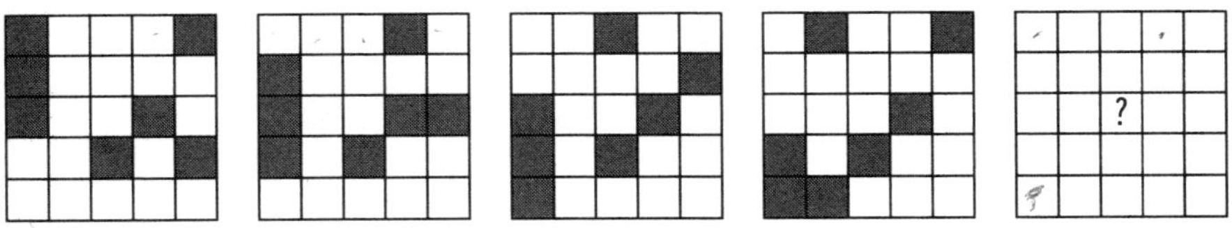

La bonne réponse est :

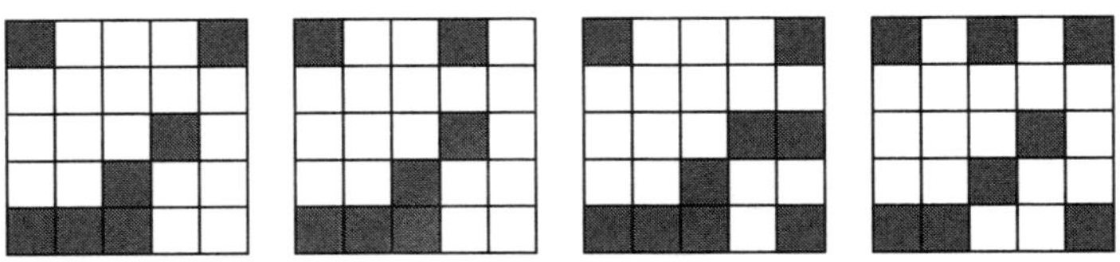

☐ A ☐ B ☐ C ☐ D

Question 4

Trouvez le damier suivant les quatre premiers.

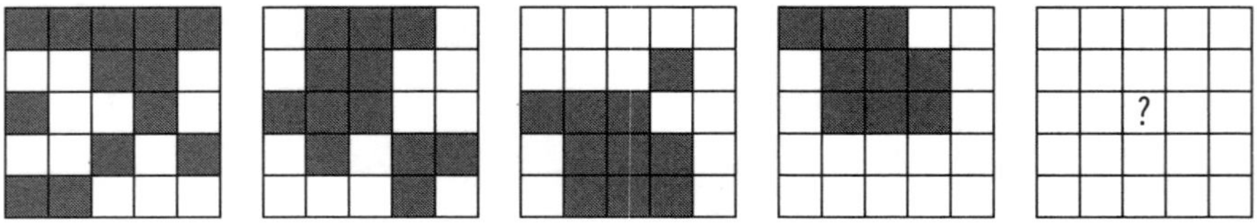

La bonne réponse est :

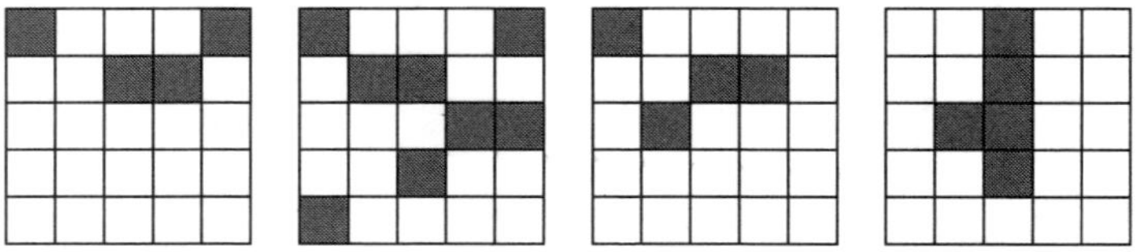

☐ A ☐ B ☐ C ☐ D

Question 5

Trouvez le damier suivant les quatre premiers.

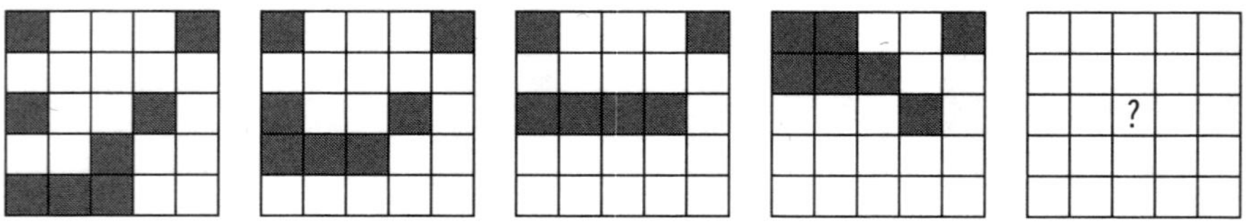

La bonne réponse est :

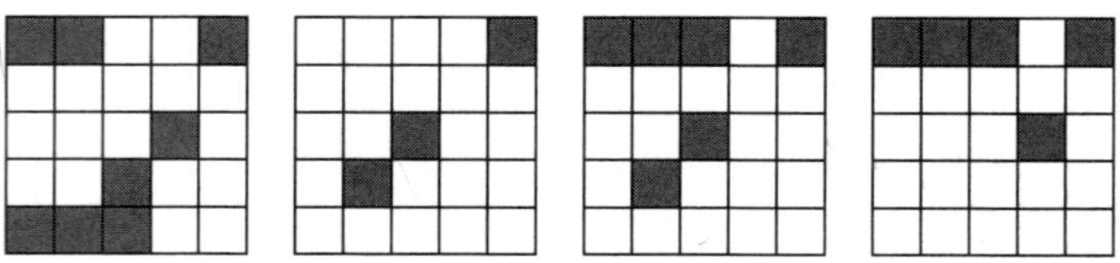

☐ A ☐ B ☐ C ☐ D

Question 6

Trouvez le damier suivant les quatre premiers.

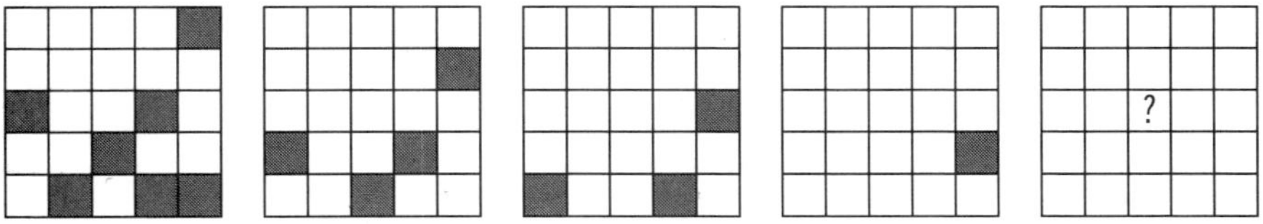

La bonne réponse est :

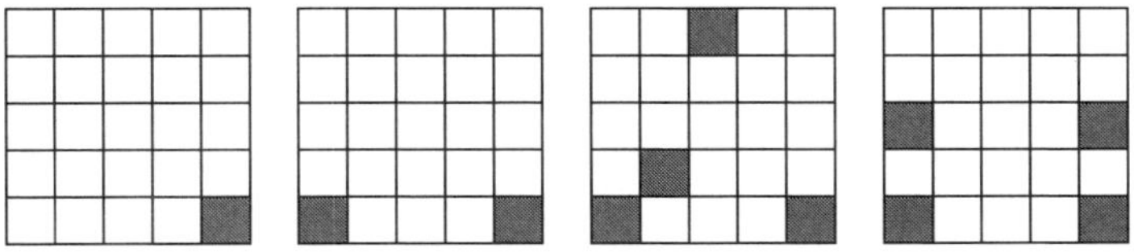

☐ A ☐ B ☐ C ☐ D

Question 7

Trouvez le damier suivant les quatre premiers.

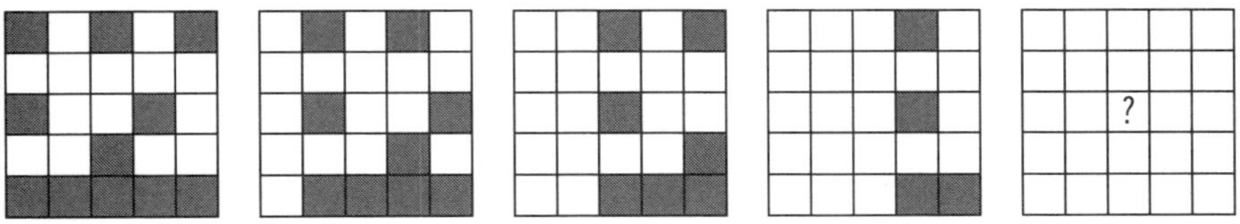

La bonne réponse est :

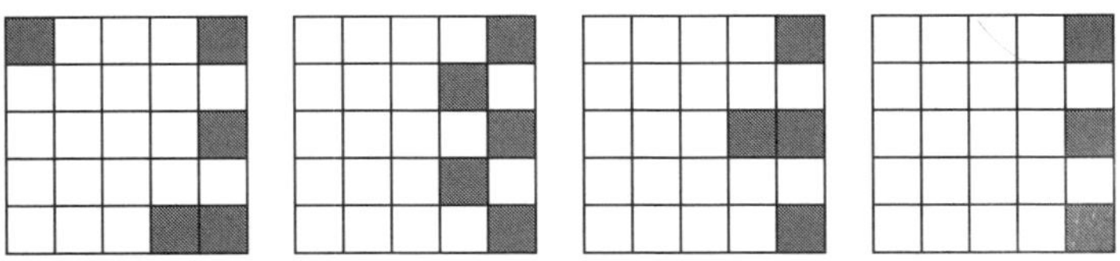

☐ A ☐ B ☐ C ☐ D

Question 8

Trouvez le damier suivant les quatre premiers.

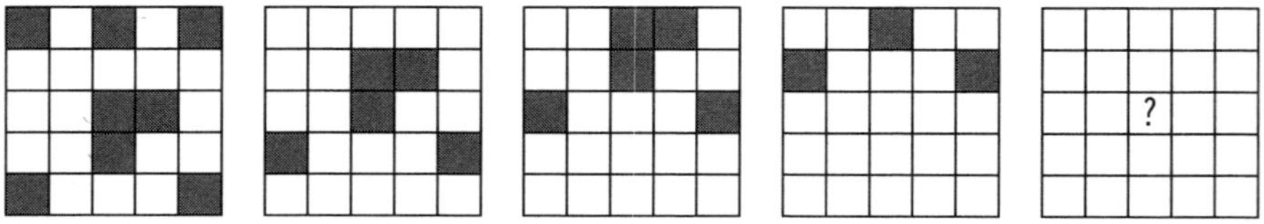

La bonne réponse est :

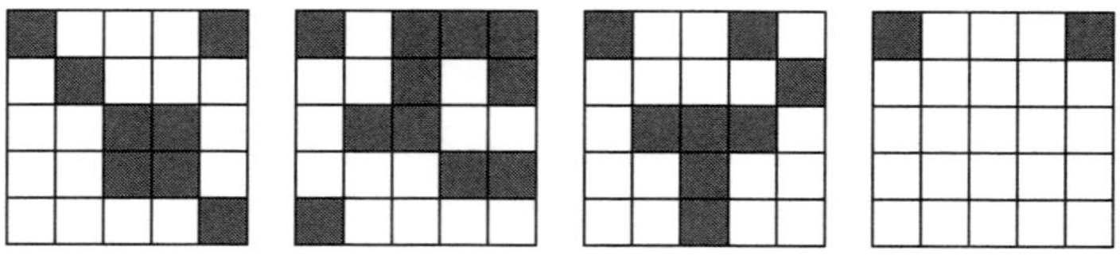

☐ A ☐ B ☐ C ☐ D

Question 9

Trouvez le damier suivant les quatre premiers.

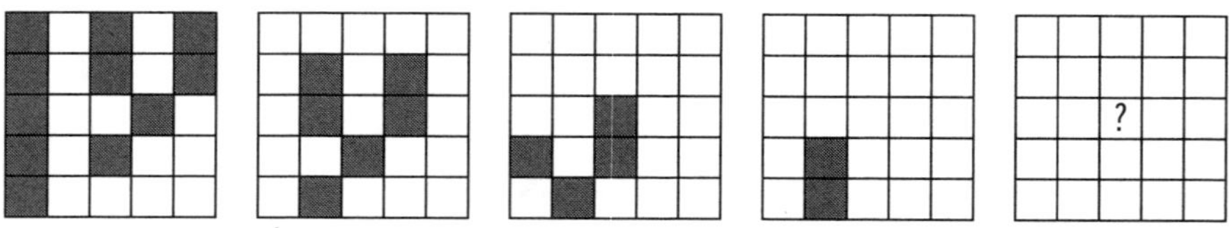

La bonne réponse est :

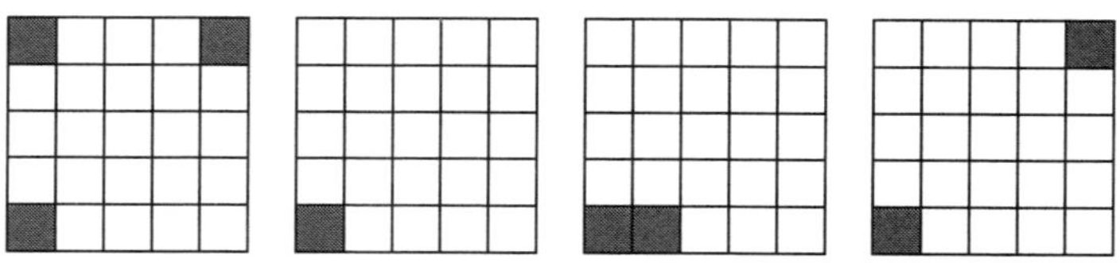

☐ A ☐ B ☐ C ☐ D

Question 10

Trouvez le damier suivant les quatre premiers.

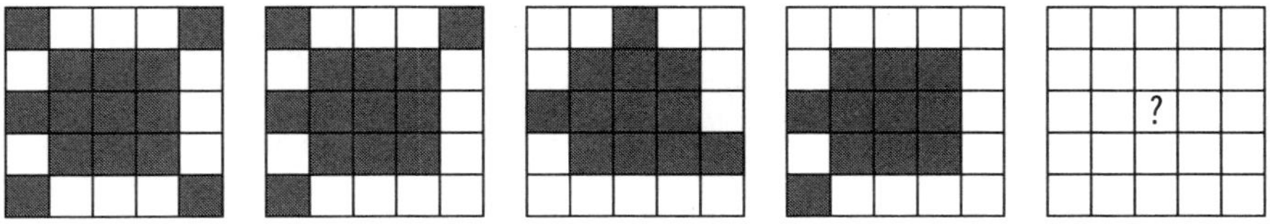

La bonne réponse est :

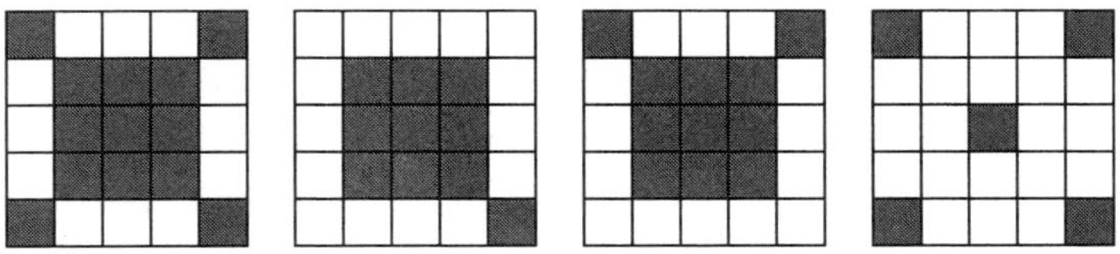

☐ A ☐ B ☐ C ☐ D

PARTIE 2 – APTITUDE VISUELLE ET ORGANISATION (30 MINUTES)

Exercice 1

Retrouvez le bon numéro de téléphone parmi les cinq proposés.

Question 1

0878567451

☐ A 0875867451
☐ B 0878564751
☐ C 0878657451
☐ D 0875867451
☐ E 0878567451

Question 2

0154654879

☐ A 0154648879
☐ B 0154564879
☐ C 0154654879
☐ D 0145654879
☐ E 0154564879

Question 3

0623127551

☐ A 0623125751
☐ B 0623127251
☐ C 0663234261
☐ D 0623127551
☐ E 0632127551

Question 4

0145021383

☐ A 0145023183
☐ B 0145021383
☐ C 0145201383
☐ D 0154021383
☐ E 0145023183

Question 5

0628945367

☐ A 0628943567
☐ B 0629845367
☐ C 0629845367
☐ D 0628945367
☐ E 0628954367

Question 6

0233568972

☐ A 0233586972
☐ B 0233569872
☐ C 0233568972
☐ D 0235368972
☐ E 0223568972

Question 7

0357912618

☐ A 0357916218
☐ B 0375912618
☐ C 0357912618
☐ D 0359712618
☐ E 0357916218

Question 8

0623164983

☐ A 0623174983
☐ B 0623264983
☐ C 0663154261
☐ D 0623164993
☐ E 0623164983

Question 9

0154681511

☐ A 0154681511
☐ B 0154681512
☐ C 0154686511
☐ D 0164681511
☐ E 0154683511

Question 10

0775484917

☐ A 0775484917
☐ B 0757484917
☐ C 0775448917
☐ D 0775489417
☐ E 0757484917

Question 11

0568039765

☐ A 0566039765
☐ B 0560839765
☐ C 0568093765
☐ D 0568037965
☐ E 0568039765

Question 12

0478568319

☐ A 0478678319
☐ B 0478563919
☐ C 0478568319
☐ D 0475868319
☐ E 0478563819

Question 13

0251287427

☐ A 0251827227
☐ B 0251827227
☐ C 0251278427
☐ D 0251287447
☐ E 0251287427

Question 14

0861568717

☐ A 0861678717
☐ B 0861568717
☐ C 0861658717
☐ D 0861586717
☐ E 0861561717

Question 15

0857691052

- ☐ A 0856791052
- ☐ B 0857961052
- ☐ C 0875691052
- ☐ D 0857691052
- ☐ E 0857691502

Exercice 2

Observez le tableau ci-après :

⊙	◉	●	⊙	○	⊙	○	○
⊙	●	◉	●	⊙	●	●	⊙
⊙	◙	●	○	⊙	◙	○	○
○	●	⊙	◉	○	⊙	●	⊙
◙	⊙	○	●	◉	○	⊙	◙
⊙	○	⊙	○	◉	○	◙	⊙
○	○	○	●	◉	●	●	◙
◙	◉	◉	○	◉	◉	◉	◉
◙	◙	⊙	●	●	●	◙	●
◙	⊙	●	◙	◉	◙	◙	◙

1. Combien de ◉ sur la ligne 2 ?
2. Combien de ◉ sur la colonne 3 ?
3. Combien de ◉ sur la ligne 10 ?
4. Combien de ◉ sur la colonne 8 ?
5. Combien de ◉ sur les colonnes paires ?
6. Combien de ◉ sur les lignes impaires ?
7. Combien de ◉ dans ce tableau ?
8. Quel est le numéro de la ligne comportant le plus de ◉ ?
9. Quel est le numéro de la colonne comportant le plus de ◉ ?

Exercice 3

Observez le tableau ci-après :

✦	▲	⌘	⌘	⌘	⌘	★	✦	★	✦	✦	✶
▲	✦	✦	✦	⌘	▲	✦	★	✦	✶	✶	✶
⌘	✶	⌘	✦	✦	✶	⌘	★	✶	⌘	⌘	⌘
✶	▲	⌘	⌘	✶	★	▲	✦	▲	▲	✦	✦
★	✶	⌘	✶	✦	✦	✶	✶	✦	▲	✶	✦
✶	⌘	✶	✦	⌘	✦	⌘	★	✦	✶	✦	✶
✶	✶	⌘	★	▲	✦	✦	✦	⌘	▲	✶	✶
★	▲	⌘	✦	✦	▲	⌘	✶	▲	✶	★	▲
✦	★	✦	▲	★	✦	▲	✶	⌘	▲	⌘	✶
★	⌘	⌘	▲	✦	★	★	★	▲	▲	▲	★

1. Combien de ⌘ sur les colonnes paires ?
2. Combien de ⌘ sur les lignes impaires ?
3. Combien de ★ sur la dernière colonne ?
4. Quel est le numéro de la ligne comportant le plus de ⌘ ?
5. Combien de ⌘ sur la colonne 7 ?
6. Combien de ★ sur la ligne 9?
7. Combien de ★ sur la colonne 6?
8. Combien de ★ ou de ⌘ sur la ligne 9?
9. Quel est le numéro de la colonne comportant le plus de ★ ?
10. Combien de ★ sur la ligne 1 ?

Exercice 4

🖂	🗐	🗐	🗎	🕮	🕮
🖃	🗐	🗐	🗐	🕮	🖂
🖃	🕮	🖂	🗐	🕮	🕮
🖃	🕮	🕮	🗎	🕮	🕮
🕮	🗎	🕮	🖂	🕮	🕮
🕮	🗎	🗎	🕮	🕮	🕮

Combien de fois apparaît 🖂 avec 🕮 directement à sa gauche.

☐ A 2 ☐ B 3 ☐ C 5

☐ D 1 ☐ E 0 ☐ F 6

Exercice 5

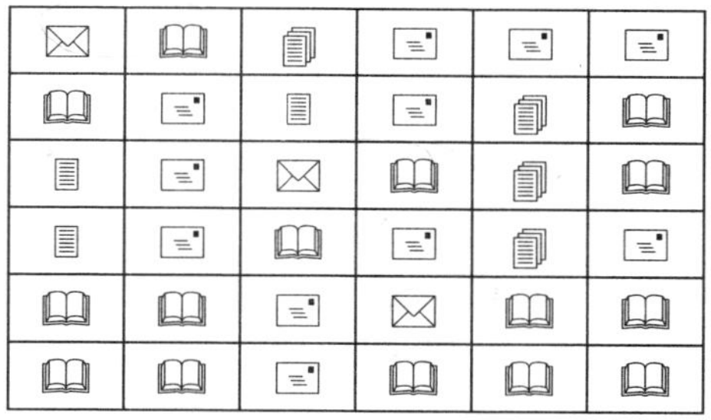

Combien de fois apparaît ⊠ avec 🕮 directement à sa droite.

☐ A 3 ☐ B 2 ☐ C 5

☐ D 1 ☐ E 7 ☐ F 6

Exercice 6

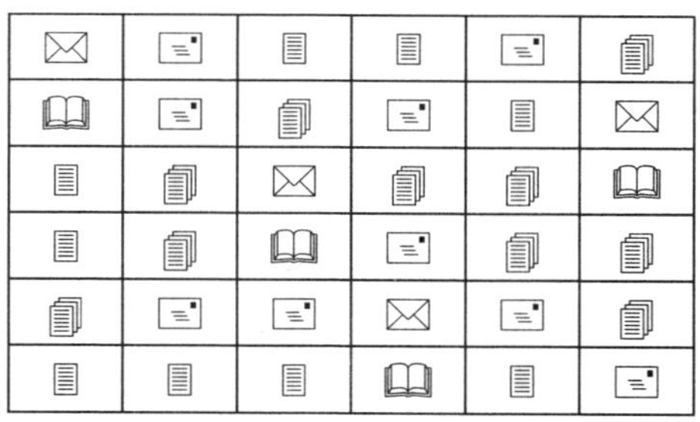

Combien de fois apparaît ⊠ avec 🕮 directement dessous.

☐ A 2 ☐ B 3 ☐ C 4

☐ D 1 ☐ E 0 ☐ F 6

Exercice 7

ABCDTR	ABDCTR	ABDETR	ABDGTR	ABDCTP	ABDGTR	ABDGTR	ABDCTP
ABDGTR	ABDCTP	ABDETR	ABDCTP	ABCDTR	ABDCTP	ABCDTR	ABCDTR
ABDCTP	ABCDTR	ABDCTR	ABDGTR	ABDCTP	ABDCTR	ABDCTP	ABDCTP
ABDETR	ABDGTR	ABDCTP	ABDCTR	ABDGTR	ABDCTP	ABDCTR	ABDCTP
ABDCTR	ABDCTP	ABCDTR	ABDCTR	ABDGTR	ABDGTR	ABDCTP	ABCDTR
ABDCTP	ABDETR	ABDGTR	ABDCTR	ABDCTP	ABCDTR	ABDCTR	ABDCTP
ABDETR	ABDCTP	ABDETR	ABDCTP	ABCDTR	ABDCTP	ABDETR	ABDETR
ABDCTP	ABDCTR	ABDCTP	ABDCTR	ABDCTP	ABDGTR	ABDCTP	ABDCTP
ABDCTR	ABDCTP	ABDCTR	ABDCTR	ABDETR	ABDCTR	ABDGTR	ABDCTR
ABDCTP	ABDGTR	ABDCTP	ABDCTR	ABDETR	ABDETR	ABDETR	ABDCTP

1. Combien de fois est présent le mot « ABDCTR » sur la ligne 2 ?
2. Combien de fois est présent le mot « ABDCTR » sur la colonne 3 ?
3. Combien de fois est présent le mot « ABDCTR » sur la ligne 10 ?
4. Combien de fois est présent le mot « ABDCTR » sur la colonne 8 ?
5. Combien de fois est présent le mot « ABDCTR » sur les colonnes paires ?
6. Combien de fois est présent le mot « ABDCTR » sur les lignes impaires ?
7. Quel est le numéro de la ligne comportant le plus de fois le mot « ABDCTR »?
8. Quel est le numéro de la colonne comportant le plus de fois le mot « ABDCTR » ?
9. Combien de colonnes ne contiennent pas le mot « ABDCTR » ?
10. Combien de lignes ne contiennent pas le mot « ABDCTR » ?
11. Combien de fois est présent le mot « ABDCTR » dans ce tableau ?

PARTIE 3 – APTITUDE VERBALE (15 MINUTES)

Exercice 1

Après avoir remis la phrase dans l'ordre, trouvez si l'affirmation est exacte ou fausse.

Question 1

ans baissé le portables a ordinateurs des cinq en prix

☐ A Vrai ☐ B Faux

Question 2

dans de est la retour tramway le capitale

☐ A Vrai ☐ B Faux

Question 3
un à jaunes le fleurs mimosa est arbre
☐ A Vrai ☐ B Faux

Question 4
poissons pas l'hiver rouges ne dehors peuvent les vivre
☐ A Vrai ☐ B Faux

Question 5
petit un il bon pain pour un peu beurre faire de faut
☐ A Vrai ☐ B Faux

Question 6
de ans président la le république élu est pour quatre française
☐ A Vrai ☐ B Faux

Question 7
Unis beaucoup les - États la encore planète polluent d'Amérique
☐ A Vrai ☐ B Faux

Question 8
travaux bon un de professeur pratiques des réalise toujours physique
☐ A Vrai ☐ B Faux

Question 9
des mer une tunisiennes côtes la partie rouge longent
☐ A Vrai ☐ B Faux

Question 10
Louis le soleil était surnommé XIV roi
☐ A Vrai ☐ B Faux

Question 11
plus puissance mondiale n'est une grande le économique Japon
☐ A Vrai ☐ B Faux

Question 12
tour par généralement de le passe les France Pyrénées
☐ A Vrai ☐ B Faux

Question 13
dans de l'anchois de en plus pêche plus est souvent golfe le à la Gascogne interdite
☐ A Vrai ☐ B Faux

Question 14

Certains mers peuvent personnes des véhiculer deux scooters

☐ A Vrai ☐ B Faux

Question 15

comptes des sociétés des rendent aux les PDG actionnaires

☐ A Vrai ☐ B Faux

Question 16

est premier suffrage français au le élu universel ministre

☐ A Vrai ☐ B Faux

Question 17

personnes en Afrique de du la frappe virus nombreuses SIDA

☐ A Vrai ☐ B Faux

Question 18

temps buteur les est français le Zidane tous de meilleur

☐ A Vrai ☐ B Faux

Question 19

est main le l'annulaire de la doigt quatrième

☐ A Vrai ☐ B Faux

Question 20

permis un posséder peut de fleuves nécessaire il naviguer être pour sur les

☐ A Vrai ☐ B Faux

Exercice 2

Trouvez l'intrus.

Question 1

☐ A Voyager
☐ B Voler
☐ C Naviguer
☐ D Rouler
☐ E Sauter

Question 2

☐ A Lier
☐ B Nouer
☐ C Ligoter
☐ D Livrer
☐ E Attacher

Question 3

☐ A Voir
☐ B Apercevoir
☐ C Revoir
☐ D Regarder
☐ E Réservoir

Question 4

☐ A Souffler
☐ B Soupirer
☐ C Expirer
☐ D Inspirer
☐ E Haleter

Question 5
- ☐ A Traîner
- ☐ B Talocher
- ☐ C Tarder
- ☐ D Prolonger
- ☐ E Éterniser

Question 6
- ☐ A Couper
- ☐ B Scier
- ☐ C Marteler
- ☐ D Fractionner
- ☐ E Morceler

Question 7
- ☐ A Stabiliser
- ☐ B Fixer
- ☐ C Immobiliser
- ☐ D Piger
- ☐ E Assurer

Question 8
- ☐ A Demeurer
- ☐ B Rester
- ☐ C Feindre
- ☐ D Durer
- ☐ E Subsister

Question 9
- ☐ A Laver
- ☐ B Nettoyer
- ☐ C Décrasser
- ☐ D Lessiver
- ☐ E Vidanger

Question 10
- ☐ A Manager
- ☐ B Déléguer
- ☐ C Diriger
- ☐ D Administrer
- ☐ E Piloter

Question 11
- ☐ A Aimer
- ☐ B Déprécier
- ☐ C Vénérer
- ☐ D Affectionner
- ☐ E Admirer

Question 12
- ☐ A Sommeiller
- ☐ B Dormir
- ☐ C Somnoler
- ☐ D Reposer
- ☐ E Rivaliser

Question 13
- ☐ A Panser
- ☐ B Soigner
- ☐ C Gâter
- ☐ D Cajoler
- ☐ E Choyer

Question 14
- ☐ A Écrire
- ☐ B Digérer
- ☐ C Rédiger
- ☐ D Noter
- ☐ E Consigner

Question 15
- ☐ A Ouvrir
- ☐ B Déballer
- ☐ C Déboutonner
- ☐ D Dégrafer
- ☐ E Dégonfler

Question 16
- ☐ A Scanner
- ☐ B Numériser
- ☐ C Digitaliser
- ☐ D Enregistrer
- ☐ E Détourner

Question 17

☐ A Balbutier
☐ B Murmurer
☐ C Parlementer
☐ D Marmonner
☐ E Bredouiller

Question 18

☐ A Diviser
☐ B Régler
☐ C Fragmenter
☐ D Segmenter
☐ E Fractionner

Question 19

☐ A Concasser
☐ B Écraser
☐ C Moudre
☐ D Broyer
☐ E Brouiller

Question 20

☐ A Vilipender
☐ B Railler
☐ C Bafouer
☐ D Baffer
☐ E Humilier

Exercice 3

Regardez le thème écrit en italiques et retrouvez les mots parmi les anagrammes ci après.

Question 1

Rugby

☐ A ÉMELÊ
☐ B ASISE
☐ C TUB
☐ D TÉNÉPILA
☐ E CEDRIT

Question 2

Outils de bricolage

☐ A CASÉTEUR
☐ B TOVINEURS
☐ C OGNONI
☐ D TAUMAR
☐ E GOGN

Question 3

Corps humain

☐ A AINM
☐ B GEONAIRE
☐ C OUFE
☐ D CADIPHAN
☐ E MOTACES

Question 4

Boisson

☐ A ADOS
☐ B POIRS
☐ C NECAN
☐ D SCURE
☐ E ECHIES

Question 5

Vin

☐ A REBODAUX
☐ B TICHAIN
☐ C TERSAU
☐ D SCUDEMA
☐ E LIPAUC

Question 6

Animal

☐ A SORIUS
☐ B GINES
☐ C ALKAO
☐ D WIKAI
☐ E TUTOREUX

Question 7

Vêtement

- ☐ A PULVEROI
- ☐ B CHOPEAU
- ☐ C PLONTANA
- ☐ D ORATSH
- ☐ E TONCLAL

Question 8

Verbes

- ☐ A LIRTREVA
- ☐ B GREMAN
- ☐ C FRAIPER
- ☐ D CLONGER
- ☐ E MEMISELLOR

Question 9

Prénom

- ☐ A VOTRIC
- ☐ B DRÉGRA
- ☐ C MASSA
- ☐ D OIPOHS
- ☐ E IUCEML

Question 10

Nature

- ☐ A AIPRIER
- ☐ B CAPIMHGRON
- ☐ C AIRBRE
- ☐ D FLEULOI
- ☐ E CEMAGNAP

J-01 CORRIGÉ

SUJET DE CONCOURS N° 2

TEXTE DE CULTURE GÉNÉRALE

Question n° 1

La vie des addicts peut être entièrement dominée par le besoin d'une substance psychotrope (alcool, héroïne, etc.), mais il existe aussi des addictions sans drogue, par exemple à Internet ou au jeu. En effet, les psychiatres définissent l'addiction comme une situation de dépendance permanente et absolue : obsédé par un produit ou une activité, un individu perd toute liberté, tombe en servitude.

Le plus souvent, l'addiction s'installe en trois phases. La première est celle du plaisir procuré par une expérience nouvelle. Dans la deuxième phase, celle du désir, l'expérience continue d'être agréable, même si les premiers inconvénients font leur apparition. En revanche, dans la troisième phase, l'addict est possédé par le besoin absolu de sa drogue ou de son activité, car tout manque est une souffrance.

Dans toutes les addictions, avec ou sans drogue, la dépendance résulte d'un dérèglement du système cérébral de la récompense : au lieu de retrouver normalement, après la stimulation de l'alcool ou du jeu par exemple, sa condition initiale, le cerveau se trouve en état de manque.

Question n° 2

Les psychiatres distinguent trois étapes dans le « scénario de l'addiction », celles du plaisir, du désir et du besoin.

Question n° 3

Normalement, on joue pour se divertir et prendre du plaisir. Toutefois, lorsque le jeu s'impose comme le principal voire l'unique centre d'intérêt d'un individu, il devient pathologique.

Le grand romancier russe Dostoïevski a décrit sa passion maladive et ruineuse du jeu dans *Le Joueur*. Plus généralement, l'histoire aussi bien que la littérature sont remplies de personnages que les jeux d'argent ont conduits à l'isolement, à la misère ou au suicide. En effet, le joueur pathologique est inévitablement amené à voler du temps, pour le moins, et souvent de l'argent à ses proches, à sa famille, à ses amis. Plus rien ne compte pour lui que la fréquentation des casinos et autres salles de poker, les sorties entre amis, les repas de famille, les soirées d'amoureux lui paraissant fades, mornes, vides.

Comme il ne peut s'arrêter de jouer, le ludopathe joue jusqu'à ce qu'il n'ait plus d'argent à risquer. Ensuite, il ne pense plus qu'à retrouver l'argent nécessaire « pour se refaire », quitte à faire des dettes colossales et à voler ses proches ou ses employeurs. Tous les moyens sont bons, puisque plus rien n'a d'importance que le jeu. C'est pourquoi le joueur est presque toujours un menteur et un tricheur.

Depuis le début des années 1980, la dépendance au jeu vidéo fait également des ravages. Les jeux les plus dangereux apparaissent les « jeux de rôle en ligne massivement multi-joueurs », jeux en réseau sans fin dans lesquels les joueurs font évoluer un personnage dans un univers virtuel.

Les troubles psychiques de cette dépendance ont été étudiés par la médecine. Le joueur perd tout intérêt pour le monde réel, qu'il s'agisse de sa famille ou de ses amis, du travail ou des autres loisirs. Plein d'euphorie et enivré de puissance devant l'écran, il se sent vide et indifférent lorsqu'il ne se trouve pas devant l'ordinateur. Si on cherche à l'en éloigner, il devient irritable, agressif, voire violent.

Le repli sur le monde virtuel du jeu se traduit par de multiples problèmes dans la vie réelle. Il peut conduire à la dislocation d'une famille ou d'un couple, d'autant que, pour s'adonner à sa passion, le joueur est souvent amené à mentir sur ses activités réelles. Pour un adolescent, la dépendance au jeu vidéo est généralement synonyme d'échec scolaire ; pour un adulte, de difficultés à conserver un emploi.

Enfin, cette forme de dépendance peut provoquer des troubles physiques concernant les yeux, le dos, la tête (migraines). Généralement, les joueurs sautent des repas et s'alimentent mal, ils ont un sommeil insuffisant et irrégulier.

Biologie

Question n° 1

Les deux os formant l'avant-bras sont le radius et cubitus.

Question n° 2

Les deux phénomènes de la digestion sont :
– phénomène mécanique ou physique ;
– phénomène chimique.

Question n° 3

Les vaisseaux qui partent des poumons et reviennent vers le cœur avec du sang oxygéné sont les veines pulmonaires.

Question n° 4

Les différentes catégories de dents sont :
– les incisives au nombre de 2 par demi-mâchoire, soit 8 ;
– les canines au nombre de 1 par demi-mâchoire, soit 4 ;
– les prémolaires au nombre de 2 par demi-mâchoire, soit 8 ;
– les molaires au nombre de 3 par demi-mâchoire, soit 12.

Question n° 5

Les deux **uretères** conduisent **l'urine** des reins vers un organe réservoir nommé la **vessie**. Le liquide contenu dans ce réservoir s'évacue ensuite par l'**urètre**.

Opérations numériques et de conversion

Question n° 1

Quantité de liquide absorbé :
280 ml = 0,28 l
250 ml = 0,25 l
150 ml = 0,15 l
0,28 l + 0,25 l + 0,15 l + 1 = 1,68 l

liquide absorbé	1,68	100
liquide éliminé	1,4	?

produit en croix = 1,4 × 100 ÷ 1,68 = 83,33
Le pourcentage de liquide éliminé par rapport aux liquides absorbés est 83,33 %.

Question n° 2

En 1 minute il inspire :
0,45 × 15 = 6,75 l
1 h = 60 min donc en 1 h il inspire :
6,75 × 60 = 405 litres
Autre méthode
Il fait 15 mouvements en 1 min donc en 1 h :
15 × 60 = 900 mouvements
En 1 mouvement il inspire 0,45 l donc en 900 mouvements il inspire :
0,45 × 900 = 405 litres

Question n° 3

Lipides présents dans 185 g de viande :
185 × 17 ÷ 100 = 31,45 g
Protides présents dans 185 g de viande :
185 × 32 ÷ 100 = 59,20 g

Question n° 4

1 h = 3 600 s donc 6 h = 3 600 × 6 = 21 600 s
1 min = 60 s donc 38 min = 38 × 60 = 2 280 s
6 h 38 min = 21 600 s + 2 280 s = 23 880 s

Question n° 5

9 38 l = 938 dm^3 = 0,938 m^3

TEST PSYCHOTECHNIQUE

Partie 1 – Aptitude logique

Exercice 1

1. Réponse A. Dans cette grille les nombres des colonnes 2 et 3 sont identiques donc 2 est la seule solution possible.

2. Réponse D. On part du 1 puis on lit 6 puis 9 puis 12 puis 14 … Les nombres sont toujours croissants sur une même ligne. Donc le nombre manquant est compris entre 1020 et 1204 ; 1 080 est la seule solution possible.
3. Réponse D. Tous les nombres de cette grille ont leur chiffre des dizaines qui est pair donc 128 est la seule solution possible les autres propositions n'offrant que des solutions dont le chiffre des dizaines est impair.
4. Réponse B. Tous les nombres de la diagonale partant de 16 et allant à 25 de cette grille ont la somme de leurs chiffres qui vaut 7 donc 7 est la seule solution possible.
5. Réponse C. Il n'y a pas 2 unités d'écart entre chaque nombre mais 527 n'est pas proposé ! Mais tous les nombres sont composés de trois chiffres. Le nombre manquant est 526, seule solution possible.
6. Réponse D. Tous les nombres de cette grille sont pairs donc 88 est la seule solution possible ; les autres propositions n'offrant que des solutions impaires.
7. Réponse B. Dans cette grille la somme des nombres d'une même colonne vaut toujours 21. Donc 11 est la seule solution possible.
8. Réponse D. Les quatres nombres placés aux sommets du carré sont des 8.
9. Réponse C. Sur la première ligne les nombres ont leur chiffre des centaines égal à 2, ce nombre est égal 4 sur la ligne suivante et ainsi de suite, de deux en deux. 489 (4 pour chiffre des centaines) est la seule solution possible.
10. Réponse D. Tous les nombres de cette grille ont leurs chiffres des dizaines et des unités identiques donc le nombre 2 555 est la seule solution possible.
11. Réponse B. Le chiffre des dizaines est toujours impair et correspond à une suite sans fin 3, 5, 7, 9, 1… Donc le nombre manquant doit avoir 3 pour chiffre des dizaines, c'est 1 235.
12. Réponse C. La somme du chiffre des unités et des centaines de chacun de ces nombres est toujours égale à 9. Donc 138 répond à cette contrainte ; c'est la seule solution possible.
13. Réponse C. Il faut regarder la somme des chiffres de chaque nombre. Cette somme vaut toujours 8. Il n'y a qu'une solution possible. 21 401 est la valeur manquante (2+1+4+0+1=8).
14. Réponse A. Il faut regarder la somme des chiffres de chaque nombre. 30 donne 3 (3+0) ; 31 donne 4 ; 230 donne 5 ; 1 023 donne 6 ; donc le nombre manquant doit donner 7 comme somme de ses différents chiffres afin d'avoir la série 3-4-5-6-7. Il n'y a qu'une solution possible. 34 est la valeur manquante (3+4=7).
15. Réponse A. Tous les nombres sont inférieurs à 100 (deux chiffres).

Exercice 2

1. Réponse B. Le mot solution doit donc contenir les quatre lettres ou chiffres B, C, T, 3 bien placés. On procédera par élimination des réponses proposées. Par exemple, on nous dit que la lettre T est mal placée dans le premier mot (3BCT) et mal placée dans BT3C et mal placée dans C3TB. Donc, dans la solution la lettre T ne pourra pas occuper les places 2, 3, 4 elle sera donc obligatoirement en première position. Seules les solutions B et E conviennent encore. De proche en proche on construit la solution ou on procède par élimination pour trouver B comme bonne réponse.

2. Réponse D. 7EB9 a trois lettres ou chiffres communs bien placés et 7EAB a deux lettres ou chiffres communs bien placés. Supposons que 7 et E soient bien placés aux deux premières places du mot solution. Il ne nous resterait que les solutions proposées en C et D. Émettons une seconde hypothèse : 9 est en quatrième position. Dans ce cas, la première proposition de l'énoncé est vérifiée (3 lettres ou chiffres communs bien placés) et les trois autres également. Donc 7EF9 est le mot solution.

3. Réponse D. En regardant les affirmations 2 et 3 de l'énoncé les lettres C et E semblent devoir occuper les positions 1 et 2 du mot solution. Dans ce cas, la lettre B ne peut pas être en position 3 car l'affirmation 3 de l'énoncé ne serait pas vérifiée (une lettre serait aussi mal placée). Donc, d'après l'affirmation 2 de l'énoncé et pour avoir trois lettres ou chiffres communs bien placés 2 sera en position 4. Seule la réponse D reste valable dans ce cas. Il faut maintenant vérifier si la solution CE02 vérifie toutes les affirmations de l'énoncé. C'est le cas.

4. Réponse D. En regardant les affirmations 2 et 3 de l'énoncé les chiffres et lettres 8 et E semblent devoir occuper les positions 1 et 2 du mot solution. Dans ce cas, la lettre B ne peut pas être en position 3 car l'affirmation 3 de l'énoncé ne serait pas vérifiée (une lettre ou chiffre serait aussi mal placé). Donc, d'après l'affirmation 2 de l'énoncé et pour avoir trois lettres ou chiffres communs bien placés 5 sera en position 4. Seule la réponse D reste valable dans ce cas. Il faut maintenant vérifier si la solution 8E05 vérifie toutes les affirmations de l'énoncé. C'est le cas.

5. Réponse D. En regardant les affirmations 2 et 3 de l'énoncé les chiffres 4 et 0 semblent devoir occuper les positions 1 et 2 du mot solution. Dans ce cas, la lettre B ne peut pas être en position 3 car l'affirmation 3 de l'énoncé ne serait pas vérifiée (une lettre serait aussi mal placée). Donc, d'après l'affirmation 2 de l'énoncé et pour avoir trois lettres ou chiffres communs bien placés X sera en position 4. Seule la réponse D reste valable dans ce cas. Il faut maintenant vérifier si la solution 400X vérifie toutes les affirmations de l'énoncé. C'est le cas.

6. Réponse C. 3 ne peut pas être mal placé à la fois sur les lignes 1 et 2. Donc sur la première ligne 5 est mal placé et sur la seconde ligne 1 est mal placé d'où la solution : 5 / 1.

7. Réponse D. Même raisonnement qu'à la question précédente pour cet exercice.

8. Réponse B. Attention sur la première ligne il y a un chiffre BIEN placé et sur la seconde ligne un chiffre MAL placé ! Pour la réponse B qui propose 4 suivi de 0 : sur la première ligne, 4 serait bien placé ce qui correspond à l'énoncé et 0 mal placé sur la seconde. On pouvait procéder par élimination des réponses proposées. Exemple : la réponse A n'est pas possible car sur la seconde 0 et 7 seraient bien placés…

9. Réponse E. Même raisonnement que précédemment sauf que sur la première ligne il y a un chiffre MAL placé et sur la seconde ligne un chiffre BIEN placé ! Si le 7 est bien placé sur la seconde ligne alors c'est le 0 qui est mal placé sur la première ligne. D'où la solution 0 puis 7.

10. Réponse E. Même raisonnement que précédemment sauf que sur la première ligne il y a un chiffre MAL placé et sur la seconde ligne un chiffre BIEN placé ! Si le 7 est bien placé sur la seconde ligne alors c'est le 0 qui est mal placé sur la première ligne. D'où la solution 0 puis 7.

Exercice 3

1. Réponse D. Dans ce tableau tous les nombres ont 1 pour chiffre des dizaines. Donc le nombre manquant est 810, c'est la seule solution qui convient.
2. Réponse C. Dans ce tableau tous les nombres ont trois chiffres. Donc le nombre manquant est 200, c'est la seule solution qui convient.
3. Réponse A. Dans ce tableau tous les nombres ont la somme de leurs chiffres qui vaut 11. Donc le nombre manquant est 38, c'est la seule solution qui convient.
4. Réponse B. Dans ce tableau tous les nombres ont quatre chiffres. Donc le nombre manquant est 4 222, c'est la seule solution qui convient.
5. Réponse C. Dans ce tableau tous les nombres finissent par 5. Donc le nombre manquant est 145, c'est la seule solution qui convient.

Exercice 4

1.

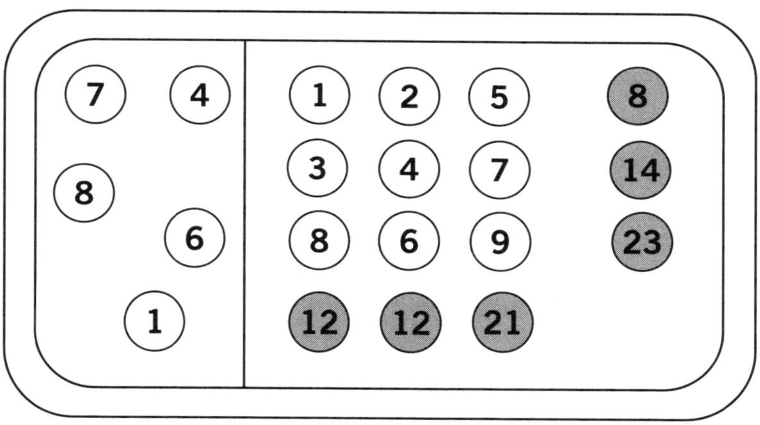

2.

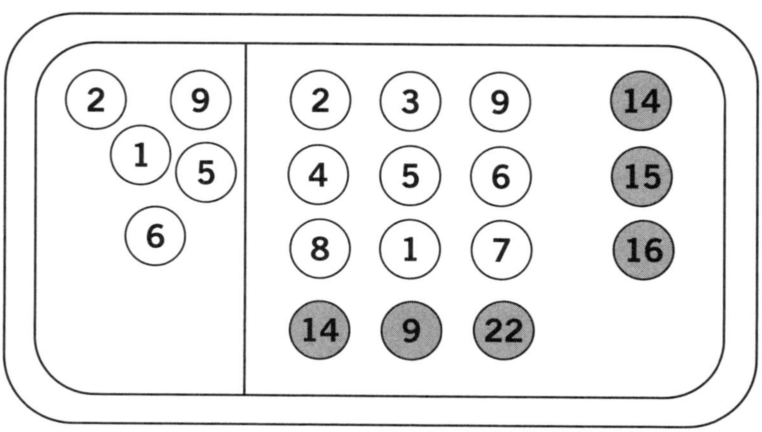

3.

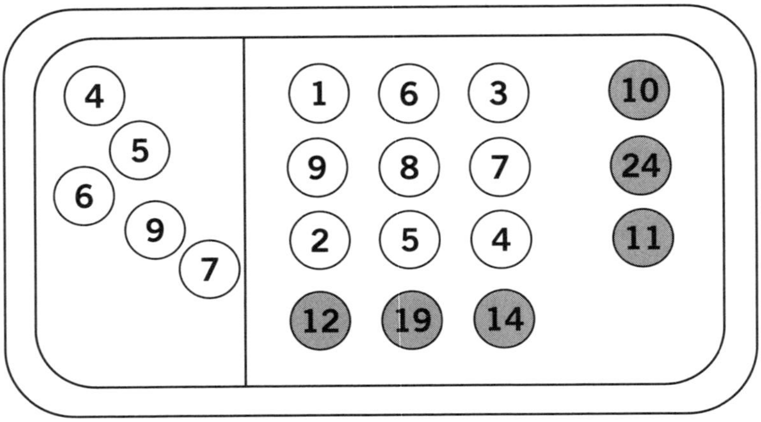
4 5 6 9 7
1 6 3 10
9 8 7 24
2 5 4 11
12 19 14

4.

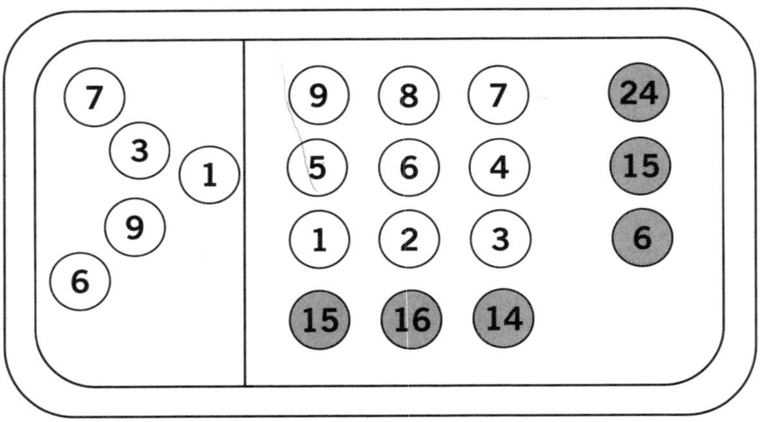
7 3 1 9 6
9 8 7 24
5 6 4 15
1 2 3 6
15 16 14

5.

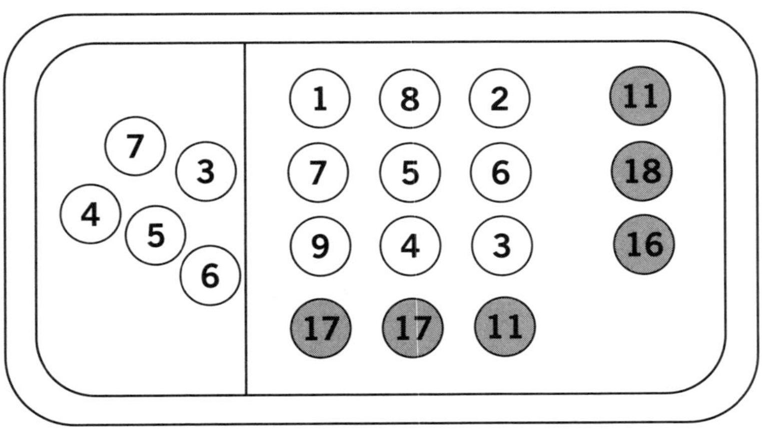
7 3 4 5 6
1 8 2 11
7 5 6 18
9 4 3 16
17 17 11

Exercice 5

1. Réponse A. Tous les damiers ont 9 cases grisées.
2. Réponse A. On conserve les motifs du premier damier mais une case grisée est rajoutée à chaque fois sur la colonne centrale du damier. Il faut donc 5 cases grisées sur la colonne centrale du damier à trouver et les cases grisées du premier damier proposé dans l'énoncé.
3. Réponse B. Toutes les cases grisées qui sont sur l'extérieur du damier tournent d'un cran dans le sens inverse des aiguilles d'une montre.
4. Réponse B. Une case grisée de moins d'un damier à l'autre. Le damier à trouver aura 8 cases grisées.
5. Réponse D. Les deux cases grisées de la dernière ligne du premier damier remontent à chaque fois d'une ligne puis jouent le rôle de gomme après être remontées.
6. Réponse A. Toutes les cellules descendent d'une ligne en passant d'un damier à l'autre, la ligne du bas disparaît à chaque fois en passant d'un damier à l'autre.
7. Réponse D. Toutes les cases se décalent d'une colonne vers la droite en passant d'un damier à l'autre ; celles qui arrivent en bout du damier disparaissent en passant d'un damier à l'autre.
8. Réponse D. Toutes les cases grisées remontent d'une ligne à chaque fois en passant d'un damier à l'autre.
9. Réponse B. Toutes les cases grisées se décalent d'un rang vers le bas et d'un rang vers la gauche à chaque fois (diagonale).
10. Réponse B. Il y a un groupement de 9 cases noircies au centre de chaque damier. Le premier damier possède 5 cases noircies supplémentaires et périphériques, le suivant 4, celui d'après 3... Donc le damier solution aura une seule case noircie supplémentaire et périphérique.

Partie 2 – Aptitude visuelle et organisation

Exercice 1

1. E
2. C
3. D
4. B
5. D
6. C
7. C
8. E
9. A
10. A
11. E
12. C
13. E
14. B
15. D

Exercice 2

1. Nombre de ⦿ sur la ligne 2 : 1
2. Nombre de ⦿ sur la colonne 3 : 2
3. Nombre de ⦿ sur la ligne 10 : 1
4. Nombre de ⦿ sur la colonne 8 : 1
5. Nombre de ⦿ sur les colonnes paires : 5 : (2+1+1+1)
6. Nombre de ⦿ sur les lignes impaires : 3 : (1+0+1+1+0)

7. Nombre de ⦿ dans ce tableau : 13
8. Numéro de la ligne comportant le plus de ⦿ : ligne 8
9. Numéro de la colonne comportant le plus de ⦿ : colonne 5.

Exercice 3

1. Nombre de ✦ sur les colonnes paires : 7 : (2+2+1+0+1+1)
2. Nombre de ✦ sur les lignes impaires : 15 : (4+6+1+2+2)
3. Nombre de ★ sur la dernière colonne : 1
4. Numéro de ligne comportant le plus de ✦ : ligne 3
5. Nombre de ✦ sur la colonne 7 : 3
6. Nombre de ★ sur la ligne 9 : 2
7. Nombre de ★ sur la colonne 6 : 2
8. Nombre de ★ ou de ✦ sur la ligne 9 : 4
9. Numéro de la colonne comportant le plus de ★ : 8
10. Nombre de ★ sur la ligne 1 : 2

Exercice 4

Réponse B.

Exercice 5

Réponse A.

Exercice 6

Réponse C.

Exercice 7

1. Nombre de fois où est présent le mot « ABDCTR » sur la ligne 2 : 0
2. Nombre de fois où est présent le mot « ABDCTR » sur la colonne 3 : 2
3. Nombre de fois où est présent le mot « ABDCTR » sur la ligne 10 : 1
4. Nombre de fois où est présent le mot « ABDCTR » sur la colonne 8 : 1
5. Nombre de fois où est présent le mot « ABDCTR » sur les colonnes paires : 11 : (2 + 6 + 2 + 1)
6. Nombre de fois où est présent le mot « ABDCTR » sur les lignes impaires : 10 : (1 + 2 + 2 + 0 + 5)
7. Numéro de la ligne comportant le plus de fois le mot « ABDCTR » : ligne 5 (cinq fois)
8. Numéro de la colonne comportant le plus de fois le mot « ABDCTR » : colonne 4 (6 fois)
9. Nombre de colonnes ne contenant pas le mot « ABDCTR » : 1
10. Nombre de lignes ne contenant pas le mot « ABDCTR » : 2
11. Nombre de fois où est présent le mot « ABDCTR » dans ce tableau : 17

Partie 3 – Aptitude verbale

Exercice 1

1. A. En cinq ans, le prix des ordinateurs portables a baissé
2. A. Le tramway est de retour dans la capitale
3. A. Le mimosa est un arbre à fleurs jaunes
4. B. Les poissons rouges ne peuvent pas vivre dehors l'hiver
5. B. Pour faire un bon pain il faut un petit peu de beurre
6. B. Le président de la république française est élu pour 4 ans
7. A. Les États-Unis d'Amérique polluent encore beaucoup la planète
8. A. Un bon professeur de physique réalise toujours des travaux pratiques
9. B. Une partie des côtes tunisiennes longent la mer rouge
10. A. Louis XIV était surnommé le roi soleil
11. B. Le Japon n'est plus une grande puissance économique mondiale
12. A. Le tour de France passe généralement par les Pyrénées
13. A. La pêche à l'anchois est de plus en plus souvent interdite dans le golfe de Gascogne
14. A. Certains scooters des mers peuvent véhiculer deux personnes
15. B. Les PDG rendent des comptes aux actionnaires des sociétés
16. B. Le premier ministre français est élu au suffrage universel
17. A. La virus du SIDA frappe de nombreuses personnes en Afrique
18. B. Zidane est le meilleur buteur français de tous les temps
19. A. L'annulaire est le quatrième doigt de la main
20. A. Il peut être nécessaire de posséder un permis pour naviguer sur les fleuves

Exercice 2

1. E. (Sauter n'a pas de lien avec le thème «déplacement, voyage »)
2. D. (Livrer n'a pas de lien avec le thème «attacher»)
3. E. (pas de lien avec le thème «voir »)
4. D. (pas de lien avec le thème «expirer, souffler »)
5. B. (pas de lien avec le thème «durée»)
6. C. (pas de lien avec le thème «séparer »)
7. D. (pas de lien avec le thème «fixer »)
8. C. (pas de lien avec le thème « rester»)
9. E. (pas de lien avec le thème «laver »)
10. B. (pas de lien avec le thème «diriger »)
11. B. (n'a pas de lien avec le thème «apprécier, aimer»)
12. E. (n'a pas de lien avec le thème «Repos»)
13. A. (pas de lien avec le thème «s'occuper avec attention de quelqu'un »)
14. B. (n'a pas de lien avec le thème «noter, écrire»)

15. E. (n'a pas de lien avec le thème « ouvrir»)
16. E. (n'a pas de lien avec le thème «nouvelles technologies»)
17. C. (n'a pas de lien avec le thème «parler de façon faiblement compréhensible»)
18. B. (n'a pas de lien avec le thème «partager»)
19. E. (n'a pas de lien avec le thème «broyer»)
20. D. (n'a pas de lien avec le thème «humilier»)

Exercice 3

1. A, B, D : MÊLÉE, ESSAI, PÉNALITÉ
2. B : TOURNEVIS
3. A, E : MAIN, ESTOMAC
4. A, B : SODA, SIROP
5. A, B : BORDEAUX, CHIANTI
6. A, B, C : SOURIS, SINGE, KOALA
7. C : PANTALON
8. B : MANGER, E SOMMEILLER
9. A : VICTOR, B GÉRARD
10. A : PRAIRIE, E CAMPAGNE

Cet ouvrage a été achevé d'imprimer en septembre 2009
dans les ateliers de Normandie Roto Impression s.a.s.
61250 Lonrai (Orne)
N° d'impression : 09-2892
Dépôt légal : septembre 2009

Imprimé en France